산상설교를 어떻게 실천할 것인가?

정훈택 지음
강대훈, 신현우 편집

산상설교를 어떻게 실천할 것인가?

지음	정훈택
편집	강대훈, 신현우
교정교열	김덕원, 이찬혁
발행처	감은사
발행인	이영욱
전화	070-8614-2206
팩스	050-7091-2206
주소	서울특별시 강동구 암사동 아리수로 66, 401호
이메일	editor@gameun.co.kr

종이책

초판발행	2023.9.18.
ISBN	9791193155097
정가	33,000원

전자책

초판발행	2023.9.18.
ISBN	9791193155103
정가	23,000원

How to Live Out the Sermon on the Mount

Hoon Taik Chung

Edited by Daehoon Kang & Hyeon Woo Shin

| 목차 |

추천사 / 7

편집자 서문 / 11

제1장   산상설교를 어떻게 읽을 것인가? / 15

제2장   마음이 가난한 사람(마태복음 5:3) / 49

제3장   애통해하는 자(마태복음 5:4) / 71

제4장   온유한 자(마태복음 5:5) / 85

제5장   의에 주리고 목마른 자(마태복음 5:6) / 97

제6장   긍휼히 여기는 사람(마태복음 5:7) / 113

제7장   마음이 청결한 사람(마태복음 5:8) / 125

제8장   화평하게 하는 사람(마태복음 5:9) / 135

제9장   의로 인한 핍박(마태복음 5:10) / 141

제10장   예수님 때문에(마태복음 5:11-12) / 153

제11장   이 땅의 소금(마태복음 5:13) / 163

제12장   세상의 빛(마태복음 5:14-16) / 173

제13장   율법을 완성하신 예수님(마태복음 5:17-18) / 181

제14장   지고(至高)한 삶(마태복음 5:19-20) / 191

제15장   살인자는 아니라구요?(마태복음 5:21-26) / 203

제16장   성, 복인가 재앙인가?(마태복음 5:27-28) / 217

제17장   간음하지 맙시다(마태복음 5:29-30) / 229

제18장   이혼만은 하지 맙시다(마태복음 5:31-32) / 241

제19장   정직하게 말합시다(마태복음 5:33-37) / 255

제20장   악에도 선으로(마태복음 5:38-42) / 267

제21장   원수라도 사랑합시다(마태복음 5:43-48) / 281

제22장   하나님 앞에서(마태복음 6:1) / 291

제23장 왼손도 모르게 하라(마태복음 6:2-4) / 299

제24장 골방에 흐르는 기도(마태복음 6:5-6) / 313

제25장 모든 것을 아시는 하나님께(마태복음 6:7-8) / 325

제26장 아빠라 부릅시다(마태복음 6:9) / 333

제27장 아빠의 영광을 위하여(마태복음 6:9-10) / 343

제28장 하나님의 거룩하신 이름(마태복음 6:9하) / 351

제29장 오소서 하나님의 나라여(마태복음 6:10상) / 365

제30장 하나님의 뜻(마태복음 6:10하) / 377

제31장 우리에게 일용할 양식을 주시옵고(마태복음 6:11) / 387

제32장 우리 죄를 사하여 주시옵고 I(마태복음 6:12) / 395

제33장 우리 죄를 사하여 주시옵고 II(마태복음 6:12) / 401

제34장 우리를 시험에 들게 하지 마시옵고(마태복음 6:13) / 409

제35장 우리의 용서와 하나님의 용서(마태복음 6:14-15) / 417

제36장 하나님이 갚으시는 금식(마태복음 6:16-18) / 433

제37장 두 주인?(마태복음 6:19-24) / 451

제38장 걱정을 버립시다(마태복음 6:25-34) / 465

제39장 비판이라는 병(마태복음 7:1-6) / 477

제40장 받은 것을 주는 삶(마태복음 7:7-12) / 489

제41장 좁은 문, 좁은 길(마태복음 7:13-14) / 501

제42장 열매로 알리라(마태복음 7:15-20) / 507

제43장 천국에 들어갈 자(마태복음 7:21-23) / 515

제44장 우리의 기초는 바위인가 모래인가?(마태복음 7:24-27) / 523

추천사

    일반적으로 학자들이 남긴 소중한 유고들이 출판되지 못하고 사라지는 안타까운 경우가 많다. 다행스럽게도 정훈택 교수님의 경우는 그 반대다. 그가 늘 가르치고 소망하던 천국으로 올라가신 이후에도, 그의 제자들이 모여 그의 신학을 계승, 발전시키는 논문들을 발표하는 모임을 하고, 유고를 편집하여 출판하고 있다. 정훈택 교수님의 『산상설교를 어떻게 실천할 것인가?』는 고인이 책으로 묶어 출판하고 싶어 하셨던 소중한 유고를 정리하고 탈고하며 편집하여 출판한 소중한 책이다.

    정훈택 교수님의 『산상설교를 어떻게 실천할 것인가?』는 누구나 쉽게 읽을 수 있는 수필과 같은 형태를 가지고 있지만 그의 학문의 진수와 삶의 정수가 담긴 책이다. 저자는 박사 학위 논문뿐만 아니라 많은 논문과 책에서 예수님의 산상설교에 대하여 다루었다. 그러한 신학적 토대 위에서 이 책 『산상설교를 어떻게 실천할 것인가?』를 썼다. 그리하여 이 책은 저자가 도달한 고도의 신학의 경지를 누구나 쉽게 읽을 수 있는 일상의 언어로 수필처럼 풀어낸 것이다.

이 책에서 저자는 예수님을 천국의 왕으로 오신 하나님의 아들로 믿고 그 믿음 위에서 산상설교의 내용을 이해해야 한다고 설명한다. 복음서의 주요한 주제라고 할 수 있는 기독론과 제자도(교회론)를 동반한, 하늘나라의 대헌장으로 산상설교를 본다. 이 책의 첫 장인 "산상설교를 어떻게 읽을 것인가?"에서 산상설교에 대한 개요를 설명하고 전체를 조망한 후에, 제2장부터 본문을 해석하고 적용하는 강해 형식으로 산상설교를 자세하게 다룬다. 정훈택 교수님에 따르면, 서론 부분(5:3-16)에서는, 천국 백성의 일반적인 성격에 대해 팔복을 통해서 제시하고 있고, 핍박을 받더라도 하늘나라의 왕이신 예수로 인한 것이면 그것도 복되다고 설명함으로써 기독론적 함의를 보여준다. 또한 천국 백성들은 빛과 소금의 역할, 즉 선한 행동을 통해 하나님의 영광을 드러내는 삶을 살아야 한다. 그런 점에서 믿음과 선한 행위는 처음부터 분리할 수 없음을 설명한다. 본론 부분(5:17-7:20)은 선한 행위의 기준인 하늘나라의 규범에 관한 말씀으로 구성되어 있다. 간접 기독론으로 불릴 수 있는 예수의 여섯 가지 반제와 연관 지어 그리스도인의 윤리를 제안함으로써 기독론과 교회론(제자도)은 연결된다. 마지막으로 결론 부분(7:21-27)에서는 믿음과 선한 행위가 모두 인격적 총화로 나타나며 예수를 믿는다는 것은 삶으로 나타날 수밖에 없음을 설명하면서 천국 백성으로서의 더 나은 삶을 위하여 노력해야 한다고 역설하며 마무리한다.

정훈택 교수님의 『산상설교를 어떻게 실천할 것인가?』를 읽으면, 찬찬히 써 내려간 원고가 돌아가신 지 10년이 지났지만 여전히 살아있는 목소리로 들린다. 30년 전에는 선생님으로서, 그 후 총신대학교에서 선배 교수로서, 그리고 신앙의 선배로서, 무엇보다도 천국 백성으로서 선한 삶을 살았던 그의 인격적 감화를 지금도 느낄 수 있다는 점에서 이 책의 진가는 더욱 빛난다. 이 책은 예수의 가르침을 따라 하나님 나라 백성으로서 어떻게 살아가야 할지를 고민하는 모든 그리스도인들만이 아니라, 예수의 가르침의 진수인 산상수훈을 통하여 기독교의 본질을 파악하고자 하는 모든 사람들에게 깊은 감화와 깨달음을 줄 것이다.

2023년 8월 1일

이상일

총신대학교 신학대학원 신약학 교수

편집자 서문

이 책은 총신대학교 신학대학원에서 교수(1989-2012년)로 봉직하신 고(故) 정훈택 교수님의 산상설교에 관한 해설과 적용입니다. 고인의 소천 10주기를 맞이하여 제자들이 뜻을 모아 고인의 유고를 모으고 편집하며 탈고하여 출간했습니다. 편집자로서 독자들을 위해 몇 가지 사항을 언급하고자 합니다.

책의 내용은 대부분 저자인 정 교수님께서 도서출판 두란노의 〈그말씀〉(1997-2001년)에 기고하신 자료이며, 출판사의 허락을 받아 편집하여 출간하게 됐습니다. 편집자는 저자의 초고를 편집했기 때문에 〈그말씀〉으로 출간된 자료와는 내용과 구성에서 차이가 납니다. 그런데 산상설교의 서론, "산상설교를 어떻게 읽을 것인가?"는 출간된 적이 없는 글로 이 책에서 처음 소개합니다. 마태복음 5장 9절("화평하게 하는 사람")의 해설은 〈그말씀〉에 없고 초고에서도 찾지 못해 편집자의 글을 넣었습니다. 이 책에서 성경 본문을 인용할 때는 독자들을 위하여 개역개정판을 사용했지만, 가끔은 저자가 사역한 부분도 있습니다.

    마태복음을 전공한 저자는 마태 신학의 흐름을 살리면서 산상설교를 해설합니다. 서론인 "산상설교를 어떻게 읽을 것인가?"는 산상설교의 전체 구조와 주제를 한눈에 파악할 수 있게 돕습니다. 독자는 구절에 대한 해설을 읽을 때 서론의 내용으로 도움을 받을 수 있습니다. 저자는 팔복을 크게 두 부분(첫 번째부터 네 번째 복, 다섯 번째부터 여덟 번째 복)으로 나누는 예와 같이 여러 곳에서 신학을 담은 구조를 친절하게 설명합니다. 저자는 오랫동안 믿음과 행위의 관계를 연구한 학자로서 마태복음에서 강조하는 열매라는 주제를 줄곧 강조하고 여러 각도에서 해설합니다. 특히 예수 그리스도의 희생과 죽음을 통해 드러난 하나님의 은혜와 사랑이 어떤 성격과 의미인지 곳곳에서 논증하며, 하나님의 은혜와 사랑과 행위 또는 열매라는 쟁점을 탁월하게 연결합니다. 예를 들어, 용서의 명령과 하나님의 사랑이 어떻게 연결되는지 논증하는 부분은 하나님의 사랑에 대한 저자의 깊은 통찰을 보여줍니다. 이처럼 저자는 예수님께서 가르치신 신앙과 열매의 관계를 적절하게 드러내는 데 열의를 보입니다.

    목회 전문 월간지에 실린 원고이지만 저자는 한국 교회의 신자들을 청중으로 삼고 원고를 작성했습니다. 한국 교회에서 산상설교와 기독교 신앙을 어떻게 오해하고 있는지, 그리고 무엇이 바른 이해인지 자세히 설명합니다. 한국 교회를 향한 저자의 애정과 안타까운 마음 그리고 책임감이 원고를 완성한 동력이었습니다. 저자의 원고가 주후 2000년 전후에 작성됐으므로 독자들은 당시 우리나라의 상황을 함께 고려할 필요가 있습니다. 복음서를 읽을 때 '상황성'의 중요성을 여러 연구로 다룬 저자는 이 책에서도 약 2000년 전 팔레스타인의 상황을 고려하며 해석하고 주후 2000년 전후의 한국 상황을 고려하면서 적용합니다.

우리 시대를 풍미한 신학적 특징 중 하나는 율법폐지론입니다. 율법이 더 이상 규범적 효력이 없다는 생각은 이미 초기 교회 때 영지주의자들이 가진 생각이었는데 오늘날에도 다시 유행하고 있습니다. 이에 대해 고 정훈택 교수님은 강력하게 저항하셨습니다. 율법폐지론이 만연한 시대를 살아간 고인의 고독한 외침은 널리 환영받지 못했습니다. 그러나 고인의 산상설교 해석은 개혁신학의 전통을 계승한 것으로서, 예수께서 완성하신 구약과 예수께서 반대하신 유대 전통을 잘 구별했습니다. 고인이 산상설교의 반제를 구약에 대한 반대가 아니라 유대 전통에 대한 반대로 해석한 것은 개혁신학 전통을 잘 계승한 것이며, 예수의 가르침이 구약 율법을 오히려 더 철저화한 것이라 파악한 것은 개혁신학의 전통을 잘 발전시킨 것입니다.

고인은 이 책에서 산상설교 본문을 문맥, 용례, 배경 등을 잘 살펴서 바르고 정직하게 해석할 뿐 아니라, 우리의 일상 생활에 어떻게 실천해야 할지를 치밀하게 사색하며 적용합니다. 이 책처럼 산상설교 본문을 있는 그대로 대면하여 어떻게 실천할 것인지 깊이 있게 고민하고 파고든 저술은 인류 역사 속에서 찾아보기 어려울 것입니다.

고인은 예수님의 산상설교를 깊이 있게 연구하여 파악하고 가르친 점에서 정직하고 위대한 신학자였습니다. 그뿐 아니라 산상설교의 가르침을 따라 살려고 몸부림치며 살아간 정직하고 위대한 신앙인이었습니다. 학교 사역 중 갑작스럽게 찾아온 췌장암으로 인해 고인은 너무 일찍 우리 곁을 떠나 고인이 '우리 아빠'라고 부르던 하나님께로 떠나가셨습니다. 그러나 너무도 귀한 신학적 선물을 우리에게 남기고 가셨습니다. 바른 주석학과 정통 개혁신학이 만나 만들어진 고인의 선지자적 음성은 그의 시대에는 외면당했지만, 세월이 갈수록 더 크게 메아리치게 될 것입니다.

　총신대학교 신학대학원에서 저자의 강의를 듣고 졸업 논문 지도를 받은 제자로서 은사님의 원고를 모으고 읽고 편집하는 기회를 얻게 된 것을 하나님께 감사합니다. 정 교수님의 유가족(한혜신 사모님과 자녀들)에게 이 책이 위로와 기쁨이 되길 바랍니다. 이 책은 유가족에게 헌정되며 저자를 위한 인세도 유가족들에게 하늘에서 땅으로 보내는 고인의 선물이 될 것입니다.

2023년 8월 1일

강대훈, 신현우

제1장
산상설교를 어떻게 읽을 것인가?

마태복음에 있는 산상설교를 읽고 적용하는 일반적 방법은 크게 두 가지가 있다. 예수님이 이 말씀들을 주셨을 때, 즉 2000여 년 전의 의미를 찾아 적용하는 것과 이 말씀들을 오늘날 교회에서 읽을 때 그 현대의 의미를 찾아 적용하는 것이다. 어느 것도 적용으로서는 적당하지 않다. 전자는 역사적 의미를 추출하는 것일 뿐 우리 시대에 유의미한 적용을 하는 데 실패하기 쉽다. 후자는 청중을 예수님 앞에 불러 모으는 데는 성공할 수 있어도 자칫 해석자 자신의 생각을 예수님의 설교로 둔갑시키기 쉽다. 성경의 모든 책과 마찬가지로 산상설교를 적용할 때도 2000여 년 전 예수님의 설교와 현대적 적용, 즉 그때의 의미와 지금의 효과 사이에 균형을 잡아야 한다. 이것은 원문의 뜻을 2000여 년 전의 세계에서 찾아 현대에 같은 의미를 전달하고 같은 효과를 낳을 수 있는 새 그릇에 담아 나르는 방식으로 수행될 수 있다.

1. 문맥과 구조

예수님의 활동은 "천국이 가까이 왔다"는 외침으로 시작됐다(4:17). 네 제자가 부름을 받은 기사 다음 마태는 예수님이 갈릴리 지역을 두루 다니시며 "가르치시며 천국 복음을 전파하시며 사람들을 고치셨다"고 적었다(4:23). 첫 활동의 결과 많은 사람이 예수님을 따랐다(4:25). 이 무리를 보시고 예수님은 산에 오르셨다. 사람들을 더 잘 가르치실 적당한 장소로 향하신 것이다. 앞서 오르시던 예수님이 위쪽의 자리를 골라 아래를 향해 앉으시자 무리 중에서 제자들이 가까이 왔다(5:1-2). 사람들은 아래쪽에 서 있었다. 이런 상황에서 예수님의 산상설교가 시작됐다. 설교가 끝났을 때 이 설교를 서서 듣던 사람들이 놀랐다고 마태는 적어 놓았다(7:28). 그 이유는 예수님의 가르침이 서기관들과는 달리 힘이 있었기 때문이다. 예수님은 산에서 내려오시고 무리도 곧 뒤따른다. 마태는 이어 예수님의 이적 사건 몇을 기록하고 다시 "예수님이 모든 성과 촌을 두루 다니시며 천국 복음을 전파하시며" 사람들을 고쳐주셨다고 적어 놓았다.

예수님의 초기 활동에 관한 기록에서 마태는 천국 복음이 무엇이었는지에 대해 산상설교 외에는 달리 적어놓지 않았다. 그렇다면 이 문맥이 제시하는 산상설교의 의의는 다음과 같다. 즉, 산상설교는 예수께서 활동을 시작하시면서 선포하셨던 하늘나라의 복된 소식이다. 따라서 산상설교는 예수님 자신의 정체성과 함께 이해되어야 한다. 예수님은 구약 시대를 마감하고 새 시대를 여시는 그리스도로 오셨는데 그의 권위는 설교와 이적에 그대로 나타났다. 사람들은 예수님의 권위에 압도 당했고 그를 따랐다. 예수님은 산상설교에서 천국의 성격과 자신의 정체를 밝히셨을 뿐만 아니라 어떤 사람이 천국의 백성인지, 그들이 어떻게 살아야 하는지를 기본적으로 가르치셨다. 즉, 산상설교에는 기독론과 제자도(혹은 교회론)의 초기 표현 형태가 예수님의 언어로 나타나 있다. 이런 의미에서 산상설교는 예수님께서 이 땅에 시작하신 하늘나라의 대헌장이라고 할 수 있다.

산상설교를 이해하는 열쇠는 천국의 왕으로 오신 예수님이 바로 이 설교를 하셨다는 사실이다. 즉, 산상설교는 예수님을 천국의 왕으로 전제하고 있다. 이 점이 산상설교 해석에 반영되지 않는다면 큰 혼동이 일어날 것이다. 이와 같은 사실을 마태는 산상설교 전에 이미 명백하게 밝혔다. 그러므로 산상설교를 읽는 사람들은 예수님을 천국의 왕으로 오신 하나님의 아들로 믿고 그 믿음 위에서 산상설교의 내용을 이해하려고 해야 한다.

산상설교는 크게 다음의 세 부분으로 구분된다.

(1) 서론부: 복 있는 사람들(5:3-16)
(2) 본론부: 천국의 규범(5:17-7:20)
(3) 결론부: 하나님의 뜻을 따름(7:21-27)

2. 서론부: 복 있는 사람들(5:3-16)

서론부에는 다음의 내용이 들어 있다. 예수님은 복 있는 사람들, 즉 천국 백성의 일반적 성격을 규정하신다(5:3-10). 이 성격은 '팔복'이라는 이름으로 통용된다. 예수님은 천국 백성의 특수한 성격도 규정하신다

(5:11-12). 이러한 규정들은 예수님의 제자들의 성격 규정이라고 해도 좋을 것이다. 천국 백성(즉, 제자들)의 역할을 규정하기 위해 소금과 빛의 비유를 전하신다(5:13-16). 그러나 이 부분을 어떻게 구분하는 것이 가장 좋은가는 여전히 토론거리로 남아 있다.

2.1. 팔복: 복 있는 사람들의 일반적 성격(5:3-10)

예수님은 설교를 시작하시면서 최초로 어떤 사람이 복 있는 사람인지를 선언하셨다. 예수님은 천국의 왕이시므로 이 선언은 즉시 효력을 발휘했다고 보아야 한다. '팔복'을 해석할 때 무엇보다 강조해야 할 요소는 복 있는 사람이 누구인가를 선언하신 예수님 자신이시다.

'팔복'의 조건으로 제시된 요소, 예를 들어 '마음의 가난' 등을 복된 이유로 설명하는 것은 불충분한 해석일 뿐 아니라 오해의 소지가 있다. 이 조건은 설교를 듣는 상황, 즉 부름 받은 제자들과 무리가 천국의 왕이신 예수님을 잘 모르고 있었는데도 불구하고, 실제로 따르고 있었고 설교 내내 앞에 서 있었다는 사실과 함께 다루어야 한다. '팔복'은 예수님을 따른 사람들 중에서 복 있는 사람들(즉, 천국의 백성)을 추려내는 역할을 한다. 예수님의 활동이 진행됨에 따라 '예수님의 제자들'이란 이름이 통용됐으므로 예수님은 '팔복'을 가지고 누가 자신의 제자가 될 것인지를 이때 규정하셨다고 말해도 좋을 것이다.

조건 제시와 함께 예수님이 '팔복'에 사용하신 3인칭 표현법이 이러한 기능을 나타낸다. 3인칭 표현법은 설교를 듣는 사람 모두가 아니라 예수님이 말씀하신 조건에 들어맞는 사람들만을 복의 범위에 들어오게 하는 방법이다. 즉, 예수님은 "여러분 모두가 복 있는 사람이 아니라 이런 사람들만이 복 있는 사람들이다"라고 선언하신 것이다.

각 절을 분석해 보면 예수님께서 이러한 사람들을 복 있는 사람들로 규정하신 진짜 이유가 따로 있음을 알 수 있다. 그 이유는 "왜냐하면"에 해당하는 헬라어 '호티'로 이끌리는 절에 담겨 있는데, '호티' 절에는 예수님의 출현과 활동으로 지상에 시작될 천국과 관련된 내용이 들어 있다. 그렇다면 이는 왕이신 예수님께서 그런 사람들에게 천국을 경험하게 하겠다고 하신 약속이라고 볼 수 있을 것이다.

우리는 각 절의 필요조건으로 제시된 요소들을 '일반적 성격'으로 규정할 수 있다. 이는 예수님의 생애가 끝났을 때, 즉 예수님을 하나님의 아들, 자기 백성을 구원하신 그리스도, 그리고 세상을 다스리시는 주님으로 믿는 사람들(= 예수님의 제자들)만이 천국의 백성으로 인정되기 시작한 때의 시각으로 보면 필수조건인 믿음과 관련된 것이 아니기 때문이다.

예수께서 선언하신 복의 수에 대하여 여러 가지 의견이 있다. 일곱, 여덟, 혹은 11절을 합쳐서 아홉으로 세기도 하는데, 이것은 어디까지나 각 절의 조건절에 언급된 요소를 절대시할 때 발생하는 견해다. 위에 제시한 것처럼 예수님을 따름과 함께 이 요소를 다룬다면 '복'이라는 용어나 그 수는 별 의미가 없다. 더구나 11절은 앞의 여덟 절과 공통점도 있지만 여러 차이점이 있어서 함께 다루기 어렵다.

'팔복'이 어떤 논리적인 연관성을 가지고 있느냐는 질문에도 일치하는 대답이 나와 있지 않다. 가장 일반화된 것은 앞의 네 복과 뒤의 네 복을 구분하는 방식이다. 이 경우 앞의 네 복은 하나님과 관련된 네 가지 요소이며, 뒤의 네 복은 사람들과 관련된 네 가지 요소다.

예수님은 모인 사람들 중에서 "심령이 가난한 자들이 복 있는 사람들이다"라고 선언하셨다. 그 이유는 예수께서 그런 사람들에게 자신을 알리시고 그런 사람들이 천국의 사람들로 거듭날 것이기 때문이다. 그들은 왕과 함께 있었으므로 천국은 이미 "그들의 것"으로 그들 가운데 실현되고 있었다. 가난이란 꼭 있어야 할 것이 없는 상태를 말한다. 이 단어를 좁게 설명하는 사람들은 가난한 사람들을 '죄로 인한 절망의 상태'로 이해하고, 구약적 배경에 초점을 맞추는 사람들은 하나님만을 의지하는 경건한 사람들로 해석한다. 예수님은 무엇이 결핍된 상태인지를 구체적으로 말씀하지 않으셨으므로 가난을 넓게 해석하여 당시 유대인이 심령에 꼭 가지고 있어야 할 것(예, 하나님의 구원이나 이스라엘의 회복에 대한 희망)이 없는 절망의 상태로 설명한다면, 예수님은 이 문제 때문에 자신에게 온 사람들을 잘 왔다고 선언하신 것이 된다. 그들은 예수님 앞에 섰으므로 이제 예수님을 통해 하나님의 다스림을 경험하게 될 것이다. 예수님이 오신 이후 예수님과 연관되지 않는 복음은 결코 복음이 아니다.

"애통해하는 자들"도 울음의 이유 없이 언급됐다. 이것을 '죄로 인한 슬픔'으로 설명하는 것은 예수님의 말씀을 너무 좁히는 것이다. 그냥 예수님이 하나님 앞에서 슬피 우는 사람들을 축복하셨고 그 이유는 "저희가 위로를 받을 것," 즉 '왕이신 예수께서 저희를 위로해 주실 것'에 있다고 설명하는 것이 복음에 더 잘 어울린다. 굳이 3절과 연결하여 설명한다면 날로 암담해져 가는 하나님의 백성 이스라엘의 현실에서 구원의 날을 기다리는 그런 종류의 애절한 마음, 이런 마음에서 나오는 슬픔의 눈물이라고 할 수 있을 것이다.

5절의 온유는, 이것이 하나님 앞에서의 영적 태도라면, 하나님의 처분이 있을 때까지 모든 희망을 여전히 하나님에게만 두고 기다리는 것을 의미한다. 고토를 이방인들에게 빼앗기고 이스라엘의 회복을 염원하는 그런 사람이 예수님 앞에 섰다면, 그들은 이 순간에는 아직 잘 몰랐지만, 예수님에게 제대로 온 것이다. 예수님은 그러한 사람들에게 "땅을 기업으로" 약속하셨다. '땅'은 예수님에게서 시작될 천국에 대한 또 다른 비유어이다.

6절에서 '의'는 하나님의 의, 하나님께서 약속하신 것을 "신실하게 이루어 주실 것"을 의미한다. 하나님의 약속이 성취되는 것에 주리고 목말라서 예수님을 따라나선 사람들이 있다면 그들은 이제 그 약속의 성취로 오신 예수님에 의해 곧 배부르게 될 것이다. '배부름'은 천국을 경험하게 된다는 또 다른 표현이다.

7절부터 시작되는 사람과의 관계, 즉 윤리적 요소들도 이 사람들이 지금 예수님 앞에 서 있다는 사실 혹은 근거 위에서 이해해야 한다. 예수님은 도덕심, 인간의 마음 자체를 축복하신 것이 아니라 그것이 이유가 되어 예수님을 만나고 예수님의 설교를 들으며 이제 천국의 사람들로 부름을 받는 것을 축복하신 것이다.

예수님은 사람과의 관계에서 특별한 네 가지 태도를 지적하셨다. 이 태도들은 예수님께서 이 땅에 시작하시는 천국의 성격과 일치하는 것이란 공통점을 가지고 있다. 따라서 앞의 네 가지만이 아니라 뒤의 네 가지도 간접적으로는 예수님의 사역과 하늘나라의 특성을 규정하고 알려 주는 역할을 한다.

7절에서 "남을 불쌍히 여기는 사람들"은 예수님에 의해 이제 긍휼히 여김을 받을 것이다. 사람들에 대한 자비는 하나님께서 예수님을 보내신 동기다.

사심이 없이 두 마음을 품지 않고 진실하게 사람들을 대하는 사람들은 하나님을 볼 것이다(8절). 그들은 예수님의 생애가 진행되는 동안

복의 이유가 그들에게 이루어졌음을 틀림없이 깨달았을 것이다.

적개심을 가지지 않고 싸우지 않으며 평화를 위해 일하는 사람들이 하나님의 아들이라고 불릴 것이다(9절). 평화를 위해 오신 예수님이 그들 앞에 서 계시고 그들은 곧 그 예수님을 통해서 하나님의 사랑, 하나님의 평화를 보고 예수님의 제자가 됨으로써 평화를 전하는 하나님의 아들이 될 것이다.

10절에서 '의'는 하나님께서 인정하시는 사람의 삶을 말한다. 정당하게 하나님의 말씀대로 살고 그런 것 때문에 불이익을 당하고 핍박을 받는 사람들이 청중 가운데 있다면 예수님이 그들을 축복하신 것이다. 그들은 하나님의 의로 오신 예수님을 통해 천국의 사람이 되고 천국을 소유하게 될 것이다. 아니 이미 천국을 소유하기 시작했다.

'팔복'에서 예수님은 사람들이 갖추어야 할 몇몇 영적, 도덕적 덕성을 특별한 것으로 구별하신 것이 아니다. 또 그런 덕성의 단계를 인정하신 것으로 보이지도 않는다. 예수님은 사람들이 자신을 따르게 된 동기중 자신의 활동으로 시작되는 천국에 적절한 몇 가지를 지적하신 것이다.

현재 우리들의 상황은 예수님 앞에 섰던 사람들과는 엄청나게 다르다. 그렇다면 이 예수님의 설교를 어떻게 적용할 것인가? 약 2000년 전에 예수님께서 설교하신 내용을 왜곡 없이 해석하여 적용할 수 있을 것인가?

앞의 네 조건을 좁게 설명한다면, 초대 교회 시절부터 그러했던 것처럼, 인간의 죄와 죄가 불러오는 후회, 버림, 눈물, 하나님의 처분만 바람 등과 관련지어 산상설교 본문을 설교하는 것이 일반적이다. 만약 넓게 설명한다면 특별한 이유를 언급함이 없이 영적 결핍, 영적 슬픔, 영적 온유, 영적 의존 등으로 설명하며 이런저런 이유로 예수님께 나아온 것 자체를 강조하게 될 것이다. 이러한 이유 때문에 사람들이 예수님께 나아온다면 지금도 그 결핍이 충족될 것이 틀림없기 때문이다.

　　예수께서 복 있다고 하신 진정한 이유가 예수님에게 오는 것, 예수님에 의해서 채워지는 것에 있다면 이 부분을 적용하면서 '팔복'에 언급되지 않은 그런 이유를 거론할 수도 있을 것이다. 예를 들어, 슬픈 사건으로 상처를 입은 사람에게 적용할 수 있지 않겠는가? 인생의 고비로 상처를 안게 됐는데 예수님을 찾았다는 것은 설령 나중에 이 조건이 충족되지는 않는다고 해도 잘 왔다고 할 수 있지 않을까? 누구에게나 예수님을 만나는 것이 천국으로 들어가는 길이다. 예수님을 만나고 예수님을 믿어 구원을 얻는 것이 복음이기 때문이다.

2.2. 복 있는 사람들의 특수한 성격(5:11-12)

　　이 구절에서 예수님은 2인칭 표현법으로 바꾸어 '너희'라고 언급하시며 말씀하시기 시작하셨다. 그러나 무조건 청중 모두가 이 복 있다고 선언된 "너희"의 범위 안에 들어오는 것은 아니다. 예수님은 "너희"에 특수한 조건을 붙이셨기 때문이다. 즉, "너희"가 예수님 때문에 욕먹고 핍박받고 온갖 악한 말을 듣게 된다면 그들은 분명 복 있는 사람들이다.

　　예수님은 욕먹음, 핍박받음, 악한 말을 들음 등의 용어들을 '나를 믿음' 대신 사용하셨다. 그것은 적대적 사회에서 예수님을 믿음이 생생하게 나타나는 삶의 현장을 그리는 단어들이다. 예수님을 믿지 않는데도 사람들이 "욕하고 핍박하고 거짓으로 온갖 악한 말을" 하지는 않을 것이다. 설령 그런 일이 일어나는 경우에도 예수님과 아무런 관계가 없는 사람이 예수님 때문에 욕을 먹지는 않을 것이다.

복된 이유로 예수님은 "하늘에서 너희의 상(헬라어, '미스토스')이 크기 때문이다"라고 하셨다. 하늘나라가 예수님으로 인하여 이 땅에 시작됐으므로 이 상을 죽은 후에 저세상에서 약속된 것으로 이해할 필요는 없다. 그 상은 이 땅에서 주어지기 시작한다. 예수님 때문에 부당하게 당하는 모독과 핍박이라도 감수할 수밖에 없는 사람들을 구약의 선지자들과 비교하셨다는 것도 이 점을 의도한다. 예수님은 자신과 관계된 상태 자체가 축복의 이유가 되기 때문에 "기뻐하고 즐거워하라"고 격려하신 것이다.

2.3. 소금과 빛의 비유: 천국의 백성들(즉, 제자들)의 역할(5:13-16)

표현상으로는 '너희'라고 불리는 사람은 예수님을 따라 올라와 설교를 들은 청중 모두라고 말할 수도 있다. 이 경우 그들이 인간으로 오신 영광의 왕 예수님을 목격했다는 것 자체가 축복이고 그들이 빛과 소금으로 비유된 근거일 것이다. 하지만 이것은 예수님의 사역 초기에 일어나는 일이다. 듣고 보고도 믿지 않던 사람들은 예수님의 활동이 계속되면서 천국과는 아무런 관련이 없는 것으로 드러나고 말았다. 그들은 적대자로 변신하기도 했다. 그렇다면 이런 결과까지 해석에 반영시켜야 할 것이다. 11-12절에서 예수님이 자신과의 관계를 근거로 하여 복 있는 사람이 누구인지를 규정하셨다는 점을 감안하면 11절 이하의 모든 '너희'는 문맥상 예수님을 믿는 사람들을 의미한다. 따라서 '너희'는 긍정적 명칭인 '제자들'로 바꾸어 표현할 수도 있다.

예수님은 자신이 복 있다고 규정하신 사람들, 즉 제자들을 "땅의 소금," "세상의 빛"으로 비유하셨다. 소금은 세상의 악을 막고 세상의 존재 의미를 보존하는 방부제의 역할에 대한 비유어다. 빛은 세상의 어둠을 깨우치고 선도한다는 보다 적극적인 역할을 알려 주는 비유어다.

"소금이 되라," "빛이 되라"고 명령하지 않으시고 "빛이다," "소금이다"라고 진술하신 것을 주목해야 한다. 예수님을 믿는 사람들은 이미 세상의 빛이나 소금이 되어 있는 사람들이다. 따라서 그런 사람이 이 세상에 존재하면 세상의 악을 방지하고, 세상을 보존하며, 세상에 맛을 주는 역할을 하게 된다. 또한 세상의 어둠을 밝히고 세상의 빛으로 오신 예수님에게 인도하는 역할을 하게 된다. 어떻게 이것이 가능한가? 이 세상에게는 예수님을 알고 믿는 사람이 있다는 것부터 거추장스러운 요소이다. 예수님의 십자가는 세상의 죄를 알리고 심판하고 사람들을 빛이신 하나님 앞으로 불러내는 사건이기 때문이다. 잠시 후에 사람들이 알게 될 이 일들을 염두에 두시고 예수님은 그들을 빛으로 소금으로 부르신 것이다.

무엇으로 빛과 소금의 역할을 할 것인가에 대해 예수님은 착한 행실을 언급하셨다. 예수님을 믿는 사람들에게 선한 행동이란 필수적으로 나타나야 할 특성, 본질이다. 만약 선한 행동을 만들어내지 못한다면, 그리하여 하나님의 영광을 드러내지 못한다면 제자들은 세상 사람들에게 짓밟힐 수밖에 없는 맛 잃은 소금, 빛을 빼앗긴 빛일 뿐이다. 예수님을 믿음과 예수께서 요구하시는 선한 행위는 처음부터 붙어 다니는 두 개념이다.

3. 본론부: 천국의 규범 (5:17-7:20)

예수님을 따른 사람들, 천국의 설교를 듣는 사람들 그리고 예수님을 믿는 사람들이 잃어서는 안 되는 선한 행실의 기준, 즉 하늘나라의 규범에 대한 말씀이 산상설교의 중간 부분을 차지하고 있다. 이 설교에서 예수님이 자신과 믿음에 대한 말씀을 전제하시거나 불분명하게 언급하신 것은 이 시점이 활동의 개시 시기였기 때문으로 보인다. 이것은 생애 전체를 통하여 나타내 보이실 주제였고, 사람들이 경험을 통하여 도달해야 해야 할 주제였다. 규범에 대한 말씀은 크게 여섯 부분으로 구분된다.

  (1) 서론: 율법의 완성에 대하여(5:17-20)

  (2) 여섯 반제: 율법 완성의 실제 예(5:21-48)

  (3) 의를 행하는 방법(6:1-18)

  (4) 재물과 염려에 관하여(6:19-34)

  (5) 먼저 할 것(7:1-12)

  (6) 요약 및 결론(7:13-20)

3.1. 율법과 선지자들을 완성하러 오신 예수님(5:17-20)

이 부분은 초대 교회에서 가장 주목받은 본문이다. 교회는 이스라엘의 특권과 위치를 이어간다고 보았기 때문에 구약 시대의 핵심인 율법, 넓게 말하면 구약성경에 대해서 어떤 태도를 취해야 하는지 규명해야만 했고 여기 기록된 예수님의 말씀이 가장 적절한 답을 주었기 때문이다. 지금 우리 시대의 입장에서 이 부분은 구약성경을 어떻게 읽고 생활에 어떻게 적용해야 하느냐는 질문과 연결된다. 당시 유대인의 입장에서는 가히 혁명적인 내용이었다. 예수님은 율법을 지키는 사람들이 복 있는 사람들이라고 하지 않으시고 예수님의 출현에 어울리는 천국의 복음을 선포하셨기 때문이다. 예수님은 이 복음을 들은 청중들에게 일어날 수 있는 부정적 반응인 '율법이나 선지자들을 폐지하신다는 말씀인가?'를 예상하시며 그렇지 않다고 선언하셨다. 예수님은 그것을 완성하러 오신 것이다.

구약성경에는 많은 내용이 포함되어 있다. 주요 내용은 하나님께서 주신 규범, 예언, 역사 이 세 가지이다. 지금 예수께서 관심을 가지고 말씀하시는 것은 구약성경의 규범적 부분, 특히 계명들이다. 모든 계명은 하나님의 뜻을 알려 주신 것이기에 절대로 폐지될 수 없다. 없어질 수도 없다. 따라서 예수님의 제자들은 가장 작은 계명 하나라도 버려서는 안된다. 지켜야 하고 지키도록 가르쳐야 한다. 예수님은 이미 율법의 완성에 대하여 말씀하셨기 때문에 예수께서 계명들을 구약 시대처럼 문자 그대로 지키고 그렇게 가르쳐야 한다는 의미로 말씀하신 것은 아닐 것이다. 오히려 계명들을 완성하는 방향으로 지키셨고, 또한 그런 가르침을 언급하셨다고 보아야 한다. 율법의 완성에 대한 구체적인 예는 21절에서부터 여섯 번에 걸쳐 제시됐다.

새 시대에 천국에 사는 사람들은 바리새인들과 서기관들보다 더 나은 행동을 만들어내지 않으면 누구도 천국과는 관련이 없다. 그것은 맛을 잃은 소금일 뿐이다. 천국은 예수님의 탄생과 활동으로 이 땅에 시작되고 산상설교의 선포로 구체적인 모습을 갖추어 가고 있었기 때문에 '천국에서 크다' 혹은 '작다'라고 불리는 것은 천국에서 배제되느냐 천국에 포함되느냐를 의미하는 것으로 보아야 한다.

완성이란 하나님의 섭리와 관계된 개념이다. 구약 시대에는 하나님께서 아브라함을 택하시고 이스라엘을 백성으로 삼으셨기 때문에 하나님의 뜻은 이스라엘 나라라는 사회적, 정치적, 민족적 특성을 가진 채 주어졌다. 예수님께서 예언된 메시아, 사람들이 기다리던 그리스도로 오셔서 하나님의 사랑과 복을 이제 모든 민족, 모든 나라로 확대하시는 시점에서 완성은 사회, 정치, 민족의 범위를 확장하는 특징을 보인다. 하나님의 계명들에 새겨져 있었던 사회적, 정치적, 민족적 색채는 이제 세계적 색채로 탈바꿈해야 한다. 이것이 '완성'이란 용어로 표현된 것으로 보인다.

이러한 결론은 완성의 예들로 제시된 예수님의 말씀과 당시의 가르침 그리고 구약성경에 기록된 계명들을 비교함으로써 도출할 수 있는 것이다. 예수님은 모든 계명들의 완성된 형태를 전부 설명하지 않으시고 여섯 가지를 예로 제시하셨다. 일부 계명들의 새로운 형태는 복음서의 다른 곳에, 혹은 신약성경의 다른 책에 수록되어 있기도 하고, 교회의 역사에 나타나기도 했다. 이혼에 대한 계명이나 히브리서의 경우가 이에 해당한다. 안식일 계명을 주일로 지키는 것으로 적용하게 된 것도 이와 관련된 것으로 볼 수 있다.

그러나 구약성경을 읽고 사용하는 한 그곳에 계시된 하나님의 뜻 모두를 완성자로 오신 예수님과 관련지어 이해하고 우리의 삶에 적용하는 더 많은 연구가 필요하다. 이것은 혼자서 할 수 있는 일이 아니다. 만약 교회가 연합된 힘으로 이 일에 착수한다면 우리는 현대에 필요한 규범들을 혹은 삶의 원칙들을 구약성경의 계명으로부터 더 풍부하게 끌어낼 수 있을 것이다.

3.2. 여섯 반제들(5:21-48)

여섯 반제라는 이름은 예수님께서 자신의 교훈만을 주시지 않고 이것을 "옛 사람들에게 말해졌다고 너희는 들었다"는 규범에 대한 반제

("그러나 나는")로 제시하셨기 때문에 붙은 별명이다. 모두 여섯 가지인데 살인, 간음, 이혼, 맹세, 복수, 사랑에 관한 것이다.

가. 살인에 관하여(5:21-26)

살인은 사람을 죽이는 일이다. 하나님은 처음부터 사람이 사람을 죽이는 것을 금하셨다. 어느 시대, 어느 나라나 살인을 가장 큰 범죄로 취급한다. 그러나 살인하지 않으면서도 살인하지 말라는 법의 정신을 무시할 수 있다. 살인에 따르는 처벌이 무서워 살인을 피하다 보면 살인을 경시하는 경향이 생기고 기회가 있으면 언제라도 살인을 저지르게 된다. 예수님 당시 유대인들이 이러했던 것으로 보인다. 그들이 배운 것은 "살인하면 심판을 받게 된다"는 사실이었다.

예수님은 율법의 정신을 무시하고 형태만 따르는 것을 비판하시며 살인을 일으키는 원인, 살인에 이르는 모든 정신적 과정을 아예 죄로 규정하셨다. 예수님은 점층적으로 더 악한 행위를 언급하시면서(분노-욕설-경멸) 점점 더 큰 대가를 결합하심으로(지방 재판-공회 재판-지옥 불) 잘못된 행위와 처벌의 대조를 극대화하셨다. 이것이 새 시대에 천국의 사람들에게 적용되는 새 규범, 즉 완성된 계명이다. 살인에 대한 명령은 폐지된 것이 아니라 더 확대됐다.

여기에 덧붙여진 두 예화는 앞의 말씀들을 강조하는 것이다. 무의식적인 실수든 명백한 잘못이든 용서가 필요하다. 화해의 길을 밟아야 한다. 그것은 예배를 멈추더라도 우선해야 할 일이며, 죽기 전에, 즉 기회가 남아 있을 때 기필코 청산해야 할 일이다. 그렇지 않으면 하나님께서 그 책임을 물으신다는 것을 예수님은 예화에 담아 교훈하셨다. 인간 사이의 화해는 하나님과의 관계에도 영향을 미치는 것이다.

이 부분을 적용할 때 우리는 사회법의 준수, 형법·민법 등에 저촉되는 범법 행위를 하지 않는 것을 모범적 기독교인의 삶인 것처럼 오해하는 경박한 태도를 경계할 수 있을 것이다. 예수님의 기준은 훨씬 더 높고 어려운 것이다.

나. 간음에 관하여(5:27-30)

간음이란 이성과 허용되지 않는 금지된 성관계를 맺는 일이다. 현대의 성 개방 풍조와는 달리, 예수님 당시에는 성에 대한 규제가 지금보다 훨씬 더 엄격했다. 간음은 유대 사회에서 공개 처형에 해당한다. 예수님은 이 조항에서도 간음의 동기를 제공하는 마음의 문제로까지 간음의 적용 범위를 확대하셨다. 간음이란 육체의 행위로 나타나기 전에 이미 마음속에서 일어난다. 음탕한 마음을 가지고 의도적으로 이성을 보는 것도 마음의 간음이다. 문자적으로 해석해 보면 음욕을 일으키기 위해 이성을 보는 것을 간음으로 규정하셨다.

겉으로 나타나는 죄란 결과일 뿐이다. 그 원인은 마음에 따로 있다. 또한 마음을 자극하는 눈, 육체의 느낌을 달콤해하는 손에 있다. 예수님은 결과만 아니라 원인에도 처벌이 있다는 사실을 분명하게 하시며, 차라리 "눈을 빼 내버리라," "손을 찍어 내버리라"고 하셨다. 물론 이것은 과장법이다. 눈을 뽑고 손을 자른다고 마음의 죄, 죄의 동기가 해결되는 것은 아니기 때문이다. 그러나 눈을 파고들고 손끝의 말초 신경을 자극하는 음욕의 원인, 간음의 동기를 제거하지 않는 한 누구나 간음죄를 피하기 어렵다.

천국의 사람들은 선한 행위로부터 자유롭게 된 것이 아니다. 아무렇게나 살아도 되는 천국은 어디에도 없다. 예수님은 깨끗한 천국을 이 세상에 시작하셨다. 성령의 법, 사랑의 법을 우리에게 주셨다. 따라서 눈의 정욕과 손의 자극을 뽑아내고 잘라 던지는 아픔이 없이는 누구도 그리스도의 사람이라고 할 수 없는 것이다. 그리스도인은 사회적 행동만이 아니라 내면적 생각까지 예수님의 법을 따라야 한다.

우리는 이 가르침을 적용할 때 사회적으로 인정받는 관습적, 도덕적 행위에 만족해 하는 생각을 버리고자 노력해야 할 것이다. 특히 성 개방 풍조에 감염되고 현혹되지 않도록 해야 한다.

다. 이혼에 관하여(5:31-32)

구약성경에 이혼 증서를 명령하신 것은 이혼을 정당화하기 위해서가 아니라 부부관계를 지속해 갈 수 없는 (아마도 신체의) 특별한 결함이 있을 때 이 사유를 기록함으로써 아내를 보호하기 위해서였을 것이다. 그러나 시간이 흐름에 따라 이 계명은 악용되어 이혼 증서를 이혼의 수단으로 사용하게 되고 말았다. 예수님은 이러한 당시의 관례를 비판하시며 이혼을 금하셨다. 이혼이 허용되는 사유는 결혼 언약을 깨는 음행밖에 없는 것이다. 그러나 이것은 이혼을 정당화하신 말씀이 결코 아니다. 음행(또는 그 이상의 범죄)이라는 율법 위반이 없이 행해지는 이혼은 예수님의 가르침을 위반하는 행위이다.

물론 교회는 특별한 경우에 어쩔 수 없이 이혼을 허락하는 경우가 있다. 그러나 이러한 불가피한 허용을 누구도 악용해서는 안 된다. 결혼은 두 사람의 약속이므로 어떠한 어려움에서도 하나님 앞에서 한 약속을 지키고 더 좋은 화합의 길을 모색하는 것이 예수님의 말씀을 따르는 길이다. 현대 기독교인들은 특히 두 번째, 세 번째 반제에 나타난 예수님의 말씀을 외면하고 있다. 그러면서도 입으로는 성경을 하나님의 말씀이라고 외치는 실정이다. 이렇게 고백하는 한 이혼의 파국보다는 더 나은 길을 선택하는 성실한 인내와 노력이 있어야 한다.

라. 맹세에 관하여 (5:33-37)

사람들은 무례하고 상처 입히는 언어를 내뱉을 위험에 놓여 있다. 심지어 가족과 같이 가까운 관계의 사람들에게도 쌍소리와 저주를 쏟아내는 사람도 있다. 정도는 훨씬 약하지만 이런 말을 함부로 하는 풍조는 구약 시대에도 있었다. 하나님은 이스라엘 백성에게 하나님의 이름으로 맹세함으로 말을 신중히 할 것을 명령하셨다. 맹세의 정신은 목숨을 걸고서라도 말 한마디를 지키라는 데 있다. 그러나 예수님 당시에는 맹세가 악용되고 있었다. 하나님의 이름만 사용되지 않는다면 맹세란 지킬 의무 없이 맹세하는 자를 믿게 하는 수단으로 오용됐다. 지킬 수도 없는 맹세가 등장하고 따라서 하나님의 이름으로 맹세하라는 명령은 '헛된 맹세를 하지 말고 맹세를 주께 지키라'로 변질됐던 것이다. 이 말은 구약성경에는 사람들 사이의 맹세에 관한 계명이 아니라 하나님에게 하는 맹세, 즉 서원 조항에 나온다. 하나님의 이름이 사용되지 않는 맹세의 경우에도 그것이 오용될 때—맹세자가 하나님을 믿는 사람들인 경우—결과적으로 하나님의 이름은 모독을 당할 수 있었다.

예수님은 그러한 상황에서 오히려 맹세를 금하심으로 구약의 정신을 더 분명하게 밝혀 놓으셨다. 어떤 맹세든 하나님을 믿는 사람에게 하늘이든 땅이든 하나님과 관련되지 않는 맹세는 없다. 따라서 모든 맹세는 하나님 앞에서 하는 것이다. 맹세함으로 오히려 사람을 속이고 자신을 믿게 하거나 점점 더 강하게 맹세하고 불가능한 내용까지 동원하여 맹세하는 것은 불필요하다. 진실한 말 한마디면 충분하다. 예수님은 천국의 사람들이 말 한마디도 신앙과 인격에서 나오는 것이 될 수 있도록 성실한 자세를 요구하신다.

　　예수님의 정신이 이러하다면 농담, 비웃음이 들어 있는 우스개, 체면치레, 빈말, 욕설, 비속어, 인사치레, 거짓말, 허풍, 허세와 같이 '예'에서 더 나가고 '아니오'를 훨씬 넘는 말들은 다 고쳐야 할 악습들이다. '예'도 '아니오'도 아닌 애매모호한 '글쎄요'도 경우에 따라 예수님의 정신에 어긋날 수 있다.

마. 복수에 관하여(5:38-42)

　　"눈은 눈으로 이는 이로"란 표어는 모르는 사람이 없는 유명한 문구가 되어버렸다. 준 대로 돌려주고 받은 대로 갚는다는 복수의 표어가 된 것이다. 예수님 당시에도 이 말은 복수의 법칙으로 악용되고 있었다. 그러나 구약의 계명으로 돌아가 보면 이 말씀은 재판관들에게 주신 공평한 판결의 기준이었다. 죄에는 적절한 판단이 따라야 하며, 법은 가해자나 피해자 모두를 공평하게 취급함으로써 싸움을 종결시켜야 했다. 구약 시대에도 개인적 복수는 금지된 행동이었다.

　　예수님은 은총의 새 시대, 천국의 시작에 어울리는 명령을 주셨다. 악한 자를 대적해서는 안 된다. 이것은 천국의 자녀들을 보호하시기 위한 말씀이다. 싸움에서 악이 이기기 마련이다. 선량한 사람은 악의 피해자가 되고 목숨을 잃게 될 것이다. 악이 싸움을 멈추지는 않을 것이다. 악이 예수님의 선한 말씀을 받아들일 리도 없다. 그렇다면 선한 사람이 멈추는 길밖에 없지 않겠는가? 하나님의 용서와 사랑과 복을 경험했고, 또 앞으로도 계속 경험할 천국의 사람들에게는 싸우고 보복하는 방법보다 참음과 양보와 봉사와 희생이 더 어울리는 행동양식이다.

예수께서는 천국의 사람들이 선한 행동, 선한 마음으로 무장할 것을 요구하신다. 예수의 가르침은 내 자존심, 내 권리, 내 입지를 주장함으로 사람들과 맞서는 것보다 뺨을 돌려 대는 참음의 삶, 겉옷도 가지게 하는 양보의 삶, 오 리(약 2km)를 더 가 주는 봉사의 삶, 내 것도 거절하지 않는 희생의 삶으로 적용될 수 있을 것이다. 예수님은 보복 금지나 무저항주의를 제창하시지 않고 선으로 악을 이기는 적극적인 삶을 요구하신다.

바. 사랑에 관하여(5:43-48)

유대인들은 이웃이란 단어에 주로 동족만을 포함했다. 그리고 개종하는 이방인들도 이웃의 범위에 들었다. 그 이외에 모든 사람은 모두 이방인, 죄인, 원수들이었다. '이웃에게는 사랑을, 원수에게는 미움을'이 예수님 당시 유대인들의 구호였다. 그러나 원수를 미워하라는 명령은 구약성경 어디에도 들어 있지 않다. 하나님의 계명이 시대적 상황과 맞물려 변질되거나 악용되고 있었다. 사실 이런 구호는 가르치거나 배울 필요가 없다. 사람들이 본능적으로 이렇게 하고 있기 때문이다. 사람에게서도 저절로 나오는 것이 하나님의 뜻이란 이름으로 가르쳐지면 원수를 미워함은 더 힘을 얻기 마련이다.

예수님은 원수도 사랑하라고 하셨는데, 원수까지도 사랑해야 하는 것이라면 모든 사람이 사랑의 대상이 된다. 하나님의 축복이 생태적이고 본능적인 경계를 파괴하는 이 시점에 예수님은 사람들 사이에 존재하는 모든 구별을 철폐하셨다. 모두에게 공평한 태도, 선한 사랑을 명령하셨다.

인간은 이런 사랑을 모른다. 가지고 있지 않다. 본능에 새겨져 있는 것도 아니다. 원수나 박해자에게는 사랑의 욕구도 선의나 친절의 욕구도 만들어지지 않는다. 분노와 적개심과 전투력 아니면 한과 억울함과 미움을 솟구치게 만드는 사람들이 원수와 박해자다. 그러나 하나님에게서 사랑은 시작됐다. 독생자를 보내셨다. 천국의 사람들은 이제 그 독생자 앞에 서 있다. 원수를 사랑한다는 것이 무엇인지 그리스도의 십자가에서 배운다. 그러한 미래를 알고 계신 예수님은 산상설교에서 미리 원수를 사랑하라고 하신 것이다. 도저히 사랑할 수 없는 사람을 사랑하라고 명령하셨다. 박해자를 위해서 기도하라고 하셨다.

　예수께서 아직 십자가를 지시지 않았지만 이렇게 하면 예수님의 길을 그대로 따르는 것이 확실하므로 예수님은 "하나님의 자녀들이 된다"고 하셨을 것이다. 예수께서 십자가에 못 박히신 후의 우리는 이렇게 말할 수 있을 것이다. '십자가에 못 박혀 죽으시고 부활하신 예수님을 주님으로 믿고 의지함으로 우리는 하나님의 자녀들이 됐다. 예수님처럼 원수를 사랑하면, 박해자를 위해 기도하면 우리는 하나님의 자녀로 인정될 것이다.' 이러한 인정은 우리가 예수님의 말씀을 잊지 않는 한 우리 스스로에게서 나올 수 있다. 성령님께서 이런 확신을 주실 것이다.

　생명공학이 점점 발달하여 인간의 유전자가 밝혀지고 사람과 다른 동물의 차이가 점점 좁혀져 가는 상황이지만, 하나님의 형상대로 지음 받은 사람의 존엄성에 관한 인식이 어느 때보다 필요하다. 하나님은 우리를 자신의 형상대로 만드셨을 뿐만 아니라 하나님의 형상답게 살아가기를 원하신다. 독생자를 보내신 하나님으로부터 진정한 사랑을 배워 마음으로, 몸으로 원수를 사랑하고 고통을 주는 사람들을 위해 기도하는 것은 다른 동물과 비슷한 우리가 하나님처럼 행동하고 하나님처

럼 사는 것을 뜻한다. 그래서 예수님은 우리에게 하늘 아버지처럼 완전
하라고 명령하셨다.

대상의 구별은 사회생활에서는 필수적이다. 그러나 신앙생활에서
는 사랑의 대상의 구별이 더 이상 무의미하다. 구별해도 사랑해야 한다.
사랑에서 나오는 양보와 봉사와 희생을 만들어내야 한다. 싫어도 어쩔
수 없다. 믿음에서 나오는 사랑, 그리스도의 대속으로 만들어지는 믿음
이런 것은 우리가 가진 것이 아니다. 욕구를 배반하고 본능을 거스르면
서 우리의 세포 하나하나에 새겨져 있는 생존의 법칙을 어겨가면서 그
리스도의 명령을 따르는 것은 분명 우리에게 하나님의 자녀라는 삶을
가슴속 깊이 새겨 놓을 것이다.

3.3. 의를 행하는 방법(6:1-18)

'무엇'에 대해서 말씀을 마치신 예수님은 이제 '어떻게'라는 주제로
전환하셨다. 이 부분에서 행동의 방법을 지시하시기 위하여 드신 예는
구제(2-4절), 기도(5-15절), 금식(16-18절) 세 가지다. 기도에 관한 가르침에
'주기도문'이 포함되어 있다(9-15절). 그러나 여기서 예수님께서 구제, 기
도, 금식을 신앙생활의 규칙으로 제정하셨다고 보기는 어렵다. 예수님
은 당시 사람들이 가장 중요시하던 것을 예로 드시며 어떻게 해야 하느
냐에 대한 답을 실감 나게 알려 주신 것뿐이다. 그렇다고 이 세 가지를
예수께서 불필요한 것으로 일축하셨다고 할 수도 없다. 그 가치를 긍정
적으로 보셨기 때문에 예로 사용하신 것이라고 해야 할 것이다. 구제와
기도와 금식은 천국의 사람들, 즉 예수님의 제자들에게도 유익한 삶의
한 부분이다.

1절을 구제에 대한 서론으로 취급하는 사람들도 있지만 열여덟 절

전체의 서론으로 보는 것이 일반적인 견해다. 우리는 후자를 따른다. '의,' 즉 하나님의 말씀을 따라 살아가는 삶의 방법은 사람들에게 보이려는 것이 되어서는 안 된다는 대원칙을 가지고 있다. 신앙생활을 조금이라도 사람들에게 보일 목적에서 지속해 간다면 그것은 신앙생활이 아니다. 그것은 종교적 삶일 뿐이며, 종교적 본능의 발산 이외의 무엇이 될 수 없다.

가. 구제에 관하여(6:2-4)

'외식자'의 본래 의미는 "연극인"이다. 마음에도 없는 것을 각본을 따라 시키는 대로 표정 짓고 흉내 내고 말하고 행동하는 사람들이다. 구제가 그렇게 되기 쉽다. 예수님 당시에 빵이 필요한 사람들을 불러 모으기 위해 사람들은 거리에서 나팔을 불었다. 이때 부수적으로 사람들에게 보이고 영광을 얻으려는 숨은 의도가 개입함을 예수님은 간파하시고 그렇게 하지 말라고 하셨다. 그 대가가 사람들의 칭찬과 부러움과 존경으로 돌아옴으로써 그들의 행위는 그 자체로 마감됐다는 것이다. 구제란 몰래 하는 것이다. 한 손이 하는 것을 다른 손이 모르게 하라는 것은 몰래 해야 한다는 것의 한 과장법적 표현일 뿐, 한 손으로 줄 수 있는 것으로 구제를 제한하신다는 말씀은 아니다. 비밀리에 하는 구제는 하나님만이 보시고 하나님께서 갚으실 것이라는 약속을 덧붙이셨다.

오늘날에도 구제가 필요한 사람들이 교회 안팎에 있다. 그들을 향한 동정심, 배려 그리고 도움과 봉사가 필요하다. 우리는 하나님으로부터 필요한 것을 공급받기 때문에, 받은 것을 주는 것은 돌려 드리는 것이지 투자하는 것은 아니다.

몰래 하라는 예수님의 말씀이 악용되어서는 안 될 것이다. "왼손도 모르게 하라"는 말씀 때문에 몰래 구제할 여건을 찾느라 구제의 기회를 놓칠 수도 있다. 구제 활동 자체가 위축될 위험이 있다면, 차라리 그것이 드러나도 좋으니 구제는 언제라도 필요할 때 해야 한다고 적용할 필요가 있다. 구제받는 대상의 입장에서는 당장 밥과 물이 절실히 요청되기 때문이다. 이런 필요를 보면서도 '몰래'라는 말씀 때문에 도와줄 마음을 막는다면 이는 예수님의 말씀을 남용하는 것이며 또 다른 위선이 된다.

나. 기도에 관하여(6:5-8)

기도란 하나님께 드리는 우리의 말이자 소리로서, 우리의 마음을 알리는 행동이다. 예수님 당시 사람들은 시간만 되면 기도를 시작했다. 그들은 소리가 만들어지지 않는 기도를 기도로 인정하지 않았다. 기도를 방해받지 않기 위해서 누구나 알 수 있도록 기도하는 자세를 취했다. 기도한다는 좋은 동기와 경건한 습관에도 불구하고 예수님은 그 틈을 비집고 나오는 인간의 마음, 즉 사람에게 보이고 경건한 사람으로 인정받으며 종교적 지도력을 확보/지속하려는 의도를 간파하시고 이것을 위선적 행동, 위선자와 같은 행동으로 규정하셨다.

예수님에 의하면 기도란 시간이 중요한 것이 아니다. 장소도 물론 아니다. 세상을 다스리시는 보이지 않는 하나님 앞에 기도하는 마음 자세가 중요한 것이다. 이를 위해 예수님은 골방에 들어가 문을 닫고 기도하라고 하셨다. 골방은 몰래 기도할 수 있는 곳이란 의미를 심어주기 위해 선택하신 한 예로 보인다. 만약 억지로 골방, 기도굴을 마련하는 것이 기도한다는 사실을 사람들에게 보이게 만든다면 차라리 골방을 없애는 것이 예수님의 말씀을 따르는 행동이다.

기도에 많은 말, 아름다운 표현과 화려한 수식어가 필요한 것은 아니다. 하나님은 영이시므로 하나님께 드리는 기도에는 사실 말이 필요치 않다. 말은 입을 가진 사람에게나 필요한 것이다. 말을 만들어 내는 머리, 마음을 하나님은 이미 알고 계신다. 많은 말, 중복되는 말은 창조주 하나님을 믿지 않는 이방인들이 막연히 드리는 기도다. 아무 신이나 듣고 도와달라는 의도에서 나오는 것이다. 하늘에 계신 우리 아버지는 모든 것을 주시는 분이시다. 따라서 그분이 미리 다 알아서 준비해 주시겠지만 인간인 우리는 기도를 드릴 수밖에 없다.

좋은 것에는 언제나 위험이 따르는 법이다. 기도란 하나님을 믿는 사람들의 특권인 만큼 이 특권이 인간성에 의해 다른 방향으로 발전할 위험은 항상 도사리고 있다. 우리가 무관심하게 실행하고 습관화해 가는 기도의 여러 가지 위험을 파악하는 것이 필요하다. 물론 믿는 사람들이 함께 모여 공동의 기도를 드리는 것조차 막아야 하는 것은 아니다. 주기도문에서 예수님이 오히려 우리가 함께 기도할 정당성을 보장하시고 함께 사용할 수 있는 아름다운 기도문을 만들어주셨다는 것도 공동 기도의 필요성을 더해 준다.

다. 주기도문(6:9-15)

주기도문은 공동 기도문으로 주어졌다. 당연히 개인이 이 기도를 드리는 것을 잘못이라고 할 수 없지만 천국의 사람들이 함께 모일 때 이 기도는 더욱 의미가 있다. 함께 하나님의 나라와 우리의 삶을 다짐하고 기도하며 서원하는 기회가 된다. 주기도문은 하나님을 아버지로 믿는 사람들이 함께 드리는 기도다.

우리가 함께 기도할 것은, 첫째, 하나님의 이름과 관련된다. 자신을 알리시기 위하여 인간의 소리를 빌려 하나 만들어주신 이름, 그 이름이 하늘에서처럼 땅에서도 거룩하게 되는 것이 우리의 소원이 되어야 한다. 우리는 그 이름을 믿고 그 이름 아래 예수님을 따르는 사람들이다. 하나님의 이름은 모든 사람이 거룩하게 생각하고 거룩하게 사용해야 할 이름이다. 인간의 언어로 되어 있다고 마구 다룰 수 있는 이름이 아니다.

하나님의 나라가 이 땅에 임하는 것이 우리의 소원이 되어야 한다. 그 나라가 예수님을 통하여 오는 것이므로 이제 이 기도가 실감 나게 드려질 수 있다. 그 나라는 이미 시작됐으나 재림 때까지는 아직 완성되지 않고 성장해 가는 과정에 있으므로 이 기도는 신자들이 여전히 드려야 할 기도다. 인간의 나라가 아니라 하나님의 나라가 이 땅에 오고 완성을 향해 가는 것이 두 번째 기도다.

비슷한 개념이지만 하나님의 뜻이 하늘에서처럼 땅에서도 이루어지도록 기도해야 한다. 인간의 욕구나 소원이 아닌 하나님의 뜻이 이루어지도록 예수님도 겟세마네에서 기도하셨고 골고다의 길을 걸으셨다. 하나님의 뜻을 비는 기도는 인간의 소원과 노력을 포기하는 것을 포함한다. 하나님의 뜻을 따를 것을 선택하는 것이다. 인간은 하나님의 뜻을 거역했으므로 이 기도는 인류 전체의 기도가 되어야 할 것이다.

예수님은 우리의 삶을 위한 기도도 일러주셨다. 먼저 매일 필요한 양식, 즉 밥을 달라는 것이 우리 모두의 기도가 되어야 한다. 하나님은 살아있는 자들의 하나님이시고 세상이 없어지지 않는 한 살아가는 것이 우리의 제일의 임무이기 때문이다. 천국의 사람들도 아직은 모두 땅에 발을 붙이고 살아가고 있다. 우리의 현실을 각성시켜 주시는 기도다.

살아있는 사람들이 하나님 앞에 섰을 때 시급한 것은 죄의 문제다.

세상을 떠난 사람들은 더 이상 죄에 대해 고려할 필요가 없다. 죄도, 의도, 회개나 용서도 그들에게는 다 끝난 일이기 때문이다. 그러나 숨을 쉬고 있는 사람에게는 용서를 위한 기도는 항상 기도의 첫 줄에 와야 한다. 기독교인에게도 이것은 마찬가지이다.

시험에 빠져 실수하고 죄를 짓고 좌절하는 일 또한 무시할 수 없는 우리의 현실이다. 깨끗이, 흠 없이, 시련도 좌절도 없이 평안하게 하나님의 은혜 아래 살아갈 수 있다면 얼마나 좋을까? 그래서 시험에 들지 않게 기도하는 것과 악에서 건져달라는 기도를 세 번째 항목으로 예수님께서 넣어 주셨을 것이다.

은혜와 의무를 붙여 놓으신 것 또한 간과할 수 없는 대목이다. 용서를 비는 사람들은 용서해 주어야 한다. 용서해 준 사람은 하나님의 용서를 빌 수 있다. 신학적 난제를 만들어내는 이 표현은 예수님께서 주기도문에 붙여 놓으신 것이다. 하나님의 용서와 인간의 용서를 결합함으로써 하나님의 용서를 비는 사람들에게 사람들을 용서해 주어야 한다는 강한 의무감을 지워주신 것이다. 용서의 경우에도 천국의 사람들은 하늘 아버지를 본받아야 한다.

라. 금식에 관하여(6:16-18)

유대인들은 금식할 때 독특한 관습을 따랐다. 얼굴을 씻지 않고 옷을 찢고 재를 머리에 뿌렸다. 어떤 사람은 수염을 쥐어뜯기도 했다. 극도의 고통과 슬픔을 외부적으로 표현한 것이다. 유대인들이 자기들끼리만 모여 살아갈 때 이것은 별로 흠이 되지 않았다. 그러나 예수님 당시처럼 로마인들이 주도권을 쥐고 헤롯 가문이 왕좌에 앉아 있으면서 이스라엘 땅을 이방 세력이 장악해 가는 시대로 변하자 하나님께만 보여야 할 금식의 의식이 동질감보다는 이질감을 만들어내게 됐다. 금식은 이방인들에게 현실적으로 협조할 수밖에 없는 세리와 같은 사람들을 죄인으로 몰아세우고 더 경건한 사람들을 구별하는 외부적 표시로 사용될 수 있었다.

금식은 하나님께 보이는 슬픔과 고통과 결단의 표시다. 그것은 하나님께 드리는 절규요, 몸으로 드리는 기도다. 선한 것이 오용되거나 오염되어서는 안 되기에 예수님은 머리에 기름을 바르라, 얼굴을 씻으라 하셨다. 금식의 표시를 지우고 표나지 않게 하나님께만 슬픔을 표현하라는 것이다. 시대적인 변화로 인하여 머리에 기름을 바르는 것이 금식의 표시가 된다면 차라리 기름을 바르지 않는 것이 예수님의 말씀을 따른 것이다. 사람들에게 보이고자 하는 금식은 즉시 대가를 받은 것으로 계산되어서 하나님께서 갚아주실 것이 없다.

이 부분을 적용할 때, 과도한 금식 위주의 신앙생활을 경계할 필요가 있다. 또 살아계신 하나님께 혼자 보여야 할 슬픔의 표시를 경멸하거나 비판하는 것도 옳은 것은 아니다. 때에 따라서 믿는 사람들이 함께 모여 공동의 슬픔과 고통을 하늘 아버지께 몸으로 호소할 수도 있을 것이다. 금식은 하나님께서 주시는 은혜인 양식을 사양하는 행동이다. 죽음을 각오하는 그런 상황이 아니라면 "양식을 주소서"라고 기도하는 사람이 음식을 끊는 것은 별 유익이 없을 뿐 아니라 신앙생활에 혼선을 가져온다는 사실도 강조해야 할 부분이다.

3.4. 재물과 염려에 관하여 (6:19-34)

몸을 가진 사람들은 물질을 필요로 한다. 사회적 삶은 물물교환 시대에서 화폐를 교환 수단으로 하는 시대로 변했다. 천국의 사람들도 계속 땅에서 살아가므로 왕이신 예수님은 천국의 사람들이 재물, 돈에 대해 가져야 할 남다른 태도를 알려 주셨다. 예수님은 재물에 관한 것을 단순한 사용의 문제, 필요의 문제로만 파악하지 않으시고 우상숭배, 두 주인을 섬김이라는 신앙적 차원에서 다루셨다는 것이 이 부분을 이해하는 열쇠이다.

"아버지의 나라가 이 땅에 임하소서"라고 기도하는 사람들은 모든 물질을 천국에 맞추어 이해하고 사용해야 한다. 우선 예수님은 재물을 이 땅에 쌓는 것은 어리석다고 경고하셨다. 빈손으로 왔다가 빈손으로 가는 인생의 재물에는 한계가 있다. 재물은 일시적이다. 쉽게 망가지고 사라지고 쇠퇴한다. 예수님은 재물과 하나님을 비교하시며 두 주인을 섬길 수 없다고 경고하셨다. 인간에게나 필요한 가치인 재물을 어떻게 창조주이신 하늘 아버지와 비교하셨을까? 용돈으로 주신 만 원짜리 지폐 한 장은 그것을 주신 아버지와 비교 대상이 아니다. 하나님을 섬겨도 돈을 섬길 사람은 없다. 그러나 인간의 마음은 어리석어서 돈과 하나님, 재물과 재물을 주신 분, 물질과 창조주 하늘 아버지를 쉽게 천칭에 올려놓고 저울질한다. 때로는 하나님을 선택하고 재물을 포기한다. 그러나 더 자주 인간의 마음은 재물을 선택한다. 우상숭배는 밖에 있는 것이 아니라 마음에서 만들어진다. 나약한 인간의 마음이 강한 체하며 우상숭배에 빠지는 것이다. 재물에 눈멀어 온몸이 어둡게 되고 온 삶이 어둡게 된다는 예수님의 분석은 어제와 다름없이 오늘날에도 정확하게 적용된다.

그러므로 '염려'는 우상숭배이다. 가장 귀중한 하나님을 버리고 먹고 마시고 입는 문제에 마음을 온통 빼앗기기 때문이다. 먹을 것, 입을 것보다 목숨이 더 중요하다. 목숨을 주셨으며 세상을 다스리시는 하나님이 더 중요하다. 그분은 새에게 입을 것과 먹을 것을 주셨다. 들에 핀 꽃을 위해 아름다운 영광의 색채와 모양을 주셨다. 염려란 더 귀한 인간을 만들어 더 귀한 영광을 주신 그 하나님을 믿지 못하고 의심하는 마음에서 만들어지는 것이다. 염려는 하나님의 자리를 밀어내므로 결국 우상숭배가 된다.

예수님의 적극적 충고는 하나님을 믿으라는 것이다. 하나님의 섭리와 도움을 바라보라는 것이다. 물론 인간적인 활동과 노력을 중지하라고 주신 말씀은 아니다. 염려는 아무것도 만들어내지 못한다. 다만 인간의 마음을 하나님을 향하지 못하도록 붙들어 맬 뿐이다. 그러나 마음은 하나님을 찾으라고 주신 것이다. 하나님을 섬기라고 주신 것이다. 하나님을 믿고 의지하며, 사람들을 위해 이 땅에 오신 예수님을 따라 하나님의 의와 그의 나라를 찾는 사람들에게는 '염려'란 '믿음'의 반대말이 된다. 염려는 아버지를 향한 강한 확신을 나약한 작은 믿음으로 만드는 역할을 한다. 염려 없이 믿음으로 하루하루를 살아가라는 것이 예수님의 교훈이다.

3.5. 먼저 할 것(7:1-12)

7장에는 논리적으로 구분하기 어렵고 논리적인 연관성을 찾기 어려운 몇 말씀이 수록되어 있다. 따라서 별도로 구분하지 않고 함께 다루며 중요한 내용을 정리하고자 한다.

예수님은 먼저 자신의 것은 미화하고 정당화하며 이런저런 평계를 만들어내는 사람들을 향해 남을 비판하지 말고 비판하기 전에 자신의 처지를 먼저 깨달으라 하셨다. 티와 대들보는 남의 약점은 크게 만들고 자신의 약점은 줄이는 인간의 심리를 지적하신 반어적 비유어이다. 자신의 잘못은 작게 보이고 남의 잘못은 크게 보인다. 그러나 남의 장점을 크게 말하고 자신의 장점을 감추는 지혜, 남의 허물을 작게 느끼고 자신의 허물을 크게 느끼는 지혜, 천국의 사람들은 이런 기준을 가져야 한다.

7절에는 누구나 좋아하고 사랑하며 자주 사용하는 말씀이 수록되어 있다. 구하라 찾으라 두드리라. 하나님은 주시는 분이시므로, 더군다나 독생자를 따르는 사람들에게 모든 것을 주시는 아버지시므로 부족할 때, 필요할 때, 고통 중에 있을 때 하나님께 호소하는 것이 우리의 신앙 자세여야 한다.

우리는 하나님의 손보다는 사람들의 손을 쳐다보는 것에 익숙해져 있다. 멀리 계시고 침묵을 지키시는 것처럼 느껴지는 하나님보다는 가까이 있는 사람들의 손을 더 크게 보고, 그래서 더 많은 것을 가진 것으로 생각한다. 그러나 예수님은 구하고 찾고 두드리는 사람들에게 하나님께서 주실 것이라고 하셨다. 하나님이 주실 것이다. "그러므로" 이러한 하나님을 본받아 하나님의 백성은 다른 사람들에게 받기를 바라는 대로 그들에게 주어야 한다. 이웃에게 무언가 주는 사람들로 살아가는 것이 천국 백성의 삶이다.

3.6. 요약 및 결론(7:13-20)

산상설교의 몸통 부분을 요약하는 이 부분에도 아름답고 유명한 말씀이 수록되어 있다. 단순한 요약이 아니라 요약의 형태를 가진 실천을 권하시는 말씀이다. 좁은 문, 좁은 길이란 앞에 말씀하신 모든 것을 지키는 것이 어려움을 지적하신 비유다. 예수님의 설명, 즉 완성된 율법이 쉽지 않은 것을 예수님 자신은 알고 계셨다. 많은 사람이 가르침을 외면할 것이다. 이것을 지키는 것은 좁은 길을 겨우 걸어 좁은 문으로 비집고 들어가는 것만큼 외롭고 어려운 길이지만 그것은 생명으로 들어가는 문이다. 넓은 문, 넓은 길은 예수님의 말씀과 상관없이 자유롭게 원하는 대로 살아가는 것이 쉽고 편함을 보여주는 비유어이다. 많은 사람이 이 문을 선택하고 이 길로 걸어가겠지만 끝에는 멸망이 있다. 좁은 문, 좁은 길을 산상설교에서 떼어내어 특수한 한 인간의 체험 내지 어려운 삶과 결합하는 해석은 전체 문맥을 파괴하게 될 것이다.

생명을 얻을 사람과 그렇지 못한 사람들을 판별하는 기준은 없을까? 믿음이라는 기준은 객관적으로 입증되기 어렵다. 때로는 자신이 믿는 사람인지조차도 명확하지 않을 때가 많다. 예수님은 좁은 길을 지나 좁은 문으로 들어가라는 말씀에 이어 나무와 열매의 상관관계에 관한 비유로 예수님의 말씀을 지키는 것이 생명을 얻을 사람이라는 기준을 제시하셨다. 좋은 나무가 좋은 열매를 맺고 나쁜 나무가 나쁜 열매를 맺는다면, 좋은 열매를 맺는 나무는 좋은 나무이고 나쁜 열매를 맺는 나무는 나쁜 나무다. 중간 지대가 없다. 예수님은 자신이 가르치신 말만큼 분명하게 예와 아니오를 사용하셔서 천국의 사람들이 객관적으로 확인할 수 있는 표시를 이곳에 정립하셨다. 열매는 나무의 정체를 보여주는 천국 사람들의 표식이 된다.

4. 결론부: 하나님의 뜻을 따름 (7:21-27)

예수님은 이 부분에서 다시 어조를 바꾸신다. 2인칭 표현법을 떠나 다시 3인칭 표현법을 사용하셨다. 3인칭 표현법을 우리는 5장 3-10절에서 관찰한 바 있는데 특별한 조건에 해당하는 대상에게만 말씀하시는 방법이다. 형식만이 아니라 내용도 '팔복'에 연결된다. 따라서 우리는 이 부분을 결론부라고 이름 붙였다.

예수님을 향해 "주여 주여"라고 부른다는 것은 이 시점과 문맥에서 형식적인 호칭으로 보기는 어렵다. 낯선 사람을 향해 주님이라고 부를 수는 없기 때문이다. 누가 예수님을 주님이라고 부르는가? 교회 안에 있는 사람들이 아닌가? 예수님이 누구신지 아직 아무도 알지 못하고 예수님도 아직 명확하게 자신을 드러내지 않은 이 상황, 산상설교가 선포되는 산 위의 상황에서 누가 예수님을 주님이라고 부를 수 있는가? 최적의 후보자들은 예수님의 제자들이다. 오늘날에 적용하면 그들은 교회 안의 사람들이다. 즉, 예수님은 "주여"란 칭호를 형식적으로 사용하거나 입발림으로 어색한 대화를 시작하는 체면적 칭호로 취급하시지 않은 것이 분명하다. 예수님은 이 칭호나 이런 칭호를 사용하는 사람들을 거부하신 것이 아니라 이런 칭호를 사용하면서도 하나님의 뜻을 행하지 않는 사람들을 언급하시면서 그들을 하나님 나라로부터 배제하셨다. 그렇다면 예수님은 자신을 주님으로 인정하고 부르는 사람들이 하나님의 뜻을 따라야 한다는 산상설교의 주요내용을 이곳에 반복하시며 설교를 마감한 것으로 설명할 수 있다.

결론부에 나오는 두 가지 비유는 이 점을 반복적으로 설명하며 예수님의 말씀을 들을 뿐만 아니라 그대로 실천하는 사람이어야 한다는 사실을 강조하고 있다. 첫 번째 비유에서 예수님의 이름으로 귀신을 쫓아내고 예언하고 권능을 많이 행했을지라도 예수님의 말씀을 지키지 않으면 불법을 행했다는 평가를 받는다. 두 번째 비유는 유명한 집을 짓는 비유다. 홍수와 파괴 혹은 존립은 최후 심판의 장면을 묘사하고 있다. 산상설교에 담긴 예수님의 가르침대로 행하는 자는 심판을 견디지만 행하지 않는 자는 심판을 견디지 못할 것이다.

제2장
마음이 가난한 사람
마태복음 5:3

어떻게 살아가는 사람이 잘 사는 것입니까? 이런 질문을 던지면 사람마다 제각기 다른 대답을 할 것입니다. 사람마다 삶의 기준이 다르고 그래서 삶을 평가하는 것도 다르기 때문입니다. 어떤 사람이 행복하다고 말하는 그것을 다른 사람은 불행이라고 생각합니다. 어떤 사람은 불행하다고 말하는 그것을 다른 사람은 행복이라고 생각합니다. 옛날부터 사람들은 부족함 없을 정도로 돈을 소유하고 있거나 원하는 일을 하면서 오래 사는 것을 복으로 여겼습니다. 가족들과 웃으며 사고와 질병 없이 사는 것을 복으로 생각했습니다. 그러나 사람들은 더 많이 소유하는 것과 더 높은 권세와 명예를 추구하기 때문에 행복을 느끼지 못할 때가 많습니다. 자기보다 못한 사람을 보면 자신은 행복하다며 만족합니다. 그러나 자기보다 더 많이 가진 사람 앞에서는 상대적 빈곤감을 느끼고 자신이 불행한 사람이라고 생각합니다. 행복은 자기 혼자 만들고 인정하는 것이 아닙니다. 행복은 상대적 개념입니다. 다른 사람과 자신을 비교할 때 자랑스러울 수 있거나 적어도 부끄럽지 않아야 행복하다는 말을 사용합니다. 하지만 모든 면에서 모든 사람에게 자랑할 만한 삶이 어디 있겠습니까? 그래서 완벽하게 행복한 삶은 좀처럼 찾아보기 어렵습니다.

마음 한가운데 자리 잡은 인간의 욕망이라는 것도 행복의 기준을 설정하는 것을 어렵게 만듭니다. 욕망은 변덕스럽고 끝이 없어서 사람들이 행복감을 느끼는 것은 늘 일시적으로 끝나고 맙니다. 그 잠시의 흥분된 상태만 지나고 나면 인간의 마음은 자신이 행복하다는 생각을 재검토하고 조금 전까지 행복하다고 생각했던 바로 그것을 그렇지 않다고 수정해 버립니다. 그리고 이전과 비교하면 분명히 더 행복해지는 것을 진정한 행복이라고 부르도록 가르쳐 줍니다.

그래서 행복에 관하여 말할 때는 언제나 다음과 같은 질문이 만들어집니다. 한 인간이 얼마나 가져야 행복하다고 할 수 있을까요? 얼마나 오래 살아야 행복한 삶일까요? 얼마나 높아져야 행복한 사람이라고 할 수 있겠습니까? 이런 식으로 질문하면 자신이 현재 처지에서 참으로 행복하다고 느끼는 사람은 하나도 없다고 추측하는 것이 더 옳을 것입니다. 바로 이것이 사람들은 행복한가 하는 질문에 항상 관심을 가지는 진정한 이유입니다. 이 세상에서는 행복이란 언제나 사막의 신기루처럼 잡은 듯한 순간에 사라져 버립니다. 어느 정도로 만족할 수 있는 사람은 없기 때문입니다. 그 끝을 모르기 때문입니다.

하나님의 눈에는 어떤 사람이 행복하게 보일까요? 행복에 관한 사람들의 관심은 곧 인생에 관한 하나님의 평가를 요구합니다. 인생을 굽어보시는 하나님이 평가하시는 것이야말로 인생의 행복에 관한 마지막 답이 아니겠습니까? 이제 행복에 관한 예수님의 말씀을 살펴봅시다. 예수님은 사람들의 행복에 관하여 말씀하심으로 자신의 가르침을 시작하셨습니다. 복된 사람이 누구인가를 여덟 가지로 말씀하셨는데 이것을 우리는 팔복이라고 부릅니다. 그 첫 번째 말씀이 "심령이 가난한 자는 복이 있다"는 말씀입니다.

멀리서 보는 인생

행복은 외부적인 요소에 의해 결정되기도 하지만 그것들을 만나고 사용하는 사람의 마음가짐도 이에 못지않게 중요합니다. 다른 사람이 보기에는 행복해 보여도 자신이 만족하지 못하면 불행해질 수밖에 없습니다. 이와는 반대로 누가 보기에도 불행한 상황에서 자신이 만족한다면 그것을 마냥 불행이라고 부를 수는 없습니다. 즉, 인간의 행복을 가늠하는 데는 외부적인 요소도 중요하지만 사람의 기본적인 마음가짐도 아주 중요한 역할을 합니다. 그렇게 하기 위해서는 자신의 삶에 마냥 몰입해 들어가지 않고 자신이 살아가는 모습을 마치 다른 사람의 삶인 양 멀리서 한번 바라보는 것이 도움이 됩니다. 자신의 삶에 묻혀 있는 사람의 눈에는 잘 보이지 않는 것이 다른 사람의 눈에는 아주 뚜렷이 보이기 때문입니다. 반대로 다른 사람의 삶을 이해하기 위해서는 남의 인생이 마치 자신의 인생인 양 그 속에 들어가 보는 것이 필요합니다.

예수님의 팔복을 이해하는 열쇠는 시야를 좀 더 넓혀 인생을 근거리에서만 보지 않고 원거리에서 살펴보는 것입니다. 20세기로 들어오면서 사람들이 옹기종기 모여 사는 지구를 좀 더 먼 거리에서 쳐다보는 것이 가능해졌습니다. 비행기를 타고 높이 올라 자신이 아끼는 세상을 쳐다보는 것은 정말 색다른 경험입니다. 사람들이 귀중히 여기던 모든 것이 점점 희미해지고 도시 전체가 누런 색깔로밖에 보이지 않습니다. 가족도 집도 고향이나 고국도 발아래 희미한 점이 되어 잘 보이지도 않습니다. 그 속에 우리가 좋아하고 사랑하는 모든 것이 있습니다. 그 색깔 속에 우리가 얻으려고 목숨을 다해 발버둥을 치던 보물들이 있습니다. 우리는 우주선이 찍어 보낸 푸른 별 지구의 모습을 보고 남다른 감회에 빠진 적이 있었습니다. 조상들이 지키고 우리에게 넘겨준 한반도가 그 푸른 공의 표면의 한 부분임을 보고 조국과 애국심이 무엇인지 다시 생각해 보게 됐습니다. 인종이나 언어, 나라의 차이가 있기는 하지만 모든 것이 지구의 한 부분임을 알고 우리는 세계는 하나다라고 외치게 됐습니다. 과거의 가치들은 결국은 편견에서 나온 것들이었음을 배웁니다. 우리는 바야흐로 세계화 시대에 살고 있는 것입니다. 이런 눈으로 보면 삶의 가치는 이전과 다르게 보일 수밖에 없습니다. 더 넓은 세계가 있다는 것을 알았고 그 넓은 세계에서의 삶을 만들어가야 하기 때문입니다. 우주선을 타고 언젠가 이 지구를 떠나는 날이 오면 우리는 어떤 생각을 하게 될까요? 예를 들어, 화성에서 별처럼 반짝거리는 지구를 보면서 그 속에 있는 사람들과 고향과 한국과 세계를 생각한다면 인생을 어떻게 평가하게 될까요?

이제 이것은 상상이나 추측만은 아닙니다. 밤하늘의 별로만 알고 있었던 화성을 우리는 로켓에 실어 보낸 작은 카메라의 눈을 통해 마치 우리가 직접 보듯 여기저기를 구경할 수 있습니다. 반대로 그곳에서 이곳을 바라보는 것은 어떨까요? 수많은 사람이 살다 묻혔고 지금도 수십억이나 되는 사람들이 살고 있는 지구라는 별을 보면 어떤 생각에 잠길까요? 그곳에서 우리가 생각할 수 있는 인생은 무엇이며 인간의 행복은 무엇일까요? 이에 대해서는 아무도 대답하지 않았습니다. 대답은 상상 속에만 존재할 뿐입니다. 그러나 최소한 이런 질문을 만들고 나름대로 추측해 볼 수 있는 세상이 된 것만은 틀림없습니다. 이런 가능성 속에서 우리는 우선 다음과 같은 답을 찾을 수 있습니다. 여기 이 지구에서 나 자신을 보고 내 인생을 살피며 스스로 평가하는 것과 화성에서 이곳에 있을 나를 보고 살피고 평가하는 것은 굉장히 다를 것이라는 사실입니다. 이곳에서는 내가 중심입니다. 나밖에 보이지 않습니다. 마음을 열어 보았자 가족, 친척, 친구, 친지 등입니다. 아니면 한국 사람, 동양 사람 이런 정도입니다. 국제화 시대가 되어 마음을 넓혀도 모두가 지구촌 안에서 벌어지는 일들, 즉 인간의 일들입니다. 세상의 일들입니다. 그런데 화성에서 이곳을 보면 그 큰 지구는 밤하늘의 작은 푸른 별일 뿐입니다. 더 넓은 세계인 우주의 일부입니다. 지구라는 별에서 먼지와 같이 작은 생명체 인간들이 제한된 시간, 곧 60년 내지 100여 년 동안 살아가며 일구어내는 것이 인생입니다. 그곳에서 손이 닿는 곳에 있는 것을 줍기도 하고 벌기도 하고 빼앗기도 하며 행복을 논하는 것입니다.

우주 시대에는 어떻게 사는 것이 정말 행복일까요? 이제 우리는 이런 식으로도 질문해 볼 수 있습니다. 그만큼 인생을 보는 시각이 넓어진 것입니다. 태양을 돌고 있는 별 하나, 지구에서 살아온 것이 인생입니다. 우주적인 시각으로 인생을 평가한다면 무엇을 행복이라고 불러야 할까요? 답은 아직 아무도 모릅니다.

지금 세계화를 부르짖는 사람들의 시각도 결코 충분히 넓은 것은 아님이 자명합니다. '세계적'이란, 우주라는 관점에서 보면 결국은 "지구적"이라는 제한적인 의미를 안고 있습니다. 이에 비해 지구가 넓은 우주의 한 부분임을 이해하면서 그 속에서 우주적 인생관을 말해야 할 시대로 접어들어 가고 있습니다. '우주적'이라는 단어에 비교해 보면 '세계적'이라는 표현도 인간의 좁은 이기심에서 나오는 좁은 용어임을 우리가 이해할 수 있는 시대를 살고 있습니다.

하나님의 눈으로 본 인생

하나님의 눈에 비친 인생, 그것은 우주적인 시각보다 더 넓은 것입니다. 우주를 만드신 분이 하나님이시므로, 그분이 말씀하신 팔복을 이해하기 위해서는 우주보다 더 넓은 시야, 즉 하나님의 시야가 필요합니다. 그 시각으로 관찰하면 가족적 인생관이나 민족적 혹은 국가적 인생관은 너무 좁은 것입니다. 세계적 혹은 지구적 인생관도 그렇습니다. 우주보다 더 넓은 세계가 있습니다. 그것은 우주와 그 속의 한 별, 지구를 만드신 하나님의 세계입니다. '우주적'이라는 표현은 하나님에 비하면 결국은 물질계 혹은 피조계라는 제한성을 가집니다.

팔복은 우주보다 더 넓은 시각, 즉 하나님의 눈으로 지구와 이 지구에 살고 있는 사람들을 관찰하시고 그들에게 무엇이 과연 복 있는 것인가를 평가한 그런 말씀입니다. 우리가 자기 자신을 보고 인생을 평가하는 것과 하나님의 눈으로 인생을 보는 것은 같을 수 없습니다. 전혀 다르다고 말해야 할 것입니다. 인간들이 자신들에게 좋다고 생각하고 말하는 것과 하나님께서 인간들에게 좋다고 평하시는 것은 같을 수가 없습니다. 인간이 행복으로 여기는 것과 하나님께서 복된 인생이라고 하시는 것은 지구와 우주의 차이 이상으로 다를 수밖에 없습니다. 팔복에서 우리는 바로 그런 하나님께서 인생을 살피신 결과를 배우게 됩니다.

예수께서 남기신 팔복 선언은 예수님의 눈으로 본 인생입니다. 예수님의 눈에 비친 복된 사람의 모습입니다. 우주보다 넓으신 성자 하나님께서 인간이 되셔서 인간의 눈으로 인생을 관찰하시고 인간의 몸으로 인생을 체험하시며 인생의 행복에 관하여 말씀하신 것입니다. 팔복에서 말하는 복된 사람은 이 세상 안에서의 얘기가 아니라 우주를 내려다

보시는 하나님의 시야에 비친 인생의 행복입니다. 인간을 만드신 하나님께서 인생에 새겨 놓으신 축복에 관한 말씀입니다.

마음이 가난한 사람

하나님의 아들이신 예수님의 눈에 비친 복 있는 사람은 "마음이 가난한 사람들"이었습니다. 예수님의 이 말씀을 직역하면서 시적으로 다시 번역해 보면 이렇습니다. "복되도다 마음이 가난한 사람들이여! 하늘나라가 그들의 것이기 때문이다." 또는 다음과 같습니다. "복이 있습니다. 마음이 가난한 사람들이여! 하늘나라가 그들의 것입니다."

한글 개역 성경은 "심령이 가난한 사람들"이라고 번역했는데 이해하기 어려운 표현입니다. 우리는 '마음'이나 '영혼'이라는 단어는 사용해도 이 두 가지를 합친 '심령'이라는 용어는 잘 사용하지 않습니다. '심령'이라는 용어로 번역한 이유는 '영(혼)의 가난'이라고 하면 무엇인지 알기 어렵고, '마음의 가난'이라고 하면 너무 심리적인 현상으로만 보이기 때문이었던 것 같습니다. 인간은 영혼과 육체로 되어 있지만 육체 없는 영혼이 무엇을 의미하는지 쉽게 체험적으로 파악하기 어렵습니다. 또 영혼이 떠난 육체는 죽은 것이어서 더 이상 인간이라고 보기 어렵습니다. 우리가 관찰하고 이해할 수 있는 인간은 영혼과 육체가 신비롭게 결합되고 조화된 존재입니다. '심령'이라고 번역된 원어 '프뉴마'는 영혼이라고 번역되기도 하지만, 대개 마음 혹은 정신으로 번역되기도 합니다. 그중에서 우리가 쉽게 이해할 수 있는 번역어는 아무래도 '마음'입니다. '마음'은 육체와 대조되는 우리가 알고 관찰할 수 있는 인간의 다른 부분을 가리킵니다.

예수님의 말씀에 따르면 마음이 혹은 정신이 가난한 사람이 복 있는 사람입니다. 이 말씀은 누가복음 6장 20절, "가난한 사람은 복이 있다"라는 말씀만큼이나 역설적입니다. 가난은 결코 행복일 수 없기 때문입니다. 누구도 가난한 사람을 복 받은 사람이라고 부르지 않습니다. 가난은 고통을 의미합니다. 꼭 있어야 할 것이 없는 상태가 가난입니다. 사람들은 가난을 피하려고 갖은 애를 다 씁니다. 모든 불행의 원인이 가난이라고 알고 있기 때문입니다. 물론 예수님께서 지적하신 마음의 가난은 물질적 가난과는 다릅니다. 그러나 예수님의 이 말씀을 이해하기 위하여 우선 물질적·경제적 가난을 생각하는 것이 필요합니다. 가난이라는 외부적, 사회적, 혹은 경제적인 성격의 단어를 '마음'에 결부시키셨기 때문입니다. 마음의 가난이 무엇을 의미하든지 간에 우선 우리가 느낄 수 있는 것은 가난한 거지가 복 받은 사람이라고 말하는 것 못지 않게 예수님의 말씀이 우리 인간의 생각이나 열망과는 너무 다르다는 점입니다. 예수님의 말씀은 인간의 경험과는 완전히 동떨어진 것입니다.

"마음이 가난한 사람이 복 있는 사람이다"라고 말한다면 속된 말로 정말 웃기는 얘기처럼 들립니다. 가난이라면 좋아할 사람이 없기 때문입니다. 우리는 '가난'이란 단어조차 싫어합니다. 부끄러워합니다. 고통스러운 것이 가난의 상태입니다. 먹을 것이 없고 입을 것이 없는 것이 가난입니다. 비바람을 피할 곳, 몸 하나 편히 뉘일 곳이 없고 햇빛을 가려줄 집이 없는 것이 가난입니다. 이것을 행복이라고 부를 수 있겠습니까?

북한 동포들이 굶주리고 있다고 신문이 매일같이 보도합니다. 그것을 보도하는 것은 이 사람들이 세상에서 가장 행복한 사람들이라고 선전하는 것은 아닐 것입니다. 그런 기사를 읽으면서 우리는 그들의 가난을 부러워하지 않습니다. 안타까움이 가슴을 저밉니다. 아무리 우리와는 다른 곳에 사는 사람이라 해도 먹을 것이 없어 굶주리고 죽어가고 있다는 소식은 결코 유쾌하게 들리지 않습니다. 이처럼 가난은 그것이 물질적이든, 정신적이든 싫은 것입니다. 피하고 싶은 것입니다. 괴롭고 두려운 것입니다.

예수님께서 말씀하신 "마음의 가난"을 이해하기 쉽게 정신적 가난이라고 해봅시다. 정신적 가난이 행복할까요? 인생을 바르게 인도할 수 있을까요? 여러분, 정신적 가난은 물질적 가난보다 더 비참한 것입니다. 정말 인간답지 못한 삶을 엮어내게 하는 것이 정신적 가난입니다. 물질적 가난은 먹을 것을 얻기만 하면 됩니다. 추위를 감싸줄 옷을 구하기만 하면 가난은 해결됩니다. 그러나 정신적 가난은 해결할 방법이 없습니다.

희망이 없다고 생각해 봅시다. 아니면 지식이 없다고 해봅시다. 지혜가 모자라고 삶의 목표가 없다고 해봅시다. 이런 것은 인간이 살아가는 데 꼭 있어야 할 정신적 요소요 삶의 지주임이 분명합니다. 사람들이 죽을 것을 뻔히 알면서도 그래도 실망하지 않고 나름대로 열심히 사는 것은 이런 허황된 꿈과 목표가 있기 때문이 아닐까요? 돈을 벌겠다는 생각이 한 사람을 사람으로 움직이게 합니다. 누구보다 훌륭한 사람이 되겠다는 야망이 삶을 좀 더 높은 수준으로 끌어올립니다. 이런 것이 전혀 없는 사람을 한번 생각해 보십시오. 그의 삶이 인간적인 것이 될 수 있겠습니까? 그의 삶을 그래도 나은 방향으로 이끌어갈 수 있겠습니까?

우울증에 시달리는 사람들을 예로 들어 보겠습니다. 그들은 희망도, 욕구도 없고 자신의 존재가치조차도 확인할 길이 없어 멍하니 허공만 쳐다보다가 허무감에 삶을 주체하지 못하고 극단적 선택을 하기도 합니다. 주변의 사람들에게 이해할 수 없고 받아들일 수 없는 피해를 주기도 합니다. 사람은 허망한 꿈이라도 있어야만, 끝없는 욕망을 가져야만 앞으로 갈 수 있습니다. 꿈은 이루어지지 않는 것이라 해도 한 인간의 삶을 지탱하는 힘을 안겨줍니다. 꿈이 사라지면 삶이 사라지는 것입니다. 욕망이 사라지면 삶의 구심점, 살아야 한다는 자극제가 사라지는 것입니다.

세상은 가난한 정신, 가난한 영혼보다는 사람들에게 꿈을 심어주고 희망을 부풀리며 야망이 있고 지식과 지혜로 가득한 사람들을 좋아합니다. 그런 사람들에게서 자신의 삶을 자극받는 것입니다. 사람들은 돈 많은 부자를 부러워하고 그들에게서 더 잘살고자 하는 자극을 받기도 하지만, 정신적으로 풍요로운 사람들에게서 더 많은 것을 배우기도 합니다. 그래서 세상에서는 똑똑하고 지혜롭고 야망 있고 부푼 꿈을 안고 끝없이 앞을 향해 달려가는 사람들을 행복하다고 부릅니다.

대통령 선거철이 되면 한반도는 또다시 대통령을 뽑으려는 열기로 들썩거릴 것입니다. 대통령이 되려고 하는 사람은 자신이 가장 그리고 지독히도 마음을 비운 가난한 사람이라는 것을 보이려고 하지는 않을 것입니다. 그들은 다른 어떤 경쟁자보다도 더 똑똑하고 지도력이 있으며 유능하다는 것을 보이려고 갖은 방법을 다 동원할 것입니다. 내보일 것이 가장 많은 사람이라는 것을 증명하는 것이 대통령이 되는 지름길이라고 생각합니다. 유권자들은 누가 더 똑똑하고 지도력이 강한 사람인가를 묻습니다. 어떤 후보자가 국민에게 더 밝은 미래를 약속하고 정직하고 성실하게 그곳으로 나라 전체를 이끌어 갈 것인가를 따집니다. 추진력이 있는 사람이 행복한 사람입니다. 높은 이상을 가졌을 뿐만 아니라 그것을 실제로 실현할 수 있는 사람을 대통령으로 세우겠다고 합니다. 마음이 가난한 후보자를 뽑을 사람은 아무도 없습니다. 이것은 우리나라가 비기독교 국가이기 때문만은 아닙니다. 기독교 인구 비율이 더 높은 나라에서도 마음이 가난한 지도자가 아니라 자신감 넘치고 목표가 분명하고 의지력이 강하며 추진력 있는 지도자를 원합니다. 어느 사회에서나 행복한 사람은 정신적으로도 풍요로운 사람입니다. 그들에게 배울 것이 있고 그들에게 의지할 것이 있다고 세상은 믿고 있습니다. 높은 교육을 받고 교양 있는 사람들의 사회, 그곳이 행복한 사회입니다.

인간 사회가 추구하고 좋아하는 것에 비하면 예수께서 말씀하신 축복은 어쩌면 궤변처럼 들립니다. "마음이 가난한 사람이 복이 있다"니 말입니다. 그것은 분명 인간 세상과는 차원이 다른 얘기입니다. 사람들이 말하고 기대하며 애쓰는 세상의 행복과는 완연히 다르다고 할 수밖에 없습니다. 그러니까 예수님은 사람들이 가장 싫어하는 것을 행복의 조건으로 규정하신 셈입니다. 그것이 물질적·경제적 가난이든 아니면 정신적·영적 가난이든 예수께서 우리 인생을 보시는 시각과 인간이 자신을 보는 시각은 정반대임을 알 수 있습니다.

저 멀리 화성에서, 아니 하나님의 세계에서 하나님의 눈으로 지구를 그리고 우리를 쳐다보는 시각은 이런 것입니다. 마음이 가난한 자들이 복이 있는 사람들입니다. 기독교가 어렵다고 하는 것은 어려운 교리 때문이 아닙니다. 사람들이 이해할 수 없는 철학이나 신비 때문에 기독교가 어려운 것이 아닙니다. 예수님의 이 말씀처럼 인간이 싫어하는 것을 좋은 것이라고 하시고 인간이 좋아하는 것은 나쁘다고 하시는 이 역설적인 면 때문에 사람들에게 기독교가 어렵게 보일 뿐입니다. 그러나 진정한 기독교의 길에 들어서려면 우리가 싫어하는 것을 행복한 것이라

인정할 수 있어야 합니다. 그리고 인간이 좋아하는 것을 미워할 각오가 되어 있어야 합니다. "마음이 가난한 사람은 복이 있다"는 말씀은 우리의 가슴에 와닿고 누구나 찾던 그런 종류의 진리이기 때문이 아니라 우리를 구원하러 오신 예수님의 말씀이기 때문에 어쩔 수 없이 가슴에 담아 두어야 하는 것입니다. 기독교를 이해하는 길은 예수님의 이 말씀을 가슴에 담고 좋아하며 그 말씀으로 자신과 자신의 삶을 저울질하는 데 있습니다.

무엇이 마음의 가난입니까?

앞에서 잠시 말씀드린 대로 가난이란 우리에게 꼭 있어야 할 것이 없는 상태, 즉 필수적인 것이 결핍된 상태를 가리킵니다. 예수님은 가난이란 단어를 '마음' 혹은 '영혼'에 결합하여 말씀하셨기 때문에 사람들이 인생을 만들어가기 위해서 꼭 가지고 있어야 할 정신적 요소들이 없는 것을 '마음의 가난'이라고 표현하셨다고 볼 수 있습니다.

적지 않은 신학자들이 이 가난을 아주 좁은 의미로 축소하여 하나님 앞에서 자신을 죄인으로 인식하고 죄의식과 죄책을 느끼며 회개하는 마음가짐으로 설명합니다. 영적 탈진 상태, 죄인임을 의식함, 그래서 결과적으로 하나님 앞에서 구원의 희망도 가지지 못한 상태, 마음을 비우고 하나님의 자비의 손길을 기다리는 자세 말입니다. 이렇게 설명하는 것은 2000여 년 기독교 역사에 굵은 줄처럼 이어져 왔습니다.

그러나 마음의 가난을 죄의식과 죄에 대한 가책 심리로만 해석하는 것은 예수님의 말씀을 너무 좁힌 것이고 너무 특수한 면만을 지적한 것입니다. 이렇게 말씀드리는 이유는 첫째, 이 선언을 하신 당사자이신 예수께서 그런 단서 조항 없이 그냥 "마음이 가난한 사람들이 복되다"고

하셨기 때문입니다. 죄로 인한 가난이 '마음의 가난'에 포함되어 있다고 해도 이것만을 마음의 가난이라고 본다면 일부만을 부각시키는 것입니다.

둘째, '마음의 가난'을 '죄인 됨의 인정과 자각 그리고 죄책과 구원의 무력감'이라고 설명하는 것은 누가복음 6장 20절의 비슷한 말씀, "가난한 자들이 복이 있다"는 선언과 결합하거나 조화시키기에 쉽지 않습니다. 그곳에서 예수님은 분명히 물질적 부에 반대되는(참조. 눅 6:24) 가난을 언급하셨기 때문입니다. 인간이 죄인임을 인정하고 자각하고 자복하는 것이 예수님을 믿는 믿음의 길로 들어서는 문이라는 점은 성경 다른 곳에서 강하게 말씀하셨습니다. 그러나 팔복의 첫 번째 복에서도 바로 그 내용을 읽어내야만 하는 것은 아닙니다. 이유가 붙지 않은 '마음의 가난'은 죄로 인한 마음의 가난보다 훨씬 더 넓은 개념입니다.

셋째, 예수께서 사역을 시작하시고 사람들이 예수님을 따라나섰다가 이 산상설교와 그 첫 부분의 팔복 선언을 들었을 때, 사람들은 아직 예수님이 어떤 분이시며 무슨 일을 하시는 분이신지 잘 몰랐다는 사실도 지적해야 합니다. 예수님의 사역 초기에 예수님은 "자신이 죄인임을 아는 사람들이 복 있는 사람들이다"라고 사람들에게 설교하신 것이 아닙니다. 예수께서는 사람들의 마음을 하나님에게로 돌리고 자신을 따르도록 이 말씀을 하셨을 것입니다.

그러므로 "마음의 가난"이라는 표현은 인생에 일어날 수 있는 모든 종류의 영적 가난을 다 포함하는 것으로 보입니다. 이렇게 질문해 봅시다. 인간이 살아가면서 꼭 가지고 있어야 할 정신적·영적 재산이란 무엇이겠습니까? 인간에게는 자아의식이 필요합니다. 자존심이 있어야 합니다. 자만심도 삶을 지탱하는 도구입니다. 자신감 없이 살아가기란 정말 어렵습니다. 사람에게는 희망이 있어야 합니다. 욕구와 욕망이 우리를 잠시 더 이 세상에 용감하게 머물러 있도록 해줍니다. 자신이 세운 것이라 하더라도 삶의 목표는 인생의 아주 중요한 요소입니다. 살아가려는 힘 혹은 살아갈 힘이라고 불러봅시다. 아니면 삶에 대한 애착이나 살고자 하는 욕망, 살아야 할 이유, 목적 등을 꼽을 수도 있을 것입니다. 이런 정신적 재산이 없는 사람들이 영적으로 가난한 사람들입니다. 예수님 당시의 유대인들은 400여 년 동안 나라를 잃고 강대국의 압제와 군인들의 폭력, 과다한 세금 등으로 절망하고 있었습니다. 헤롯 가문의 이방인들이 '유대인들의 왕'이란 칭호를 사용하며 하나님의 백성들을 가로막고 있는 상황에서 유대인들에게 이스라엘의 회복은 요원한 것처럼 보였습니다. 그들의 거창한 희망에 비해 현실은 너무 각박했고 비참했습니다. 예수님을 따라나선 사람들은 희망 없이 그냥 살고 있는 사람들이 대부분이었습니다. 예수님은 자신을 따르는 사람들의 실제적인 영적 가난을 직시하셨고 그것을 지적하신 것이라고 보는 것이 이 말씀을 이해하는 가장 좋은 길이라 생각합니다.

　마음의 가난이란 것을 좀 더 직접적으로 인간의 삶을 방해하는 요소들을 통해 찾을 수 있습니다. 절망이나 좌절이 인생의 방해물입니다. 어떤 철학자는 근심을 죽음에 이르는 병이라고 부른 적이 있습니다. 매일의 삶에 대한 염려와 걱정은 예수님 당시 사람들의 일상생활의 한 부분이었습니다. 살아남는 것이 요행으로 보이던 시대였습니다. 삶에 대한 공포도 삶을 저해하는 요소입니다. 자신이 한 일에 대한 뿌듯한 보람을 방해하는 죄의식과 죄책감이 있습니다. 따뜻한 사랑을 잃었을 때 나타나는 실연의 비애도 사람의 정신을 피폐하게 만듭니다. 무력감, 무기력도 그렇습니다. 자신의 존재가치, 존재의 의미, 인생을 허비했다는 생각 등등도 마음의 가난이라고 부를 수 있을 것입니다.

이런 정신적 가난의 상태는 각박하고 험난한 삶의 환경에서 주어질 수 있습니다. 당시 이스라엘 땅의 정치적·사회적 기류가 사람들을 그렇게 영적·정신적 궁핍의 상태로 몰아넣었다고 볼 수 있습니다. 이 모든 것은 의식주 생활의 비참함으로부터 야기되는 것이 정상입니다. 하나님의 율법을 어기지 않고는 하루도 살기 어려운 시대였다고 예수님의 활동 시기를 요약할 수 있을 것입니다. 사람들은 그들을 둘러싸고 있는 상황으로부터 미래에 대한 희망을 가질 수가 없었습니다. 가난이나 실패, 범죄, 실수 등이 인간의 정신을 피폐하게 만듭니다. 그러나 때로는 물질의 풍요와 출세와 성공이 정신적 공백 상태로 이어질 수도 있습니다. 사람들은 자신이 추구하던 모든 것을 손에 넣고도 허전해 하는 마음을 가지고 있습니다. 부족함이 없어도 공허감이 사람들을 괴롭힙니다. 큰 성취 이후에 나타나는 무력감도 인간의 특징입니다. 다 가졌다고 사람은 행복해지지 않습니다. 가장 사랑하는 사람 곁에서 외로움을 느끼는 것이 인간입니다. 사람은 누구보다도 더 많이 가져도 늘 부족하다고 느낍니다. 마음의 가난, 영적 가난은 세상에서 최고의 자리에 오른 사람에게도 나타나는 현상입니다.

이런 사람들을 우리가 행복하다고 할 수 있을까요? 그러나 예수님은 바로 이와 같은, 어떻게 보면 쓸모없는 사람, 쓸모없이 되어 버린 상태에 있는 사람이 복되다고 선언하셨습니다. 자만심에 빠진 사람보다는 좌절감에 빠진 사람들이 복이 있다는 말씀입니다. 자신감과 희망에 젖어 활기차게 오늘을 사는 사람들을 제쳐 두시고 하루하루 삶을 연명해 가는 고통받는 사람들을, 낙망과 좌절의 상태에서 손을 놓고 넋이 나간 사람처럼 하늘만 쳐다볼 수밖에 없는 사람들을 복이 있다고 하셨습니다.

왜 마음이 가난한 사람들을 복되다고 하셨습니까?

마음이 가난한 사람이 복된 이유에는 일반적인 이유와 특수한 이유가 있습니다. 일반적인 이유부터 살펴봅시다. 우리의 마음이 여러 가지로 잔뜩 채워져 있을 때 우리는 우리의 것만 보게 되고 이 세상의 것에 집착하게 됩니다. 자신의 것을 가지고 있을 때 사람들은 하늘을 우러러 보지 않습니다. 웃고 떠들고 자랑하고 싶어 합니다. 누구에게라도 자신의 것을 내보이고 싶어 안달이 날 지경입니다. 사람들의 칭찬과 찬양을 기대합니다. 지식을 자랑하고 지혜를 내보이며 자신의 확신과 희망과 목표에 사로잡힐 뿐만 아니라 바로 그 아래 다른 사람들을 끌어모으려고 합니다. 한마디로 삶의 성취와 세상에 몰입해 하나님을 쳐다볼 여유가 없습니다. 그러나 이 세상에서 우리가 설 곳을 잃어버리고 희망도 없이 목표도 기쁨도 없이 비참한 상태에 헤매고 있을 때 사람들은 하나님에게 관심을 가지게 됩니다. 모든 것을 잃은 상태에서 아무것도 쥐지 못한 상태에서 사람들은 망연자실하여 하늘을 바라봅니다. 이 세상 저편의 신의 세계를 생각합니다. 이것은 모든 사람이 경험하는 아주 일반적인 현상입니다. 죽음의 문턱에 서야 사람들은 하나님을 절실히 찾게 된다는 것입니다. 아무것도 가지지 못했을 때 그의 텅 빈 마음은 신에게 시선을 돌립니다. 이 세상의 것을 모두 잃었을 때, 버렸을 때 우리는 더 이상 이 세상에 미련을 두지 않고 하나님과 하나님의 세계를 찾습니다.

예수님께서 염두에 두신 것은 사람들의 물질적·정신적 필요 이전에 이 세상을 만드신 하나님을 향한 사람들의 태도였다고 생각됩니다. 당시에도 부자들은 예수님을 따를 필요를 느끼지 못했습니다. 유대 지도

자들에게는 달리 할 일이 쌓여 있었습니다. 유대 사회의 핵심부에 진입하기 위하여 잘 알지도 못하는 나사렛의 예수를 따라다닐 시간을 낼 수도 없었고 그럴 마음도 없었습니다. 물려받은 기득권을 지키고 헤롯 가문에 밉게 보이지 않고 로마 총독과 더 깊은 연분을 쌓기 위하여 24시간도 모자랄 지경이었습니다. 그러나 예수님을 따라 산 위에 올라 그분의 산상설교를 들었던 사람들은 그 반대였습니다. 예수님에게서 삶의 희망과 힘을 얻고 싶어 했던 사람들이 예수님의 이 설교를 들었던 것입니다.

이제 특별한 이유를 살펴봅시다. 그 이유는 예수께서 말씀하신 복의 선언 안에 표현되어 있습니다. 팔복을 자세히 관찰해 보면 각 복이 모두 두 행, 즉 두 문장으로 구성되어 있습니다. 어떤 특정한 사람들을 복되다고 선언하시는 연과 복된 이유를 설명하신 문장입니다. 정확하게 번역해 보면 이렇게 되어 있습니다. "복되도다 마음이 가난한 사람들이여! 왜냐하면 천국이 그들에게 주어질 것이기 때문이다." 혹은 다음과 같습니다. "복되도다 마음이 가난한 사람들이여! 그들에게 천국이 주어질 것이다." 마음이 가난한 사람들에게 천국이 주어질 것이기 때문에 그들이 복되다고 하신 것입니다. 마음의 가난이 채워질 길이 열렸습니다. 천국이 그들에게 주어지기 위하여 예수님을 통해서 막 시작되고 있었습니다. 세상에서의 희망을 찾을 수 없는 사람들에게 드디어 하나님의 구원의 소식이 울려 퍼지기 시작했습니다. 400년 묵은 희망을 헛되이 간직하고 있었던 억압받던 민족, 하나님의 백성 유대인들에게도 그들의 공허가 채워질 길이 나타났습니다.

예수님은 3인칭 표현법을 사용하셔서 주변에 둘러서 있는 사람들 중에서 "마음이 가난한 사람들"을 지적하시며 하나님의 나라가 그들에게 주어질 것이라고 선언하셨습니다. 예수님이 어떤 분이신지 알고 있는 우리는 예수님을 따랐고 이 설교를 듣고 있던 마음이 가난한 사람들에게 이미 하나님의 나라가 주어지고 있었다고 설명할 수 있습니다. 그 천국의 왕이 이 설교를 하셨기 때문입니다.

예수님은 가난이나 마음의 가난 자체를 행복한 것이라고 말씀하지 않으셨습니다. 그것이 원인이 되어 예수님을 따라나선 사람들이 복되다고 말씀하십니다. 예수님의 강조점은 천국의 왕으로 오신 그분이 아직 잘 알지도 못한 채 자신을 따르는 사람들에게 천국을 선포하시는 실제 상황에 있습니다. 천국이 그들에게 주어지지 않는다면 그들은 결코 행복한 사람들이 되지 못합니다. 강조점은 천국이 마음이 가난한 사람들에게 주어진다는 데 있었습니다.

팔복은 그리고 그 첫 번째 복의 선언은 예수님의 복음이었습니다. 예수님의 입에서 나온 것이기에 더욱 그렇습니다. 마음의 가난은 사람들이 예수님을 따라 나온 바른 이유였습니다. 물론 다른 이유로 그곳에서 있는 사람도 있었을 것입니다. 예수님은 그들 모두를 축복하시지 않으셨습니다. 하나님만을 바라볼 수밖에 없는 "마음이 빈" 사람들, 그들이 예수님을 따르는 것은 바른 길이었습니다. 아직 예수님을 잘 몰랐어도 그들은 정확하게 천국 문으로 들어갈 수 있는 바로 그곳에 와 있었습니다.

천국이 마음이 빈 사람들에게 주어지지 않는다면 마음이 가난한 사람들이야말로 가장 불쌍한 사람들입니다. 희망도 용기도 없이 세상을 살아가는 비참한 사람들입니다. 한국에서는 죽어가는 사람에게 그가 죽는다는 사실을 잘 알려 주지 않습니다. 그것은 죽는 순간까지도 최후의 희망을 포기하지 않도록 하고, 그렇게 하는 것이 고함을 지르며 죽음에 항거하다 죽는 것보다는 아름답다고 생각하기 때문인 것 같습니다. 헛된 희망이라도 있을 때 사람은 조금이라도 더 사람답습니다. 그런데 모든 것을 포기하고 마음이 빈 사람이 행복할 리가 없습니다. 예수님의 축복은 희망 없는 비참함이 원인으로 작용하여 그들이 예수님을 만나고 예수님에게서 천국을 얻는 것입니다. 예수님은 절망 자체를 축복하신 것이 아닙니다. 공허감이나 좌절감 자체를 축복하신 것이 아닙니다. 그것이 원인이 되어 그들에게 천국이 주어질 때, 즉 그 대가 때문에 복 있는 사람이라고 불리는 것입니다. 이런 현상은 오늘날 우리 시대에도 얼마든지 찾아볼 수 있습니다. 어떤 사람이 하나님을 믿지 않으면서도 병 때문에 교회를 찾는 경우가 많습니다. 교회는 물론 병원이 아닙니다. 그의 병은 나을 수도 있고 낫지 않을 수도 있습니다. 예수님을 잘 믿는 사람들도 병에 걸리고 고통을 당하니까 교회에 나오는 사람은 나아서 돌아가야 한다는 필연적 법칙은 어디에도 없습니다. 그러나 병원에서 시한부 인생을 선고받은 사람이 세상에 더 이상 미련을 두지 않고 행여나 하는 마음으로 교회를 찾는 것은 잘못된 진행이 아닙니다. 다른 어느 곳을 찾는 것보다 더 낫다는 말씀입니다. 그가 병이라는 인간의 고통에 자극받아 교회에 왔다 갔다 하는 동안 하나님을 찾게 되고 예수님을 통한 구원의 길, 즉 복음을 이해하고 믿게 됩니다. 우리 주변에는 이렇게 천국의 문을 여는 사람들이 한둘이 아닙니다.

병이 복된 상태가 아니라 원인으로 작용하여 하나님을 바라보게 됐고 하나님을 믿게 됐을 때 그는 어디에서 무엇을 주고도 얻을 수 없는 영생을 소유하게 됩니다. 마찬가지로 예수님에게 온 마음이 가난한 사람들이 천국을 소유하게 됩니다.

어떻게 천국이 그들에게 주어집니까?

예수님은 자신의 생애와 죽음으로 사람들을 천국의 백성이 되게 하셨습니다. 그러나 처음에 이 설교를 듣고 있었던 사람들은 아직 예수님을 잘 몰랐습니다. 심지어 부르심을 받은 제자들도 예수님을 잘 모르던 시절이었습니다. 사람들은 그냥 예수님을 만났습니다. 병을 고친다는 소문에 몰려온 사람도 있었습니다. 구경하러 온 사람도 있었을 것입니다. 무엇이 동기가 됐든지 우리 입장에서 보면 예수님 주변에 서 있었다는 이 상황은 지극히 복된 상황이었습니다. 육체를 입고 구세주로, 대속주로 오신 주님을 그들의 눈으로 보았고 그의 설교를 그들의 귀로 들을 수 있었기 때문입니다.

그들 중에 정말 하나님을 향한 갈급한 심정을 가지고 있는 사람들은 예수님이 보통 분이 아님을 조금씩 알게 됐습니다. 미래에 예수님을 통해 주어질 천국에 관한 말씀을 그들은 잘 모르는 상태에서 듣고 있었습니다. 그렇게 예수님과의 관계가 발전하기 위하여 마음의 가난은 예수님을 알아보고 믿게 되는 그 첫걸음이 되는 셈입니다. 나라를 잃고 별로 할 일도 없는 사람들이 예수님 주변에 모였습니다. 희망도 보이지 않는 곳에서 사람들은 행여나 하고 예수를 따랐습니다. 예수님은 그들에게 천국을 주셨고 그들은 나중에 이 사실을 복음이란 이름으로 곳곳에 전파했습니다.

맺음말

예수님의 설교는 복음입니다. 사람들을 그냥 위로하신 말씀이 아니라 하나님께서 하시는 일에 근거하여 마음이 가난한 사람들에게 그들이 예수님을 따라온 것은 잘한 일, 즉 하나님의 일을 경험하게 되는 정말 축복된 길임을 알려 주신 것입니다. 세상 문이 닫히면 하늘 문이 열립니다. 인생의 슬픔이 하나님의 축복을 기대하게 하고 하나님의 존재에 눈을 뜨게 해줍니다. 어떤 것이 동기가 되어 예수님께 오셨든지 잘 오셨습니다. 예수를 믿는 천국 백성에게는 인간의 눈으로는 전혀 행복하게 보이지 않을지 모르지만 하나님의 눈으로 본 가장 큰 축복이 주어져 있습니다. 60년 혹은 100년 인생이 동기가 되어 하나님의 나라를 소유합니다. 얼마나 멋진 일이며 복된 인생입니까? 우리는 먼 우주를 날아가지 못해도 하나님의 세계를 여행할 수 있습니다. 어려울 때 하나님을 부르십시오. 절망의 구렁텅이에서 예수님을 찾으십시오. 세상이 여러분을 실망시키고 삶이 여러분을 속일 때 하나님의 나라를 바라보십시오. 예수께서는 짧은 인생을 살다가는 우리에게 영원한 천국을 주기 위하여 오셨습니다. 누구나 겪는 인생의 고비가 천국 문을 향하여 가게 하는 계기가 된다면 인생은 짧기는 하지만 정말 가치 있는, 신적 가치가 있는 잠시일 것입니다.

예수님은 어떤 사람이 정말 행복한 사람인가를 말씀하면서 두 번째 대답으로 "애통해하는 사람"이 복되다고 하셨습니다. 인생을 위에서, 세상과 인간을 만드신 하나님의 눈으로 내려다보면 슬피 우는 사람이 복 있는 사람입니다. 슬퍼하는 사람이 행복한 사람입니다. 아주 약하게, 울적해 하는 사람이 복된 사람이라고 표현해 볼 수 있습니다. 첫 번째 복을 말씀드리면서 이미 지적한 것처럼 예수님은 우는 것 자체를 복된 상태로 보신 것은 아닙니다. 인생의 슬픔이 원인이 되어 하나님을 찾고, 하나님을 찾는 사람들이 예수님을 따르고, 마침내 예수님에게서 하나님의 위로를 발견하게 되는 이 과정이 중요합니다. 그리고 이 과정의 끝에 주어지는 인간이 되신 하나님의 아들 예수를 통한 천국의 위로가 행복의 이유, 혹은 원인입니다.

사람들이 기대하는 행복과는 전혀 다른 예수님의 축복

예수님의 팔복은 우리 인간이 기대하고 상상하는 그런 인간의 행복과는 완전히 다릅니다. 전통적으로 행복의 요소, 행복의 조건으로 꼽는 것은 마음의 가난이나 슬픔과 같은 것이 아닙니다. 사람들은 마음의 가난보다는 마음의 풍부함을, 슬픔보다는 웃음과 즐거움을 행복한 상태라고 합니다. 사람들은 부를 바랍니다. 부자가 되려고 온갖 노력을 기울입니다. 마찬가지로 웃음을 찾으려 하고 웃음거리를 잡으려 합니다. 그런데 예수께서는 슬픔을 행복과 연관시키셨습니다. 슬퍼하는 사람이 행복한 사람이요, 슬퍼할 때 사람은 행복하다는 것입니다. 인생을 바라보는 사람의 시각과 예수님의 시각은 이렇게도 다릅니다. 슬퍼하는 사람을 복되다고 할 수 있을까요? 가슴을 쥐어짜는 고통과 그 고통의 열매인 눈물을 행복이라고 부를 수 있을까요? 사람들이 좋아하는 것과는 정반대의 상태를 복되다고 하신 이 말씀은 인간의 마음으로는 도무지 수긍할 수 없는 것입니다. 사람들이 좋아하는 그런 종류의 말씀이 아닙니다. 인기나 끌고 사람들을 끌어모을 수 있는 격언도 아닙니다. 사람들은 슬픔을 찾아 헤매지는 않습니다. 오히려 피하려 하고 비껴가려고 합니다.

사람들이 기대하는 것: 웃음, 즐거움, 화려함

슬픔을 기대하는 사람은 아무도 없습니다. 인생의 배후에 여러 종류의 슬픔이 도사리고 있다고 하더라도 사람들은 사는 동안만이라도 웃으며 살고 싶어 합니다. 슬픔을 몰아내려 합니다. 억지로라도 웃어보려고 하는 것이 인간의 마음입니다. 눈물을 흘리며 애절해하는 사람에게 당신이야말로 정말 행복하다고 말할 수 있는 사람은 없습니다. 슬퍼하고 우는 사람들을 만나면 우리는 그 슬픔의 이유, 원인이 어디에 있는지 찾아서 어떻게 해서라도 위로해 주려고 합니다. 그것이 빈말이나 형식적인 위로라 하더라도 그렇게 하는 것이 조금이라도 도움이 된다고 생각합니다. 그리고 슬픔을 겪는 당사자들은 터무니없고 아무런 해결책을 제시하지도 못하는 그런 말을 즐거워하고 기꺼이 그 위로를 받아들입니다. 이처럼 사람들은 슬픔보다는 기쁨을 좋아합니다. 즐겁고 유쾌한 일들을 찾습니다. 돈이 있고, 명예가 있고, 권력이 있으며, 흥겨운 일들이 있는 곳에 사람들이 모입니다. 슬픔이 있는 곳에는 사람들이 잘 모이지 않습니다. 체면치레로 조문을 하는 것이 고작입니다. 초상집에서는 함께 울어야 합니다. 그러나 우리는 우는 것을 별로 좋아하지 않습니다. 그래서 슬픔이 있는 곳에는 잘 모이지 않습니다.

어떤 영화가 만들어지고 어떤 영화에 사람들이 몰리는가만 보아도 인간의 습성이 어떤 것인가를 쉽게 알 수 있습니다. 소위 비극적 영화에는 사람들이 몰리지 않습니다. 어둡고 초라하고 슬픈 것들이 더 사실감이 있어도 사람들은 돈을 내고 그런 영화나 드라마를 보려고 하지는 않습니다. 그런 것을 사람들은 지겨워합니다. 자기보다 못한 사람이 주인공으로 등장하면 금방 짜증을 냅니다. 반면 아름답고 화려하고 웅장하고 멋있는 영화들, 모든 것이 다 파괴되어도 주인공은 살아남는 영웅적인 영화에 사람들이 몰립니다. 관객은 미남과 미모의 배우를 더 좋아합니다. 이런 배우들이 화려한 집, 아름다운 자연환경을 배경으로 영화와 드라마를 만들어야 관객을 끌 수 있습니다.

그러나 예수께서는 슬퍼하는 사람들이 복이 있다고 하셨습니다. 예수님의 말씀을 좀 더 원어에 가깝게 번역해 보았습니다. "복되도다. 슬피우는 사람들이여!" "행복하다. 우는 사람들이여!" 애통하는 자, 큰 소리로 울 수밖에 없는 비참한 사람들이 예수님의 눈에 행복한 사람들입니다. 웃음이 아니라 울음을, 즐거움이 아니라 슬픔을 예수님은 복되다고 하셨습니다.

세상과 사람들은 쾌락 위주의 삶에 깊이 빠져 있습니다

예수께서 말씀하신 복된 사람들에 관하여 말씀드리기 전에 한 가지 더 지적해야 할 사항이 있습니다. 그것은 사람들이 예수님이 말씀하신 것과는 반대되는 것을 좋아하고 추구할 뿐만 아니라 쾌락에 깊이 빠져 있다는 사실입니다. 쾌락을 인류의 가장 큰 행복이라고 생각한 사람들은 과거 그리스에만 있지 않았습니다. 사람들 모두가 본능적으로 쾌락을 좋아합니다. 지금도 마찬가지입니다. 예수님의 말씀으로 다가가기 전에 우리가 바로 그런 쾌락을 추구하는 세상에 깊이 물들어 있음을 인정하는 것이 중요합니다. 쾌락이란 인간의 말초 신경을 자극하고 기쁘게 하는 것입니다. 인간의 오감을 즐겁게 하는 일들입니다.

사람들은 어렵고 힘든 일은 피합니다. 반면 유쾌하게 하는 일에는 돈을 아까워하지 않습니다. 가장 유쾌한 일이 무엇이겠습니까? 성적 쾌락을 좇는 사람들도 많습니다. 마약이 이제는 가정으로 그리고 청소년들에게까지 파고들고 있습니다. 잠시의 쾌락을 위해서는 다른 사람들의 고통과 어려움을 돌보지 않는 세상으로 변하고 있습니다. 이런 세상의 변화를 보면서도 우리는 이제 무감각해지고 있습니다. 그러다가 적당한 때가 되면 우리도 그런 쾌락에 젖어 들어갑니다.

애통하는 자가 복되다는 예수님의 말씀은 쾌락을 사랑하고 쾌락을 추구하는 이 세상과 우리에 대한 경고라고 보아야 할 것입니다. 쾌락에 빠지지 말라는 충고라고 보아야 합니다. 세상이 그렇게 변해가고 사람들이 쾌락과 환락을 찾아 헤맬수록 진정한 행복이 무엇인지를 우리는 알고 있어야 합니다. 세상이 가는 것과는 반대 방향으로, 주님이 말씀하시는 방향으로 움직여야 합니다.

눈물이 있는 인생

인생에는 눈물이 있습니다. 아픔이 있고 고통이 있습니다. 병이 있는가 하면, 사고도 있습니다. 우리가 원하는 대로 세상이 움직이지 않아 절망과 좌절이 있습니다. 원하지 않는 일들이 있어 눈물이 그칠 날이 없습니다. 이 모든 것들이 인간의 눈에 눈물을 뿌리는 일들입니다. 인류가 이 땅에 주거지를 정한 이후 인류는 이런 눈물을 자아내는 일들을 어떻게 하든지 줄여보려고 애쓰고 있지만 쉽게 사라지지 않고 항상 어느 곳에서나 인생을 위협합니다. 고통 거리가 전혀 없어도 인생은 슬픔을 안고 있습니다. 기쁘고 즐거운 순간이 영원으로 이어지지 않습니다. 살아가느라고 배우고 애쓰고 하는 동안 우리는 늙어갑니다. 힘이 빠집니다. 무기력해지기도 합니다. 이 모든 것 앞에서 인간은 무기력하게 눈물을 흘리는 것 외에 별다른 방법을 찾지 못합니다. 이 모두를 다 극복할 수 있을 것 같아도 결국은 죽음이 인생을 가로막고 있습니다. 사랑하는 사람들이 죽습니다. 사랑하는 사람들을 두고 홀로 죽어야 합니다. 귀중하게 여기던 모든 것을 두고 갑니다. 죽음은 인생의 눈물이 하나도 없어지지 않았다는 증거입니다. 죽음이 남아 있는 한 슬픔은 언제나 남아 있습니다. 죽음을 향해 가는 모든 길이 눈물로 젖어 있습니다. 인생은 슬퍼할 수밖에 없는 것 같습니다.

인간의 욕망이 슬픔을 더 자극하는 것도 생각해 보아야 합니다. 우리는 충분히 가져도 부족하다고 생각합니다. 만족은 잠시뿐입니다. 모든 것을 손에 쥐어도 더 가져야 할 것이 있다고 느끼게 합니다. 다른 사람들을 보면 우리가 가진 모두를 제쳐 두고 바로 그 가지지 못한 것에 아파하고 안달하게 하는 것이 인간의 욕심입니다. 행복은 그래서 비교 개념이 되고 누구보다도 행복해 보이는 순간에도 우리에게 슬픔을 느끼게 합니다.

그렇다면 눈물을 감추며 행복하다, 유쾌하다고 말하는 것보다는 눈물을 눈물로 받아들이는 것이 인생을 더 잘 보는 것 아닐까요? 눈물이 남아 있는데 즐겁다고 말하는 것은 인생을 속이는 것 아닐까요? 슬픔을 슬픔으로 받아들이는 것이 인생을 더 진실하게 받아들이고 더 아름다운 삶을 살게 되는 비결이 아닐까요? 우는 사람에게 눈물을 삼키고 웃어보라고 말하는 것은 인생을 속이는 일입니다. 인간을 속이는 일일뿐입니다. 눈물을 흐르게 하는 요소들이 인생을 가로막고 있는데 다른 웃을 거리를 주어보았자 잠시의 쾌락, 잠시의 웃음밖에 되지 않습니다. 이 부분을 설교한 암브로시우스의 글을 하나 인용해 봅니다. "여러분의 눈물로 여러분의 몸을 씻으십시오. 여러분이 흘리는 눈물로 깨끗이 목욕하십시오. 여러분이 스스로 자신에 대하여 울면 다른 사람이 여러분에 대하여 울 필요가 없습니다. 그러나 여러분이 자신에 대하여 울지 않으면 다른 사람들이 여러분을 향하여 눈물을 흘릴 것입니다."

애통이란 무엇을 말합니까?

우리는 애통의 개념을 체험적으로 잘 알고 있습니다. 애통은 우는 것입니다. 가슴 아프게 우는 것입니다. 너무 슬퍼 잠도 자지 못하고 뜬 눈으로 밤을 지새우며 울어대는 것입니다. 가슴이 아파 이불을 뒤집어 쓰고 꺽꺽 우는 것이 애통입니다. 너무 슬퍼 사람들이 보고 말리는 것도 부끄러워하거나 두려워하지 않고 땅을 치며 대성통곡을 하는 것입니다. 때로는 울 기력도 없어 멍하니 하늘을 보며 쓰라린 가슴을 안고 눈물을 삼키는 것이 애통입니다. 예수님은 이런 사람들, 우는 사람들이 복이 있다고 말씀하셨습니다.

여러분! 우는 것이 인생의 진실이라면 이해하시겠습니까? 울면서 와서 울면서 가는 것이 인생입니다. 그사이에 유쾌하게 뛰놀아 보지만 눈물이 우리 앞을 가로막고 있습니다. 그렇다면 유쾌하게 지내는 행복이 잠시라고 하는 것이 낫지 않을까요?

우리는 왜 삽니까? 누구나 죽는데 왜 우리는 살려고 발버둥 칩니까? 잘해 보았자 다 버리고 갈 것들인데 왜 이렇게 바쁩니까? 왜 잠도 자지 못하고 설칩니까? 일평생 뛰어다녀도 결말은 뻔합니다. 우리도 늙고 병들어 언젠가 무덤에 묻힐 것입니다. 무덤이라는 글자만 생각하면 두렵습니다. 소름이 끼칩니다. 그러나 그곳이 우리가 갈 곳입니다. 즐거워하는 것이 좋은 것만은 아닙니다. 인생은 눈물로 꽉 차 있습니다. 눈물을 걷어낼 사람은 아무도 없습니다. 슬픈 인생임을 인정할 때 우리는 예수님의 말씀을 바로 이해할 수 있습니다.

애통해하는 사람, 복 있는 사람

왜 애통해하는 사람이 복됩니까? 슬픔에 빠져 있을 때 인간은 아마 인생을 진실하게 이해하고 받아들이게 되기 때문일 것입니다. 우리가 웃고 떠들고 즐기고 행복해할 때는 나 자신, 이 세계, 나의 것, 우리의 것에만 집착하게 됩니다. 그러나 이 세상에서 우리가 설 곳을 상실하고 망연자실하며 슬퍼하고 하늘만 바라보고 있을 때, 우리는 이 세상과는 다른 하나님의 세계에 관심을 가지게 됩니다. 세상을 만드시고 그곳에 인간을 살아가도록 풀어 놓으신 하나님을 생각하게 됩니다. 하나님 앞에서 인생을 저울질해 보게 됩니다. 어리석은 사람은 잔칫집에 가는 것을 좋아하고 지혜로운 사람은 초상집에 가는 것을 좋아한다는 전도서의 교훈도 같은 맥락입니다. 그만큼 인생을 가리는 허물을 벗겨버리고 인생을 솔직하게 볼 수 있고 따라서 인생을 인생답게 꾸며 갈 수 있을 것이기 때문입니다.

성경은 이 세상의 이야기 이전에 하나님의 세계를 알려 줍니다. 인간의 세상에 관한 진리를 가르치기 이전에 신의 세계가 있다는 것을 알려 줍니다. 우리는 이곳에서 혼자만 잘난 듯이 살아가는 것이 아닙니다. 우리 주변에는 가족들이 있습니다. 친구들이 있고 이웃이 있습니다. 우리와 같은 언어를 쓰는 동포들이 있는가 하면 모습과 생각, 언어는 달라도 우리와 똑같이 인간으로 살아가는 더 많은 사람이 이 지구에 있습니다. 이 모두가 하나님께서 만드신 우주의 한 부분입니다. 광활한 우주 저편에 이 모두를 만드신 하나님이 계십니다. 우리에게는 그리고 인생에는 우리가 알지 못하는 하나님이 새겨 놓으신 지혜가 감추어져 있습니다. 사람들은 먹고 마시고 웃고 떠들고 유쾌하게 인생을 즐기며 살 때는 인간의 세상 이상을 볼 수 없습니다. 관심을 가지지도 않습니다. 그러나 이 세상이 우리의 눈물을 자아낼 때 우리는 이 세상에 미련을 두지 않고 하나님과 하나님의 세계에 눈을 돌릴 수 있습니다. 바로 그것이 예수님께서 애통해하는 자가 복되다고 말씀하시는 이유입니다. 이 세상을 다 잃었어도 그에게 하늘 문이 열릴 것이기 때문입니다.

왜 우는가?

눈물에는 원인이 있기 마련입니다. 그냥 애통해하는 사람은 없습니다. 예수님께서 애통해하는 사람은 복이 있다고 하셨을 때 어떤 원인에서 우는 사람이 복이 있다고 하신 것일까요? 눈물, 애통의 이유에 대해서 예수님은 아무런 말씀도 하지 않으셨습니다. 따라서 울음의 이유, 슬픔의 원인을 굳이 따질 필요는 없다고 생각합니다. 많은 설교나 주석들이 예수님의 이 말씀을 설명하며 울음의 이유를 자신의 죄, 죄인된 모습, 죄책감에서 비롯된 것이라고 한정합니다. 모든 종류의 눈물이 아니라 죄된 인생, 죄로 감염되어 계속 죄를 짓는 자신의 나약한 모습에 눈물짓는 그런 애통해하는 사람을 예수께서 축복하신 것이라고 말입니다. 하지만 이것은 '애통'을 너무 좁고 특수하게 설명하는 것입니다. 예수님의 역할, 죄의 대속과 그 십자가를 손쉽게 적용하기 위하여 예수님의 말씀에 제한을 가하는 것입니다. 왜냐하면 예수님은 그냥 "애통해하는 자들이 복되다"라고 하셨기 때문입니다. 이것을 죄로 인한 애통이라고 설명하면 예수님의 말씀에는 없던 것을 덧붙이는 것입니다. 그리고 눈물의 의미를 특수하게 한정함으로써 다른 이유로 야기된 눈물과 애통은 소용없는 것으로 돌려 버리는 것입니다. 물론 인간의 죄라고 하는 것이 인간의 슬픔의 근본적인 이유입니다. 모든 눈물은 죄로 인하여 야기된 것 또한 사실입니다. 하나님 앞에 서는 사람들이 가장 슬퍼할 이유가 되는 것도 사실은 죄 때문입니다. 하나님을 찾는다고 생각하면 나 같은 사람이 하나님을 찾을 수 있을까라는 생각이 불현듯 뇌리를 파고듭니다. 하나님을 가까이하기에는 나는 너무 더럽고 너무 악하다는 생각에 사로잡히는 것입니다. 그러나 눈물을 흘리게 하는 더 직접적인 원인이 있습니다. 자신이 죄인임을 알고 눈물을 흘리는 사람은 많지 않습니다. 죄가 근본적인 원인임에도 불구하고 사람들은 죄로 인해서가 아니라 죄의 결과로 나타난 다른 직접적인 원인이 있어서 눈물을 흘립니다. 자신의 죄를 자각하게 된 것도 슬픔의 원인일 수 있습니다. 죄도 애통의 원인이 될 수 있습니다. 자신의 실수, 허물, 죄, 악 이런 것이 사람들을 종교적인 세계로 들어가게 합니다. 사람들은 살아가기 힘겨울 때 눈물을 흘립니다. 엄청난 시련과 고통 속에서 인간의 눈물이 만들어집니다. 사람들이 자신의 진심을 몰라주고 오해하고 곡해할 때 가슴이 답답하고 슬퍼집니다. 수십억이나 되는 사람들 틈에 살면서, 사랑하는 아내와 남편 그리고 자녀들과 함께 정말 행복하게 살아가면서도 자신의 마음을 열어놓을 상대가 없어서 외로움에 눈물지을 수도 있습니다. 고독을 뼈저리게 느끼는 것입니다. 삶이 원하는 대로 되지 않을 때, 실패의 쓴잔을 마시며 좌절과 낙망, 낙심의 벼랑에서 인간은 눈물을 흘립니다. 사람들이 우는 데는 이보다 더 많은 원인이 있습니다. 예수님은 무슨 이유든지 상관없이 우는 사람을 복되다고 하십니다. 이는 예수께서 굳이 울음의 이유에 관하여는 말씀하지 않으셨기 때문입니다. 또한 인간은 아주 긍정적이고 희망적인 상황에서도 눈물을 흘립니다. 모든 것을 다 손에 쥐고 꿈을 성취했으며 정말 다른 사람들이 나를 부러워할 때도 슬픔과 허탈감이 마음을 비집고 들어옵니다. 지나온 길이 험하면 험할수록 그리고 그 길을 헤쳐온 우리의 노력이 강하면 강할수록 성취감 뒤에 허탈감과 고독감과 슬픔이 마음을 짓누릅니다.

예수님은 이런 인간의 마음을 다 아셨습니다. 예수님은 하나님의 아들이시면서 사람이 되셔서 사람의 감정을 가졌습니다. 이렇게 표현하는 것이 더 좋겠습니다. 예수님은 인생이 무엇인지 진실로 잘 알고 계셨습니다. 인간이 웃고 떠들고 좋아하고 즐기는 것은 일시적이고 겉으로 나타나는 모습일 뿐이며 내면 깊은 곳에는 슬픔이 있음을 아셨습니다. 무엇보다도 죽음이 놓여 있는 한 인생은 마냥 즐거울 수 없습니다. 웃음이 끝날 때가 있습니다.

애통해하는 사람들은 복이 있고 위로를 받을 것입니다. 인생이 즐겁다는, 그래서 즐겨야 한다는 달콤한 소리에 속지 마십시오. 인생은 유쾌하고 쾌락을 추구하며 더 없이 행복하다는 소리에 귀를 기울이지 마십시오. 인생은 슬픔이 그 뿌리입니다. 이 뿌리에 도달한, 그래서 슬퍼하는 사람들이 인생을 이해하는 사람들입니다. 그리고 그 해결책을 찾는 사람들입니다.

복된 이유

　예수님은 애통해하는 사람을 그냥 복되다고 말씀하신 것은 아닙니다. 그들을 위로하시기 위하여 만들어낸 한마디가 이 두 번째 복은 결코 아니라는 말씀입니다. 애통해하는 것, 그것은 언제 어디서나 누구에게라도 결코 복되다고 할 만한 상태나 상황은 아닙니다. 하지만 예수께서 그렇게 말씀하신 이유가 있었습니다. 그들이 위로받을 것이기 때문입니다. 위로받을 길이 열렸기 때문입니다. 요한계시록의 한 구절처럼 인간의 눈에서 모든 눈물을 씻어주실 날이 있기 때문입니다. 애통해하는 사람이 진정한 위로, 인생의 위로를 받을 수 있습니다. 인생을 즐기는 사람들에게는 위로가 필요하지 않습니다. 그들은 위로 같은 것은 기대하지도 않습니다. 예수님은 사역을 시작하시면서 이제 하나님께서 인생을 위로하시는 시대가 도달했다고 선언하신 셈입니다. 이사야서의 한 부분을 인용해 봅니다. "너희는 위로하라 내 백성을 위로하라"(사 40:1). 위로받지 못한다면 그는 결코 행복한 사람이 아닙니다. 위로를 얻지 못하고 마냥 우는 사람은 울다가 세상을 떠나는 슬픈 인생입니다. 울음 자체가 행복의 요소는 아니기 때문입니다. 예수님은 우는 것 자체를 축복하신 것이 아닙니다. 가난 자체가 행복한 것도 아닙니다. 애통이 원인이 되어 그 사람이 특별한 하나님의 위로를 받게 될 때 예수님의 축복이 그의 것이 됩니다.

우리는 순교자들을 존경합니다. 순교자란, 한국에서 말하는 대로 표현하면 제명대로 못 살고 다른 사람에 의해 살해당한 사람들입니다. 일제 강점기에는 순교자들이 있었습니다. 예수님을 믿는다는 것 때문에 순사들에게 잡혀가서 갖은 고통을 당하고 불행한 최후를 맞이했습니다. 한국적인 시각으로 보면 순교는 호상이 아닙니다. 그런데 왜 우리는 순교자를 기억합니까? 가장 비참하게 이 세상을 떠난 사람들의 순교를 왜 우리는 영광스러운 것이라고 말합니까? 신앙을 지키기 위하여 목숨을 버렸다는 것 때문에 고집스러운 사람들을 칭찬하고 그런 사람들을 본받자고 하는 것입니까? 결코 아닙니다. 좀 더 오래 살았더라면, 좀 더 행복하게 살았더라면 더 좋았을 것입니다. 모든 사도가 요한 사도처럼 오래 살며 힘이 다할 때까지 복음의 사역을 했어도 잘못된 것은 아닙니다. 그런데 왜 우리는 순교자들을 존경합니까? 하나님의 위로가 있기 때문입니다. 스데반이 죽음을 맞이할 때 하늘에서 예수님께서 벌떡 일어서시며 그의 죽음을 위로하셨습니다. 슬픔과 고통과 그의 죽음에 대한 하나님의 대가를 그는 하늘에서 누리고 있을 것이 분명합니다. 위로 받지 못하는 슬픔은 불행입니다. 짧은 삶 동안만이라도 웃고 즐기며 유쾌하게 지낸 것만 못합니다. 예수께서 애통해하는 사람들을 복되다고 하신 것은 위로의 길이 열렸기 때문입니다.

어떻게 위로받습니까?

복음의 사역이 끝난 이후를 사는 우리는 쉽게 이 질문에 대한 답을 말할 수 있습니다. 인생을 위로하시는 분은 다름 아닌 예수님이십니다. 죄로 인하여 야기된 모든 고통, 죄의 결과로 나타난 인생의 고통과 눈물을 담당하시기 위해서 오신 분이 바로 예수님이십니다. 예수님이 사람들을 위로하러 오신 분이시기 때문에 위로의 길이 이미 마련됐습니다. 그들이 이 설교자를 따르는 한 언젠가는 예수님을 위로의 주님으로 경험할 수 있었을 것입니다. 예수께서 주시는 위로를 소유할 수 있었을 것입니다. 예수님은 피곤하고 지친 인생에게 쉼을 주시기 위해서 오셨습니다. 슬퍼하는 인생의 어두움을 밝혀 주시기 위하여 오셨습니다. 좌절과 허탈감에 빠져 하늘을 우러러보며 슬퍼하는 사람들에게 희망과 꿈을 주시기 위하여 오셨습니다. 죄책감에 시달리며 하나님을 피해 다니는 사람들에게 평화를 주시기 위해서 오셨습니다. 예수께서 사람들을 위로하십니다. 하나님께서 사람들을 위로하십니다. 안식을 주십니다. 평강을 주십니다. 원한을 갚아 주십니다.

인생의 슬픔을 극복하는 비결은 예수님을 만나는 것입니다. 즉, 예수님이 주시는 위로와 평안을 얻는 것입니다. 죄가 인생의 모든 고통과 눈물, 슬픔의 근저에 있는 원인이라면 예수님은 그 모두를 걷어내기 위해서 오신 분이십니다. 사람들은 예수님을 따라나섰습니다. 예수님께서 산에 오르셔서 자리를 잡으시자 사람들은 예수님 주위에 둘러섰습니다. 그때도 여러 가지 즐거운 일들이 있었습니다. 지금의 세계와는 비교하지 못하겠지만 나름대로 오락도 있었고 구경거리도 있었고 메마른 삶에 활력소를 제공하는 여러 가지 일들이 있었습니다. 할 일도 있었습니다. 부지런히 일해도 먹고 살기 어려운 세상인지라 여유가 없었습니다. 그런데 그들은 예수님을 따라다녔습니다. 잘 모르고 나섰을지라도 정확하게 간 것입니다.

맺음말

사람들은 슬플 때 하나님을 찾습니다. 슬픔을 주체할 수 없을 때 인생의 배후에 계신 하나님에게 눈을 돌립니다. 삶이 마냥 즐거울 때, 정말 재미가 있을 때 신을 찾는 사람은 없습니다. 슬픔이 하나님을 향한 마음의 창문을 열게 하는 것입니다. 인간의 눈물이 하늘의 문을 여는 것입니다. 물에 빠진 사람처럼 지푸라기라도 잡아 보려는 것입니다. 원래 사람들은 하나님을 찾게 되어 있었습니다. 그런데 사람들은 하나님을 찾기보다는 재미를 찾습니다. 재미가 그의 눈을 가리고 있는 동안 신은 그의 눈앞에 보이지 않습니다. 그러나 그 모든 것을 잃을 때 그리고 슬픔이 그의 마음에 가득할 때 사람들은 잊었던 신을 생각합니다. 예수님은 사람들에게 바로 그 하나님을 찾도록 해 주시기 위해서 오셨고 이 점을 사람들에게 선언하고 계셨던 것입니다. 슬퍼하는 사람들에게 예수님의 말씀을 들려주십시오. 우는 사람들에게 예수님을 알려 주십시오. 위로의 길이 이미 열려 있음을 알려 주십시오. 슬퍼하며 찾아오는 사람들을 막지 마십시오. 무엇이 울음의 원인인지 묻지 마십시오. 예수님은 그의 위로자로 오셨습니다. 눈물을 흘리며 교회를 찾고 기독교인에게 말문을 여는 사람들에게 예수님의 이 말씀을 소개해 주십시오. 예수께서 말씀하실 때 사용됐던 바로 그 입술처럼 여러분의 입술을 열어 예수님의 말씀을 재생시키십시오. 그는 잘 알지 못하고 왔지만 예수님에게 왔기 때문에 정확하게 바로 온 것입니다. 인생의 슬픈 시기가 닥칠 때 이 말씀을 기억하십시오. 그리고 예수님을 바라보십시오. 인생의 험로가 여러분을 가로막고 고통거리와 눈물거리를 가져 올 때 예수님의 이 말씀을 생각하십시오. 그리고 예수님의 위로를 기대하십시오. 예수님에게 오면 그는 위로를 받을 것입니다.

제4장
온유한 자
마태복음 5:5

우리는 앞에서 두 가지 복을 연구하면서 인생을 보는 하나님의 눈이 우리의 눈과 얼마나 다른가에 새삼 놀랐습니다. 예수님은 우리와는 정반대 편에 서 계신 것 같습니다. 사람들이 좋아하지도 않고 칭찬하지도 않는 그런 사람들, 즉 마음이 가난하고 슬피 우는 사람들을 하나님 앞에서 복된 사람이라고 규정하셨습니다. 이렇게 말씀하신 것은 이 세상이 흘러가는 배후에 하나님의 계획과 하나님의 다스리심이 있기 때문입니다. 보이는 인생의 시작과 마지막, 그리고 이 둘 사이에는 하나님의 일이 있기 때문입니다.

하나님의 해결책

예수님의 복 선언에는 이미 하나님의 해결책이 함께 제시되어 있음을 우리는 살펴보았습니다. 그것은 인류의 죄를 대속하시고 인류를 구원하시기 위하여 오신 예수 그리스도입니다. 예수님은 하나님의 목표에 이르는 길이며, 동시에 그 목표입니다. "나는 길이요 진리요 생명이

니 나로 말미암지 않고는 아무도 아버지께로 갈 수 없다"(요 14:6). 마음
이 가난한 사람들이 예수님께 옴으로 복된 사람이 되어 천국을 소유하
고, 이 세상을 살아가는 동안 계속 마음이 가난한 상태에서 하나님의 도
우심과 축복을 기다리게 됩니다. 슬피 우는 사람들이 예수님께 옴으로
복된 사람이 되어 위로받고 이 세상을 살아가는 동안 계속 우는 자로
하나님의 구원과 은총을 기다리게 됩니다.

이제 가난만 계속되지 않습니다. 예수님을 믿는 자들에게는 계속되
는 가난 속에서도 하늘나라의 보물을 소유하는 감격이 주어집니다. 세
상의 어느 것과도 바꿀 수 없는 보물을 살아계신 예수께서 그에게 주시
는 것입니다. 신앙생활은 이 세상을 사는 동안 한편으로는 가난을 경험
하고 다른 한편으로는 예수님을 통한 복을 누리는 것입니다. 이제 눈물
과 울음만 우리의 인생을 적시지 않습니다. 예수님을 믿는 사람들에게
는 인생의 고통과 눈물을 씻어주시는 하나님의 위로가 있습니다. 아무
도 앗아갈 수 없는 하나님의 위로입니다. 하나님께서 주시는 평안입니
다. 신앙생활은 한편으로는 계속되는 고통 속에서 어쩔 수 없이 눈물 흘
리는 것이며, 다른 한편으로는 살아계신 예수님의 못 박힌 손이 그 눈물
을 닦아주시는 것을 매일 경험하는 것입니다.

복 있는 사람들

세 번째로 예수께서는 온유한 사람들이 복 있는 사람들이라고 하셨
습니다. 그 이유는 그런 사람들이 땅을 소유할 것이기 때문입니다. "복
되도다. 온유한 사람들이여! 저희가 땅을 기업으로 받을 것이다." 세 번
째로 복 있다고 말씀하신 사람들에게서도 우리는 예수님의 다른 시각
을 배웁니다. 인생을 그 속에서 보는 사람들의 시각이 아닙니다. 국가적

이거나 세계적인 안목처럼 거시적인 것도 아닙니다. 이보다 더 높고 더 넓은 안목, 즉 우주 저편 신의 세계에서 인생을 바라보는 하나님의 시각입니다. 그 하나님의 눈으로 인생을 관찰할 때 온유한 사람들이 복이 있다는 것입니다. 여러분! 인생이란, 사람들끼리 부딪히며 사람들이 사는 현장에서 만들어지는 것입니다. 따라서 인생이 무엇인지 제대로 알기 위해서는 삶의 현장에서 다양한 사람과 상황을 경험하는 수밖에 없습니다. 그러나 때로는 마치 인생을 초월한 것처럼 멀리서 바라보는 그런 눈이 필요할 때도 있습니다. 예수님의 말씀은 우리 인간이 바로 그런 하나님의 시야로 삶을 한번 내려다볼 것을 권하는 말씀입니다. 그것은 이곳에서 아옹다옹하며 살아갈 때 느낄 수 있는 것과는 완전히 다를 것입니다.

세상에 역행하는 말씀

　세 번째 선언 역시 우리 인간들이 좋아하지 않는 것임은 분명합니다. 인간의 끝없는 욕망에 어울리지 않는 말씀입니다. 우리는 세상에서 잘살게 되고, 어디서나 큰소리치며, 누구보다도 행복해지기 위하여 열심히 노력합니다. 밤낮 분주히 뛰어다닙니다. 누구보다 더 바쁘게 그리고 더 열심히 사는 것이 성공과 출세의 비결이라고 여깁니다. 온유함을 일단 기다리는 것이라고 가정해 봅시다. 세상은 그런 기다리는 자세가 아니라 움직이는 법을 가르칩니다. 원하는 것을 손에 움켜쥐기 위하여 최선을 다하라고 충고합니다. 혼자 힘으로 안 되면 빼앗기라도 해야 할 판입니다. 그래서 야망이 필요하다고 여겨집니다. 사람은 우선 통이 커야 한다고 합니다. 원대한 꿈과 포부를 가져야 하고 그것을 달성하기 위하여 최선을 다해야 한다고 우리도 청년들을 가르치고 있습니다. 때로는 수단과 방법을 가리지 않고 사람들은 행복을 쟁취합니다. 목표한 것을 손에 넣기 위하여 권모와 술수도 개의치 않습니다. 폭력도 마다하지 않습니다. 싸움과 투쟁, 전쟁을 통해서라도 행복해지려고 합니다. 세상의 일반 법칙은 부지런한 사람이 잘살게 되고 더 큰 것을 얻는다는 것입니다. 온유한 사람이 아니라 열심히 노력하는 사람, 운이 좋은 사람, 기회를 잘 타는 사람, 주변에 더 많은 지원자들과 자기편을 만들어 두는 사람이 성공한다고 모두가 믿고 있습니다. 모략과 지혜가 뛰어난 사람이 잘된다고 가르칩니다. 가만히 앉아 있는 사람이 복 있는 사람이라고는 아무도 믿지 않습니다. 그런 사람들은 불행해지고 가난해질 뿐입니다. 그래서 온유한 사람들, 가만히 있는 사람들은 어디서나 가장 불쌍한 사람들이라고 간주되는 세상에 우리는 살고 있습니다. 세상은 지혜가 이기고 폭력이 앞서며 정보를 많이 가진 사람들이 큰소리치는 곳입니다. 그래서 정말 바쁘게 움직일 수밖에 없습니다. 때로는 자신의 양심을 잠재우면서까지 앞만 보고 달려야 하는 곳, 그것이 세상입니다.

이런 관점에서 보면 온유한 사람이 복되다는 예수님의 말씀은 터무니없고 허무맹랑한 얘기로밖에는 들리지 않습니다. 예수께서 지적하신 것은 사람들이 좋아하고 사모하는 그런 덕목이 아닙니다. 앞의 두 가지 복에서 배운 것처럼, 세상에서 가장 뒤로 밀려날 수밖에 없는 사람들을 예수님은 복되다고 하셨습니다. 인간의 야망과는 정반대되는 것을 행복의 조건, 행복의 비결이라고 말씀하신 것입니다.

인간적인 시각을 포기하는 것

예수님의 이 말씀은 처음 이 말씀을 들었던 사람들에게도 틀림없이 충격적이었을 것입니다. 최선을 다하고, 수단과 방법을 가리지 않아도 행복해지기 어려운 세상에서, 온유한 사람들, 참고 기다리는 사람들이 야말로 행복한 사람, 하나님께 복 받은 사람들이라는 말씀이 그럴듯하게 들릴 리는 없었을 것입니다. 예수님의 이 말씀은 인간적이고 세상적인 방법들을 포기하라는 말씀과 같습니다. 예수님의 말씀은 인생의 행복을 자신의 노력과 힘으로 쟁취하려고 하는 습성을 가진 모든 사람에게 주시는 경종이라 보아도 좋을 것입니다. 사람들이 저마다 자신이 잘났다고 생각하고, 자기만이 적임자라고 추천하며, 자신의 판단만이 옳다고 고집합니다. 자신이 경험하며 느낀 것이 진정한 인생이라고 합니다. 그리고 그런 경험에서 얻은 자신의 답이 누구에게나 정답이라고 강요하는 세상입니다. 인생을 보는 자신의 시각이 얼마나 좁으며 편향되어 있는가는 생각해 보지도 않습니다. 이런 인생의 태도를 포기하고, 인생을 하나님의 시각으로 보기 시작하는 것이 행복의 비결이라고 예수님은 말씀하셨습니다.

주시는 분, 우리 하나님

예수님의 말씀 배후에는 하나님에 대한 교훈이 깔려 있습니다. 우리에게 모든 것을 주시는 분이신 하나님 말입니다. 하나님은 우주와 세상을 만드신 분이십니다. 그 속의 모든 것을 만드신 분이시고 인간을 창조하신 분이십니다. 우리의 모든 것을 주신 분이 하나님이십니다. 하나님은 우주에 질서를 주시고 법칙을 주셨습니다. 지금도 자신의 법칙과 질서를 유지하십니다. 우리가 태어날 수 있는 모든 조건을 갖추어 놓으시고 우리를 지으셨으며 그 세상에서 우리를 부르십니다. 이분이 바로 우리가 믿는 하나님이십니다. 우리의 삶은 하나님과 관련되어 있습니다. 세상은 인간의 뜻대로 돌아가는 것이 아닙니다. 하나님의 계획이 있고 하나님의 섭리하심이 있습니다. 우리 인간은 그 하나님의 넓은 우주에 내보내진 작은 한 생명체입니다. 우리는 하나님의 특별한 관심과 배려의 대상이 된 작은 생명입니다.

온유한 사람들이 복이 있다는 말씀은 이 세상을 움직이는 사람들 배후에 정말 이 세상을 자기 뜻대로 다스리시는 창조주 하나님이 계심을 알아야 한다는 말씀입니다. 우리는 이 세상과 인생이 인간의 뜻대로 움직이지 않는다는 것을 먼저 배워야 합니다. 법칙과 질서만 지배하는 곳이 아닙니다. 힘이 강한 사람들이 만들어가는 세상이 아닙니다. 권력과 인간의 지혜가 삶을 끌어가는 것이 아닙니다. 모든 것을 만들어내신 하나님께서 직접 이 세상을 움직이십니다. 그래서 하나님 앞에서 조급하게 굴지 말고 참고 기다리며 하나님의 지혜와 사역을 먼저 배워야 하는 것입니다. 움직이는 사람이 되기 전에 우리는 이 세상의 움직임을 관찰하는 사람이 되어야 합니다. 하나님께서 이 세상을 다스리시는 법칙을 익혀야 하고 하나님의 사랑의 손길을 눈여겨봐야 한다는 말씀입니다. 예수님의 말씀을 그대로 받아들이면 사람들이 온유하지 못한 것, 즉 참고 기다리며 하나님의 법칙을 배우지 못하는 것이 인간의 불행이라는 사실을 알 수 있습니다. 세상이 어떻게 돌아가는지도 모르는 상태에서 행복해지려고 발버둥 치는 것이 인간을 불행하고 비참하게 만듭니다.

온유함

온유함이 무엇인지, 그리고 온유한 사람들이 어떤 사람들인지를 이해하는 길은 두 가지가 있습니다. 이 "온유함"을 사람들이 가진 성품으로 설명하는 것과 하나님 앞에서 우리가 마땅히 지녀야 할 신앙적 태도로 설명하는 것입니다. 예수님의 팔복 선언은 크게 두 종류로 나누어집니다. 앞의 네 가지 복의 선언은 사람들이 하나님 앞에서 가지는 태도와 관련되고, 뒤의 네 가지 복의 선언은 사람들 사이에 우리가 내보이는 윤리적 성품 내지 태도와 관련됩니다. 이런 구조 속에서 보면 이 세 번째의 "온유함"이란 사람에게 나타내 보이는 인간의 성품이나 윤리적인 태도라기보다는 하나님 앞에서의 신앙의 자세로 보는 것이 적당합니다. 그러나 하나님 앞에서의 신앙의 태도로서의 온유함이 무엇을 말하는지를 파악하기 위해서는 윤리적 성품으로서의 온유함이 무엇인지부터 살펴보아야 합니다. 이 단어는 대개 사람의 성품을 지시하는 용어이기 때문입니다.

성품으로서의 온유함이란 쉽게 화내지 않는 것을 뜻합니다. 마땅히 화를 내야 할 상황인데도 분노하지 않고 자신을 억제하며 참는 것을 온유함이라고 부릅니다. 자신의 감정을 금방 표현하거나 감정적으로 행동하지 않는 것입니다. 특히 다른 사람들의 말이나 행동이 자신의 인격과 권리를 침해할 때 물 끓듯이 가볍게 움직이지 않는 것입니다. 남이 화낼 때 화내지 않고 참으며 끓어오르는 분노를 억제하는 것이 온유입니다.

아리스토텔레스는 윤리학을 기술하면서 이 온유를 인간이 가져야 할 가장 큰 덕목 중에 하나로 분류한 적이 있습니다. 그는 양극단 사이에 위치하는 중용의 태도를 덕이라고 보았는데, 온유란 지나친 분노와 본노하지 못하는 무능력 사이에 위치하는 인간의 성품이라고 불렀습니다. 그는 이렇게 설명했습니다. "옳은 일, 옳은 사람을 위해서 적절한 시간 동안 적당하게 분노하는 것이 온유다"라고 말입니다. 온유함이라는 단어가 동물들에게도 사용되던 용어라는 것이 아주 흥미롭습니다. 주인에게 길들여지고 주인의 통제를 잘 받는 동물들에게 이 단어가 사용됐습니다. 주인의 의사와 의도대로 움직여 주는 동물이 온유한, 즉 잘 훈련된 동물입니다.

이런 문자적 의미로부터 예수께서 산상설교에서 말씀하신 하나님 앞에서의 온유함이 무엇인지를 조금은 더 쉽게 설명할 수 있습니다. 온유함이란 하나님을 믿는 사람들이 이 세상의 일을 자신의 힘이나 자신의 지혜, 자신의 계획과 능력대로만 밀고 나가지 않고 하나님을 신뢰하면서 하나님의 섭리에 자신을 내맡긴 채 하나님의 법칙에 순응하는 것을 의미합니다. 하나님의 다스리심에 자신과 자신의 인생을 맡기고 하나님의 사역을 관망하며 하나님의 개입을 기다리는 태도입니다. 하나님을 전적으로 의존하는 것이라 자신의 판단과 행동을 중지한 것이라고 말할 수 있습니다. 하나님의 은총과 축복 혹은 하나님의 행동을 기다릴 때 이 단어가 사용됩니다. 하나님과의 수직적 관계에서 하나님의 개입과 사역, 혹은 명령을 기다리는 태도가 온유함입니다. 그런 신앙의 자세를 가진 사람들이 복 있는 사람이라는 말씀입니다. 예수님의 이 복을 이해하기 위하여 앞에서 잠시 언급한 이 세상을 하나님께서 만드셨고 하나님께서 다스리고 계신다는 믿음이 필요합니다. 하나님께서 나와 이 세상을 그 원하시는 대로 이끌고 계신다는 믿음이 있어야 합니다. 하나님을 인정하지 않고 믿지 않는 사람이라면 굳이 온유할 이유가 없습니다.

예수께서 말씀하신 이 축복은 예수님의 선언이기도 하지만, 시편에도 같은 말씀 그대로가 기록되어 있습니다. "여호와를 신뢰하고 선을 행하라. 땅에 거하여 그의 성실로 식물을 삼을지어다. 또 여호와를 기뻐하라 저가 네 마음의 소원을 이루어 주시리로다. 너의 길을 여호와께 맡

기라 저를 의지하면 저가 이루시고 네 의를 빛같이 나타내시며 네 공의
를 정오의 빛같이 하시리로다. 여호와 앞에 잠잠하고 참아 기다리라 자
기 길이 형통하며 악한 꾀를 이루는 자를 인하여 불평하지 말지어다. …
잠시 후에 악인이 없어지리니 네가 그곳을 자세히 살필지라도 없으리
로다. 오직 온유한 자는 땅을 차지하며 풍부한 화평으로 즐기리로다"(시
37:3-7, 10-11). 예수께서 마음이 가난한 자, 슬피 우는 자 그리고 온유한 자
가 복이 있다고 하실 때 하나님께서 이 세상을 지으신 분이시며 지금도
다스리시는 분이심이 전제되어 있습니다. 온유한 자들이란, 하나님을
바라보며 하나님을 의지하고 하나님의 길을 찾으며 이 세상을 다스리
시는 하나님에게 자신의 인생을 맡기는 사람들입니다.

왜 복이 있습니까?

하나님을 믿는 사람들이 모든 면에서 참고 분노를 억제하고 마땅히
앙갚음할 수 있을 때 앙갚음하지 못하고 참고 기다리며 온유한 상태를
유지해야 할 이유는 그 자체가 복된 상태가 아니라 하나님께서 그러한
사람들을 위하여 활동하시기 때문입니다. 그런 사람이 땅을 상속받기
때문입니다. 그런 사람에게 하나님께서 땅을 차지하게 하실 것입니다.
이 말씀은 당시 예루살렘에서 가장 비싼 땅이나 유대 지역의 가장 좋은
곳을 가지게 되리라는 의미는 아닙니다. 명동의 금싸라기 같은 땅의 주
인이 된다는 말씀이 아닙니다. 땅과 부동산을 좋아하는 사람들에게 땅
부자가 되고 엄청난 부를 약속하시는 그런 말씀은 아닙니다. 하나님께
서 활동하심으로 말미암아 사람들이 하나님의 나라의 땅을 소유하게
될 것이라는 영적 축복에 관한 말씀입니다. 참고 기다리며 인내하고 온
유를 잃지 않는 사람들이 예수님으로 말미암아 시작되는 천국의 주인

이 될 것이라고 약속하시는 말씀입니다.

하나님의 축복을 소유하는 것은 이 세상의 재물과 권력과 행복을 소유하는 것과는 감히 비교할 수 없는 것입니다. 누가 하나님의 나라를 소유하게 됩니까? 하나님의 행동, 하나님의 개입을 바라는 사람들입니다. 사람들이 움직이며 사람들이 야망을 꽃피우는 곳에는 하나님께서 개입할 여지가 없습니다. 그러나 자신의 노력을 멈추고 하나님의 은총을 기다리는 사람들에게 하나님은 행동하여 주시는 분으로서 나타나십니다.

맺음말

사람의 온유함이 이 세상에서의 문제도 많이 해결할 수 있다는 것을 우리는 알고 있습니다. 사람과 사람 사이에 조금만 더 참을 수 있으면 더 큰 문제가 일어나지 않는 경우가 허다합니다. 아니, 참고 기다리는 것이 부부 관계를 잘 유지하게 하고 가족 관계를 계속 이어주는 끈, 즉 지름길이 될 경우가 많습니다. 자신의 것을 고집하지 않고 다른 사람을 인정하며 그를 이해하기 위하여 애를 쓸 때, 참고 기다릴 때 사람들 사이의 이해관계나 감정이나 분노가 잘 정리될 수 있습니다. 온유한 사람들은 화평하게 살게 됩니다. 현대인들은 점점 참을성을 상실해 가고 있습니다. 사람들은 감정대로 움직이고 성질대로 막 행동해 버립니다. 분에 못 이겨 이웃이나 가족을 쉽게 살해하는 그런 세상입니다. 하지만 화와 분노, 자신의 감정을 마구 발산하는 것이 사태를 해결하는 길은 아닙니다. 감정이 개입되면 사태를 항상 더 악화시켜 놓습니다. 그러나 사람 사이의 많은 갈등은 자신의 감정을 가라앉히고 차분히 기다리고 인내함으로써 얼마든지 쉽게 해결될 수 있습니다.

우리는 너무 빨리 인내심이 한계에 도달합니다. 하나님의 도우심이 나타나지 않는다고 불평합니다. 기도를 들어주지 않으신다고 하며 하나님의 사랑과 섭리에 회의를 품습니다. 약속을 지키지 않는다고 항의합니다. 혹은 하나님의 축복과 사랑이 너무 빨리 사라진다고 생각합니다. 우리는 하나님을 섬기는 것에서도 조급해하고, 감정적이고, 변덕스럽습니다.

예수님 당시의 사람들도 비슷했습니다. 유대인들은 약 400년 동안 주변 강대국들의 침략과 식민 지배에 이미 신물이 나 있었습니다. 하나님의 도우심은 없다고 생각하는 사람들이 있었습니다. 약속을 지키지 않으신다고 불평했습니다. 성급한 사람들은 무기를 들고 싸움과 폭력으로 평화를 쟁취하겠다고 나섰습니다. 민족주의를 표방하는 사람들이 메시아의 이름으로 등장하여 무기를 들었습니다. 무장을 하고 사람들을 선동하여 로마 제국에 대항하도록 했습니다. 로마 제국이나 헤롯 가문에 협조하거나 세금을 바치는 사람들을 매국노라 하여 괴롭히기도 하고 죽이기도 했습니다. 메시아 왕국을 억지로라도 이 땅에 끌어오기를 원하는 사람들이 가득했습니다. 예수님 당시의 세계는 늘 폭력과 죽음과 싸움이 난무하는 그런 세상이었습니다. 평화란, 유대인의 것이 아니라 로마인들의 것이었습니다. 압제를 당하는 사람들에게는 한시도 평화가 없었습니다. 억압과 착취, 이에 항거하는 폭력과 폭동, 이들에 대한 군사적 보복과 피비린내 나는 살육이 가득한 그런 세계였습니다. 예수님은 그러한 세계에 살고 있는 사람들에게 온유한 사람이 복이 있다고 선포하셨습니다.

예수님의 말씀에는 인내심이 약한 우리 인간에 대한 책망이 포함되어 있습니다. 믿음에 쉬 금이 가는 우리 인간의 조급함에 대한 경고가 포함되어 있습니다. 그리고 창조주 하나님, 사랑의 하나님에 대한 변함 없는 믿음과 의지를 촉구하는 권고가 포함되어 있습니다. 조급한 우리의 감정에 믿음을 내맡기지 말고 세상을 만드시고 이 세상에 우리를 보내신 하나님을 의지해야 합니다. 하나님은 자신의 계획과 뜻대로 이 세상을 다스리실 것입니다.

우리는 팔복을 두 종류로 구분했습니다. 앞의 네 가지와 뒤의 네 가지입니다. 앞의 네 가지는 사람들이 하나님 앞에서 가지는 영적 자세이며, 뒤의 네 가지는 사람들에게 나타내는 도덕적 태도입니다. "의에 주리고 목마른 자는 복이 있다"는 말씀은 하나님 앞에서 사람들이 가지는 복된 자세 중 그 마지막에 해당합니다. 예수께서 말씀하신 팔복에는 일정한 논리적인 순서가 들어 있는 것으로 보입니다. 앞의 네 가지 복은 그릇이 빈 상태에서 출발하여, 그릇을 채우려고 하는 강렬한 소망을 가진 상태로 발전해 갑니다. 하나님 앞에서 소극적인 자세에서 시작해 좀 더 적극적인 자세로 조금씩 진전한다고 말할 수 있습니다. 첫 번째 복에서 사람들은 자신의 영적 가난을 의식합니다. 이 가난이 애절한 울음을 만들어내고, 하나님의 도움을 기다립니다. 네 번째 복에서는 마냥 기다리는 상태를 축복하신 세 번째 복보다 한층 강한 하나님을 향한 욕구가 그 중심 내용이 되고 있습니다.

영적 상태의 순환 과정?

적지 않은 사람들이 이 네 가지 복, 그리고 여덟 가지 복에 관련된 것들 모두가 한 사람에게서 꼭 나타나야만 할 필연적인 영적 성장 과정에 해당한다고 설명하려 합니다. 마음의 가난에서 시작하여 하나님을 향한 강렬한 욕구에 이르기까지 각 상태를 차곡차곡 밟아 가는 사람이 정말 복된 사람이라는 것입니다. 예를 들면, 어거스틴은 팔복 전부를 한 사람의 삶과 엮어 설명했습니다. 그것은 모든 믿는 사람들에게 나타나야 할 영적 순환 과정을 보여준다는 것입니다. 한 가지가 빠지면 그다음 단계로는 진입할 수 없는 사람입니다. 하나님을 믿는 사람은 그의 삶을 통하여 예수께서 축복하신 영적 상태에 부단히 도달할 수 있어야 할 뿐만 아니라 이것을 순서대로 밟아가야 합니다. 만약 어떤 사람이 여덟 번째까지 가면 그곳에서 그의 의무가 끝나지 않고 다시 처음으로 돌아와야 하고 그곳에서 다시 시작해야 한다는 것입니다. 그러나 이 네 가지는 한 사람의 영적 상태의 발전 순서를 지시하는 것이 아닙니다. 예수께서는 개개의 상태를 이미 복되다고 선언하셨습니다. 그 개개의 상태로 인해 자신을 찾아온 사람들은 그 영적 상태에 상응하는 하나님의 응답을 받을 것입니다. 예수께서는 그들의 그 특별한 상태를 해결해 주시겠다고 약속하신 것이나 다름없습니다.

개별적 상태

네 가지 복에서 예수님은 하나님 앞에서의 개개의 상태, 그런 영적 상태에 처해 있었던 사람, 다른 어떤 원인이 아니라 예수께서 열거하신 원인 중 하나로 예수님을 따라와서 설교를 듣고 있었던 사람들을 축복하셨습니다. 물론 어떤 사람에게는 이 네 가지 중 여럿이나 아니면 모든 상태가 복합적으로 나타날 수도 있을 것입니다. 마치 사슬처럼 네 가지 모두가, 그것도 처음부터 차례로 나타날 수도 있습니다. 그러나 어떤 사람에게는 네 가지 중 한 가지만 나타날 수도 있습니다. 예수님의 팔복을 순환 과정으로 엮어 놓은 복으로 보는 관점에서는 여덟 가지 가운데 한 가지만 모자라도 복된 사람이라고 할 수 없습니다. 반면에 이것을 개별적인 축복으로 이해하는 입장에서는 한 가지만 갖추고 있어도 복된 사람이라고 볼 수 있습니다.

　　예수님은 설교를 듣는 사람들 중에서 마음이 가난한 사람들을 복되다고 선언하셨습니다. 천국이 바로 그들의 것이기 때문입니다. 만약 마음의 가난이 이유가 되어 예수님을 찾는 사람이 있다면 역시 복 있는 사람입니다. 예수님은 청중들 중에서 슬퍼 눈물짓는 사람들을 복되다고 하셨습니다. 그런 사람들에게 하나님의 위로가 주어질 것이기 때문입니다. 만약 밤을 눈물로 지새우는 사람이 있다면, 그래서 예수님을 찾는 사람이 있다면 역시 복 있는 사람입니다. 예수님은 우리의 참된 위로자가 되시기 때문입니다. 예수님은 청중들 중에서 온유하게 하나님의 개입을 참고 기다리는 사람들을 복되다고 선언하셨습니다. 그들이 땅을 기업으로 받을 것이기 때문입니다. 하늘만을 바라보고 하나님의 도움을 기다리는 사람이 있다면, 이것이 원인이 되어 예수님을 찾는 사람이 있다면 복 있는 사람입니다.

　　네 번째 복도 우선 그 당시의 청중들에게 주신 말씀입니다. 의에 주리고 목마른 사람들이 복 있는 사람들이라고 예수님은 선언하셨습니다. 그들의 배고픔, 목마름이 해소되고 "곧 배부르게 될 것이기 때문입니다."

비유적 표현들

네 번째 복에는 세 개의 비유어가 사용됐습니다. '굶주림,' '목마름,' 그리고 '배부르게 됨'입니다. 이 비유어들의 문자적 의미는 모든 사람이 그들의 크고 작은 경험을 통해서 잘 알고 있는 것입니다. '굶주림'은 먹지 못했을 때 우리에게 나타나는 증상을 가리킵니다. '목마름'은 필요한 수분이 부족할 때 나타나는 증상을 뜻합니다. 인간의 육체는 물과 음식이 부족할 때 이것이 부족하다는 신호, 속히 보충해야 한다는, 그렇게 하지 않으면 죽어간다는 신호를 보내옵니다. 그 신호가 바로 목마름, 굶주림입니다. 굶주림과 목마름의 고통을 모르는 사람은 없습니다. 우리는 직접 이런 증상을 느끼고 신호를 보내오는 육체를 가지고 있을 뿐만 아니라, 이것을 어디서나 보고 또 듣고 있습니다. 굶주림에 지치고 힘없이 죽어 나가는 사람들의 사진이 신문이나 방송 매체에 보도되지 않는 날이 거의 없을 정도입니다. 그런 극도로 가난한 사람들이 배부르게 먹고 만족해 하는 부자들 주변에 늘 살고 있습니다. 굶주림에 대한 극한의 표현이 무엇일까요? 아마 사람을 잡아먹었다는 표현일 것입니다. 얼마나 배가 고팠으면 그런 일이 벌어지겠습니까? 그렇게 며칠을 굶었다가 실컷 먹었을 때 느끼는 포만감, 그것은 굉장한 것입니다. 그때만큼은 세상에서 가장 귀한 보물을 손에 넣은 것보다 더 강한 만족감을 느낍니다. 예수님은 그런 육적 현상, 육체의 경험에 근거하여 사람들의 영적 현상에 대하여 교훈하셨습니다. 그것이 이 네 번째 축복입니다.

예수님의 비유는 사람들이 잘 아는 경험을 사용하여 새로운 것을 가르치시는 방법입니다. 예수님은 '목마름,' '배고픔,' '배부르게 됨'이라는 표현으로 "하나님의 의"에 대한 사람들의 갈증과 배고픔을 지적하셨고 이런 상태에서 예수님을 따른 사람들을 축복하셨습니다. 그것이 곧 채워질 것이라고 보셨기 때문입니다. 이 말씀을 하신 예수님이 이 일을 위해서 오셨고 결국—그들이 예수님을 계속 따르는 한—예수님을 통해서 실제로 그들의 영적 욕구가 해소될, 즉 배부르게 될 것이었기 때문입니다.

양식보다 더 필요한 것

네 번째 복에서도 우리는 예수님의 시각과 인간의 시각이 크게 다르다는 것을 발견합니다. 사람들은 먹을 것과 마실 것이 있다면 이 세상의 문제가 다 해결될 것으로 기대합니다. 그러나 예수님은 양식이나 음료보다 "하나님의 의"에 대한 사람들의 필요와 갈증을 먼저 말씀하셨습니다. 사람들은 세상의 모든 문제의 근원을 먹고 마실 것의 부족과 이것의 불균등한 분배라고 생각하면서 이것부터 먼저 해결하려고 합니다. 먹을 것을 얻기 위하여 땅을 팝니다. 씨를 뿌립니다. 열심히 가꾸고 추수합니다. 장사를 하기도 하고 양식을 보장하는 돈을 손에 넣기 위해 밤잠을 자지 않고 일합니다. 생산을 늘리기 위해서 노력합니다. 더 좋은 품종을 얻기 위한 실험을 계속합니다. 기후를 조절하고 경작지를 늘리고, 자연을 바꾸어 가면서까지 모든 사람이 계속 풍족히 먹을 수 있는 세상을 만들어가려고 합니다. 인간 사회의 움직임은 먹을 것을 충분히 얻을 수 있고 그것을 장기적으로 확보할 수만 있다면 이 세상에 평화와 안정이 정착되리라는 낙관론에 기초하고 있습니다. 가난한 사회일수록 이런 신념과 먹을 것에 대한 열망은 훨씬 더 강하게 나타납니다.

예수께서 오셨던 세상은 지금보다 더 힘들었습니다. 먹을 것이 부족했습니다. 돈을 벌 수 있는 직업이 다양하지 못했습니다. 가난한 사람들이 널려 있었습니다. 굶주린 사람들을 어디서나 볼 수 있었습니다. 그런데 예수님은 그 가난한 사람들, 오늘 먹을 것, 내일 먹을 것을 걱정하는 사람들에게 전혀 다른 것에 관하여 말씀하셨습니다.

예수님의 시각, 하나님이 인생을 관찰하시는 눈은 우리 인간과는 너무나 달랐습니다. 인간은 먹을 것을 찾습니다. 돈 버는 방법이 있다고 하면 사람들이 떼거리로 몰려듭니다. 그런데 예수님은 인간의 문제는 먹는 것, 마시는 것이 아니라, '의'가 없는 것에 있다고 지적하셨습니다. 그리고 "의"에 주리고 목마른 사람들을 축복하셨습니다. 사람들에게 더 중요한 것, 먼저 알아야 할 것, 그리고 먼저 채워야 할 것으로 '의'를 지적하신 것입니다.

인생에는 먹을 것보다 더 긴급한 것이 있습니다. 먹을 것이 없어 굶주리는 사람들보다 더 불행한 사람들이 있습니다. 그들은 바로 의에 주리고 목마른 사람들입니다. 예수님은 사탄에게 시험을 받으시면서도 비슷한 말씀을 하셨습니다. "사람은 빵으로만 사는 것이 아니다. 오히려 하나님의 입에서 나오는 그의 모든 말씀으로 살아야 한다." 예수님은 인간을 하나님 앞에서 살아가는 존재로 보셨습니다. 인간관계나 생존의 문제보다는 하나님과 인간의 관계, 하나님에 대한 인간의 태도를 강조하셨습니다. 하나님 앞에서 의가 결핍되어 있다는 사실이 더 크고 근본적인 우리의 문제입니다. 예수님은 다름 아닌 바로 이 일을 위해서 오셨기 때문에 그런 영적으로 굶주린 사람들, 영적으로 목마른 사람들이 예수님 앞에 왔을 때 그들을 복되다고 축복하신 것입니다. 왜냐하면 그들은 예수님을 통하여 곧 채워질 것이기 때문입니다.

영적 배고픔, 영적 갈증

의에 주리고 목마른 것이 어떤 것인지를 알기 위해서 영적 목마름,

영적 배고픔에 대하여 생각해 봅시다. '영적'이란 표현이 이해하기 어려우면 정신적 갈증과 정신적 배고픔을 생각해 보십시오. 우리는 간혹 실컷 물을 마셔도 목이 타는 것을 경험할 때가 있습니다. 배부르게 먹어도 배고픔을 느낄 때가 있습니다. 정상적이라면 물을 마시면 갈증은 없어져야 합니다. 음식을 먹으면 배고픔은 없어져야 합니다. 그런데 인간은 종종 배가 불러도, 물을 충분히 마셔도 답답합니다. 더 먹고 싶고 더 마시고 싶은 것이 있습니다. 모든 것을 다 가져서 누구보다도 행복한데도 더 가지고 싶어 합니다. 인간의 욕심, 욕구가 끝없이 상대적 빈곤감을 느끼게 하고 더 채우기 위하여 가만 앉아 있지 못하도록 합니다. 인간의 욕구는 끝이 없는 것 같습니다. 누구보다도 많이 공부한 사람도 늘 부족하다고 느낍니다. 더 배우고 싶어 하고 더 연구해야 한다고 생각합니다. 지식의 욕심에도 끝이 없습니다. 명예도 그렇습니다. 이런 것은 몇 가지 예에 지나지 않습니다. 먹는 것 이외에, 마시는 것 이외에 우리에게 갈증을 일으키고 배고픔을 느끼게 하는 것은 수없이 많습니다. 인간은 먹고 마시는 것뿐만 아니라 다른 것들도 소유하기를 끝없이 원합니다. 자신이 바라던 일을 마침내 성취하여 그 열매를 눈앞에서 보고 있는 순간에도 인간은 허탈감에 시달립니다. 다 가졌으면서도 아무것도 가지지 못한 것 같은 무력감이 찾아듭니다. 그래서 인생은 무언가를 성취했을 때 가장 큰 위험에 처하게 됩니다.

정신적·영적 방황

때로는 아무런 목적이나 방향도 없이 인간의 욕구가 뻗어나갈 때도 있습니다. 왜 그런지도 모르고 무엇을 채워야 하는지도 몰라서 방황합니다. 자신이 진정으로 필요로 하거나 원하는 것이 무엇인지 알고 싶어

하는 것입니다. 그래서 이곳저곳 돌아다녀 봅니다. 이런 일 저런 일을 해 봅니다. 이런 것을 우리는 이유 없는 방황이라고 부릅니다. 정신적 방황이라고도 합니다. 욕구는 있는데, 무엇보다 강렬한데 그것이 무엇 때문인지 모르고, 어떻게 채울 수 있는지 모르는 것입니다. 어거스틴은 인간에게 일어나는 이런 것을 총체적으로 인간이 하나님을 찾는 증상이라고 불렀습니다. 인간이 하나님을 떠나 있어서 방황하는 것이라는 말입니다. 찾는 것이 다른 데 있어서 이것저것으로 채워 보아도 그 갈증과 배고픔은 해소되지 않습니다. 그러나 그것은 하나님을 찾는 영혼의 방황이요, 누구나 가지고 있는 증상이라는 설명입니다.

우리는 이것을 신을 향한 인간의 종교심, 절대자에 대한 인간의 의존심, 혹은 인간 본연의 종교적 욕구라고 부르기도 합니다. 시편 42편에서 시인은 이렇게 표현했습니다. "하나님이여 사슴이 시냇물을 찾기에 갈급함 같이 내 영혼이 주를 찾기에 갈급합니다." 사슴이 물을 찾아 헤매듯이 인간은 하나님을 찾아 헤매며 목말라합니다. 굶주림에 죽을 것 같습니다. 인간은 누구나 하나님을 필요로 합니다. 하나님을 찾습니다. 인간의 마음에는 하나님을 향한 창문이 마련되어 있어서 하나님을 찾기까지 인간의 영적 방황, 영적 굶주림과 목마름은 그칠 날이 없습니다. 어거스틴은 이렇게 고백했습니다. "하나님 당신은 당신 자신을 위하여 우리 인간을 만드셨습니다. 그러므로 우리 인간의 마음은 당신 안에서 안식을 찾기까지 안식을 맛보지 못합니다." 예수님은 이런 종류의 방황, 영적 배고픔, 영적 목마름을 '의'라는 단어와 결합하여 말씀하셨습니다. 물론 영적 고통 자체가 복된 상태라는 것은 아닙니다. 그렇다면 왜 굶어 죽어 가는 사람들을 복되다고 하셨을까요?

건강을 원하는 표시

예수님의 말씀을 쉽게 이해하는 길은 다음과 같습니다. 어떤 사람이 영적으로 목말라하고 배고파하는 것은 그가 건강해지기를 갈망하는 표시라는 것입니다. 방황하고 있는 것 자체가 부족을 호소하고 그 부족한 것을 찾고 있다는 표식입니다. 배고파하고 목말라하는 사람은 행복한 사람이 아닙니다. 그러나 그것은 건강을 희망하는 표시요, 따라서 건강한 상태로 진입하는 첫걸음입니다. 배고픔을 느끼지 못하는 사람은 건강을 지키기 어렵습니다. 이처럼 영혼의 목마름을 느끼지 못하고, 영혼의 배고픔을 의식하지 못하는 사람은 결코 건전한 상태로 들어갈 수 없습니다. 하나님을 떠나서 멋대로 가고 있기 때문에 사람들이 영혼의 안식을 얻지 못하고 있는데도 불구하고 자신을 건강한 사람으로 생각하고 건전한 삶을 살아가고 있다고 생각한다면 그는 치유될 가능성조차 없습니다. 물을 마시지 못하여 온몸에서 탈수 현상이 나타나는데도 목마름을 느끼지 못한다면, 정상이 아닙니다. 아이들의 예를 들어봅시다. 자라나는 아이들은 가만 앉아 있지를 못합니다. 움직이고 말썽을 부리고 꾸중을 들으면서도 계속 활동합니다. 그렇게 자라나 어른이 되어 가는 것입니다. 아이들을 성가시게 생각하던 사람들도 아이가 가만히 있으면 곧 이상하다고 생각합니다. 아이들은 아플 때가 아니면 그렇게 하지 않습니다. 죽은 사람은 절대로 우리를 귀찮게 하지 못합니다. 영혼의 방황은 그 자체가 건강한 상태라고 말할 수는 없지만 곧 건강해질 수 있다는, 적어도 건강을 소망하고 있다는 표식입니다. 영혼의 갈증과 기근은 무엇인가를 찾고 있는 증상입니다. 예수님은 이미 이 출발점부터 긍정적으로 간주하신 것입니다.

하나님의 의를 열망함

이제 네 번째 복에서 가장 중요한 단어인 '의'에 대하여 살펴봅시다. 우선 두 가지를 먼저 설명해야 하겠습니다. 첫째, 의라는 단어 자체를 살펴봅시다. 어떤 단어는 물건을 지시하기도 하고 구체적인 동작을 지시하기도 합니다. 그러나 구체적으로 사물이나 동작을 지시하지 않고 그 성격을 규명하는 단어들이 있습니다. 이것을 우리는 형용사라고 부르는데 이 형용사들은 특정한 사물 혹은 동작과 결합되어 그것의 성질을 알려 주는 역할을 합니다. 예를 들면, '빨갛다'라는 단어가 그렇습니다. '의'라는 단어도 어떤 실체, 어떤 행동을 지시하는 단어가 아니라, 그 실체나 행동의 성격을 규정하는 용어입니다. 어떤 사람의 행동이 하나님께서 주신 기준과 일치할 때 '의롭다'는 형용사로 사용됩니다. 그의 행동이 무엇이었는지를 알려 주는 것이 아니라 그 행동이 하나님의 기준에 일치한다는 표현입니다. 따라서 이 단어를 이해하기 위해서는 우선 무엇을 기준으로 이 단어가 사용됐는지를 살펴야 합니다. 둘째, '의에 주리고 목마르다'는 표현에서 '의'는 수동적이고 소극적으로 바라고 기대하는 것으로 표현됩니다. '의'는 인간이 능동적으로 행동하고 적극적으로 만들어가는 것이 아닙니다. 두 가지를 염두에 두고 예수께서 말씀하신 복된 사람들이 과연 어떤 사람들인가를 말씀드리겠습니다.

성경에서 말하는 '의'에는 두 종류가 있습니다. 하나님의 의와 사람들의 의입니다. 사람들의 의는 사람들의 생각, 행동을 묘사할 때 사용되는데 그의 생각이나 행동이 하나님께서 세우신 인생의 기준에 일치한다는 표현입니다. 기준은 하나님의 말씀 혹은 하나님의 계명입니다. 이 경우 사람들은 능동적이고 적극적으로 행동함으로써 의인이 됩니다. 의를 소유하게 됩니다. 기다리거나 바라는 것만으로는 인간의 의는 성립되지 않습니다. 의인이란 의를 갈망하는 사람이 아니라 의로운 행동을 하는 사람입니다. 이렇게 보면 예수님께서 축복하신 "의에 주리고 목마름"이란 이런 인간의 의는 아님을 알 수 있습니다.

하나님의 의는 하나님 자신의 성품이나 사역을 묘사하는 용어입니다. 이 경우에도 기준을 생각해야만 하는데 하나님의 의를 재는 데는 기준이 달리 있지 않습니다. 하나님 자신이 기준이십니다. 하나님의 속성, 하나님의 성품이 의의 기준입니다. 하나님의 의란 하나님의 성품에 일치하는 하나님의 사역을 의미합니다. 혹은 하나님께서 전에 말씀하신 것과 일치하게 사역하실 때 그것을 하나님의 의라고 부릅니다. 언젠가 하나님께서 계획하셨거나 약속하셨던 것을 마침내 그대로 이루시면 의로우신 하나님이라는 찬송이 나옵니다. 예를 들면, 하나님께서는 죄인과 악인을 반드시 심판하시겠다고 선언하셨으므로 악인을 멸망시키시는 것이 하나님의 의입니다. 하나님의 백성을 구원하시기로 약속하셨던 대로 그들을 구원하시는 것이 하나님의 의입니다. 하나님의 의와 관련해서 인간이 할 일은 없습니다. 그것은 하나님의 사역을 수식하는 단어이기 때문입니다. 인간은 다만 기대하고 열망하고 기다릴 뿐입니다. 하나님의 의로운 '무엇'을 기다리는 것입니다. 이런 종류의 의를 위해서 누군가가 행동해야 한다면 그 동작자는 하나님이십니다.

네 번째 복의 '의에 주리고 목마르다'는 표현은 따라서 사람들이 하나님의 의를 기대하고 열망하는 것을 지시합니다. 사슴이 시냇물을 찾아 헤매듯이 인간이 하나님의 의를 기다리고 사모하고 열망함을 뜻합니다. 그런 사람이 복된 사람입니다. 자신의 의가 아니라 하나님의 의, 자기 행동이 아니라 하나님의 사역을 열망하는 사람들을 예수님은 복된 사람들이라고 하신 것입니다. 그리고 그것이 곧 성취될 것이므로 배부르게 된다고 표현하셨습니다.

구원으로서의 하나님의 의

하나님의 의란 구체적으로 무엇을 뜻할까요? 우리는 우선 예수께서 처음 이 복을 말씀하셨던 당시의 세계로 돌아가 답을 찾아야 합니다. 예수님의 첫 설교를 들었던 사람들은 모두 유대인들, 즉 아브라함의 후예들이었습니다. 유대인들은 오랫동안 하나님을 믿어 온 사람들입니다. 하나님께서 그들을 하나님의 백성으로 부르셨다는 사실을 그들은 모두 알고 있었습니다. 믿고 있었습니다. 그리고 하나님의 축복과 영광을 소유한 백성들이라고 자부하고 있었습니다. 그러나 하나님 백성의 영광은 다윗 왕과 솔로몬 왕의 시대에 잠시 땅에 이루어지는 것 같다가 사라져 버렸고 그 후 오랫동안, 특히 다윗 가문이 멸망하고 바벨론으로 잡혀간 후로 하나님의 백성은 주변 강대국들의 지배를 받으며 갖은 수난을 다 겪었습니다. 하나님의 백성이라는 영광에 도달하지 못했습니다. 유대인들은 민족의 수난을 겪으면서도 아브라함에게 주신 하나님의 약속이 이루어지고 그들이 마침내 구원을 얻고 하나님의 백성으로 회복될 것을 기대하고 있었습니다. 예수님 당시는 이런 기다림의 시간이 적어도 약 400년이나 지루하게 계속될 때였습니다. 하나님의 구원을 계속 기다리는 사람들도 있었지만 쉽게 나타나지 않는 하나님의 약속을 보며, 또 점점 어려워져 가는 주변의 정세를 보며, 적지 않은 사람들이 하나님의 약속을 기다리기보다는 칼을 들고 폭력을 행사하여 독립과 자유와 하나님의 백성으로서의 영광을 회복하려고 했습니다. 이런 희망에 연연하지 않고 그냥 그럭저럭 살아가며 현실에 동화되는 사람도 있었습니다. 많은 사람은 그런 일에 아예 무감각해져 있었습니다. 매일의 양식과 하루하루 살아남는 일이 그들의 관심사였습니다.

　사람들이 기다리던 바로 그 메시아로 오신 예수님은 이 네 번째 복의 선언에서 "의에 주리고 목마른 자들은 복되다"고 하심으로 하나님은 약속을 지키시는 분이심을 알리셨습니다. 그리고 바로 그 일이 자신을 통해서 이루어질 것이기 때문에 그런 사람들이 곧 배부르게 될 것을 예고하신 것입니다. 모든 다른 복이 그러한 것처럼 예수님은 이 네 번째 복에서도 자신의 역할과 그 결과를 가르치신 것입니다. 애타게 하나님의 구원, 하나님의 의로운 사역을 기다리고 열망해 온 사람들이 복이 있는 사람들입니다. 그 이유는 말씀하시는 예수님 자신이 그 일을 위해서 오셨기 때문입니다.

　하나님은 약속을 바꾸시는 분이 아닙니다. 한번 말씀하신 것을 지키시는 의로운 분이십니다. 하나님의 구원과 축복의 약속은 변함없는 것이며 기어코 성취되는 것입니다. 하나님의 약속을, 하나님의 구원을 정말 사슴이 시냇물을 찾아 헤매는 것처럼 목말라하는 사람들에게 하나님의 약속은 예수 그리스도를 통하여 마침내 성취됐습니다.

인간의 방법이 아닌 하나님의 방법

　예수님의 구속 사역이 이루어지고 하나님의 의가 나타난 때로부터 약 2000년이나 지난 이후를 사는 우리는 예수님 당시의 사람들과는 다른 상황에 살고 있습니다. 그러나 예수님의 이 네 번째 복은 우리에게도 여전히 동일한 효력을 가지고 있습니다. 수많은 사람이 예수님을 믿음으로 하나님의 의로 배부르게 되는 생애를 살았음에도 불구하고, 아직도 이것을 받아들이지 않는 사람들이 더 많습니다. 명백하게 하나님을 찾으면서도 예수님 앞에 서기를 거부하는 사람들이 있는가 하면, 그들에게 정말 필요한 것이 무엇인지도 모르는 상황에서 영적 방황, 영적 목마름, 영적 굶주림에 깊이 빠져 있는 사람들도 있습니다. 인간의 갈급한 상태를 부인하며 마냥 웃으며 행복하게 살아가는 사람들도 있습니다. 그러나 사실은 인간 모두가 하나님을 찾고 있는 것입니다. 하나님을 떠났기 때문에 방황하고 있는 것입니다. 그 방황은 예수님 앞에 서야만 끝날 수 있습니다.

통상적으로 하나님을 찾는 사람들은 무언가 그들이 하나님 앞에 설 수 있는 조건을 갖추어야 한다고 생각합니다. 하나님을 만나기 위해서는 목욕하고 정수를 떠 놓고 오랫동안 온 정성을 다해야 한다고 생각해 왔습니다. 지성이면 감천이라고 하지 않습니까? 그래서 백일 기도라는 말이 나오기도 했습니다. 혹은 자신의 죄와 속세의 생활을 청산할 때 하나님과의 접촉점이 만들어진다고 생각해 왔습니다. 물론 이것은 바른 방법이 아닙니다.

인간의 숙제를 해결하는 방법은 인간의 의가 아니라 하나님의 의를 소유하는 데 있습니다. 자신의 깨끗함이 아니라 하나님의 깨끗하심을 인정하는 데 있습니다. 하나님을 갈망하는 것이 건강을 위한 첫걸음입니다. 예수님은 이 네 번째 복의 선언에서 인간의 방법이 아닌 하나님의 방법만이 해결책임을 알려 주셨습니다. 하나님 앞에서 깨끗해지기 위한 인간의 노력을 포기하고 하나님에게 죄의 용서를 기대하고 비는 사람이 복된 사람입니다. 구원은 사람이 만드는 것이 아닙니다. 사람이 버는 것도 아니고 사람이 자신의 노력으로 살 수 있는 것도 아닙니다. 그것은 하나님께서 주시는 것입니다. 하나님의 방법을 통해서만 인간은 자신의 더러움과 죄책감을 극복할 수 있습니다.

하나님 앞에 깨끗하게 서고자 하는 사람들은 그들의 인간적인 노력과 인간적인 방법들을 내려 놓아야 합니다. 그리고 전적으로 하나님에게 눈을 돌려야 합니다. 하나님께서 이미 하신 일들에 관심을 가져야 합니다. 자신의 재주나 방법을 신뢰하지 않고 하나님을 바라보고 하나님의 방법을 배워야 합니다. 이렇게 하나님의 것을 목마르게 사모하고 열망하는 것이 하나님을 만나는 방법입니다. 우리가 어떻게 하나님을 섬길 수 있을지 묻는 것이 아니라, 하나님께서 우리에게 하신 일들이 무엇이며 우리에게 주신 것들이 무엇인지 먼저 살피고 열망하는 자세가 신앙의 길에 들어서는 바른 길입니다. 이런 의미에서 예수님은 자신을 가리키시면서 "나는 길이요 진리요 생명"이라고 말씀하셨습니다(요 14:6).

　　방황하는 인생의 길에서 목마르게 하나님을 찾던 사람들이 예수님 앞에 섰을 때 그 영혼의 열망은 배부름으로 변할 수 있습니다. 예수님만이 인간의 근원적 문제를 해결해 주시는 분이시기 때문입니다. 예수님은 하나님께서 정하신 하나님의 방법입니다. 하나님의 의이십니다. 사람들이 이렇게 하나님의 방법에 골몰하지 않는 한 구원은 어디에도 없습니다. 죄책감을 해결할 방법이나 죄를 청산할 다른 길은 없습니다.

맺음말

　　우리는 우리에게 진정으로 결핍된 것이 무엇이고 어떻게 그것을 소유할 수 있는지도 모르고 헛된 방황을 계속하고 있습니다. 사실은 그것이 하나님을 찾는 증상인데도 사람들은 이 점을 잘 알지 못합니다. 인정하려고도 하지 않습니다. 이미 하나님의 해결책이 약 2000년 전에 분명하게 나타났는데도 복음에 귀를 막고 성경의 소리를 마음에 담지 않습니다. 그렇게 마냥 방황하며 인간적인 방법으로 영혼의 목마름과 굶주림을 해결하려 합니다. 이런 증상이 없이 마냥 즐겁게 인생을 사는 것보다는 차라리 이런 증상이 심각하게 나타나서 정말 죽을 것과 같은 영혼의 배고픔과 정신적 방황을 경험하는 것이 더 좋습니다. 이런 영혼의 방황이 원인이 되어 혹시나 하고 성경을 읽게 된다면 그렇게 예수님을 만난다면 그는 구원의 길, 하나님께서 인정하시는 의의 길에 들어선 것이 됩니다. 인간의 방황을 끝내고 그의 방황이 하나님을 떠나 멋대로 살아간 결과임을 알려 주신, 그리고 해결해 주신 예수님을 만날 수 있기 때문입니다. 목마른 사슴같이 굶주리고 갈증을 느끼고 여기저기서 영혼의 양식을 찾다가 예수님 앞에 올 수밖에 없었다면 올바른 길로 들어선 것입니다. 예수님은 그의 영혼의 갈증이 하나님을 떠난 결과라는 것을 알려 주신 분이시며, 그 갈증을 해소할 수 있도록 우리의 죄를 용서하시고 자신의 순종의 의를 우리에게 주시기 위하여 십자가를 지시고 부활하신 분이시기 때문입니다. 그는 정확하게 하나님의 의를 갈망한 것은 아니지만 예수님의 입장에서 그의 방황이 하나님의 의와 구원을 갈망한 것 외에 다른 무엇일 수 없기 때문에 그에게 예수님을 통한 하나님의 의, 하나님의 구원이 주어질 수 있는 것입니다.

우리는 무엇을 갈망하고 있습니까? 영혼의 갈증을 느끼는 사람들이 복 있는 사람입니다. 예수님께서 인간의 갈증을 해결하시는 분이시기 때문입니다. 인간의 노력으로 이 갈증이 해결되지 않습니까? 예수님 앞에 서십시오. 예수께서 하신 일을 통하여 인간은 방황을 그치고 영적인 배부름과 평안에 도달할 것입니다.

제6장
궁휼히 여기는 사람
마태복음 5:7

　　기독교인들이 가장 궁금해 하며 질문하는 문제 하나가 믿음과 행위의 관계입니다. 십자가에 못 박히신 예수님을 믿으면 구원을 얻는다는 것이 기독교의 복음인데, 이것을 이미 믿는 사람들, 즉 예수님을 주님으로 믿어 구원을 얻은 사람들에게 선한 삶이 무슨 의미가 있느냐는 질문입니다. 교회 개혁 시기의 동력이었던 이신칭의 교리, 즉 "구원은 예수님을 믿음으로만 주어진다"라는 원리가 로마서나 갈라디아서에 들어 있는 반면, 야고보서처럼 믿음과 행위의 관련성 여부를 심도 있게 다룬 책도 있습니다. 예수님을 믿고 구원을 얻었다고 확신하며 감사하는 마음으로 하나님의 은총 아래 살아가는 기독교인들에게 성경은 삶의 현장에서의 선한 행동을 명령합니다. 하나님께서 그의 자녀들에게 요구하시는 이 선한 삶의 결과가 다시 천국이나 지옥, 혹은 하나님의 미래의 은총과 심판과 직접 관련됩니다.

두 가지 극단적 태도

예수님에 대한 믿음만 강조하면서 우리의 삶이나 행동이 어떠하든지 간에 구원은 확실히 보장된다고 말하는 사람들은 이단이라는 이름으로 교회에서 쫓겨났습니다. 이와는 반대로, 인간의 의무와 책임을 강조한 나머지 바른 삶이 하나님의 구원을 선사한다거나 인간의 협력을 통해 예수님의 구속 사역이 완성된다고 말하는 사람들도 이단으로 간주되어 교회에서 추방당했습니다. 구원은 하나님께서 사람의 동의를 구하지 않고 일방적으로 계획하시고 추진하신 일입니다. 인간들의 의견이나 인간의 공로가 개입할 자리가 없습니다.

예수님을 믿는 삶을 통한 통합

교회는 예수님을 믿고 따르는 사람들은 언제 어디서나 정신을 바싹 차리고 예수님의 교훈을 따라 바르게 살아가야 한다고 가르쳐 왔습니다. 바른 믿음과 선한 행위, 진실한 믿음과 선한 양심은 붙어 다니며 하나님의 은총과 사랑에 자극된 삶으로 나타나야 한다고 자극했습니다. 하나님의 은총하에 있는 사람은 이전처럼 자신의 마음대로 살아갈 수는 없다는 것, 그렇게 살아서도 안 된다는 것입니다. 이것을 이론과 실천, 교리와 삶, 종교와 윤리 등의 관계로 설명하는 것은 정당한 방법이 아닙니다. 기독교인들이 당면한 과제는 이론이나 교리는 명확한데 실천이나 삶이 없다거나, 실천은 괜찮은데 이론이 엉성하다는 데 있지 않습니다.

생명의 주님을 믿는 사람이, 예수님의 말씀에 어떤 태도를 표명하는 것이 옳습니까? 우리를 구원하시려고 십자가를 지신 그 예수께서 이 땅에 살고 있는 우리를 위해 남겨 놓으신 교훈은 무엇입니까? 예수님을 향한 우리의 태도와 예수님의 자상하신 말씀에 대한 우리의 태도를 비교하는 것, 그리고 이 둘은 우리의 삶에 있어서 연결되어 나타날 수밖에 없다는 것이 우리가 질문하는 '믿음과 행위'의 관련성입니다. 우리에게 생명의 길은 예수님밖에 없기 때문입니다. 그리고 우리의 삶의 규범은 선이나 인간의 눈에 보이는 옳음 혹은 좋음이 아니라 예수님의 말씀뿐이기 때문입니다. 우리 눈에 좋아 보이는 것을 '선'이라고 부르는 것은 기독교가 아닙니다. 인간이 좋아하는 것을 '복'이라고 단정하는 것 역시 기독교 사상이 아닙니다. 그것은 인간의 철학, 인간의 논리, 인간의 지혜입니다. 우리는 우리의 구원자이신 예수님의 말씀을 따라 무엇이 옳고 그르며, 무엇이 선하고 악한지를 새롭게 배워야 합니다.

하나님을 향한 태도와 사람들을 향한 태도

믿음과 행위의 관계 문제가 팔복을 이해하는 데도 중요합니다. 이것은 팔복에서 하나님을 향한 태도와 사람들을 향한 태도의 관계로 나타납니다. 예수님은 산상설교의 팔복에서 먼저 복되다고 할 수 있는 하나님 앞에서의 태도를 네 가지 말씀하셨고, 다섯 번째 복에서부터 복되다고 할 수 있는 사람들을 대하는 태도 네 가지를 말씀하셨습니다. 복된 사람은 하나님만을 바라보는 사람들이 아닙니다. 하나님을 두려워하는 바로 그 마음으로 사람들 사이에서도 바르게 살아가는 사람들입니다. 사람들이 보통 종교적이라고 부르는 영역과 윤리적이라고 부르는 영역은 성경에서는 중첩되어 나타납니다. 하나님은 피조물인 천지만물과 인간 세계에도 활동하십니다. 하나님을 섬기는 일은 인간적인 방법과 인간적인 태도를 통해 표현됩니다.

하나님의 아름다운 피조물인 인간과 이 세상을 향한 삶의 자세는 하나님을 섬기는 것과 연결되어 있습니다. 믿는 사람들에게 그것은 하나님을 두려워하는 신앙의 표현입니다. 하찮은 생각 하나, 덧없는 움직임 하나를 하나님과 관련짓습니다. 이것이 하나님을 믿는 사람들의 태도입니다. 하나님을 향한 마음이 믿는 사람들의 모든 행동에 나타나고 영향력을 행사하는 것은 믿는 사람들에게 자연스러운 일입니다.

준비된 삶

하나님을 향한 태도와 사람들을 향한 태도를 준비된 삶과 주는 삶의 관계로 설명할 수도 있습니다. 하나님 앞에서 우리는 모든 것이 준비된 세상에 태어납니다. 하나님께서 모든 것을 준비해 놓으신 것입니다. 하나님은 주시는 분이십니다. 그리고 세상을 여전히 다스리십니다. 인간은 행동하기 이전에 하나님의 사역을 배우고 체험하는 존재입니다. 하나님의 지혜와 능력을 관찰하고 기다리는 존재입니다. 하나님께서 주시는 것을 받아야만 살아갈 수 있는 존재가 사람입니다. 그래서 예수님은 팔복을 말씀하시면서 하나님에게서 오는 것을 기대하는 사람들을 먼저 복된 사람들이라고 선언하셨습니다. 그것은 예수님 자신의 사역을 통하여 잠시 후에 정말 확실하게 사실로 나타날 그런 일들이었습니다. 바울 사도가 처음으로 아테네에 도착하여 전도했을 때 그는 가장 먼저 이 점을 지적했습니다. 그는 아테네 사람들이 만들어 놓은 여러 가지 신상과 제단을 관찰하다가 알지 못하는 신에게 드리는 제단이라는 문구를 발견하고 이것을 전도의 첫마디로 삼았습니다. 하나님은 인간의 섬김을 받는 분이 아니라 인간에게 모든 것을 주시는 분이시라고 말입니다. 그는 온 우주를 만드신 분이시며 우리에게 생명과 호흡과 삶을 주신 분이십니다.

　　인생을 바르게 살아가는 길은 바로 이러한 하나님과 인간의 관계를 정확하게 이해하는 데 있습니다. 믿음으로 받아들이는 데 있습니다. 하나님께서 계획하시고 실행하시는 구원의 길이 예수님에 의하여 시작되려고 하는 시점, 즉 산상설교가 처음 선포되던 그 시간에도 인간의 위치는 달라지지 않았습니다. 하나님은 예수님을 통하여 인류의 구원의 길을 예비하시고 실행하시는 분이십니다. 따라서 예수님은 인간의 온갖 문제들에 직면하여 하나님만을 바라보고 기대하는 사람들을 복되다고 선언하신 것입니다. 그들은 그렇게 하나님께서 준비하신 것을 받아들일 준비가 됐던 사람들인 까닭입니다. 예수님을 통해 구속 사역이 차곡차곡 진행되면 그들은 하나님의 일을 받아들일 것이기 때문입니다.

주는 삶

　　하나님을 믿는 사람들은 그들의 모든 것이 하나님을 통해 준비됐다는 것을 믿는 사람들입니다. 그들은 하나님께서 여전히 살아 계시고 세상과 역사를 주관하시는 분이심을 믿습니다. 그래서 그들은 강렬한 열망으로 소원하며, 기도하며, 기다립니다. 그런 사람들이 다른 사람들에게 어떤 태도를 보이겠습니까? 하나님을 믿는 사람들은 그들이 하나님께 받은 것을 다른 사람들에게 주는 사람들로 나타납니다. 다른 사람들의 것을 넘보기보다는 하나님께서 주신 것으로 다른 사람들의 필요와 궁핍을 채워주려고 합니다. 그들은 하나님 없이 사는 사람들처럼 서로 욕심내고 시기하며 다른 사람의 것을 빼앗는 식으로 살아가지 않습니다. 부족할 때는 하나님에게 호소합니다. 어려울 때는 하늘을 쳐다봅니다. 그들은 하나님의 손에서 무엇인가를 기대하기 때문에 사람들의 손에 있는 것을 그렇게 귀중히 여기지 않습니다. 풍성한 하나님의 것을 넘보는 사람들, 그들이 하나님을 섬기는 사람들입니다. 그리고 고통에 허덕이는 사람들에게 여유와 동정심을 보이고 자신의 것을 나누어 주려 합니다.

긍휼히 여기는 사람

사람들을 향한 태도를 언급하시면서 예수님은 다른 사람들을 긍휼히 여기는 사람들을 가장 먼저 복되다고 선언하셨습니다. "긍휼히 여기는 자는 복이 있나니 저희가 긍휼히 여김을 받을 것임이요." '긍휼'이라고 번역된 단어는 다른 사람을 불쌍히 여기는 것을 의미합니다. 다른 사람들에게 자비심을 갖는 것입니다. 다른 사람들에 대한 동정심을 갖는 것입니다. 이러한 단어를 사용하셨다고 해서 예수님은 나누어 줄 것이 있을 정도로 풍족한 사람들을 복되다고 하신 것이라고 보아서는 안 됩니다. 다른 사람보다 많이 가지고 있어야만 동정심을 발휘할 수 있는 것은 아니기 때문입니다. 또 가진 것이 별로 없는 사람들은 다른 사람들에게 자비심을 가질 자격이 없는 사람들이라고 생각할 수도 없습니다. 예수님은 많이 가졌느냐 적게 가졌느냐를 묻지 않으시고, 또 동정의 대상이 자기보다 못한 사람인지 더 잘난 사람인지 묻지 않으시고 이 세상을 함께 살아가는 사람들에게 자비심을 가지는 사람들을 복 있는 사람들이라고 선언하셨습니다.

동정심의 원인

긍휼히 여기는 사람들이 복이 있다고 하신 예수님의 말씀을 이해하기 위하여 인생은 고통스럽다는 점을 먼저 지적하는 좋을 것 같습니다. 삶이 행복하고 즐거울 때에는 우리는 연민의 정을 통해서가 아니라 함께 웃고 즐거워하거나 부러워하고 시기하는 식으로 다른 사람들의 삶에 동참하기 때문입니다. 고통을 당하거나 어려운 상황에 놓인 당사자를 보는 사람의 마음에 나타나는 태도가 긍휼입니다. 물론 다른 사람의 불행과 고통에 사람들이 늘 동정심을 가지는 것은 아닙니다. 고통을 당하는 사람들이 자신이 미워하는 사람이나 원수일 때 사람들은 고소함을 느낍니다. 잘됐다고 생각하기도 합니다. 자신이 할 수 없는 통쾌한 일이 그에게 일어났다고 쾌감을 느낄 수도 있습니다. 그런 어려움이 자신에게 주어지지 않았다는 안도감에 젖는 것도 곁에 있는 사람들에게 흔히 일어나는 심리적인 반응입니다. 귀찮은 일이 생길 것을 예감하며 슬그머니 자리를 피하는 도피형 이웃도 있습니다. 우리가 어려움을 겪는 사람들에게 동정심을 가지게 되는 경우는 주로 그 사람이 우리와 좋은 관계를 유지하고 있거나 친인척일 때입니다. 친밀한 관계 때문에 자비심이 생기는 것입니다. 동정심이란 근본적으로 주관적인 감정에 의하여 만들어지는 것임을 알 수 있습니다. 비슷한 불행이 자신에게도 일어날 수 있다는 가능성 때문에 불행을 당하는 사람들에게 측은한 마음을 가질 수 있습니다. 이것 역시 자기중심적인 동정심입니다. 지극히 이해타산적인 심리 때문에 남을 불쌍히 여길 수도 있습니다. 다른 사람의 괴로움이 잠시 후에 그에게도 피해나 손해를 입힐지도 모른다는 생각에서 동정심을 발휘하는 것입니다. 다른 사람들의 불행에 대해 고소해 하는 것보다는 이런 값싼 동정심이 세상에는 도움이 됩니다. 남의 불행과 고통을 고소해 하고 자기의 출세 기반으로 생각하는 사람들 사이에서는 이런 정도의 값싼, 지극히 주관적이며 이기적이고 이해타산적인 자비심이라도 선한 일이라고 불러야 할 것입니다. 세상은 이런 자비심 때문에 조금이라도 더 밝아질 수 있을 것입니다.

예수께서 긍휼을 유발하는 고통이나 불행의 종류에 대해서는 말씀하지 않으셨기 때문에 구체적으로 그 원인을 찾거나 구별할 필요는 없다고 생각합니다. 인생은 항상 어려움을 우리에게 실어 나릅니다. 살아가다 보면 고통과 불행이 끊일 날이 없습니다. 그렇다면 예수님은 사람들이 살아가면서 경험하는 인생의 모든 고비 고비에 인간으로서의 동료 의식을 가지며 함께 안타까워하는 사람들을 복된 사람이라고 선언하신 셈입니다. 우리 인간에게는 이렇게 어려움을 나눌 수 있는 마음이 있습니다. 인생의 고비에 선 사람들에게 무관심하거나 그들의 고통을 외면하는 것은 좋은 일이 아닙니다. 값싼 동정심이라도 가지는 것이 더 나은 일입니다. 다른 사람의 불행에 우리는 함께 가슴 아파할 수 있어야 합니다. 동정심과 자비심을 가질 수 있는 사람들을 예수님은 복된 사람들이라고 선언하셨습니다.

복된 이유

세상을 살기 위해서 싸워야 하고 먼저 죽여야 하는, 좋은 것을 자신이 가지기 위해서 빼앗아야만 하는 생존 경쟁의 장소로 생각하는 사람들에게는 다른 사람이 당하는 고통에 자비심을 베풀 여유가 없습니다. 다른 사람들이 좌절하고 실패함으로써 자신이 갈 길이 쉬워졌다고 오히려 좋아하는 것이 인간입니다. 아무리 많이 가진 사람도 자신이 가지 못했다고 생각하고 더 가져야 한다고 생각하는 것이 사람들의 습성이고 사람들의 욕심입니다. 백 마리의 양을 가진 사람이 이웃이 가진 한 마리 양을 탐내는 것이 세상입니다. 이런 세상에서는 사람들이 어려움을 당해야 겨우 남을 불쌍히 여기는 값싼 동정심이 만들어집니다. 그러나 하나님을 믿는 사람들에게는 사람들이 특별한 어려운 처지에 빠져

들지 않아도 사람들에게 연민의 정이 싹틉니다. 사람들이 하나님 없이 살아가기 때문입니다. 창조주 하나님을 모르고 인간의 힘과 지혜로만 인생을 산다는 것이 신자들의 마음을 아프게 합니다. 하나님을 믿고 하나님 앞에서 살아가는 사람들은 다른 사람들에게 조건 없는 진정한 동정심을 가질 수 있습니다. 특별한 어려움이 없이도 남을 동정할 수 있는 사람들입니다. 하나님 앞에서 살아가는 사람들은 하나님을 알고 하나님을 섬긴다는 점에서 그리고 인생과 세상을 인간의 눈이 아니라 하나님의 눈으로, 하나님께서 다스리는 세상으로 보고 있다는 점에서 다른 사람들을 동정할 수 있는 사람들입니다. 그들은 하나님 앞에서 살아가면서도 마치 인간들끼리 모든 것을 다 준비하고 다 해결할 수 있는 것처럼 생각하는 사람들, 그래서 풍족하게 가졌으면서도 늘 자신을 가련하게 생각하는 사람들에게 측은함을 느낄 수 있습니다. 하나님을 보지 못하는 사람들이 자신들은 행복하다고 느끼는 순간에도 하나님을 믿는 사람들의 눈에는 그들의 행복과 즐거움이 불쌍히 여길 수밖에 없는 것으로 보일 것입니다. 하나님을 믿는 사람들은 인생을 자기 힘으로만 살아가려는 사람들에게 영적 연민의 정을 느낄 것입니다.

　세상을 바르게 살아가는 방법은 창조주 하나님 앞에서 자신과 인생을 살피는 것입니다. 이 세상을 하나님의 세상, 하나님께서 다스리시는 세상으로 바라보는 것입니다. 내 손에는 쥐어져 있지 않아도 크게 당황하지 않습니다. 하나님의 손에 모든 것이 있기 때문입니다. 하나님은 무엇이든지 주실 수 있는 분이시기 때문입니다. 이 세상은 우리의 감정이나 인간의 생각대로가 아니라 하나님의 원리와 하나님의 섭리대로 움직이는 것이기 때문입니다. 이러한 사실을 모르고 살아가는 사람들은 얼마나 암울하게 세상을 살아가는 사람들입니까? 그 큰 세상과 세상의 문제들을 마치 자기 자신의 것인 양 다 짊어지고 살아갈 수밖에 없습니다. 연약한 인간의 힘으로 할 수 있는 일은 거의 아무것도 없는데 말입니다.

　긍휼히 여기는 사람들을 복되다고 선언하신 직접적인 이유는 그런 사람이 "긍휼히 여김을 받을 것이기 때문입니다." 긍휼히 여기는 사람들이 긍휼히 여김을 받습니다. 남을 동정하는 사람들이 동정심을 살 수 있습니다. 남에게 자비심을 가지는 사람이 자비로움을 경험할 것이라는 말씀입니다. 예수님은 이 복에서 사람들끼리 서로 주고받는, 동정하고 동정받는 사회생활에 관하여 말씀하신 것은 아닙니다. 다른 사람을 긍휼히 여기는 사람들은 하나님의 긍휼히 여기심을 얻게 될 것이기 때문에 복된 사람이라고 말씀하셨습니다. 예수님은 남의 고통에 동정심으로 동참할 수 있는 사람들이 하나님의 긍휼히 여김을 받을 것이라고 예고하셨습니다. 하나님 없이 살아가는 사람들, 혹은 하나님을 믿지 않고 살아가는 사람들을 불쌍히 여기는 사람들이 그들이 믿는 하나님에 의해 긍휼히 여기심을 받을 것이라고 약속하셨습니다.

　신학적으로 예수님의 이 말씀은 난해합니다. 어떻게 하나님의 자비와 사랑이 사람의 자비의 결과로 나타날 수 있느냐는 것입니다. 이 경우 하나님의 무조건적인 사랑은 마치 조건적으로 보일 수밖에 없기 때문입니다. 그러나 예수님의 말씀은 표현된 그대로입니다. 긍휼히 여기는 사람이 긍휼히 여김을 받을 것이라고 말씀하신 것을 아무도 바꾸어 놓을 수는 없습니다. 신학적으로 혹은 인간의 머리로는 해결하기 어렵지만 성경에는 이런 종류의 말씀이 적지 않습니다. 일만 달란트 빚진 종의 비유도 이런 것입니다. 일만 달란트를 탕감받은 종이 백 데나리온 빚진 동료를 용서하지 않은 것 때문에 이미 탕감받았던 빚을 다시 갚도록 사태가 발전합니다. 예수께서 기도를 가르치시면서도 비슷한 말씀을 하셨습니다. "너희가 사람들의 죄를 용서하면 하늘 아버지께서도 용서하실 것이다. 그렇지 않으면 하늘 아버지께서도 기필코 너희를 용서하지 않으실 것이다." 우리의 머리로 이런 말씀들을 이해하기는 어렵더라도 예수님의 말씀인 이상, 그것을 바꾸거나 다르게 해명할 방법은 없습니다. 예수님은 긍휼을 베푸는 사람들이 하나님의 긍휼을 경험할 것이라고 말씀하셨을 뿐입니다.

나만을 생각하고 사는 사람들이 되지 않도록 조심합시다. 다른 사람들의 고통을 돌아보는 사람들이 되어야 하겠습니다. 하나님을 믿는 우리에게는 사람들에게 자비심을 보이고 친절을 베풀 충분한 이유가 있습니다. 하나님을 믿는 사람들은 늘 풍족하기 때문입니다. 아무리 큰 고난도 하나님께서 함께하시기에 그렇게 무겁게 느껴지지 않기 때문입니다. 남을 긍휼히 여기는 사람들이 하나님에 의해 긍휼히 여김을 받을 것이라는 이 말씀은 예수님의 약속이라고 보아도 좋습니다. 예수께서 그런 사람들에게 자비를 베풀 것이기 때문에 그들은 복된 사람들입니다.

예수, 하나님의 긍휼

하나님의 긍휼에 대한 약속이 이루어질 것인지, 그리고 어떻게 긍휼히 여김을 받을 것인지를 질문할 수 있습니다. 그것은 이 복을 처음 말씀하신 시점으로부터 멀지 않은 미래에 이루어질 일이었습니다. 우리의 시점에서는 예수님의 사역과 활동을 통해서 이미 오래전에 이루어진 일입니다. 그리고 아직도 이루어지고 있는 일입니다.

예수님은 사람들을 향한 하나님의 긍휼을 이루기 위해서 오신 분이십니다. 예수님 자신이 하나님의 자비, 하나님의 사랑의 결과, 열매라 불러도 좋을 것입니다. 바로 그분이 사람들을 모아 놓으시고 그들에게 설교하시며 그들 중에 "사람들을 긍휼히 여기는 사람들을" 복된 사람이라고 선언하셨습니다. 예수님은 그런 사람들이야말로 하나님의 긍휼을 경험하게 될 것이라고 자신의 역할과 사역을 예고하신 것입니다. 예수님의 사역이 마무리된 후에 살고 있는 우리는 이렇게 말할 수 있습니다. 예수께서 복되다고 하신 바로 그 사람들에게 하나님의 긍휼이 무엇인지를 알려 주시고 보여주셨다고 말입니다. 바로 이 하나님의 사랑과 긍휼이 예수님을 통하여 사람들에게 나타날 것을 알리고 약속하시며 선언하신 것이 팔복이자 이 다섯 번째 복입니다.

우리 중에 하나님 앞에서 살아가면서 다른 사람들의 불행, 인간적인 삶에 동정심을 가질 수 있다면 예수님은 그런 우리를 복된 사람들이라고 말씀하실 것입니다. 우리는 하나님의 진정한 긍휼이 무엇인지 성령으로 찾아오시는 예수님을 통하여 우리의 삶의 현장에서 매일 체험할 수 있을 것입니다. 예수님은 하나님의 자비의 열매입니다. 증표입니다. 하나님의 사랑을 매개하시는 분이십니다.

맺음말

우리는 예수님을 통하여 하나님의 긍휼하심이 확실히 나타났음을 알고 있고, 믿고 있으며, 또한 그것을 체험했습니다. 그러므로 우리는 다른 사람들에게 자비심을 가져야 합니다. 다른 사람의 불행에 함께 가슴 아파해야 합니다. 하나님의 세상에 살고 있고 하나님의 구원과 영생이 주어진 세상에 살면서도 이 모두를 까맣게 모르고 살아가는 사람들의 처지를 동정해야 합니다. 예수님을 통해 하나님의 자비를 맛본 사람이 다른 사람들을 향해 이런 마음을 가지지 않겠습니까? 그리하면 우리는 하나님의 긍휼하심을 더욱더 맛볼 수 있을 것입니다.

제7장
마음이 청결한 사람
마태복음 5:8

여섯째 복도 두 연으로 구성되어 있습니다. 정확하게 번역해 보면 이렇습니다. "복되도다 마음이 깨끗한 사람들이여! 그들이 하나님을 볼 것이다." 또는 다음과 같습니다. "복이 있습니다. 마음이 깨끗한 사람들이여! 그들이 하나님을 볼 것이기 때문입니다." 다른 복과 마찬가지로 예수님은 앞 문장에서 어떤 사람이 복이 있는가를 선언하셨습니다. 마음이 깨끗한 사람들, 옛 번역을 따르면 마음이 청결한 사람들이 복된 사람들이라고 하셨습니다. 목욕을 하여 몸이 깨끗해졌거나, 외모나 옷차림을 말쑥하게 치장한 사람들이 아니라, 마음이 깨끗한 사람들이 복 있는 사람들입니다. 뒷 문장에서 예수님은 그런 사람들이 복된 이유를 말씀하셨습니다. 마음이 깨끗한 사람들이 하나님을 볼 것이기 때문에 복이 있다고 하셨습니다. 이렇게 보면 예수님은 마음이 깨끗한 것 자체를 축복하신 것이 아닙니다. 그들이 하나님을 볼 것이라는 사실이 중요합니다. 그들이 하나님을 보지 못한다면 그들의 마음이 수정같이 맑아도 결코 복 있는 사람들이 아닙니다. 그 깨끗한 마음 때문에 생존 경쟁의 세계에서 뒤처지고 손해를 보게 될지도 모릅니다. 이 말씀의 중심은 복된 이유를 설명하는 뒷 문장에 있습니다. 마음이 깨끗한 사람들이 하나님을 볼 것이기 때문에 예수님은 그런 사람들을 복 있는 사람들이라고 부르셨습니다.

하나님을 보는 축복

사람이 하나님을 보는 것, 하나님을 만나는 것은 사람이 경험할 수 있는 최고의 복입니다. 따라서 이것을 이적 중의 이적이라고 불러도 좋을 것입니다. 여섯 번째 복을 바로 이해하려면 우리에게 익숙한 전통적 신관과 종교적 선입관에서 벗어나야 합니다. 하나님은 우리를 만드시고 다스리시고 우리에게 필요한 모든 것을 주신 분입니다. 또 주시는 분이십니다. 하나님은 우주와 세상을 만드셨습니다. 그분은 그 가운데 만물을 만드시고 각기 따를 법칙과 질서를 주셨습니다. 우주와 세상과 인생의 모든 것을 움직이시고 관리하시는 분이십니다. 우리의 육체와 생명과 호흡을 주신 분, 우리의 삶을 주관하시는 사랑의 하나님이십니다. 우리가, 나를 사랑하고 친절을 베풀고 어려울 때 나를 도와주는 사람을 만나고 싶어하듯이, 그런 사람을 보는 것을 더없는 기쁨과 행복으로 여기듯이, 성경은 사람이 그 사랑의 하나님을 만나는 것을 최고의 행복이라고 간주합니다.

하나님을 본 사람들

성경에는 하나님을 본 사람들의 이야기가 수록되어 있습니다. 이스라엘 백성을 애굽에서 인도하여 낸 모세가 그 대표적인 예입니다. 그는 시내산에서 하나님을 만났습니다. 그가 하나님을 본 것 때문에 그의 얼굴에는 광채가 나고, 사람들이 감히 그의 얼굴을 볼 수 없게 됐습니다. 그래서 평상시에는 수건으로 얼굴을 가리고 있었다고 합니다. 모세를 통해 주신 율법이 사람들에게 신적 권위를 가지게 된 것은 그가 살아 계신 하나님을 만나 직접 들은 하나님의 말씀이기 때문입니다. 모세만이 아니라 적지 않은 하나님의 종들이 하나님을 만났습니다. 하나님의 살아 계심을 체험했고 하나님의 뜻을 받아 사람들에게 알렸습니다. 성경은 이렇게 하나님을 본 사람들, 하나님의 음성을 들은 사람들, 그리고 인간 세상을 향한 하나님의 뜻을 알게 된 사람들의 얘기들로 가득 채워져 있습니다. 예수님은 여섯 번째 복에서 모세가, 혹은 엘리야나 구약의 다른 선지자들이 하나님을 본 것처럼 "마음이 깨끗한 사람들"이 하나님을 볼 것이라고 예고하셨습니다.

"볼 것이다"는 눈으로 보는 것을 뜻합니다. 눈동자는 상을 만들고, 시신경은 이 상을 신호로 바꾸어 뇌로 보내고, 뇌는 그것을 감지하고 오랫동안 간직합니다. 본다는 것은 이런 현상을 설명하는 단어입니다. 세상의 사물은 눈이 없는 사람은 볼 수 없습니다. 눈에서부터 뇌에 이르는 부분에 문제가 있으면 앞을 볼 수 없습니다. 그러나 하나님을 보는 것은 꼭 눈이 있어야만 하는 것은 아닙니다. 눈동자가 받아들이는 영상과 같은 신호를 하나님께서 시신경이나 뇌세포에 직접 보내오시면 눈이 없는 사람도 하나님을 볼 수 있습니다. 하나님께서 우리의 생각, 우리의 영혼을 찾아오실 때 우리는 하나님을 보게 됩니다. 썩어 흙으로 돌아갈 인간의 눈동자로 이 눈을 만드신 하나님을 볼 수 있다는 것은 엄청난 복입니다. 눈 없이도 하나님을 볼 수 있고 하나님의 말씀을 들을 수 있으며 그 모든 것을 인간의 썩을 두뇌에 담아놓을 수 있다는 것은 정말 신비한 신앙의 경험입니다. 하나님을 보는 복은 내세에서나 이루어질 일이 아닙니다. 이 세상에서 이루어지는 일입니다. 하나님을 믿는 사람들은 죽은 다음에나 겨우 하나님을 만나지 않습니다. 기독교인의 행복은 이 세상에서 육체를 가지고 살아가는 동안 하나님을 보고 하나님을 만나는 데 있습니다.

예수님을 본 사람들

팔복을 바르게 그리고 구체적으로 이해하려면 예수님의 사역이 마감된 시점으로 관심을 이동해 보는 것이 필요합니다. 예수님의 사역을 목격한 사람들은 이렇게 고백했습니다. '우리는 하나님을 보았다. 인간의 몸으로 나타나신 하나님을 우리가 만났다. 그의 영광스러운 음성을 들었다. 우리 손으로 만졌다. 우리가 보고 들은 것을 전한다.'

복음서가 우리에게 전하는 것은 그들이 예수님과 함께 다니며 예수님이 하시는 일을 보았고 예수님의 설교를 들은 것뿐입니다. 처음에 그들은 예수님의 사역, 예수님의 말씀이 어떤 것인지 몰랐지만 나중에 그들이 보고 들은 이 일들이 엄청난 일, 즉 하나님의 일들임을 깨달았습니다. 하나님을 보여 달라는 제자에게 예수님은 나를 본 사람은 하나님을 본 것이라고 설명하셨습니다. 이런 점에서 여섯째 복에서 말씀하신 '하나님을 본다'는 것은 '예수님을 본다'는 말과 크게 다르지 않습니다.

다시 팔복을 말씀하시던 시점으로 돌아가 봅시다. 예수께서 이 말씀을 하신 것은 사역이 시작될 때였습니다. 예수님의 소문이 퍼져나가고 사람들이 사방에서 예수님에게 몰려들 때였습니다. 병든 사람들, 약한 사람들, 고통당하는 사람들만이 아니라 그런 어려움이 없는 사람들까지 신기한 일을 구경하듯 예수님에게 몰려왔습니다. 그들은 그들에게 일어나고 있는 일들이 무엇이며 이 일을 하시는 분이 누구인지를 잘 몰랐습니다. 그러나 말씀하고 계셨던 예수님은 자신의 일을 알고 계셨습니다. 예수님은 구약 시대처럼 사람들에게 자신을 나타내시거나 사람들이 인식할 수 있도록 보여주시는 그 하나님을 보는 것에 대해서만 말씀하신 것이 아닙니다. 예수님은 바로 그와 같은 일이 하나님의 아들이신 자신을 통하여 마음이 깨끗한 자들에게 나타날 것을 말씀하신 것입니다. 마음이 깨끗한 사람들이 인간으로 오신 하나님을 볼 것이라고 선언하신 셈입니다. 여섯째 복을 우리는 예수님의 약속이라고 불러도 좋고 예고라고 말해도 좋습니다. 예수님은 주변에 모여 있던 사람들 중에서 마음이 깨끗한 사람들이 있다면 모세가 하나님을 만난 것과 같은 엄청난 일이 그들에게 예수님을 통하여 일어날 것이라고 말씀하신 것입니다.

계속되는 예수님의 약속

하나님을 볼 것이라는 예수님의 약속은 제자들의 실제 경험으로 끝나버린 것은 아닙니다. 예수님의 이 말씀은 지금도 그대로 적용됩니다. 물론 본다는 것은 사도들의 경우처럼 직접 눈으로 보는 것을 의미하지는 않습니다. 그러나 우리에게도 신비한 방법으로, 즉 성령님을 통하여 예수님을 보는 일, 곧 하나님을 보는 일이 얼마든지 일어날 수 있습니다. 제자들처럼 눈으로 보지는 못하지만 눈을 감고도 하나님을 볼 수 있는 것, 그것이 신앙의 체험입니다. 눈이 없어도 머리로 볼 수 있습니다. 마음으로 볼 수 있습니다. 인간의 마음에, 우리의 영혼에 하나님의 모습, 영원한 그 말씀, 하나님의 사랑을 담습니다. 우리는 지금도 하나님의 사랑과 임재하심을 느낍니다. 인간의 감정으로 말입니다. 얼마나 영광스러운 일입니까!

믿음의 눈

하나님을 보는 경험은 아무에게나 일어나는 일은 아닙니다. 하나님의 아들이 세상에 계시던 당시 예수님을 만난 사람은 어림잡아 아마 수십만 명은 됐을 것입니다. 그러나 하나님을 보는 엄청난 경험을 했다고 고백한 사람들은 그렇게 많지 않습니다. 같은 눈으로 보았는데 결과가 달랐습니다. 어떤 사람의 머리에는 낯선 나그네를 본 기억만 남았습니다. 어떤 사람의 머리에는 사람들이 한때 이스라엘의 메시아일지도 모른다고 했던 나사렛 예수의 모습만 새겨져 있었습니다. 대부분의 사람들에게는 그들의 삶을 잠시 스치고 지나간 인간 예수를 본 기억이 전부였습니다. 그러나 어떤 사람의 머리에는 똑같은 경험이 가장 강렬하고 가장 고귀한 추억으로 그들이 죽는 시간까지 남아 있었고, 수시로 생각났으며 그들의 삶을 새롭게 자극했습니다.

왜 이런 차이가 만들어졌을까요? 왜 같은 것을 보았는데 어떤 사람은 하나님을 보았고 어떤 사람은 사람만 보았을까요? 이 차이를 만들어 낸 것은 예수님을 향한 믿음이었습니다. 예수님을 믿는 사람의 눈에는 모든 것이 황홀한 하나님의 일들이었습니다. 그러나 예수님을 믿지 않는 사람의 눈에는 그 모든 것이 그저 일상생활에 늘 일어나는 그런 일에 지나지 않았습니다. 예수님을 믿는 사람들에게 하나님이 보였습니다. 하나님의 일들이 일어났습니다. 그러나 예수님을 믿지 않는 사람들에게는 모든 일들이 봄이 오면 싹이 나고 꽃이 피었다가 겨울이 오면 떨어지는 그런 일상적인 일이었습니다. 눈을 뜨고도 나타나신 하나님을 못 본 사람이 있었습니다. 눈을 감고도 하나님을 본 사람이 있었습니다. 예수님을 향한 믿음이 이런 차이를 만들어냅니다.

3인칭 표현

예수님은 세상에 오신 하나님의 아들로서 이 설교를 하셨습니다. 그 점을 사람들이 몰랐을 뿐입니다. 예수님이 누구이시며 무엇을 하시는지는 아직 명확하게 알려지지 않았을 뿐입니다. 예수님은 하나님의 아들의 위치에서 하나님의 구원을 실현하시는 분으로 어떤 사람들이 복 있는 사람들인가를 선언하셨습니다. 이 설교를 듣는 사람들 중에는 잠시 후에 예수님을 믿게 되고 예수님을 통해 하나님을 보게 될 사람들이 있었습니다. 예수님은 청중들 중에서 어떤 사람들이 결국 예수님의 제자가 되고 예수님을 봄으로 하나님을 보았다고 고백할 사람들인가를 여러 가지 조건을 사용하여 말씀하셨습니다. 마음이 깨끗한 사람들이 예수님이 누구인가를 알게 되고, 그를 봄으로 하나님을 보게 될 사람들임을 선언하신 것입니다.

예수님은 복된 사람을 3인칭으로 표현하십니다. 2인칭, '여러분'은 청중 전체를 가리킵니다. 반면 3인칭은 청중에서 제한된 대상을 가리킵니다. 어떤 조건에 해당하는 사람들에 한정됩니다. 예수님은 모여 있는 사람들 중에 마음이 깨끗한 사람들로 한정하시며 그런 사람들을 복된 사람이라고 하셨습니다. 예수님에게 와서 예수님의 산상설교와 팔복의 선언을 듣는 사람 모두가 아니라 그중에 일부, 즉 "마음이 깨끗한 사람들"이 예수님을 믿고 하나님을 보게 될 사람들이었습니다.

마음이 깨끗한 사람들

예수님은 다섯 번째 복부터 복된 조건으로 사람들을 향한 태도를 언급하셨습니다. 사람들을 향한 태도는 하나님을 향한 태도로부터 나옵니다. 하나님의 사랑과 긍휼을 알거나 기대하는 사람들은 다른 사람들을 긍휼히 여기게 됩니다. 남을 긍휼히 여기는 사람들은 복이 있다고 하신 다섯 번째 복의 선언에는 하나님을 향한 태도가 전제되어 있습니다. 사람들을 향한 깨끗한 마음을 가진 사람들의 태도에도 하나님을 향한 신앙과 기대가 전제되어 있습니다. 하나님을 믿고 하나님의 사랑과 은총을 기대하는 사람들만이 다른 사람들을 향하여 깨끗한 마음을 가질 수 있습니다. 마음이 깨끗하다는 것은 사심 없는 마음을 말합니다. 나누이지 않은 마음입니다. 한 가지 마음을 품는 것 말입니다. 물론 예수님은 순수하게 악한 한 마음을 염두에 두지 않으셨음이 분명합니다. 깨끗한 마음이란 다른 사람들을 향하여 한 가지 선한 마음을 품는 것을 의미합니다. 사람들을 진실하게 대하는 것입니다.

우리는 칭찬을 하면서도 속으로는 못마땅하게 생각합니다. 칭찬을 하는 것 같은데 진심은 비아냥거린다면 마음이 깨끗하지 않은 것입니다. 친절을 베풀고 선을 행할 때도 대가를 생각합니다. 순수하게 남을 불쌍히 여기고 봉사하며 선을 행하기 어렵습니다. 그러나 나누이지 않는 마음은 하나님을 담을 수 있는 그릇입니다. 마음이 나누이려고 할 때 나누이는 마음을 꾸짖으십시오. 그러면 나누이는 쪽으로 발전하지 않고 모이는 쪽으로 점점 발전해 갈 것입니다.

우리의 마음은 변덕스럽습니다. 마음은 기후에 영향을 받기도 하고, 기분에 좌우되기도 합니다. 사람들의 말에 급변하는가 하면 조그만 고통이나 자극에도 큰 영향을 받습니다. 성경은 이 마음을 모든 악의 원천이라고 부릅니다. 깨끗하지 못하다는 표현입니다. 예수님의 말씀을 따르면 모든 악과 죄가 이 마음에서 나옵니다. 그러나 마음의 청결함이 하나님을 믿는 사람들에게는 가능합니다.

맺음말

여섯 번째 복은 우리에게 가장 엄격하고 가장 정직한 자아 검토를 요구하고 있습니다. 절대적으로 관대하고 또 심지어 희생적으로 보이는 행동조차 검토해 보면 자기만족, 자기 과시, 그리고 교만한 마음이 깃들어 있음을 알게 됩니다. 우리는 거의 이런 것을 의식하지도 못한 채 살고 있습니다. 그러나 자세히 살펴보면 가장 훌륭하게 보이는 일들 속에도 자아를 기쁘게 하거나 남의 칭찬받기를 원하는 생각이 들어 있을 수 있습니다. 비록 다른 사람들에게는 성자처럼 보이는 사람도 자기 자신을 살펴볼 때 전혀 그렇지 않다는 것을 발견합니다.

이 세상은 나의 것이 아닙니다. 인간의 것이 아닙니다. 이 세상은 우리의 것이기 이전에 하나님의 것이며 하나님의 세계입니다. 우리는 하나님께서 준비해 놓으신 것을 받아 사용하는 사람들에 지나지 않습니다. 더 필요한 것이 있으면 하늘을 보고 하나님의 것을 기대하면 됩니다. 이렇게 할 때 사람들에게 우리는 깨끗한 마음을 가질 수 있을 것입니다. 그런 사람들이 인간의 모습으로 나타난 예수님에게서 하나님을 만나고 보고 듣게 될 것입니다.

　　예수님은 일곱 번째 복에 대해 말씀하십니다. "평화의 사람들은 복
되다." "평화의 사람들"을 가리키는 헬라어 단어는 신약에서 이곳에만
나옵니다. '화평하게 하는 것' 또는 '평화롭게 하는 것'은 평화로운 상태
가 되기를 소극적으로 기다리는 것이 아니라 적극적으로 활동하는 것
을 의미합니다. 구약에서 평화를 가리키는 단어인 '샬롬'은 창조주 하나
님이 통치하시는 영역의 특징입니다(레 26:6; 민 6:26; 사 27:5; 45:7). 샬롬이
있는 곳은 의가 실현되는 영역입니다(시 85:10). 예수님은 샬롬의 나라를
시작하셨고 하늘 아버지의 자녀들을 통해 샬롬의 나라가 확장되길 바
라십니다. 평화의 향기를 내는 사람을 참으로 복된 사람으로 평가하십
니다.

---

*　　저자의 원고에는 마태복음 5:9의 해설과 적용이 없었다. 이 부분(제8장)은 이 책의
　　완성을 위하여 편집자(강대훈)의 글을 추가한 것이다.

평화가 필요한 세상

화평하게 하는 행위는 분쟁과 갈등이 존재하는 것을 전제로 합니다. 평화를 추구한다는 말은 갈등과 분열이 있음을 의미합니다. 평소 잘 지내는 사람이나 나라가 아니라 피해를 입힌 원수와 화해하는 것이 평화이기에 평화는 상처가 깊을수록 실현되기 어렵습니다. 분쟁과 갈등이 끊이지 않는 땅에서 화평하게 하는 자들은 하나님의 아들들로 불릴 것이기에 복됩니다. 유대인들의 언어 사용에서 '-의 아들'은 어떤 대상의 성품이나 성향을 공유하는 것을 의미합니다(예. 마 8:12; 13:38; 23:31). 그래서 '하나님의 아들들'은 하나님의 성품을 나타내는 사람에게 붙여지는 호칭입니다. 이렇게 불리는 것은 최고의 영예입니다. 화평하게 하는 자가 하나님의 아들들로 불리는 이유는 평화를 주시는 것이 하나님의 성품이기 때문입니다(레 26:6; 민 6:26; 34:14). 역대상 22장 9-10절은 솔로몬이 평화를 가져다주는 하나님의 아들이라고 합니다(참조. 삼하 7:14). 솔로몬은 평화의 왕이고 하나님의 아들로 불립니다.

땅에는 평화가 절실하게 필요합니다. 평화가 위협받는 땅에는 하늘나라의 아들들과 사탄(악마)의 아들들이 공존합니다(예, 마 13:38). 하늘나라의 아들들은 하늘나라의 아버지를 닮지만 사탄의 아들들은 사탄의 성향을 보입니다. 하나님의 아들은 평화를 전하지만 사탄의 아들은 분쟁을 일으킵니다. 이런 세상에서 평화는 핍박하는 원수에게도 자비를 행하는 사람을 통해 옵니다(5:44-48). 특히 '하나님의 아들들'은 5장 45절의 '하늘에 계시는 너희 아버지의 아들들'과 유사한 표현입니다. 마태복음 5장 44-45절에서 예수님은 제자들이 원수를 용서할 때 하나님의 아들들이라고 불릴 것이라고 말씀하십니다. "나는 너희에게 이르노니 너희 원수를 사랑하며 너희를 핍박하는 자를 위하여 기도하라"(5:44). 화평의 대상에는 핍박하는 자들도 포함됩니다. 복음은 하늘나라의 주권을 선포하는 것이기에, 세상의 주권과의 충돌에서 오는 핍박이 이 복음을 선언하는 자들에게 닥치게 됩니다. 이때 하늘나라의 복음을 전하는 제자는 무력으로 싸우는 방식을 택하지 않습니다(10:23). 또한 5장 23-26절을 참조하면 형제와 갈등이 생길 경우 적극적으로 화해하는 태도가 화평하게 하는 사람의 행동입니다.

본문에서 말하는 평화가 정치적 평화를 의미하는가에 대해서는 논쟁이 있습니다. 정치적인 접근을 한다면, 당시 유대인들의 상황에서는 자신들을 하나님의 아들들로 여기고 로마에 대항한 세력의 무력이 평화를 가져오는 방식이 될 수 있습니다. 그러나 팔복이나 산상설교, 나아가 마태복음 전체에서 직접적으로 정치적 평화를 의미하는 것 같지는 않습니다.

참 평화와 거짓 평화

그런데 마태복음 10장 34절에서 예수님은 "내가 세상에 화평을 주러 온 줄로 생각하지 말라 화평이 아니요 검을 주러 왔노라"라고 하십니다. 예수께서 오신 목적, 제자들을 보내시는 목적이 평화와 반대됩니다. 흥미롭게도 예수님은 제자들의 사명을 "평화"를 전하는 것이라고 하십니다. "그 집이 이에 합당하면 너희 빈 평안이 거기 임할 것이요, 만일 합당치 아니하면 그 평안이 너희에게 돌아올 것이니라"(10:13). 제자들이 평화를 전하지만 하늘나라의 평화를 거부하는 자들은 이들을 공회에 넘겨주고 회당에서 채찍질할 것입니다(10:17).

종합해 보면, 제자들이 전하는 평화는 하늘나라의 평화인데, 하늘나라의 복음이 통치권 사이의 싸움을 일으키는 것이므로, 다시 말해서 하나님의 주권에 땅의 세력이 복종하게 하는 것이므로, 하늘나라와 땅의 나라 사이의 갈등이 일어나기 마련입니다. 여덟 번째 복과 연결해 보면, 의를 위한 삶은 이 땅에서 갈등의 요소가 될 수 있습니다. 그러나 이러한 갈등은 복음에 따른 결과이므로 결국은 세상의 평화를 위한 과정입니다. 그렇게 마태복음 10장 34절은 참 평화를 위해 거짓 평화를 붕괴시키는 현상을 보여줍니다.

평화를 전하는 예수님의 제자들

하나님은 힘으로 평화를 요구하는 분이 아닙니다. 이 사실은 하늘에서 땅으로 내려와 십자가에 달려 죽기까지 헌신한 예수를 통해 입증됩니다. 이사야 선지자는 하나님의 종이 우리를 대신해서 형벌을 받음으로써 우리가 평화를 누리게 된 것을 선포했는데(53:5), 예수님이 바로 평화를 위해 고난받으신 종입니다. 벌거벗은 채 십자가에 달려 죽은 종의 희생으로 평화가 선물로 주어졌습니다. 일곱 번째 복에 예수님에 대한 표현이 나오지 않지만, 복음서 전체를 염두에 둔다면 그리스도의 순종을 따라가는 자들이 하나님의 아들들(과 딸들)로 불린다고 해석할 수 있습니다. 이미 세례 장면과 광야의 시험 장면에서 하나님의 아들이 암시됐고("내 사랑하는 아들"[3:17]; "만일 하나님의 아들이어든"[4:3, 6]), 하나님의 아들로서 예수께서 보여 준 삶은 아버지의 뜻에 순종하는 것이었습니다. 평화가 없는 곳에는 적대적이고 탐욕에 눈이 먼 자들이 평화를 선포하는 하나님의 백성을 공격하기 마련입니다(예. 5:10-12). 예수님의 순종에 참여함으로 평화를 이루고자 할 때 고난이 따릅니다(참조. 벧전 1:6; 롬 8:17). 이들이 바로 하나님의 아들들로 불리는 영예를 얻습니다! '하나님의 아들들'로 불릴 것이라는 미래적 약속은 처음에 이스라엘에게 주어진 것입니다. 종말에 이스라엘에게 주어질 영예가 예수를 따라 평화를 전하는 자들에게 주어질 것입니다. 하나님의 백성은 적극적인 활동으로 땅의 갈등을 평화로운 상태로 만드는 사명을 부여받았습니다.

화평케 하는 자는 하나님의 아들로 불리며, 평화를 위한 헌신에 대한 보상을 얻게 될 것입니다. 이 구절을 마태복음 10장 13절과 연결하여 볼 때, 이러한 상은 미래뿐만 아니라 현재적으로 주어지는 것임을 알 수 있습니다. "그 평안이 너희에게 돌아올 것이니라." '로마의 평화'를 위해 무력이 사용되는 것과 달리, 하늘나라의 평화는 하늘 아버지의 뜻에 순종하는 하늘나라 백성을 통해 실현됩니다. 그들에게 '하나님의 아들들'이라고 불리는 최고의 영예가 주어집니다. 한편, 평화의 분위기에 뛰어들어 분쟁을 일으키는 사람은 하나님의 성품이 아니라 분쟁의 왕인 사탄의 성품을 반영합니다. 하나님의 백성에 속했다고 확신하지만 싸움과 분쟁이 한 개인의 특징으로 굳어진다면 그 사람은 종말론적인 구원의 수혜에서 제외된 자라고도 볼 수도 있습니다.

맺음말

예수님 당시 하나님의 아들로 불린 카이사르(로마 황제)가 통치한 로마가 주는 평화는 무력을 기반으로 삼았으나 하나님의 아들인 그리스도께서 다스리는 나라는 예수의 희생을 통해 평화를 선사했습니다. 그리스도는 실제로는 가장 강한 자, "하나님의 아들"이었으나 평화를 위해 가장 낮은 자, "하나님의 종"의 길을 가셨습니다.

그리스도인은 예수의 길을 따르는 사람입니다. 그리스도의 헌신에 참여함으로써 평화의 도구가 됩니다. 하나님의 아들이지만 종의 길을 걸어가신 예수님처럼 평화를 위해 종으로 헌신하는 사람들은 하나님의 아들들로 불립니다. 그러나 평화를 위한 종의 길은 험난할 수 있습니다. 상대방이 잘되기를 기도하는 것도 쉽지 않지만 자비를 베풀고도 도리어 공격당할 때 견디기 힘듭니다. 진정한 평화를 위한 길에 일시적인 갈등이 생기는 것을 알면서도 실제로 우리가 반대에 부닥칠 때, 그것은 쉬운 일이 아닙니다. 그럼에도 하나님의 자녀는 평화를 추구해야 합니다. 진심으로 희생하며 추구하는 평화는 어떤 모양으로든 효과를 드러냅니다. "너희가 그 집에 들어갈 때에, 평화를 빈다고 인사하여라. 그래서 그 집이 평화를 누리기에 알맞으면, 너희가 비는 평화가 그 집에 있게 하고, 알맞지 않으면 그 평화가 너희에게 되돌아오게 하여라"(마 10:12-13). 우리는 평화의 통로가 될 뿐 아니라 그 평화의 수혜자가 될 수 있습니다. 예수님은 서로의 평화를 위해 낮아질 수 있기를 우리에게 기대하십니다. 이런 기대에 부응하는 사람은 하나님의 아들들이라고 불릴 것입니다.

제9장
의로 인한 핍박
마태복음 5:10

예수님의 팔복 중 마지막, 여덟 번째 복에 도달했습니다. 예수님은 이곳에서 "의 때문에 핍박을 받은 사람들은 복이 있다"라고 선언하셨습니다. 그 이유는 "천국이 그런 사람들의 것이기 때문입니다." 이 구절에서 '의를 위하여'는 좋은 번역이 아닙니다. 이 문장에서 의는 핍박의 원인이나 동기입니다. 우리는 이 부분을 '의 때문에' 혹은 '의로 인하여'로 번역할 수 있습니다.

여덟 번째 복도 두 문장으로 구성되어 있습니다. 복된 상태를 선언하신 첫 문장과 복된 이유를 설명하신 두 번째 문장입니다. 예수님은 "의로 인해 핍박받은 것"을 복된 사람의 상태로 언급하십니다. 청중 가운데 그렇게 핍박을 받은 사람들이 있었다면, 그런 사람들이 정말 복된 사람이라는 말씀입니다. 복된 이유는 천국이 "의 때문에 박해를 받은 사람들"의 것이기 때문입니다. 예수님은 천국의 왕으로서 이들이 천국을 보고, 듣고, 이해하고, 수용할 것임을 약속하신 셈입니다.

두 가지 기능

여덟 번째 복은 팔복에서 두 가지 기능을 가지고 있습니다. 팔복 전체를 마감하는 것과 뒤의 네 가지 복을 마감하는 것입니다. 팔복은 치밀한 구성을 보입니다. 앞의 네 복은 하나님을 향한 복된 태도 네 가지를 담고 있습니다. 뒤의 네 복은 사람들을 향한 복된 태도와 관련됩니다. 네 개씩의 복에 사용된 개념들은 각각 소극적인 것에서 적극적인 것으로, 수동적인 것에서 능동적인 것으로 점차 발전하고 있습니다. 하나님을 향한 태도들을 먼저 말씀하시고 그다음에 사람들 사이의 태도와 행동을 거론하신 것도 영적 질서를 반영하고 있습니다. 이런 관점에서 여덟 번째 복은 사람들을 향한 태도 중 가장 강하고 적극적인 태도에 해당합니다. 예수님은 여덟 번째 복에서 복된 사람들의 궁극적인 삶의 태도가 무엇인가를 단적으로 표현하십니다. 의를 위하여 혹은 의롭게 살아가야 합니다.

동시에 이 복은 팔복 전체의 성격을 다시 한번 규정하는 역할을 합니다. 예수님은 자신의 사역으로 천국의 기초를 놓으시면서 팔복의 형식으로 그 천국에 합당한 사람들이 누구인지를 선언하셨습니다. 천국은 마음이 가난한 사람들의 것입니다. "의로 인하여 핍박을 받은 사람들"의 것입니다. 첫 번째 복에서 말씀하신 "천국이 그들의 것이다"를 이 마지막 복에서도 반복하심으로써 그 사이에 있는 여섯 가지의 복, 즉 "배부르게 될 것이다," "위로를 받을 것이다" 등도 결국 천국과 연관된 말씀임을 암시하셨습니다. 각 복의 두 번째 연에 포함된 설명은 천국에 참여하는 사람들에게 나타날 하나님의 은혜를 구체적으로 표현하신 것입니다.

천국의 복음

팔복은 천국의 복음입니다. 어떤 사람이 천국의 백성들인가를 규정하신 말씀입니다. 아무나 천국 백성이 되는 것은 아닙니다. 예수님을 보고, 따르고, 예수님의 설교를 듣는다고 해서 모두 천국의 백성이 되지는 않습니다. 예수님을 한 번 만난다고 모두가 잘되는 것은 아닙니다. 예수님과의 대면이 만사를 해결해 주지 않습니다. 예수님을 만난 결과 예수님을 향한 분노, 악의, 적개심을 품게 된 사람들이 있었습니다. 공개적인 예수님의 적대자, 즉 천국의 원수로 변모한 사람들도 있었습니다. 아무 일도 없었다는 듯 예수님에게 그냥 왔다가 그렇게 소득 없이 떠나간 사람들도 있습니다. 여덟 번째 복에서는 "의 때문에 핍박을 받은 사람들"이 복되고 천국을 소유한 사람들입니다.

세상의 질서와 논리

"의로 인하여 핍박을 받은 것"은 세상의 질서와 논리 체계에서는 가장 억울한 일입니다. 세상의 관점에서는 행복한 일도, 행복한 상태도 아닙니다. 세상에서 가장 가슴 아픈 일이 있다면 그것은 잘하고도 욕먹는 일입니다. 착하게 살면서도 억압을 당하는 일입니다. 바르게 행동했는데 벌을 받는 것처럼 억울한 일은 아마 없을 것입니다. 사람들은 의를 행하고 상을 얻지 못할망정 욕을 먹거나 핍박당하거나 처벌받는 일은 일어나지 말아야 한다고 생각합니다. 그런 일은 정의로운 사회에서 만들어지는 사건이 아닙니다. 사람들은 잘한 사람에게 상을 주고 잘못한 사람에게 벌을 주라고 말합니다. 의인을 의인으로 알아주고 칭찬하고 대접하고 포상해야 한다고 주장합니다. 이런 세상이 바람직한 세상입니다.

가장 억울한 일을 예수님은 오히려 복되다고 선언하셨습니다. 예수님의 말씀은 이 마지막 복에서도 세상의 지혜와 너무나 다릅니다. 세상의 논리에는 우리가 잘만 한다면 세상이 좋아질 수 있다는 낙관론이 깊이 뿌리박혀 있습니다. 반면에 예수님의 말씀에는 이 세상에 대한 짙은 비관론이 전제되어 있습니다. 우리는 이 세상이 하나님의 질서와는 다르게 가고 있다는 사실을 알아야 합니다. 세상에서는 의를 행하는 사람들이 종종 박해를 당합니다.

예수님의 관점

세상이 인정하는 우주의 법칙과 질서 너머에 이 모든 것을 만드신 하나님이 계십니다. 예수님의 팔복은 하나님 앞에서의 인생을 논하라는 충고입니다. 믿음의 눈으로 보면 우주에는 법칙만이 아니라 하나님의 특별한 질서가 있습니다. 인간을 향하신 하나님의 의도가 있습니다. 예수님의 팔복은 바로 이런 넓은 신적 시각에서 나온 축복입니다.

진정으로 행복한 사람은 하나님 앞에서 인간의 처지를 보면서 자신의 심적 가난을 절감한 사람들입니다. 애통하며 눈물 흘리는 사람들입니다. 하나님의 도움만을 기다리며 기도하는 사람들입니다. 하나님의 구원이 이루어지기를 마냥 고대하는 사람들입니다. 진정으로 행복한 사람은 하나님 앞에서 같은 처지에 있는 다른 사람에게 동정심을 가지는 사람들입니다. 세상과 마음을 관찰하시는 하나님 앞에서 스스로 속이지 않고 사심을 품지 않으며 솔직하고 깨끗하게 사람을 대하는 사람들입니다. 다른 사람들과의 평화를 위해 최선을 다하는 사람들입니다. 그리고 사람들 사이에 살면서도 의를 추구하고 세상이 이를 받아들이지 않아 핍박을 받더라도 이를 포기하지 않는 사람들입니다.

의

하나님은 이 세상을 자연 법칙에만 맡기지 않으셨습니다. 처음부터 우리의 삶의 기준을 제시하셨습니다. 사람들은 자연 법칙을 따라가며 살지만, 하나님의 말씀을 받아 살도록 창조됐습니다. 하나님의 백성은 그들의 삶의 기준을 독자적으로 만들어내지 않습니다. 자신이 만든 기준과 목표를 향해 최선의 삶을 살아가지 않습니다. 하나님의 말씀이 인간의 생각과 행동, 삶 전체를 조절하는 기준이 되고, 가치관을 형성하는 기초입니다. '의'란 이러한 기준에 일치하는 생각이나 행동을 뜻합니다. 하나님의 기준에 일치하지 않거나 어긋나는 것이 불의요 죄입니다. 하나님의 새로운 사역이 처음부터 나타난 하나님의 성품, 계획, 약속, 혹은 예언에 일치할 때 성경은 이것을 하나님의 '의'라고 부릅니다. 우리는 5장 6절의 "의에 주리고 목마름"을 하나님의 의에 대한 갈망, 즉 하나님께서 약속하시고 예언하신 대로 이루실 것을 열망하는 것으로 해석했었습니다. 그런데 여덟 번째 복에 나오는 '의'는 인간의 의를 가리킵니다. 인간을 향하신 하나님의 뜻, 하나님의 말씀에 일치하는 생각이나 행동, 삶을 가리킵니다. 그런 기준이 한때 모세를 통해 이스라엘 민족에게 주어진 율법입니다. 이제 천국의 왕이신 예수님을 통하여 다시 한번 그 기준이 선명하게 공개됐습니다. 5장 10절에서 '의'는 그러한 기준에 들어맞는 삶을 의미합니다.

세상은 변하고 있습니다. 삶의 기준과 가치관도 달라지기 마련입니다. 인간의 의란 시대마다 장소마다 달라질 수밖에 없습니다. 이 변화에 잘 대처하는 사람을 세상은 현명한 사람이라고 부릅니다. 그런 사람이 사회의 주도권을 쥐고 사회를 이끌어 갑니다. 부와 명예와 권력과 영광을 소유합니다. 세상의 변화에 둔감하면 시대에 뒤떨어지는 사람이 됩니다. 잘 변모하는 사람일수록 더 크게 출세하고 대세를 쥐게 됩니다. 그러나 하나님을 믿고 하나님의 눈과 하나님께서 주신 기준으로 인생을 살아가는 사람들은 의로 인한 핍박을 당할 수 있습니다. 예수님은 시대에 따라 멋대로 기준을 바꾸고 그것에 맞추어 살아가는 사람들이 아니라, 세상이 어떻게 변하든지 하나님의 기준에 자신의 생각과 행동을 맞추어 가는 사람들을 축복하셨습니다. 잘 변하는, 현실적인 사람들이 아니라 하나님의 통치와 말씀을 완고하게 고집하는 사람들이 지혜로운 사람들입니다. 예수님의 사역은 그런 사람들이 옳다는 것을 확인해 주는 것이었습니다.

의로 인한 핍박

왜 하나님의 말씀에 맞추어 살아가는데 핍박이 일어날까요? 핍박받는 의인들을 축복하신 배후에는 의인들을 핍박하는 세상이 전제되어 있습니다. 산상설교를 최초로 들었던 청중은 유대인들이었습니다. 유대인들은 오랜 방랑과 고난의 역사를 지나는 동안 여러 상이한 집단으로 갈기갈기 찢겨 있었습니다. 로마 제국이 지배권을 행사하고 있었습니다. 그들에게 붙어 그들을 지지하고 그들의 후원으로 지도력을 행사하는 사람들이 있었습니다. 로마 제국은 이방인인 헤롯 가문을 유대인들의 왕으로 끌어들였습니다. 그렇게 함으로써 완충지대를 만들었을 뿐만 아니라 유대인들을 효과적으로 지배할 수 있었습니다. 헤롯당이 등장했습니다. 이방인인 헤롯의 왕권을 인정함으로 그를 업고 권력과 부와 명예를 손에 쥐려는 사람들이었습니다. 출세를 꿈꾸는 유대인들은 로마와 앞잡이인 헤롯 가문과 친구가 돼야 했습니다. 그들은 하나님께서 인정하시는 의와 하나님의 구원보다는 현실에 집착해 있었습니다. 현실적 이득과 대제사장직의 유지는 로마의 권력과 야합할 때 보장되는 것이었습니다.

그런 상황에서도 변함없이 의로운 삶을 고집하는 가련한 사람들을 예수님은 축복하셨습니다. 현실과의 타협을 거부하고 하나님의 백성으로 남기를 선택한 것 때문에 사회에서 각종 불이익과 핍박을 감수해야 했던 사람들을 복된 사람이라고 부르셨습니다.

확대 적용

하나님의 말씀대로 살아가려는 사람들과 그들을 박해하는 세상의 관계를 우리는 모든 시대 모든 지역으로 확대하여 적용할 수 있습니다. 이렇게 할 때 예수님의 팔복은 의롭게 살아가는 모든 신자들을 위한 축복이 되고 위로가 됩니다. 우리를 위해 주시는 말씀이 됩니다. 우리가 사는 이 세상에는 항상 하나님을 믿는 사람들보다 하나님을 믿지 않는 사람들이 더 많습니다. 세상의 주도권은 대개 하나님을 믿지 않는 사람들의 손에 놓여 있습니다. 돈이 큰소리치고 폭력이 이기는 것이 세상의 질서입니다. 명예와 권세와 권력이 세상을 흔들고 있습니다. 하나님을 인정하지 않으려는 것이 세상입니다. 세상은 세상의 질서와 논리대로 굴러가고 있습니다. 그런 사람들 틈에서 하나님을 믿고 하나님께서 주신 기준대로 살아가기 위하여 몸부림치는 사람들의 삶은 고통스러울 수밖에 없습니다. 복음이 처음 전해지는 곳에 이 대립 상황은 아주 명백하게 나타납니다. 예수님을 믿는 것은 사회를 등지는 것과 같습니다. 전통적 종교와 풍습을 거부하고 배반하는 것으로 비칩니다. 가족을 버리고 민족과 국가를 배반할 각오가 되어 있을 때 복음을 받아들이고 교회의 한 사람이 될 수 있는 것처럼 보입니다.

　의로운 사람들과 세상 사이에 날카로운 충돌이 있고 이 충돌의 결과는 하나님 앞에서 의롭게 살려는 사람들의 고난과 핍박받음으로 나타나기 마련입니다. 의로 인해 핍박을 받는 것은 하나님을 믿고 하나님의 기준에 자신을 맞추어 가는 사람들이 이 세상에 맞지 않기 때문에 어쩔 수 없이 나타나는 현상입니다. 세상이 가는 길과 하나님을 섬기는 사람들이 가는 길이 다르기 때문입니다. 믿음 때문에, 하나님의 말씀을 따라 살아가는 것 때문에 핍박을 받는다면 기뻐하십시오. 이것은 우리가 세상에 속하지 않고 하나님의 나라에 속한 사람들이라는 것을 알려주는 표식이 됩니다.

핍박의 종류

　핍박이라는 단어 때문에 이 여덟 번째 복이 예수께서 하신 말씀임을 부정하는 사람들이 있습니다. 예수님 당시에는 핍박이라고 할 만한 사태가 발생하지 않았기 때문이라는 것입니다. 이 사람들은 핍박이라는 단어로 잡고 가두고 죽이는 등 심각한 가해행위를 생각하는 것 같습니다. 그러나 핍박이라는 단어는 꼭 육체적인 가해나 살해 등을 의미하지 않습니다. 이것은 아주 폭넓게 사용되는 단어입니다. 한 절 아래 11절에 있는 표현을 보시면 "핍박"이 "욕하는 것," "악한 말을 하는 것"과 함께 열거되어 있습니다. 이곳에서의 핍박도 비슷한, 그렇게 심각하지 않은 적대적 행동을 지시하는 것이라 할 수 있습니다. 누가 보더라도 고통이라고 볼 수밖에 없는 핍박이 있는가 하면, 겉으로 보기에는 전혀 핍박이 아닌 것처럼 보이는 핍박도 있습니다. 아주 부드러운 그러나 죽이거나 때리는 것보다 더 강하고 고통스러운 핍박도 얼마든지 발생합니다.

추석과 같은 민족의 명절에 우리 기독교인들은 누가 무슨 말로 우리를 비난하지 않아도 괴로움을 경험합니다. 조상에게 제사를 드리지 않는다고 사람들이 곱지 않은 눈으로 기독교인들을 바라봅니다. 특히 가족 중에서 유독 혼자 신앙생활을 하는 사람에게는 이런 부드러운 핍박이야말로 매우 견디기 어려운 것입니다.

하나님의 말씀을 삶의 기준으로 삼고 하나님을 삶의 구심점으로 삼고 있었던 사람들에게는 예수님의 움직임이 남다르게 비쳤을 수도 있습니다. 물론 세례 요한의 사역과 예수님의 부르심에 자극받아 몰려나와 산에서 설교를 듣는 이 사람들의 행렬을 유대인 권력자들이 곱게 생각할 리 없었습니다. 사람들의 냉대와 멸시, 무시에도 불구하고 예수님의 설교를 듣겠다고 나와 있었던 청중은 복된 사람들이라고 보아도 좋을 것입니다. 그들은 얼마 지나지 않아서 그들의 선택이 정말 옳았다는 사실을 친히 확인하고 경험하게 될 것입니다.

한국의 상황

여러분, 한국은 하나님을 섬기는 나라가 아닙니다. 복음이 들어오고 교회가 세워진 지 오랜 시간이 지났지만 비기독교인과 비기독교적 요소가 더 많습니다. 이런 상황은 기독교인이 믿는 대로 생각하고 행동하고 살아가는 것을 어렵게 만듭니다. 곳곳에서 비기독교적 요소들이 기독교적 신앙과 생활을 유형, 무형으로 억압합니다. 핍박은 언제 어디서나 기독교인들에게 가해질 수 있습니다. 예를 들면, 우리의 전통과 문화와 역사를 귀중히 여기고 계승하고 발전시키자는 운동이 일어나면 기독교인들은 앉아서 손해를 보게 됩니다. 말의 형태로 나타나는 핍박도 흔히 볼 수 있습니다. 교회 가는 것을 비난합니다. 성경을 읽는 것을 비웃습니다. 성경이 밥 먹여 주냐는 말을 흔히 듣습니다. 성경을 열심히 읽으면 신학교나 가라고 합니다. 목사라는 별명을 붙여 줍니다. 기독교인 관점에서 칭찬으로 사용될 수 있는 이 말이 한국 사회에서는 기독교인들을 비웃는 용어가 됐습니다. 기독교인은 공개적인 욕을 들을 수 있습니다. 우리는 옳은 길을 걸어가고 있는 것 때문에 웃음거리가 되기도 합니다. 예수님을 믿고 진리의 길을 걷는 이유로 어려움을 겪기도 합니다. 좀 더 강한 핍박도 있습니다. 부모님들이 아이들을 교회에 나가지 못하게 하기도 합니다. 성경과 찬송집을 뺏습니다. 가정에 불행이 생기면 그 모든 원인을 가족 중에 있는 예수쟁이에게 돌립니다. 조상을 모시지 않아서 그렇다고 하며 자녀들을 위협하는 부모도 있습니다.

앞에서 언급한 대로 기독교인이 가는 길과 세상이 가는 길은 다릅니다. 천국에 속한 사람과 세상에 속한 사람들이 걷는 길은 같은 방향이 아닙니다. 우리는 비록 소수에 속해 있어도 옳은 길을 걸어가고 있습니다. 믿음 때문에, 하나님의 기준을 배우고 지키는 것 때문에 온갖 비난과 유무형의 핍박이 주어질 때 흔들리거나 실망하지 마십시오. 오히려 기뻐하십시오. 감사하십시오. 바로 가고 있다는 확신으로 사십시오. 다수의 사람이 가는 길이라고 반드시 옳은 길은 아닙니다. 외톨이가 되어도 바른 삶이 있습니다. 옳지 않은 일에 굴복하지 마십시오. 현실에 현혹되지 마십시오. 이 세상에서 잘 살고 화려하게 되는 것보다는 하나님 앞에서 올바르게, 그리고 하나님께서 칭찬하시는 대로 살아가는 것을 택합시다.

핍박받음은 덕목이 아닙니다.

예수님은 고난이나 핍박 자체를 복된 상태로 인정하시거나 축복하지 않으셨습니다. 핍박받는 것은 덕목이 아닙니다. 핍박은 없으면 없을수록 좋습니다. 기독교인들도 평안하고 고요한 가운데 하나님을 섬기며 살아갈 수 있습니다. 굳이 핍박을 사서 할 필요는 없습니다. 따라다니며 고통을 짊어지는 것은 어리석은 일입니다. 가난, 고난, 혹은 핍박 자체를 강조하는 것은 예수님의 말씀을 오해하는 것입니다. 의로 인해 핍박받은 사람들을 축복하신 이유는 핍박이 귀중한 것이기 때문이 아니라 핍박받는 그 현실이 그 사람의 상태와 본질을 알려 주는 역할을 하기 때문입니다. 세상이 가는 길과 그가 가는 길이 같지 않다는 것을 증언하는 것입니다. 박해를 피하려고 믿음을 배반하거나 위장하기보다는 핍박과 고통을 감수하는 것이 더 나은 길입니다.

맺음말

의 때문에 핍박받는 사람들을 복되다고 하신 이유는 천국 때문입니다. 예수님은 천국이 그런 사람들의 것임을 아셨기 때문에 그런 사람들을 축복하셨습니다. 강조점은 박해받음이 아니라 천국에 놓여 있습니다. 천국은 예수님으로부터 시작되는 신비한 하나님의 나라입니다. 그 천국은 의로 핍박받은 사람들의 것입니다. 이것이 축복의 이유입니다. 의 때문에 박해를 받은 사람들이 천국과 아무런 관련을 맺지 못한다면 그들은 누구보다도 불쌍한 사람들입니다. 칭찬받고 존경과 사랑에 쌓여 살아가지 못하는 것은 불행입니다. 그 원인이 선한 일이나 의로운 일이라면 더욱 그렇습니다. 선하게 혹은 의롭게 사는데도 불구하고 핍박받는다면 정말 억울한 일이고 가슴이 터질 일입니다. 인간의 어떤 것을 칭찬하시고 복되다고 규정하시는 것은 예수님의 방법이 아닙니다. 예수님은 사람들의 상태 자체에서 복된 것과 불행한 것으로 구분하지 않으십니다. 오히려 인생의 어떤 것이 천국과 결합될 때 복되다고 하십니다. 천국이 예수님의 축복, 팔복의 배경입니다. 세상으로부터 오는 크고 작은 비난과 박해는 우리가 하나님에게 속해 있다는 가장 확실한 표식입니다. 따라서 예수님을 믿고 바르게 살아가는 것 때문에 비난 받거나 욕을 먹거나 핍박당한다면 오히려 기뻐하십시오. 그리고 세상이 여러분을 칭찬할 때 경계하십시오.

제10장
예수님 때문에
마태복음 5:11-12

산상설교는 지켜야 하는 말씀인가?

마태복음 5장 11-12절에서 예수님은 자신에 대하여 최초로 언급하셨습니다. 산상설교는 예수님의 설교인데도 예수님 자신에 대해서나 기독교의 핵심인 예수님을 믿는 것에 대해서는 별로 가르치는 것이 없다는 오해가 있었습니다. 이런 오해에 근거해 산상설교의 내용과 기능도 오해하는 해석이 산상설교를 대변해 왔습니다. 잘못된 질문은 잘못된 대답을 낳았고 잘못된 해석이 많은 성도의 삶에 영향을 미쳤습니다. 이런 오해와 관련된 두 가지 예를 들어보겠습니다.

첫째, 어떤 사람은 산상설교가 예수님과 그에 대한 믿음이 아니라 바른 행동만 강조한다고 생각합니다. 그래서 산상설교를 복음이 아니라 율법의 범주에 넣어야 한다고 생각합니다. 즉, 산상설교는 복음이 아니라 율법이라는 것입니다. 이 관점에서 예수님은 복음을 선포하시기 전에 율법을 선포하신 분입니다. 산상설교는 사람들의 문제를 지적하고 알려 주는 초강력 율법이라고 합니다. 산상설교를 이렇게 이해하는 경우 예수님을 믿고 그 대속의 사랑을 의지하여 하나님께 나아가는 사람들에게 산상설교가 아무런 효력을 갖지 못합니다. 우리는 율법이 활동하는 구약 시대가 아니라 복음이 지배하는 신약시대에 살고 있기 때문이라고 합니다. 예수님은 율법의 마침이시므로 주님을 믿는 사람들이 산상설교를 굳이 읽거나 가르치거나 지킬 필요는 없다는 것입니다.

더 극단적인 사람들도 있습니다. 이들은 예수님이 우리 대신 이 산상설교를 실제로 다 지켜 주셨다고 고백합니다. 구약의 율법에 순종하셨듯이 말입니다. 성도들은 예수께서 산상설교를 실천하신 결과로 주어지는 복을 만끽해야 한다고 생각합니다. 이들은 예수께서 "하라"고 하신 것을 "하지 않아도 좋다"고 바꾸어 놓습니다. 이들은 산상설교를 잘 설명한다고 하지만 사실은 산상설교를 예수님의 의도와는 달리 성도들의 삶에서 멀리 떼어놓고 말았습니다. 산상설교의 내용을 바꾸는 그런 해석은 잘못된 것입니다. 이것은 산상설교를 대충만 읽어봐도 확인할 수 있는 것입니다. 예수님은 자신의 설교를 청중들이 지켜야 한다고 줄곧 강조하셨습니다. 그것은 예수님 자신을 위한 말씀이 아닙니다. 구약 시대의 사람들을 위한 말씀도 아닙니다. 예수께서 구원의 새 시대를 여실 때 자신을 따르는 사람들에게 주신 말씀, 즉 천국의 복음입니다.

둘째, 어떤 사람들은 산상설교가 예수님 자신이나 예수님을 믿음에 관하여 아무런 언급도 없는 것은 이런 것이 이미 갖추어진 사람들, 즉 믿는 사람을 전제로 삼고 있기 때문이라고 설명합니다. 무엇을 믿어야 하고, 어떻게 예수님의 제자가 될 수 있는가에 관해서는 산상설교가 아니라 다른 곳에서, 예를 들면 사도행전이나 로마서에서 배워야 하고, 그곳에서 믿음과 구원을 확립한 다음에, 성숙한 그리스도인이 되기 위하여 산상설교로 와야 한다고 가르칩니다. 즉, 산상설교는 예수님을 믿는 구원받은 성도들의 완전한 삶을 위하여 주신 규범이라는 것입니다. 이들은 이미 얻은 구원에다 완벽한 헌신의 삶과 이에 따르는 하늘나라에서의 상급을 보태기 위하여 산상설교를 읽고 사용합니다. 구원을 얻기 위해서는 산상설교의 말씀들을 꼭 지키지 않아도 좋지만 지키는 것이 더 나은 신앙인의 길, 최상의 신앙생활이라고 생각합니다. 교회에서 산상설교를 이렇게 설명하면 오히려 심각한 부정적 태도가 발생합니다. 이들은 산상설교를 지키지 않고도 기독교인으로서 바로 가고 있다고 정당화하고자 합니다. 구원을 얻은 성도들이 굳이 산상설교를 지켜야 하는지 의문을 제기합니다. 이 두 번째 오해는 첫 번째 오해와 비슷해 보입니다. 이 해석들을 따를 때 대부분의 성도들이 산상설교를 그들의 삶과는 관계없는 것으로 멀리하게 된다는 결과도 비슷합니다. 첫 번째로 지적한 오해는 예수님과 산상설교를 구약 시대의 것으로 설명했다는 점, 이에 비해 두 번째로 지적한 오해는 산상설교를 어떻게 해서든지 신약시대에 주어진 예수님의 설교로 설명하려고 했다는 점이 다를 뿐입니다.

그러나 산상설교는 처음부터 끝까지 그 어떤 말씀보다 강하게 삶과 행동을 다루고 있습니다. 읽어도 좋고 읽지 않아도 좋은, 지켜도 좋고 지키지 않아도 좋은 그런 종류의 말씀이 아니라 꼭 지켜야 하는 예수님의 말씀입니다. 믿음과 삶을 직접적인 관계가 없도록 멀리 떼어 설명하려는 것은 옳지 않습니다. 예수님은 산상설교에서 믿음과 삶을 분리하지 않고 다루셨습니다. '자격' 또는 '의무'라는 용어가 산상설교를 잘 설명할 수 있습니다. 예수님은 산상설교에서 제자가 될 사람의 자격과 의무를 제정하셨습니다. '자격'이나 '의무'가 없어도 제자나 신자, 혹은 성도로 불릴 수 있다고 생각하는 것은 오해입니다. 천국의 사람들이 어떤 기준을 가지고 어떻게 살아가야 하는지를 규정하신 것이 산상설교입니다.

산상설교는 예수님의 자기 계시

앞에서 말씀드린 대로 어떤 사람들은 산상설교에는 예수님에 대한 내용이나 예수님을 믿는 것에 대한 내용이 없다고 생각합니다. 그러나 산상설교에도 예수님에 관한 말씀들이 적지 않게 수록되어 있습니다. 믿음에 관한 말씀도 발견됩니다. 마태복음 5장 11-12절은 예수님 자신에 대하여 그리고 예수님을 믿음에 대하여 분명한 말씀을 주신 구절입니다. 왜 사람들이 산상설교에서 예수님에 대한, 그리고 예수님을 믿음에 관한 말씀들을 발견하지 못했을까요? 그 이유는 예수께서 자기 자신에 대하여 어떤 방식으로 표현하셨는지를 관찰하지 않고 오늘날 교리서에서 볼 수 있는 명명백백한 문장을 찾으려 했기 때문입니다. 예수님은 자신에 관하여 늘 애매모호한 표현법을 쓰셨습니다. 어떻게 보면 전혀 자신에 대하여 말씀하시는 것 같지 않습니다. 그러나 예수님의 말씀 속에는 언제나 자신에 대한 언급이 들어 있습니다.

"예수님 때문에" 어떤 불이익을 당하는 사람들은 복이 있다고 하신 말씀은 단순히 복에 대하여, 복된 사람에 대하여 말씀하시는 것이 아닙니다. 아홉 번째 복이야말로 예수님이 누구이시며 핍박받는 사람들과 예수님 사이에 무엇이 있는가를 질문하지 않고는 전혀 이해할 수 없는 말씀입니다. 5장 11-12절은 한편으로는 복된 사람들에 관한 말씀이고 다른 한편으로 보면 예수님 자신에 대한 말씀입니다.

아홉 번째 복

예수님은 팔복 후에 11-12절을 말씀하셨습니다. 팔복의 경우처럼 예수님은 어떤 사람들을 복 받은 사람들이라고 부르셨습니다. 복된 이유를 언급하신 것도 팔복과 같은 형식을 따르고 있습니다. 예수님 때문에 고난당하는 사람들이 복되다고 하신 이유는 그런 사람들이 천국의 상을 받을 것이기 때문입니다. 형식의 유사성 때문에 사람들은 11-12절을 자주 아홉 번째 복이라고 불렀습니다. 팔복과 11-12절을 구분하지 않고 함께 다루었습니다. 예수께서 말씀하신 모든 복은 천국의 시작과 관계된 천국의 복음이요, 이 모두가 왕으로 오신 예수님 자신과 뗄 수 없이 연결되어 있다는 것을 강조한 것입니다.

우리는 이미 팔복을 이렇게 예수님과 관련지어 설명했습니다. 짧게 요약해 보면 이렇습니다. 사람들이 예수님을 만났고 산 위에서 예수님의 설교를 들을 수 있었던 그 상황은 복된 것이었습니다. 그들은 당시에 이스라엘 땅에 살고 있었다는 이유로 하나님의 아들을 만나고 그분의 설교를 듣는, 역사상 전무후무한 최상의 행복, 신적 축복을 경험한 사람들입니다. 그럼에도 불구하고 예수님은 그런 사람들 가운데 특정한 사람들만을 골라내어 축복하셨습니다. 그들이 천국의 일들을 경험할 것이라고 예고하셨습니다. 예수님을 통하여 그런 천국의 일들을 경험하게 될 것이었으므로 우리는 팔복을 왕이신 예수님의 약속이라고 불렀습니다. 바로 그 약속이 예수님의 사역을 통해 곧, 혹은 잠시 후에 이루어질 것을 말씀하신 것이 팔복이라고 했습니다. 팔복은 예수께서 어떤 사람들을 천국의 사람들로 인정하시며, 어떤 사람들을 제자로 부르시는지 명시하신 천국의 헌장입니다. 예수님은 천국 시민의 자격요건으로 하나님 앞에서의 특정한 태도를 네 가지 지적하셨고(3-6절), 이어 사람들 사이에서의 특정한 윤리적 태도를 네 가지 지적하셨습니다(7-10절). 11-12절에서 예수님은 사람들과 자신을 연결하여 특정한 관계를 예상하시며 그런 조건에 들어맞는 사람들을 축복하셨습니다. 예수께서 지적하신 특정한 관계란 예수님 때문에 모욕당하고 핍박받고 공격당하는 것입니다.

이 아홉 번째 복도 천국 시민의 자격(또는 모습)을 규정하신 것입니다. 핍박이나 고난이, 비난과 욕설이 좋은 것이거나 복된 상태일 리는 없습니다. 귀에 곱게 들릴 리도 없고 사람들이 즐겨 추구하는 그런 것도 아닙니다. 그러나 그 원인이 천국의 왕이신 예수님에게 있다면 그것은 가장 복된 일입니다. 그래서 그런 사람들을 복된 사람들이라고 부르셨습니다. 강조점은 고난이나 핍박이 아니라, 그 원인이신 예수님에게 놓여 있습니다.

예수님은 그런 사람들에게 천국의 상이 주어질 것이라고 선언하셨습니다. 이 말씀은 사람들이 미래에 저 세상에서 상을 받게 될 것이라는 말씀만은 아닙니다. '천국'은 이 세상에서 하나님의 통치와 사역이 나타나는 곳, 하나님의 신적 활동의 범위를 뜻하기도 합니다. 천국에서 상을 얻게 된다는 말씀은 예수께서 세상에서, 왕으로 활동을 시작하시는 바로 그곳에서 상을 얻을 것임도 뜻할 수 있습니다. 천국의 상을 주시는 분은 천국의 왕이신 예수님이십니다. "그런 사람들이 상을 얻게 될 것이다"는 수동태는 자신이 "그들에게 상을 주실 것이다"라는 능동적인 말씀일 수 있습니다. 예수님 때문에 모욕과 핍박과 고난을 받은 사람들을 예수께서 알아보시고 왕으로서 그들에게 기필코 보답하시겠다고 약속하신 것입니다.

천국의 특수 조건

팔복과 아홉 번째 복 사이에는 유사점만 있는 것은 아닙니다. 적어도 세 가지가 다릅니다. 첫째, 예수님은 팔복에서 3인칭 표현법("-자들")을 사용하셨습니다. 그러나 아홉 번째 복에서는 2인칭 표현법('너희')을 사용하셨습니다. 둘째, 예수님은 팔복에서 사람들의 특별한 삶의 태도를 하나씩 언급하셨는데, 아홉 번째 복에서는 "나 때문에 너희를"과 같이 자신과 청중들 사이의 관계를 언급하셨습니다. 예수님과의 관계가 신약시대의 특징이라는 의미에서 이것을 천국의 특수 조건이라고 부를 수 있습니다. 또한 팔복에 표현된 태도들은 천국의 일반 조건이라고 부를 수 있습니다. 셋째, 예수님은 팔복에서 사람들의 실제 상태를 언급하셨는데, 아홉 번째 복에서는 핍박이라는 상황을 가정하시며 이것을 복됨과 연관시키셨습니다. 아홉 번째 복에서 예수님은 설교를 듣는 사람들을 '너희'라고 부르십니다. 그러나 문맥상 모든 청중 중에서도 "예수님 때문에 고난과 핍박을 받는 사람들"만이 복된 "너희들"인 것입니다. 천국의 일들을 경험하는 데는 특수한 조건이 필요합니다. 바로 예수님을 믿어야 한다는 조건입니다. 예수님의 십자가 고난이 없으면, 이 예수를 믿는 믿음이 없으면 구원이 없다는 것이 기독교 복음이요 신약성경의 외침입니다. 예수님은 이 점을 "나 때문에 사람들이 너희를 욕하고, 핍박하고 거짓으로 너희를 대항하여 악한 말을 할 때 복이 있다"고 표현하셨습니다.

'나 때문에'는 청중들에게 여러 가지 질문을 함축적으로 제기하는 문구입니다. '나 때문에'는 예수님의 정체와 신분과 역할을 깊이 생각하게 하고 답을 찾도록 재촉하는 표현입니다. '나 때문에'는 예수님과 설교를 듣는 사람들의 관계를 생각하고 상상하게 합니다. 예수로 인한 핍박이란 한 사람과 예수님의 특별한 관계에서만 발생할 수 있는 일이기 때문입니다. 예수와 아무 관계가 없는 사람에게 예수로 인한 핍박과 고난이 발생하지는 않습니다. 예수님 때문에 모욕과 핍박을 받는다는 것은 예수님을 믿고 따르며 의식적으로 그 관계를 유지하려 할 경우에만 일어납니다.

이런 점에서 산상설교가 믿음을 무시하거나 제외하고 인간의 행위와 삶만을 강조하고 있다는 것은 성립되지 않습니다. 산상설교와 팔복도 복음입니다. 여덟 가지의 복에서 예수님께서 특수한 상태의 사람들을 축복하신 이유도 복음과의 관련성 때문입니다. 예수님 앞에 와 있다는 것이 복된 이유였습니다. 아홉 번째 복에서 예수님은 단도직입적으로 자신을 고난의 원인으로 결부시켜 말씀하심으로 자신을 믿는 것이 천국의 전제 조건이며 복의 원인임을 분명히 하셨습니다.

예수님 때문에 받는 핍박

예수님 때문에 받는 핍박과 관련하여 네 가지를 말씀드리겠습니다. 첫째, 예수께서는 비교적 약하고 사소한 핍박에 관하여 말씀하셨습니다. 어디서나 쉽게 발생할 수 있는 그런 일들입니다. 예수님께서 산상설교를 하셨을 당시 사람들이 예수님 때문에 이런 일들을 겪었다는 증거는 없으나 바리새인들, 사두개인들, 대제사장과 그 가문이 사회를 주도하던 세상에서 흔히 있었던 일이라고 추측할 수 있습니다. 예수님의 말씀을 따를 때 겪는 사소한 모독과 핍박도 예수님의 제자에게는 중요한 흔적입니다. 예수님에게 속해 있다는 증거이기 때문입니다. 예수님은 일상생활에서 예수님을 믿는 것 때문에 나타나는 사소한 모독과 작은 박해와 모함 등으로 고통당하는 사람들을 축복하셨습니다.

둘째, 예수님은 재산 몰수나 가족의 위협이나 참수형과 같이 혹독한 박해에 관하여 말씀하지 않으셨다는 점을 주목할 필요가 있습니다. 목숨을 위협하는 박해가 시작됐을 때 기독교인들은 죽기 위해서 박해자들을 찾아다니지 않았습니다. 그들은 예수님의 말씀대로 박해를 피해다녔습니다. 더 이상 도망칠 곳이 없어서 박해자들이 목숨을 앗아가면 어쩔 수 없이 순교의 길을 걸었습니다. 그때는 신앙을 위해 죽기를 마다하지 않았습니다. 크든 작든 간에 예수님을 믿기 때문에 핍박을 받는 사람은 복됩니다. 예수님은 그분과의 관계 때문에 받는 고난을 중히 여기며 그런 사람을 축복하셨습니다.

셋째, 예수께서 지적하신 세 적대행위만을 축복받는 조건으로 생각할 필요는 없습니다. 예수께서 모욕, 핍박을 언급하신 것은 예수님 때문에 받는 불이익, 부당한 처사를 지적하시기 위하여 대표적으로 거론하셨을 뿐입니다. 이 범주에 들지 않는 것을 제외하는 것은 너무 문자적으로 해석하는 것입니다. 예수님 때문에 부당한 말, 부당한 처우, 모독과 박해를 당한다면 불평하거나 낙망하지 말고 예수님의 말씀대로 기뻐하고 즐거워하십시오. 하나님의 상이 크기 때문입니다. 그리고 비슷한 처지에 있는 성도들을 위로하고 도와주십시오.

넷째, 살아가다 보면 사람들에게 비난받고, 욕을 먹을 때가 종종 있습니다. 그 원인을 분석해 보면 여러 종류로 구분할 수 있습니다. 성도들도 자신의 성격, 습관, 고집, 취향, 버릇, 실수와 잘못 등으로 사람들과 부딪치고 비난을 받을 수 있습니다. 하지만 그런 것은 복의 조건이 결코 아닙니다. 예수님 때문에 주어진 비난이 아닙니다. 비난이나 욕설이나 핍박이나 고난이 나타날 때 그 원인이 자신에게 있는 것은 아닌지 조심스럽게 분석하십시오. 그리고 자신에게 원인이 있는 것은 겸손히 수긍하고 사과하며, 잘못을 인정하고 보상하며 고쳐 가십시오. 절대 예수님 때문에 나타나는 핍박과 자기에게 원인이 있는 핍박을 혼동하지 말아야 합니다.

맺음말

　예수님은 자신으로 인하여 핍박을 당하는 사람들을 선지자들과 비교하셨습니다. 선지자들과 같은 수준에 올려놓으셨습니다. 제자들을 선지자들과 비교하신 예수님은 자신과 하나님을 비교하십니다. 이보다 더 분명한 예수님의 자기 계시가 어디에 있겠습니까! 예수님은 자신에 대하여 침묵하고 계신 것이 아니었습니다. 예수님은 도덕과 윤리만을 가르치신 것이 아닙니다. 예수님은 자신에 대해 말씀하십니다. 예수께서 하신 말씀을 받아들여 예수님을 하나님으로 섬기는 것이 기독교입니다. 예수님을 하나님으로 믿고 기도하고 의지하며 그가 하셨고 지금 하시는 일을 받아들이는 사람들이 기독교인입니다.

　예수님을 믿고 따르는 것은 옛날이나 오늘이나 어리석은 일처럼 보입니다. 기독교인들은 가만 앉아 있어도 세상의 손가락질을 받을 수밖에 없는 위치에 있습니다. 아무리 잘해도 세상에 잘 보일 수는 없습니다. 세상이 원하는 기독교나 교회가 될 수도 없습니다. 바른 기독교인의 삶과 신앙, 교회의 방향과 삶은 오직 교회의 머리이신 천국의 왕 예수님에게서 나옵니다. 교회가 이런 것을 회피하면서 세상에 칭찬받는 교회가 되려 할 때 잘못된 타락의 길에 들어섭니다. 기독교인이 예수님과 그의 말씀에 맞추어 살지 않고 세상에서 사람들의 인정을 받으려 할 때 잘못된 길에 들어섭니다. 차라리 주님을 섬기며 주님의 말씀대로 살아가면서 사람들의 욕설과 핍박과 모욕을 묵묵히 받아들이는 것이 더 나은 기독교인의 삶입니다.

제11장
이 땅의 소금
마태복음 5:13

소금과 빛의 비유는 이 세상을 살아가는 기독교인의 사명과 역할이 무엇인지를 가장 분명하게 보여주는 비유입니다. 어느 시대, 어느 곳에서나 교회가 무엇이며, 무엇을 해야 하느냐는 질문이 새롭게 부상하면, 기독교인들은 제일 먼저 이 소금과 빛의 비유로 돌아왔습니다. 이 비유에서 소금, 빛이 예수님의 제자들을 가리키는 비유라면, 땅 혹은 세상은 그들의 삶의 터전인 이 세상을 가리킬 것입니다.

방황하는 한국 교회

우리 시대 교회에 꼭 필요한 성경 구절 하나를 찾는다면, 저는 조금도 주저하지 않고 이 소금과 빛의 비유를 꼽고 싶습니다. 다른 어떤 시대보다, 또 다른 어떤 지역에서보다 지금 한국에서 교회의 정체성과 그 역할이 불분명하기 때문입니다. 현대 교회를 정신 나간 신데렐라에 비유한 신학자가 있었습니다. 그가 쓴 책의 표지에는 남루한 누더기를 걸친 한 소녀가 유리 구두 한 짝을 손에 쥐고 앉아 있는 그림이 인쇄되어 있습니다. 잠시 후면 왕자님과 결혼할 신데렐라인데, 그리고 왕비가 될 것인데, 그 미래의 행복과 영광을 보장하는 유리 구두 한 짝을 들고 있으면서도, 본인은 아무것도 모르는 것 같습니다. 멍하니 구두 한 짝만 내려다보고 있습니다. 교회는 이미 이 지상에서 예수님의 신부가 됐습니다. 교회는 미래에 엄청난 영광을 얻게 될 것을 알고 기대하고 있습니다. 그런데도 이런 신분에 맞게 움직이지 못합니다. 신부의 자격을 주는 믿음을 가진 교회가, 하나님의 영광보다는 세속적인 삶에 도취하여 세상과 함께 진흙밭에 뒹굴고 있습니다. 교회는 마치 기억상실증에 걸린 신데렐라와 같다는 이야기입니다.

우리는 더 많은 사람을 교회에 모으려고 있는 힘을 다합니다. 열심히 기도합니다. 복음을 전합니다. 성령의 충만과 능력을 고대합니다. 그러나 다른 면으로는 사람들의 관심과 욕구를 자극할 것들을 찾습니다. 편리한 시설을 만들고 아늑한 공간을 창출합니다. 사람들이 요구하는 것을 주려고 하고, 스스로 찾아오도록 준비합니다. 별별 모임을 다 만들어 사람들을 서로 엮어 놓습니다. 이러다 보니 사람들에게 부담을 줄 수 있는 주제들, 주로 죄, 회개, 용서, 십자가, 하나님의 뜻과 심판 등은 뒤로 감추어 둡니다. 대신 밝은 주제들, 위로, 평안, 신념, 성공, 희망, 축복 등을 교회의 전면에 내세웁니다. 기독교인들도 세상이 추구하는 행복과 풍요의 경쟁에 뛰어들었습니다. 사람들이 좋아하는 것들을 우리가 먼저, 더 많이 가지게 될 때 그것들을 사람들에게 자랑합니다. 그것들 하나하나에 모두 하나님의 축복이란 이름을 붙이고 이것이 부러우면 교회로 들어오라고 손짓합니다. 사람들이 좋아하는 것들만을 지적하는 이런 편향적 강조는 교회의 특징을 없애버립니다. 정체성의 약화가 선교에 도움이 되는 것이 아니라 오히려 기독교를 미신이나 종교의 하나로 보이게 만들어 버립니다. 현실적인 위기를 극복하거나 현실적인 행복의 요소들을 가지기만 하면 된다는 종교관이 형성되는 것입니다. 자녀가 좋은 대학에만 갈 수 있다면 새벽기도도 좋고 불공도 좋다고 생각할 정도의 혼합주의가 등장합니다.

그러나 예수님은 우리를 향해 너희는 이 땅의 소금이라고 하셨습니다. 너희는 세상의 빛이라고 하셨습니다. 예수께서 우리에게 원하시는 것은 사람들이 좋아하고 열망하는 것을 우리가 먼저 얻기 위해 경쟁하는 삶이 아닙니다. 세상을 고치는 것, 이것이 소금과 빛이 우리에게 던져주는 강력한 암시입니다.

비유의 기능과 소금

비유란 사람들이 잘 아는 것을 이용하여 그들이 모르는 것을 가르치는 방법입니다. 어려운 것을 쉽게 이해하도록 설명할 때 비유를 사용하기도 합니다. 보여줄 수 없거나 볼 수 없는 것을 생생하고 인상적으로 알게 하는 방법이 비유입니다. '사과와 같은 얼굴을 가졌다'고 어떤 사람을 소개한다면 이것은 사과의 특징을 통하여 모르는 사람의 얼굴 생김새를 연상하도록 하는 것입니다. 이 말을 듣는 사람이 사과가 어떤 것인지 잘 알고 있을 때만 비유를 사용할 수 있습니다. 비유를 들은 사람은 자신이 알고 있는 사과를 연상하고 그것을 미지의 사람의 얼굴로 바꾸어 그의 얼굴이 둥글다거나, 볼이 발갛다고 상상하는 것입니다. 만약 사과를 본 적이 없는 사람이라면 사과가 어떤 것인지 먼저 설명해야 할 것이고 이 과정이 훨씬 더 어려울 것입니다.

예수께서 "천국은 겨자씨와 같다"라고 비유하신 적이 있습니다. 겨자씨는 사람들이 잘 알고 있던 것이고 천국은 예수께서 사람들에게 가르치려고 하셨던 새로운 주제입니다. 사람들이 알고 있는 겨자씨의 크기와 성장 과정을 상기시키시며, 천국이 그렇게 아주 미미하게 시작하지만 크게 성장해 가는 것임을 가르치신 것입니다. 비유를 들은 당시 사람들에게 비유가 즉각 연상시킬 수 있는 것이 바로 이 비유에 담겨 있는 교훈입니다. "너희는 땅의 소금이다"라고 하셨을 때 예수께서 가르치려고 하신 것도 소금과 직접 연결되어 있습니다. 소금은 지금과 마찬가지로 고대의 사람들에게도 친숙한 것이었고 따라서 공통된 느낌을 불러일으킬 수 있는 그런 것이었습니다. 사람들이 예수님의 이 비유를 들었을 때 예수께서 의도하신 것을 모두가 직감적으로 이해할 수 있었을 것이라고 상상해도 좋습니다.

그러나 예수께서 의도하셨던 것, 그리고 당시의 사람들이 감동적으로 이해할 수 있었던 것을 우리가 찾아내는 데에는 주의해야 할 점이 있습니다. 첫째, 비유에 사용된 자료의 현대적 가치와 용도가 과거와는 다른 경우가 있습니다. 둘째, 지역에 따라 그 용도가 다를 수도 있습니다. 따라서 예수님의 비유를 읽으며 오늘날 우리가 가지고 있는 일상적인 느낌으로 접근하는 것은 예수님의 비유를 이해하지 못하게 할 뿐 아니라 곡해하게 할 수도 있습니다.

이스라엘에서 예수님 당시 소금의 용도는 주로 세 가지였습니다. 이세 가지 용도는 소금이 가지고 있는 짠맛이라는 특성 때문에 생긴 것입니다. 첫째, 사람들은 소금을 방부제로 사용했습니다. 지금은 냉동법이 이를 대신하거나 화학물질을 사용합니다. 이 현대적 방법이 효과 면에서 소금을 훨씬 능가하기 때문에, 소금을 방부제로 사용하는 경우는 점점 줄어들고 있습니다만, 불과 몇십 년 전만 해도 부패를 막거나 지연시키는 방법으로는 소금을 치는 것이 가장 대중적인 방법이었습니다. 지금도 소금의 이런 역할을 모르는 사람들은 거의 없습니다.

둘째, 당시 사람들은 소금을 소독약으로 사용했습니다. 당시는 모든 약을 자연에서 채취하던 시대였습니다. 사람들은 경험을 통하여 소금이 상처를 치료하고 부패를 방지하는 역할을 한다는 것을 알고 있었습니다. 소금의 이러한 특성은 지금도 지구의 오지에서나 비상시에 요긴하게 활용할 수 있습니다.

셋째, 소금의 다른 기능 하나는 음식물에 맛을 주는 것입니다. 현대의 경향이 싱겁게 먹고 소금의 사용을 줄이는 것이기는 하지만, 간이 적당하지 않은 음식은 정말 먹기 어렵습니다. 소금이 어느 정도 들어가야 맛이 있다고 느끼는 것이 우리의 몸입니다. 소금이 우리의 생명을 유지하는 데 필수품임을 알려 주고 필요한 양분들을 스스로 찾을 수 있도록 하나님께서 이렇게 만들어 놓으셨습니다.

소금의 용도는 아니지만 넷째로 언급할 만한 것이 있습니다. 소금은 홀로 있을 때는 눈에 보이지만 일단 음식물에 섞으면 더 이상 보이지 않게 됩니다. 소금은 자신을 녹여 다른 것의 썩음을 방지합니다. 상처의 악화를 막습니다. 음식물을 맛있게 만듭니다. 그것이 소금이 하는 일입니다. 소금은 비록 눈에 잘 띄지는 않지만 자신을 희생함으로써 여러 면에서 유익한 역할을 감당합니다.

이 땅의 소금

한글 성경이 예수님의 말씀을 "너희는 세상의 소금이다"라고 번역했지만 저는 "땅의 소금이다"로 번역합니다. 이것은 문자적으로 정확하게 번역한 것입니다. 땅을 굳이 세상으로 해석해 놓지 않더라도, 땅은 세상의 대용어임을 얼마든지 알 수 있습니다. 땅이란 문자적으로 땅덩

어리를 뜻합니다. 지구를 가리키는 단어입니다. 우리와 마찬가지로 헬라어에서도 지구의 한 부분을 땅이라고 불렀습니다. 전체를 땅이라고 부르기도 합니다. 덩이가 크든지 작든지 지구의 한 조각이면 땅이라고 합니다. '땅의 소금'은 무슨 뜻일까요? 문자적으로 보면 지구에 있는 소금, 혹은 지구를 위한, 이 땅덩어리에 필요한 소금이란 표현입니다. 여러 면에서 땅에 유익을 제공하는 소금이 땅을 위하여 녹아 없어진다는 것은 무엇을 의미합니까? 땅은 이 땅에 태어나고 이 땅에서 사는 사람들의 집단, 즉 세상을 가리키는 용어입니다. '세상'의 대용어입니다. 인간 사회를 지시하는 비유어인 셈입니다. 잠시 후에 빛과 관련하여 사용되는 '세상'과 동의어입니다. 예수님은 소금이라는 단어 때문에 이에 어울리는 땅이란 단어를, 빛이란 단어 때문에 이 빛에 어울리는 세상이란 단어를 선택하셨습니다.

소금의 비유에는 하나의 전제가 깔려 있습니다. 하나님의 전제, 하나님의 눈에 비친 전제입니다. 이 전제란 우리가 사는 세상, 하나님께서 만드셨고 여전히 다스리고 계신 이 세상이 썩는다는 사실입니다. 그래서 이 세상에는 부패를 막을 소금이 필요합니다. 세상이 썩었다는 것은 결국 사람들이 부패한 결과입니다. 사람들의 영적 부패가 사람들이 만들어내는 모든 것, 그 문화와 문명, 모든 관계와 제도에 스며들 수밖에 없습니다.

소금이 없다면 세상은 썩습니다. 그런데 우리는 세상을 대체로 긍정적으로 평가합니다. 세상을 좋게 보고 있을 뿐만 아니라, 이 세상에서 출세하고 행복과 번영을 누리려고 애씁니다. 좋은 것을 가지려는 생존 경쟁에 우리도 들어와 있습니다. 세상을 포기하지 못하고 오히려 세상에서 앞서기 위하여 기도하고 노력합니다. 세상의 칭찬을 좋아합니다.

남들보다 앞장설 수 있는 것을 하나님의 축복으로 간주합니다. 그러나 우리는 세상에 대한 예수님의 진단을 받아들여야 합니다.

교회는 세상의 희망입니다

타락한 세상, 계속 썩어가는 세상을 하나님은 버려두시거나 심판하지 않으시고 구원하려 하신다는 사실이 이 비유의 배후에 전제되어 있습니다. 바로 그 일을 위하여 소금이 필요한 것입니다. 하나님의 구원 의지가 조금도 남아 있지 않다면 세상에 소금을 치는 일은 없어도 좋을 것입니다. 땅이 계속 썩지 않고 구원에 도달하기 위해서 소금이 필요합니다. 따라서 세상의 희망은 소금에 있습니다. 소금은 땅을 살립니다. 그것이 소금이 이 땅에서 하는 기능입니다. 교회는 세상의 소금으로서 세상을 살리는 기능을 합니다. 따라서 교회는 세상의 희망입니다.

산상설교를 처음에 들었던 사람들을 한번 상상해 보십시오. 그들 중에는 이렇다 할 만한 특출한 사람이 없었습니다. 그런 사람들이 예수님의 소문을 듣고 예수님께 몰려와서 하나님의 구원 계획을 배웠다는 것 때문에 땅의 소금으로 인정된 것입니다. 다른 면을 생각해 봅시다. 당시에도 위대한 사람들은 따로 있었습니다. 훌륭한 사람들도 많았고 용감하고 똑똑한 사람들도 많았습니다. 그런데 예수님은 그런 사람들을 다 제쳐 놓으시고 갈릴리 출신의 가난한 제자들을 세상의 소금이라고 부르셨습니다. 무엇으로 소금의 역할을 합니까? 복음이 그 도구입니다. 복음이 썩어가는 세상을 바로 잡는 유일한 무기입니다. 교회가 세상에 내세울 것은 부도 명예도, 지혜나 지식도 아닙니다. 바울 사도의 말 그대로 우리가 가진 것은 십자가에 못 박히신 그리스도뿐입니다.

이런 점에서 우리는 두 가지를 주의해야 합니다. 첫째, 우리가 좋아하는 이 세상의 것들을 교회 안으로 끌어들이지 말아야 하겠습니다. 돈이 교회에서도 큰소리치도록 허용하거나 세상의 지위나 명예가 교회에서도 효력을 발휘하도록 여지를 남기지 말아야 하겠습니다. 둘째, 마땅히 교회가 큰소리치고 주도해야 할 일들에 망설이거나 위축되는 일은 없어야 하겠습니다. 복음을 제한하거나, 인위적인 목적으로 부분만을 전파하는 일은 없어야 할 것입니다. 예수께서 부탁하신 복음을 잠시 미루어두고 사람들이 좋아하는 주제들에 치중한다면, 이것이야말로 예수께서 경고하셨던 소금이 그 맛을 잃는 일일 것입니다.

예수님은 너희는 땅의 소금이 되어야 한다고 하시지 않고 소금이라고 하셨습니다. 이 비유는 예수님을 믿는 사람들이 세상에서 가지는 현재의 위치와 역할, 기능을 가르칩니다. 비유는 소금이 짠맛을 얻도록 충고하지 않고 소금이 원래부터 가지고 있는 그 짠맛을 잃는 것을 경고합니다. 교회가 그 독특한 본질을 잃으면 그 역할을 상실하게 됨을 지적합니다. 소금의 짠맛은 있을 수도 있고 없을 수도 있는 선택의 문제가 아닙니다. 꼭 있어야만 하는 특성입니다. 따라서 짠맛이 없는 소금은 더 이상 소금이 아니며 무용지물이므로, 밖에 버려지고 사람들에게 밟히는 폐물로 취급되고 맙니다.

예수님을 믿는 사람들은 이미 세상이 가는 길에서 이탈한 사람들이요 그런 면에서 세상이 가지지 않은 것, 즉 소금만이 가지고 있는 특성인 짠맛을 이미 가지고 있는 사람들입니다. 교회만 가지고 있는 독특한 요소, 소금의 짠맛이란 한마디로 복음뿐입니다. 그 복음에는 윤리도 모두 포함되어 있습니다. 맛을 잃을까 주의하라는 말씀은 교회가 그 특징, 곧 복음을 잃어버리지 말라는 경고입니다. 교회가 복음을 떠나서 다른 것을 의존하는 순간 교회는 가장 초라한 사람들의 집단으로 변해버리고 만다는 말씀입니다. 교회는 예수님과 함께 있을 때만 세상의 소금입니다.

맺음말

예수님을 믿는 사람들로서 우리는 세상의 소금입니다. 소금으로서 소금이 필요한 곳에 우리의 모든 것을 주며 우리는 형체도 없이 살아가는 그런 소금의 역할을 다합시다. 우리는 세상에서 녹아 스러져가며 세상을 회복시켜야 할 사람들입니다. 하나님께서 우리에게 보이신 사랑과 용서와 은혜는 우리의 보금자리인 한국 사회를 살릴 수 있는 진정한 복음이며 소금의 짠맛입니다.

제12장
세상의 빛
마태복음 5:14-16

예수님은 제자들을 빛에 비유하셨습니다. "너희는 세상의 빛이다." 이 비유도 이 세상에서의 기독교인의 역할과 사명이 무엇인지 알려줍니다. 소금이 제자들의 수동적인 역할을 의미한다면 빛은 능동적인 역할을 의미합니다. 교회는 이 세상에 존재함으로써 세상에 소극적인 영향을 끼칠 수도 있지만, 좀 더 적극적으로 세상의 어두움을 물리치는 빛의 역할을 담당합니다.

어둠과 빛

사람들이 '빛'이라는 단어를 들었을 때 가장 먼저 연상하게 되는 생각이나 느낌을 알기 위한 가장 쉬운 방법은 그 반대인 어두움을 함께 상상하는 것입니다. 빛이 없는 세상을 생각해 보셨습니까? 겪어보셨습니까? 꿈이나 현실에서 칠흑 같은 어두움 속에 갇혀 어쩔 줄 몰라 하신 적이 혹시 있으십니까? 아무것도 보이지 않는 깊은 동굴 속에서 한 줄기 빛을 찾기 위해 몸부림쳐 보신 적이 있으십니까? 어두움은 우리에게 공포심을 불러일으킵니다. 무서움을 느끼게 하고 떨게 합니다. 밤중에 눈을 뜬 아이가 자지러지게 울어대는 것도 이런 이유 때문입니다. 어둡기 때문입니다. 이런 공포심은 밝은 대낮에는 만들어지지 않습니다. 어렸을 때의 이런 경험으로부터 어두움은 두려움, 정지, 슬픔, 몰락 등의 상징어로 사용됩니다. 이것에 비해 빛은 평안과 기쁨, 안전을 의미합니다. 또한 자유를 의미하고 새로운 시작을 뜻하기도 합니다. 절망의 순간, 우리는 어두움에 갇힌다는 느낌을 받습니다. 앞이 캄캄해지는 것입니다. 앞을 봐도 뒤를 봐도 돌파구가 없는 막다른 골목에 도달한 것입니다. 뚫고 나갈 방법이 없습니다. 운신의 폭이 너무 좁습니다. 어둡습니다. 침침합니다. 암울합니다. 하늘이 무너졌다고 말하기도 합니다. 정지와 퇴보, 절망 등이 어두움에 얽혀 있는 비유적 의미들입니다. 전 세계의 범죄 중 80-90%는 밤에 일어난다는 통계가 있습니다. 그래서 "낮에 행동하듯이 항상 단정히 행동하라"는 충고가 만들어지는 것입니다. 보는 사람이 없을 때 악한 짓, 나쁜 일들을 저지르는 것이 인간입니다. 보이지 않는 곳에서 권모술수와 미움과 살인이 저질러집니다. 누군가가 보고 있다고 생각하면 죄를 지을 사람들이 그렇게 많지 않습니다. 밤은 죄, 악함, 사기, 속임 등을 상징합니다.

　교회를 세상의 빛이라고 부르신 배후에는 세상을 보시는 예수님의 시각이 전제되어 있습니다. 세상은 어두운 상태에 있다는 것입니다. 그래서 빛이 필요합니다. 빛이 비쳐야만 합니다. 그렇지 않으면 세상의 암흑 상태는 끝나지 않고 결국 멸망하고 말 것입니다. 세상이 어두운 상태에 있다고 말하는 것을 많은 사람이 달가워하지 않습니다. 우주정거장이 건설되고 우주왕복선이 하늘을 오가며 실험하는 우리 시대는 과거 어느 때보다 더 밝은 시대로 변하고 있는 것 같습니다. 세상이 어둡다고 말할 때 인류의 문명과 지식이 계속 발전하고 있다는 것을 부정하거나 거부하자는 말이 아닙니다. 문제는 하나님께서 이 세상을 어떤 관점에서 어떻게 보고 계시느냐는 데 있습니다.

세상은 빛으로 오신 예수님을 믿지 않습니다. 세상을 구원하러 오신 메시아를 믿지 않는다는 것은 세상이 어둡다는 가장 확실한 증거입니다. 예수님의 사역의 시작과 관련하여 마태는 이사야서의 한 구절을 인용하며 "흑암에 앉은 백성들이 드디어 큰 빛을 보았다"고 기록했습니다(4:16). 구약의 전통을 이어받아 이 세상이 어둠 가운데 있음을 말하고 있습니다.

어둠에 대조되는 빛은 희망을 상징합니다. 무언가 새로운 좋은 일들이 시작되면 우리는 동이 튼다고 표현합니다. 희망, 성장, 발전, 전진이란 의미들이 빛에 결부되어 있습니다. 빛은 올바름, 정당함, 자유, 선 등을 상징합니다. 빛은 깨끗함, 정직함, 옳게 살아감, 사심 없는 삶 등을 상징합니다.

빛의 사람들

빛에 비유된 사람들은 예수님을 따르며 예수님의 일과 말씀을 목격하던 사람들이었습니다. 모든 것을 뒤로하고 예수님의 설교를 듣는 것에 몰두하고 있었던 사람들이었습니다. 그 예수님 때문에 사람들에게 비난받고 핍박받을 사람들이었습니다. 그들 중에는 이미 제자로 선택된 사람들이 있었습니다. 나중에 "제자"라는 이름이 붙은 사람들도 있었습니다. 예수님을 통해 그들의 영적 눈이 서서히 열리고 있었습니다. 예수님의 제자가 되고 교회가 되어 하나님의 자녀들로 불릴 이 사람들을 예수님은 세상의 빛이라고 부르셨습니다.

무엇 때문에 예수께서 이 사람들을 세상의 빛이라고 부르셨을까요? 무엇이 이들을 세상의 빛으로 불리게 한 요소, 즉 자격요건이었을까요? 믿음입니다. 예수님은 자신을 믿는 사람들과 자신을 믿을 사람들을 세상의 빛이라고 하신 것입니다. 예수님을 믿는다는 것, 혹은 예수님을 믿을 것이라는 조건 때문입니다.

예수님께서 활동하시던 시대에는 예수님의 제자들이란 단어가 주로 사용됐습니다. 그러나 지금은 기독교(인) 혹은 교회란 단어가 더 일반적입니다. 예수님을 믿는 사람들이라는 데 공통점이 있습니다. 예수님께서 제자들을 세상의 빛이라고 부르셨다는 말이나 교회 혹은 기독교인들을 세상의 빛이라고 부르셨다는 말은 같은 뜻입니다. 예수께서 "너희는 세상의 빛이다"고 말씀하셨을 때 현재형을 사용하셨다는 점을 기억해야 합니다. 세상의 빛은 신자들의 미래가 아니었습니다. 기독교인들의 삶의 목표로 제시된 것이 아닙니다. 교회가 실현해야 할 이상이라고 말하는 것도 옳지 않습니다. 예수님은 세상의 빛이 되라고 명령하지 않으셨습니다. 빛이 되어야 한다고 당부하지도 않으셨습니다. 예수님의 말씀을 글자 그대로 받아들인다면 기독교인들은 예수님을 믿음으로 교회로 불리기 시작할 때 이미 "세상의 빛"으로 불리며 세상을 위한 고유한 역할과 기능을 가지게 된 것입니다. 우리는 빛이 되기 위하여 애쓰는 사람들이 아닙니다. 우리는 이미 이 세상의 빛입니다. 예수님을 믿는 교회는 세상의 빛입니다.

세상에서는 항상 좋은 가문, 특출한 성장과 교육 배경, 용기와 지략과 지도력을 겸비한 사람들이 세상의 빛으로 떠오릅니다. 반면 제자들은 이렇다 할 무엇을 가진 사람들이 아니었습니다. 공부를 많이 한 사람도 없었고 권력자들도 아니었습니다. 민족의 빛으로 불릴 수 있을 만큼의 업적을 남긴 사람도 아니었습니다. 한마디로 세상의 빛에 해당하는 요소를 가진 제자는 없었습니다. 그런데도 예수님은 그들을 세상의 빛이라고 부르셨습니다. 예수님을 믿는 것 때문입니다. 빛이 무엇을 의미하는지 정확하게 분석하지 않아도 예수께서 교회를 굉장히 영광스러운 단체, 특별한 사람들로 취급하신다는 점은 확실합니다.

교회는 세상을 밝힙니다. 세상을 비추고 바른길로 이끌어 가는 것은 유능한 정치가들에게 맡겨진 일이 아닙니다. 지혜 있는 철학자들도 적임자들이 아닙니다. 예수님을 믿는 기독교인들이야말로 이 세상의 희망이고 빛입니다. 교회가, 즉 빛이 없다면 세상은 어두울 수밖에 없습니다. 세상은 여전히 암흑 속에서 허우적거릴 것입니다. 길을 찾지 못해 방황할 것입니다.

사람들이 등불을 밝히는 것은 등경 위에 두기 위함입니다. 불을 켜서 그릇으로 덮어두는 사람은 아무도 없습니다. 집 안 모든 사람에게 골고루 빛을 비추는 것이 등불의 역할입니다(15절). 교회는 사람들에게 빛을 비추는 존재입니다. 선한 삶은 예수님을 믿는 사람들에게서 흘러나오는 광선입니다(16절). 하나님을 믿지 않고 예수님을 거부하는 세상 사람들의 눈에도 그것은 선한 것으로 보일 수밖에 없고, 그들에게 도움이 될 수밖에 없습니다. 바로가 하나님의 능력과 살아 계심을 어쩔 수 없이 인정했듯이 빛이 비치는 곳에서는 불신자들이라도 하나님께 영광을 돌리게 될 것입니다.

"너희는 세상의 빛이다"라는 예수님의 말씀은 이제 우리가 돌아가야 할 곳이 어디인지를 알려 주는 말씀이 되어 버렸습니다. 우리가 제대로 된 기독교인인지 아니면 이름만 붙이고 있는 기독교인인지를 구분하는 저울이라고 말해도 좋을 것입니다. 예수께서 믿는 사람들(즉, 교회)

가 세상의 빛이라고 하셨으므로, 교회가 세상을 비추지 못한다면 더 이상 교회가 아니라고 말할 수밖에 없습니다. 우리가 정말 세상의 빛이라면 항상 세상을 밝게 비추어 주며, 선한 일들을 통하여 세상을 선도할 수 있어야 합니다.

교회는 세상의 희망입니다

예수님의 평가에 따르면 교회는 세상의 빛입니다. 교회는 그 규모나 숫자와 상관없이 온 세상을 비추는 하나님의 기구입니다. 빛으로서 교회는 세계를 비추고 있습니다. 교회가 머리이신 예수님에게 충실할 때 교회는 세상을 밝히고 바른 기준을 제시해 줄 수 있습니다. 모범을 보이며 의의 길로 선도할 수도 있습니다. 어떤 점에서 교회가 세상의 빛인지 좀 더 자세히 살펴봅시다.

첫째, 교회는 복음을 믿고 그것을 세상에 전하는 면에서 세상의 빛입니다. 세상의 근본적인 문제는 창조주이신 하나님을 모르는 데 있습니다. 세상이 하나님을 떠난 채 자기만의 기준으로 선과 악을 구분하고 새로운 질서를 만드는 것은 그저 하나님으로부터 멀어지는 결과를 만들어 낼 뿐입니다. 환자가 자신이 아프다는 것을 모르다가 갑자기 큰 병을 얻는 경우처럼 세상은 파멸의 초기 증상을 놓치고 멸망의 대열로 빨려 들어갑니다. 실험하고 검증할 수 있는 것만을 믿는 세상에서 누가 하나님에 관하여 말할 수 있겠습니까? 누가 사람들을 하나님에게 오도록 부르겠습니까? 하나님께서 마련하신 구원의 길인 예수 그리스도를 믿고 붙들고 의지하며 사람들을 주님에게로 불러 모을 세상의 빛은 교회뿐입니다. 예수님을 믿는 사람들뿐입니다.

둘째, 교회는 하나님의 기준을 받아들이고 세상에 이를 가르치는 면에서 세상의 빛입니다. 예수님의 십자가에 나타난 하나님의 의와 사랑을 전한다는 것은 무엇이 잘못이며 어떻게 잘못됐는가에 대한 성경의 증언을 전달하는 것도 포함합니다. 하나님의 기준이 확정되지 않으면 무엇이 죄고 무엇이 벌인지 모호하게 되고 맙니다. 교회가 인간의 기준이 아닌 하나님의 기준을 배우고 알고 있으며, 이를 세상에 알리고 가르친다는 면에서도 교회는 빛의 역할을 감당합니다. 교회는 하나님의 절대적 기준을 받아들이고 이를 세상에 부단히 선포하라는 사명을 맡았습니다.

셋째, 교회는 하나님의 말씀대로 살아가는 면에서 세상의 빛입니다. 교회는 하나님의 기준에 따라 선하게 살기 위하여 성령의 인도를 의지하며 최선을 다할 수밖에 없습니다. 교회는 주님을 섬기면서도 이 세상을 여전히 삶의 터전으로 삼고 있기 때문에, 교회의 새로운 형태의 삶은 그가 위치한 사회, 세상에 깊은 인상을 남길 수밖에 없습니다. 교회가 주님의 말씀을 따르기만 한다면, 적어도 따르기 위해 애쓰는 헌신의 삶을 산다면 교회의 삶은 충분히 세상의 모범이 될 수 있고, 그 결과 하나님에게 영광을 돌리게 될 것입니다. 교회는 하나님께서 세우신 기준대로 수준 높은 삶을 살아가는 것에서도 세상의 빛의 역할을 합니다.

맺음말

제자들을 부르신 분은 예수님이십니다. 그들에게 자신을 보여주시고, 자신을 알리시며 그들의 마음을 여셔서 자신을 믿고 의지하고 살아가게 하셨습니다. 바울 사도는 인간의 눈앞에서 벌어지는 전도와 회개와 믿음을 다 인정하면서도 성령께서 신자들을 부르시고 믿음을 주셨다고 고백했습니다(고전 12:3). 우리도 우리가 교회의 문을 열고 들어가,

결국 예수님을 믿는 사람들이 됐던 모든 인간적인 동기와 과정을 인정하면서도, 하나님의 부르심과 믿음의 길로 인도하신 은혜가 없이는 우리가 절대로 믿는 자가 되고 하나님의 자녀가 될 수 없었다고 고백합니다. 예수께서 우리에게 그리고 제자들에게 이런 영적 은혜를 베푸신 것은 우리가 이전에 속해 있던 세상의 빛으로 우리를 부르시기 위함입니다. 그분은 세상을 밝게 비추도록 우리를 부르신 것입니다. 예수님은 우리가 이미 소금과 빛이지만 사람들 앞에 선한 행실을 보이라고 명령하십니다. 예수의 분부에 순종하도록 요청하십니다.

천국의 복을 선언하시고 소금과 빛의 비유를 말씀하신 예수님은 마태복음 5장 17-20절에서 자신과 율법의 관계를 설명하셨습니다. "나는 율법을 폐하러 온 것이 아니라 완성시키러 왔다." 이 말씀은 기독교 역사상 가장 주목받았고 가장 중요한 역할을 했던 구절 중 하나입니다. 예수님의 이 말씀 때문에 기독교인들은 구약성경을 버릴 수도 없었고 글자 그대로 지킬 수도 없었습니다. 이 말씀은 구약 시대, 옛 언약, 율법, 이스라엘, 성전과 제사 제도 등 예수님께서 오시기 전에 있었던 하나님의 구속사에 대한 근본적인 이해의 틀을 제공합니다.

말씀의 성격

복의 선언으로 시작한 산상설교는 이 구절에 도달하여 갑자기 율법이라는 주제를 다룹니다. 설교는 설교자가 특정한 청중에게 하는 것입니다. 따라서 설교의 내용이 청중의 상황과 관련됩니다. 청중이 알고 있는 것을 설교할 때는 별 설명이 필요하지 않습니다. 청중들이 모르거나 어려워하는 내용에는 더 많은 설명이 첨가됩니다. 청중이 설교자에게 가지고 있었던 기대나 설교에 대한 청중의 반응도 설교의 중요한 변수입니다. 산상설교에도 당시의 청중에 대한 예수님의 배려가 포함되어 있습니다. 특히 마태복음 5장 17-20절은 당시 유대인 청중에게 꼭 필요한 내용일 것입니다.

당연히 떠올랐을 질문

유대인들은 오랫동안 율법을 지키는 것이 하나님을 사랑하는 것이라고 믿어왔습니다. 특히 방랑과 고난의 세월이 시작되면서 그들은 율법으로 돌아가는 것이 이스라엘의 회복을 재촉하는 길이라고 배워왔습니다. 이러한 생각은 바리새인들의 출현으로 더 강화되고 있었습니다. 문자대로 계명들을 지키는 것이 가장 복된 길이라고 생각하고 있었습니다. 그래서 예수님의 말씀을 듣는 동안 청중에게 율법에 관한 질문이 떠올랐을 것입니다. 유대인들의 삶은 성전과 제사 제도, 특히 율법에 집중되어 있었는데, 예수님을 따르고 그분의 말씀을 받아들이려 하면 이 과거의 삶과 예수님의 관계를 이해해야 했을 것이기 때문입니다.

'율법이나 선지자들'은 구약성경을 지칭하는 표현입니다

예수께서 언급하신 '율법이나 선지자들'은 구약성경을 지칭하던 표현이었습니다. 유대인들이 사용하던 39권 전체를 지시하는 통칭으로 우리는 '구약성경'을 사용합니다. 그러나 당시 유대인들에게는 이런 용어가 없었습니다. '율법'이란 단어는 그들에게 주로 기록된 책으로서의 모세 오경을 지시하는 특수한 용어였습니다. '선지자들'이란 우리가 지금 '선지서들'이라고 부르는 책들을 가리키는 용어였습니다. '책들'이란 용어가 사용되기도 했지만 필수적인 첨가는 아니었습니다. 당시에 구약성경은 동물의 가죽으로 만들어진 두꺼운 종이에 기록됐습니다. 이렇게 책을 만들다 보니 구약성경은 각각 다른 두루마리로 만들어질 뿐, 하나의 책으로 묶일 수가 없었습니다. 당연히 구약성경 전체를 지시하는 용어도 탄생하지 않았습니다. '율법과 선지자들'이 지금의 '구약성경 전서'에 상응하는 표현이었습니다. 마태복음 5장 17절을 우리가 이해하기 쉽도록 바꾸어 보면 다음과 같습니다. "내가 구약성경을 폐지하러 왔다고 생각하지 말라. 폐지하러 온 것이 아니라 완성시키러 왔다."

폐지와 완성은 구약성경의 규범적인 내용에 적용되는 단어입니다

'율법이나 선지자들'이 구약성경 전체를 지시하는 용어이고 예수님의 오심이 구약성경 전체 혹은 그 모든 내용과 관련되어 있기는 하지만 폐지와 완성에 관한 예수님의 관심은 구약성경의 일부인 규범적 내용에 제한되어 있었다고 판단됩니다.

그 이유는 다음과 같습니다. 구약성경의 내용은 상당히 다양합니다. 이스라엘의 역사, 개인의 삶, 신앙 경험, 신앙고백, 규범, 예언 등이 있습니다. 이 모든 요소에 폐지라는 단어와 완성이라는 단어를 함께 일괄적으로 사용하기는 어렵습니다. 어떤 요소에는 이런 표현을 아예 사용할 수 없는가 하면, 어떤 요소에는 한 단어만이 사용될 수 있습니다. 한 단어 혹은 두 단어가 모두 사용될 수 있는 요소라 하더라도 그 의미들이 같지는 않습니다. 따라서 구약성경 전체를 지시하는 용어가 사용됐어도 그 내용은 폐지 및 완성에 관련된 것일 수밖에 없습니다.

구약성경의 다양한 내용 중 폐지가 아니라 완성이라는 두 단어를 함께 적용할 수 있는 내용은 좁은 의미의 율법, 혹은 계명들이라고 불리는 규범적인 내용들입니다. 예언의 성취란 예언된 행동을 하거나 그런 사건이 발생함을 뜻하고, 예언의 폐지란 그런 예언이 없었던 것으로 돌림을 뜻합니다. 그러나 예언은 발설되는 날부터 성취되는 날까지 하나님의 예언으로 남아있을 뿐입니다. 즉, 예언에는 성취라는 단어가 결합될 수는 있어도 폐지라는 단어는 결합될 수 없습니다.

이 말씀 뒤에 나오는 산상설교의 다음 내용이 구약성경의 계명들, 사람들의 삶을 관장하던 율법에 관한 것입니다. 예수님은 5장 21절 이하의 말씀을 하시기 위하여 17-20절을 그 서론으로 말씀하신 것입니다. 그렇다면 17절의 '율법이나 선지자들'은 구약성경 전체를 지시하는 용어이기는 하지만 '폐지,' '완성'이란 용어와 결합되므로 구약의 규범적 측면을 가리킨다고 볼 수 있습니다. 예수께서는 자신이 구약성경 전체의 완성임을 암시하시면서도 직접적으로는 율법의 완성에 대해서 가르치신 것입니다.

예수님은 자신의 가르치는 사역을 설명하셨습니다

율법이나 선지자들을 폐지하지 않고 완성하는 예수님의 사역은 가르침 사역이었습니다. 어떤 주석가들은 완성에 초점을 맞춘 나머지 예수님은 율법 아래 오셔서 스스로 율법을 지키시는 방식으로 율법을 완성하셨다고 설명합니다. 그러나 이렇게 설명하면 본문은 전혀 앞뒤가 맞지 않게 됩니다. ⑴ 본문에서 '완성'이란 용어를 예수님은 '폐지'의 반대어로 사용하셨습니다. 따라서 율법의 완성을 예수님의 자발적 율법에의 순종으로 해석한다면, 율법의 폐지는 율법을 범하는 것이 되어야 합니다. 예수님은 이렇게 말씀하신 셈입니다. "내가 율법을 어기려고 온 것이 아니라 지키러 왔다." 이것은 유대인 청중에게 하나마나한 말이어서 굳이 언급할 필요가 없는 말이었을 것입니다. (2) 21절 이하를 보면 예수님의 가르침이 율법의 한 조항, 혹은 그 조항에 대한 당시 유대인들의 적용과 대조되고 있습니다. 그러므로 17절에서 예수님은 자신의 가르치시는 사역이 율법을 폐지하는 것이 아니라 이를 완성하는 것이라고 말씀하신 것이 확실합니다. (3) 이렇게 예수님의 가르침 사역에 초점을 맞추는 것은 산상설교의 전후 문맥이 보장해 줍니다. 사람들은 예수님의 가르침을 듣기 위하여 산으로 따라 올라갔고, 예수님의 가르침에 매료되어 설교 후에도 여전히 예수님을 따라다니며 예수님을 믿는 사람들이 됩니다.

　예수께서 하신 일은 우리의 죄를 대속하시고자 우리 대신 형벌 당한 것 한 가지만이 아닙니다. 복음서는 예수님의 순종적 삶 그리고 그 마지막에 나타나는 십자가의 죽음 못지않게 예수께서 3년 동안 정성껏 쏟아놓으신 교훈들로 가득 차 있습니다. 순종과 사랑과 희생, 죽음 못지않게 성경이 강조하는 예수님의 사역이 가르침 사역입니다. 십자가를 지시기 위해 오신 예수님은 입을 닫고 계시지 않고 기회가 있을 때마다 입을 여시고, 가르치시고, 설교하셨습니다. 하나님의 뜻을 선포하셨습니다. 복음서는 십자가 수난을 보여주기 이전에 예수님의 설교와 교훈과 경고, 권고 등 가르침으로 이루어진 예수님의 사역을 소개합니다. 그것을 생명의 말씀으로 소개합니다. 예수님의 가르침 사역은 율법을 폐지하는 것이 아니라 완성하는 것입니다.

예수님은 율법을 폐지하지 않으셨습니다

　율법이나 율법에 포함된 계명들을 폐지한다는 것은 이때까지 사람들의 행동과 삶을 통제하던 하나님의 명령이 이제 더 이상 유효하지 않다고 선언하는 것입니다. 그 효력을 끝내는 것이 폐지입니다. 폐지되는 순간부터 이제 그 법은 없는 것입니다. 따라서 그 법이 사람들의 행동을 죄로 규정하지 못합니다. 또 사람들의 행동을 금지하거나 권장할 수도 없습니다. 이것이 과거에 절대적인 효력을 가졌던 율법을 폐지한다는 의미인데 예수님은 이런 일을 위해서 오시지 않으셨다고 단언하신 것입니다.

율법과 예수님의 관계에 대한 가장 큰 오해는 예수께서 아니라고 하셨는데도 불구하고 굳이 율법이 폐지됐다고 하는 것입니다. 적지 않은 기독교인들이 이런 태도를 가지고 구약성경을 대하고 있습니다. 이제 율법은 무용지물이라고 생각합니다. 예수님의 출현으로 그 힘을 잃었다고 믿고 있습니다. 예수님을 믿는 사람들은 율법의 통제에서 벗어났다고 생각합니다. 그래서 구약의 율법 조항들은 읽어도 좋고 읽지 않아도 괜찮다고 생각합니다. 심지어 구약성경을 가지고 있는 것을 부담스러워하는 사람들도 있습니다. 복음 안에 있으면 구약성경이 무슨 필요가 있느냐는 것입니다.

이런 경향을 강하게 가진 사람들은 대개 이단으로 전락하고 맙니다. 최초로 이단으로 정죄받았던 마르키온이 이런 식으로 구약을 부정하고 말았습니다. 그는 구약의 하나님은 잔인하다고 생각했고 예수님과 바울 사도가 가르친 사랑과 용서의 하나님이 참 하나님이라고 생각했습니다. 그 결과 구약성경은 읽을 필요도 없는 책으로 간주했던 것입니다.

초대 교회는 율법을 폐지하러 오지 않으셨다는 예수님의 말씀을 그대로 받아들여 신약의 책들 앞에 구약성경을 붙여 놓았습니다. 구약성경을 여전히 가치 있는 것, 유효한 것으로 보았습니다. 그냥 붙여서 페이지나 늘린 식이 아닙니다. 신약의 책들과 같은 하나님의 말씀으로 사랑하며 읽고 사용해야 한다고 확신했던 것입니다. 예수님의 설명을 따르면 율법은 사라지지 않습니다. 그것은 하나님의 뜻이요 하나님의 의지이기 때문에 결코 폐지되지 않습니다. 아무리 작은 부분이라 하더라도 지켜질 것을 요구합니다. 18절을 보십시오. 하늘과 땅이 없어지기 전에는 율법의 점 하나, 줄 하나도 지워지지 않을 것입니다.

글자를 고치거나 지우는 것은 곧 율법의 내용을 고치는 것이 됩니다. 글자를 고칠 수 없다고 하심으로 예수님은 하나님의 뜻인 율법이 결코 변하지 않고, 사라지지 않는다고 확인하신 것입니다. 하늘과 땅이 사라지면 그때 비로소 율법의 효력은 정지된다고 설명하는 것도 예수님의 말씀을 오해하는 것입니다. 율법이 하나님의 성품의 표현이요 하나님의 의지의 선언이었다면 하나님께서 살아계신 한 율법은 영원하다고 말할 수밖에 없습니다. 하나님의 기준을 하나님은 결코 양보하지 않으실 것이기 때문입니다. 그래서 예수님의 십자가 수난이 필요했던 것 아닙니까? 그렇다면 율법은 여전히 유효한 것입니다. 누구나 십자가에서 하나님의 진노와 형벌을 받으신 예수님을 믿음으로 구원을 얻는다면 율법이 폐지된 것이 아닙니다. 그 율법의 준엄한 요구가 없어지지 않기 때문에 예수님 안에서만 구원이 주어지는 것입니다.

예수님은 율법을 완성하시기 위하여 오셨습니다

율법에 대한 또 하나의 중대한 오해는 신약시대에도 이 율법들을 문자 그대로 지키려는 태도입니다. 물론 우리 시대에 율법을 전체적으로 다 유효하다고 말하는 사람은 유대인 중에도 없습니다. 그러나 개인적인 판단에 따라 특정한 조항을 문자 그대로 가져와 자의적으로 적용하는 사람들이 우리 주변에는 의외로 많습니다. 예를 들면, 십일조나 헌금, 헌물, 헌신을 이런 식으로 설명합니다. 예배당 건물을 예루살렘 성전과 같은 것으로 주장하기도 합니다. 무리를 해서라도 자녀를 후임 목회자로 세우면서도 가책을 느끼지 않습니다. 이런 사람도 구약성경을 인용하며 얼마든지 정당성을 주장할 것입니다. 목회자의 권위와 권한을 구약성경으로 보장받으려 하는 사람은 적당한 구절들을 꽤 많이 찾아낼 것입니다. 한국 교회에 팽배한 물질적이고 현세적인 축복관도 대부분 구약의 인물과 그들의 경험에서 유추된 것입니다. 그러나 이러한 적용은 잘못된 것입니다. 예수께서 율법을 폐지하지 않으심에 그치시지 않고 율법을 완성하시기 때문입니다.

율법의 특징

율법의 완성이 무엇을 의미하는지를 배우기 위하여 율법이 어떤 것인지를 확인할 필요가 있습니다. 율법은 하나님께서 자기 백성으로 선택한 이스라엘 민족에게 자기 뜻을 알리신 것입니다. 이스라엘이 특별한 역사와 문화를 가진 민족이기 때문에 그들에게 주어진 하나님의 율법은 강한 유대 민족적 색채를 지닐 수밖에 없었습니다. 그들은 한 지역을 점유하고 그 지역에서 한 사회, 한 국가를 형성하여 살아가기 때문에 이들에게 주신 하나님의 율법은 모두 강한 사회적·국가적 성격을 지니게 됐습니다. 그리고 예수께서 오시기 전에 주어진 규범들이기 때문에 신약시대와 비교해 볼 때 필수적으로 예표적 성격을 가질 수밖에 없었습니다. 이들은 하나님을 섬기는 유일한 백성으로서 하나님께서 주신 거룩한 율법을 따라 구별된 삶을 살 수 있었습니다. 때로는 실패할 때도 있었지만 율법은 하나님의 백성이 얻은 엄청난 축복이고 특권이었습니다.

율법 완성의 국면들

예수께서 오심으로 위대한 전환점이 만들어졌습니다. 하나님의 긍휼과 사랑, 그리고 용서가 이제 모든 민족, 모든 사람에게로 퍼져나갈 때가 된 것입니다. 율법이 하나님의 뜻의 선언으로서 영원히 폐기되지 않는 것이라면, 이 율법도 복음과 같이 모든 사람에게 적용될 수 있는 것이 되어야만 합니다. 이것이 율법의 완성입니다. 예수님은 사역을 시작하시며 곧바로 이 문제에 직면하셨습니다. 그리고 무엇보다도 먼저 율법을 완성시키는 사역에 임하셨습니다. 산상설교가 바로 그런 사역이었습니다. 산상설교에서 예수님은 율법이 어떤 식으로 완성되는지를 가르쳐 주셨습니다. 특별히 21절 이하에서 우리는 이것을 배웁니다. 한 민족의 구심점으로 주어졌던 하나님의 율법은 그리스도를 통하여 세계적으로 누구에게나 적용될 수 있도록 완성됐습니다. 예수께서 율법의 민족적 색채를 걷어내시고 그것을 세계적 규범으로 재생시키신 것이 율법의 완성입니다. 복음은 이제 한 지역, 한 문화권을 뛰어넘어 어느 지역 누구에게나 퍼지게 됐습니다. 세상의 한 좁은 지역에 적용되던 하나님의 율법을 시대와 장소를 초월하는 규범으로 전환시키신 것이 율법의 완성의 한 측면입니다.

맺음말

예수님을 믿는 사람들은 법도, 질서도, 어떤 규범도 없는 무법의 세상을 살아가지 않습니다. 우리는 예수님을 믿는다는 고백만 하고, 자신의 마음대로 살아가는 사람들이 아닙니다. 예수께서는 자신을 믿고 따를 사람들이 가지고 살아가야 할 기준을 미리 가르쳐 주셨습니다. 예수님의 교훈은 예수님을 믿는 모든 사람이 붙들고 사랑하고 규범으로 삼아야 할 완성된 율법입니다. 율법을 관통하여 흐르던 하나님의 뜻은 이제 예수님의 교훈을 통하여 교회에 주어졌습니다. 초대 교회는 예수님의 말씀을 때로는 그리스도의 계명이라고 부르기도 하고 그리스도의 교리라고 부르기도 했습니다. 우리는 세상의 소금으로, 빛으로 살아가기 위하여 예수님의 말씀을 필요로 합니다. 그 말씀에 담겨 있는 우리를 향한 하나님의 뜻이 우리에게 필요한 것입니다. 그것은 구약 시대에 시작됐고 예수님을 통하여 완성됐습니다. 그리고 우리 손에 성경이란 이름으로 전수됐습니다. 현대가 아무리 급변하고 복잡한 것 같아도 이 속에서 충분히 세상을 살아갈 힘과 기준을 얻을 수 있습니다.

　　기독교인 중에는 성경이 너무 두껍다고 생각하는 사람들이 많습니다. 예전에는 성경이 정말 크고 두껍고 무거워서 이런 불평이 나오는 것 같았습니다. 하지만 책이 점점 얇고 가볍게 만들어져도 불평은 줄어들지 않습니다. 성경의 내용이 지루하다고 불평하는 것입니다. 왜 이런 불평이 나올까요? 성경을 읽기는 하지만 현실성과 필요성, 생생한 감동을 느끼지 못하기 때문입니다. 신앙에 도움이 되고, 생활에 필요한 부분만 읽어도 되지 않을까요? 많은 사람이 이런 질문을 던집니다. 실제로 성경 전체를 읽기보다는 한 부분을 선택하여 읽는 사람도 있습니다. 성도들이 사용하는 성경책을 살펴보면 대체로 신약보다는 구약이 더 깨끗합니다. 구약성경은 신앙생활에 별로 도움이 되지 못한다고 생각하는 것 같습니다. 특히 율법 부분은 거추장스럽게만 느낍니다. 지키지도 않을 계명을 배우기보다는 복음서나 바울 서신을 읽고 기도하는 것이 낫다고 생각할 수도 있습니다. 마태복음 5장 17-20절에 이런 질문에 대한 답이 들어 있습니다.

예수님의 사역과 그 결과

예수님은 17-18절에서 자신과 구약성경, 좁게 말하면 자신과 율법의 관계를 말씀하시고 19-20절에서 사람들과 율법의 관계를 설명하십니다. 19절의 '그러므로'가 두 부분을 인과관계로 연결합니다. 17-18절은 19-20절의 근거입니다. 17-18절에서 예수님은 율법을 폐지하기 위해서 오시지 않고 율법을 완성하시기 위하여 오셨다고 선언하셨습니다. 율법은 하나님의 영원한 뜻을 담고 있기 때문입니다. 천지가 없어지는 한이 있어도 율법의 점 하나, 줄 하나도 지워질 수 없기 때문입니다. 예수께서 율법을 폐기하지 않으신다면 율법에 포함된 하나님의 계명을 사람들이 지켜야 하는 것은 당연한 논리입니다. 예수님은 이 논리적 관계를 '그러므로'로 표현하셨습니다(19절). 예수님과 율법의 관계("완성")는 사람들과 계명의 관계("지킴")의 기초가 됩니다. 사람들과 계명의 관계("지킴")는 예수님과 율법의 관계("완성")에 기초하고 있습니다. "율법의 폐지가 아니라 완성"은 당연히 이에 상응하는 태도로서 "율법을 지키고, 지키도록 가르치는 것"을 사람들에게 요구합니다. 사람들을 향한 이 요구는 예수님의 사역의 결과입니다. 예수께서 율법을 폐지하시지 않고 자신의 가르침으로 완성하셨기 때문에 모든 사람이 계명들을 지켜야 하고, 또한 그것을 지키도록 사람들을 가르쳐야 합니다.

해석상 주의할 점

첫째, '율법,' '계명들'은 같은 것을 지시하는 다른 용어입니다. 예수께서 17절에 '율법'이란 용어를, 이곳(19절)에 '계명들'이란 용어를 사용하셨으나 두 단어는 같은 것을 지시합니다. 율법은 계명들로 이루어져 있습니다. 율법은 계명들 전체에 붙여진 총체적 이름이고 계명은 율법에 포함된 명령 하나하나를 지시하는 이름입니다. 예수께서 폐지되지 않고 완성된다고 하신 것은 율법을 구성하는 계명들입니다. 즉, 예수님은 각 계명들을 완성하러 오셨습니다. 예수님의 이 사역에 근거하여 사람들이 지키고, 지키도록 다른 사람들을 가르쳐야 할 것은 계명들로 이루어진 율법입니다.

둘째, 본문을 있는 그대로 읽어야 합니다. 적지 않은 신학자들이 예수님의 말씀을 글자가 표현하는 것과 다르게 해석합니다. 이런 것은 옳은 해석방법이 아닙니다. 예수님의 말씀을 왜곡하는 태도입니다. 분명히 예수님은 "가장 작은 계명들 중 하나라도 지키며 그렇게 사람들을 가르치는 자"와 "지키지 않고 그렇게 사람들을 가르치는 자"를 대조하십니다. 예수님의 말씀을 고칠 권한은 누구도 가지고 있지 않습니다. 예수님의 사역, 예수님의 말씀은 기독교의 출발점이며 구심점입니다. 성경을 읽는 사람들이 할 수 있는 일은 거룩한 사도들이 글자를 통하여 표현해 놓은 것을 글자 속에서 발견하는 것입니다. 인간의 언어를 사용하신 예수님의 의도는 바로 그 언어 속에 담겨 있기에 예수님의 언어 속에서 찾을 수 있습니다.

셋째, 본문은 구약성경에 포함된 예언과 그 성취에 대한 말씀이 아닙니다. 17절의 '율법이나 선지자들'을 '구약의 예언들'로 해석하고, '완성'을 '예언된 일들이 현실로 나타나는 것'으로 해석하는 것도 옳지 않습니다. 이런 견해는 예수님의 다른 말씀, 즉 예수님 자신을 모든 구약 예언의 성취로 선언하신 말씀과 이 구절을 혼동하는 것입니다. 만약 이 부분을 구약의 예언들과 그 메시아적 성취에 관한 말씀으로 설명한다면 좁게는 17-20절, 넓게는 산상설교 전체에 새겨진 규범성을 다루는 특징을 파괴하게 됩니다. 특히 18절의 '일 점, 일 획,' 19절의 '계명들' 등의 단어는 전혀 이해할 수 없는 것이 되고 맙니다. 17-20절 전체가 구약 시대, 구약성경과 관계된 용어들로 가득 차 있습니다. 본문의 말씀은 구약 율법에 대한 예수님의 역할에 입각하여 그 결과로 사람들이 율법과 어떻게 관계되어 있는가를 알려 주신 내용입니다. 사람들이 계명들을 지키고 또 그렇게 지키도록 사람들을 가르쳐야 한다는 것입니다.

넷째, 19절을 문맥에서 분리하지 말아야 합니다. 본문을 있는 그대로 설명할 때 사람들이 이 설명을 오해할 수 있습니다. 모든 계명들을 문자 그대로 적용하여 준수해야 함을 말한다고 해석하는 것은 완전한 오해입니다. 예수님은 17절에서 계명들, 즉 율법의 완성에 대해서 먼저 말씀하셨습니다. 율법을 완성하러 오셨다고 이미 선언하셨으므로, 19절에 와서 '계명들을 지키는 것'에 대해서 말씀하실 때는 그 계명들의 완성이 전제되어 있다고 보아야 합니다. 앞에서 말한 것과 같은 오해는 19절을 문맥에서 분리하여 따로 읽을 때 발생하는 것입니다. 19절을 문맥 속에 그대로 두고 17절에서부터 읽어가면, 19절을 글자 그대로 읽고 해석해도 절대 그런 오해는 일어나지 않습니다. 사람들이 구약의 계명들을 과거의 유대인들처럼 지키기를 원하셨다면 17절에서 굳이 '율법의 완성'이라는 표현을 사용하실 필요가 없었을 것입니다. 예수께서 율법의 완성이라는 단어를 사용하셨다는 사실로부터 구약 계명들의 문자적 해석 및 적용이 아니라 예수의 가르침을 통하여 완성된 방식으로 율법을 해석하고 적용해야 함을 알 수 있습니다.

구약성경은 꼭 읽어야 할 하나님의 말씀입니다

구약성경을 버리지도 않고 그렇다고 글자 그대로도 지키지 않는 교회의 독특한 입장은 예수님의 이 말씀에 근거한 것입니다. 폐지하러 온 것이 아니라고 말씀하셨기 때문에 교회는 구약성경을 버릴 수 없었습니다. 한 구절, 한 계명도 무시할 수 없었습니다. 또한 완성하러 왔다고 말씀하셨기 때문에 교회는 구약성경을 예수님과의 관계에서 읽고 해석하고 율법과 그 계명들을 새로운 각도에서 교회와 신자들의 삶에 적용해 왔습니다.

천국과 관계된 말씀

기독교인들이 이 본문 말씀에 지대한 관심을 가지는 이유는 예수께서 율법의 유효성, 계명들의 준수를 천국과 관련해서 가르치시기 때문입니다. 계명들을 스스로 지키고 또한 남들에게 지키도록 가르치는 사람이 천국에서 큰사람으로 불릴 것입니다. 계명들을 지키지도 않고 지키지 않아도 된다고 가르치는 사람은 천국에서 가장 작은 사람으로 불릴 것입니다. 천국의 왕으로 오신 예수께서 천국에 관하여 말씀하셨다면 정말 그렇게 됩니다. 따라서 천국과 관련하여 긍정적인 결과에 도달하려면 예수께서 제시하신 그 조건을 충족시켜야 할 것입니다.

"천국에서 큰 자라고 불리운다"와 "천국에서 가장 작은 자라고 불리울 것이다"는 무슨 의미일까요? 두 가지의 해석이 가능합니다. 첫째, 어떤 학자들은 예수님이 믿는 사람들 모두 천국에 들어간 것으로 전제하시고 계명의 준수 여부에 따라 큰사람 혹은 가장 작은 사람으로 대하겠다는 내용으로 이해합니다. 천국에서의 차등 상급을 말씀하신 것이라고 보는 것입니다. 둘째, 어떤 사람들은 "천국에서 큰 자로 불리는 것"을 천국과 관계된 긍정 상태, 즉 "천국에 들어가는 것" 내지 구원을 약속하신 것으로 이해합니다. 이들은 천국에서 가장 작은 자로 불리는 것을 천국에 들어가지 못하고 심판받는 것으로 생각합니다.

첫째 해석은 한국 교회에 대중적인 견해이기는 하지만 많은 약점을 안고 있습니다. 장점이라고 하면 '크다,' '작다'를 비교적 문자적으로 해석했다는 점을 들 수 있습니다. 이 해석은 천국을 장소적 개념으로 이해하여 '천국에서'를 '천국 안에 들어가 있는 것'으로 혹은 '구원의 약속을 받은 것'으로 보는 약점이 있습니다. 이 해석에 따르면, 천국에서 큰 자, 작은 자란 구원 받은 자 중에 큰 상을 받는 자와 작은 상을 받는 자가 됩니다. 이것은 행위에 따라 천국에서의 차등 상급을 받는다는 해석입니다.

이에 비해 둘째 해석은 '크다,' '작다'를 비유적 표현으로 해석한다는 약점을 안고 있습니다. 그러나 천국 개념을 장소적으로 보지 않고 하나님의 통치로 본다는 면에서 신약성경의 특색을 잘 반영하고 있습니다. 하나님의 통치가 새롭게 시작됐는데 가장 작은 자로 불린다면 이는 천국과 관계된 부정적 평가를 뜻합니다. 천국에서 큰 자라고 불리는 것은 천국과 관계하여 긍정적 평가입니다. 신약성경에서 천국과 관계된 긍정적 평가는 천국에 들어간다는 평가입니다. 19절과 내용이 거의 비슷한 20절도 천국에 들어가거나 들어가지 못한다는 표현을 사용합니다. 그래서 저는 두 번째 해석이 본문에 덜 무리를 가하며 산상설교, 마태복음 그리고 신약성경 전체에 잘 어울린다고 생각합니다.

첫 번째 해석을 따라도 예수님의 의도가 달라지는 것은 아닙니다. 예수님은 사람들이 계명들을 지키지 않음으로 천국에서 가장 작은 자가 되지 말고 계명들을 지킴으로 천국에서 큰 자가 되도록 자극하시려고 이 말씀을 하셨을 것이기 때문입니다. 그러나 이 첫째 해석을 취하는 사람들은 다른 방식으로 이 말씀을 사용합니다. 모두가 이미 천국에 들어가 있는 것으로 계산되니까 그 안에서의 차등 결과는 그렇게 중요하지 않다는 식으로 생각하고 계명들을 지키는 것에 별로 관심을 두지 않습니다. 이것은 전적으로 예수님의 말씀을 오해하는 것입니다. 예수님을 믿는 사람은 계명들을 지키지 않아도 구원 얻는 데는 아무런 지장이 없다고 말하는 것은 예수님의 말씀을 크게 곡해하고 예수님께서 의도하신 "계명들을 지키고, 그것을 지키도록 다른 사람들을 가르치는 것"을 정면으로 반박하는 것입니다. 어쨌든 예수님은 사람들이 계명들을 꼭 지키고, 또한 다른 사람들로 하여금 그것을 지키도록 가르치라고 명령하십니다. 계명들을 지키는 것이 예수님의 말씀을 바로 이해하는 태도입니다.

율법의 기능들

율법은 하나님의 뜻입니다. 하나님의 성품이 모든 계명에 새겨져 있습니다. 하나님께서 모세를 통해 율법을 주실 때 하나님의 뜻은 그 당시 그 지역에 사는 그 사람들에게 필요한 현실적인 명령의 형태로 선포됐습니다. 구약에 수록된 하나님의 모든 계명들이 시대적인 특색을 띠고 있는 것은 이 하나님의 선택 때문입니다. 예수님의 가르침은 율법의 신약시대에 어울리는 새로운 해석과 적용으로서 율법을 완성시킵니다. 초대 교회는 구약성경을 예수님의 가르침을 따라 해석하고 적용했습니다. 유대인들이 문자적으로 해석하고 적용하는 율법과 혼동하지 않도록 예수님의 교훈을 그리스도의 율법이라고 부르기도 했습니다.

율법의 기능은 대략 다음과 같은 것입니다. 첫째, 하나님의 계명에서 우리는 하나님께서 무엇을 선이라고 부르시며 무엇을 악이라고 부르시는지를 배우게 됩니다. 하나님 자신이 의와 불의, 선과 악의 기준이 되시는 것처럼, 하나님께서 주신 말씀이 선과 악의 기준이 되는 것입니다. 둘째, 하나님의 계명을 통해 우리는 언제라도 나타날 수 있는 악과 죄를 예방할 수 있습니다. 율법을 지키는 자에게 약속하신 복과 율법을 어기는 자에게 경고하신 벌은 선을 택하고 악을 버리게 하는 강한 자극제가 됩니다. 셋째, 하나님의 계명은 여전히 우리의 잘못을 정죄하는 기능을 합니다. 넷째, 하나님의 계명은 우리가 착하고 의롭게 살아가도록 권장합니다. 삶의 기준을 제시하며 우리가 하나님의 성품을 닮아가도록 자극합니다. 하나님의 율법, 이와 관계된 예수님의 교훈은 우리의 삶의 기준을 알려줍니다.

우리의 의무

이 문제와 관련하여 우리가 해야 할 일이 몇 가지 있습니다. 첫째, 예수께서 율법의 완성으로 주신 예들을 세밀하게 연구하는 것입니다. 이것은 마태복음 5장 21-48절에 비교적 자세하게 주어져 있습니다. 이 예들을 통하여 완성의 원리와 방향을 배워야 합니다. 둘째, 복음서에 수록된 예수님의 모든 교훈을 연구하며 그 정신과 원리를 익히는 것입니다. 예수님은 구체적인 행동 방침을 정해 주셨지만 때로는 모든 경우에 활용할 수 있는 대원칙을 주기도 하셨습니다. 셋째, 신약성경이나 초대교회의 문헌, 교회사를 연구하며 율법을 완성하신 예수님의 사역을 초대 교회가 어떤 방식으로 활용했는지를 배우는 것입니다. 넷째, 구약성경의 계명들을 하나하나 연구하며 이 계명들이 어떻게 예수의 가르침의 방식대로 교회에 적용될 수 있는지를 살피는 일입니다. 다섯째, 현실에서 일어나는 문제들을 구약, 혹은 신약의 원리와 예수님의 정신에 비교하면서 가장 기독교적인 행동 방침을 의논하고 결정하는 일입니다.

물론 이런 일은 신자 한 사람이 할 수 있는 일이 아닙니다. 가장 유능한 지도자에게도 힘겨운 일입니다. 기독교인의 단합된 의지와 교회의 공통된 관심사가 겨우 해낼 수 있는 거창한 문제입니다. 하지만 이 강력한 힘은 신자 한 사람 한 사람이 예수님의 말씀을 사랑하고 최선을 다하여 지키려고 하는 데서 나옵니다. 우리가 함께 이 일에 집중할 때 우리가 필요로 하는 기독교적 삶의 원리, 구체적인 행동 방침은 생각보다 쉽게 찾아낼 수 있을 것입니다. 우리 인간의 삶에 하나님의 뜻이 반영되거나 하나님의 뜻이 나타나도록 하는 일에 적극적으로 힘을 모아야 합니다. 교회가 이 일에 전력을 쏟아야 합니다.

예수님은 우리에게 지고의 삶을 명령하셨습니다

하나님께서 이스라엘 백성에게 깨끗하고, 밝고, 순결하게 살면서 아름다운 사회를 건설할 것을 명령하셨습니다. 이 일을 위하여 이스라엘 자손에게 율법을 주셨습니다. 그리고 율법 준수를 하나님과의 약속을 지키는 것으로 인정하셨습니다.

예수님도 우리에게 지고한 삶을 요구하셨습니다. 적어도 당시의 바리새인들이나 서기관들보다는 더 낫게 살아야 한다고 말씀하셨습니다 (20절). '너희의 의'란 이 말씀을 듣는 사람들이 하나님의 계명들을 지키는 수준을 의미합니다. 예수께서는 우리가 계명들을 지키는 수준이 적어도 언급하신 두 종류의 사람들보다는 나아야 한다고 말씀하신 것입니다. 20절에서 예수님은 믿음의 의를 지적하신 것 같지는 않습니다. 바리새인들의 의, 서기관들의 의는 율법 준수와 관계된 것입니다. 이 사람들의 의와 비교하신 것은 같은 종류의 의입니다. 서기관들, 바리새인들이 자주 비판받기는 하지만 그들은 당시 유대 사회에서 매우 깨끗하게 살아가기로 유명했던 사람들이었습니다. 예수님은 그런 사람들을 가리키시며 하나님의 율법을 지킴에 있어서 너희는 적어도 그들보다는 나아야 한다고 말씀하신 것입니다. 그렇게 더 나은 삶을 살아가도록 율법을 새롭게 해석해 주셨습니다. 그것이 예수님의 계명이고 율법의 완성입니다.

기독교인들은 우리 사회에 소위 도덕군자라고 자처하고 깨끗하고 자비롭게 살아가려고 노력하며 사회의 존경을 받는 사람들보다 최소한 더 깨끗하고 아름답게 살아야 합니다. 기독교인들은 유교인들이나 불교인들, 한국 사회에서 가장 도덕적으로 바르고 깨끗하게 산다는 사람들보다 나아야 합니다. 21절부터 수록된 예수님의 말씀은 우리가 그렇게 살려고 할 때 도움이 되는 가르침입니다.

천국에 들어가는 축복의 하한선

우리가 고귀한 삶을 살아가기를 예수께서 정말 원하신다는 것을 우리는 이 말씀에 결부되어 있는 천국에 관한 말씀에서 확인할 수 있습니다. 우리의 의, 즉 우리가 하나님의 뜻을 따라 사는 삶이 바리새인들, 서기관들의 수준보다 더 나은 수준이 아니면 절대로 천국에 들어가지 못한다고 확언하셨습니다. 이 말씀을 긍정문으로 바꾼다면 '우리의 삶의 모습이 최소한 바리새인들과 서기관들보다 나아야만 천국에 들어갈 수 있다'가 될 것입니다. 계명들의 준수 여부(19절), 당시의 최고 수준이었던 종교 지도자들의 의를 능가하는 여부(20절)가 천국과 결합되어 있습니다. 예수님은 이 천국에 관한 말씀을 단순히 선행을 자극하는 위협, 촉매, 자극제로 말씀하신 것 같지는 않습니다. 천국에 들어가거나 들어가지 못하는 것은 실제로 일어날 일이라고 저는 믿습니다. 그렇지 않다면 이 부분 전체가 별 힘을 내지 못하는 죽은 교훈이 되고 맙니다. 천국에 관한 말씀을 실제로 그렇게 일어날 일로 설명하면 당장 어려운 질문이 등장합니다. 예수님은 인간의 행위를 구원의 조건으로 제시하심으로 행위구원론을 제창하신 것처럼 보이기 때문입니다. 사실 그런 오해의 소지가 없지 않습니다. 그러나 이 때문에 예수님의 말씀을 읽고 그대로 말하는 것을 두려워해서는 안 됩니다. 학설이나 교리에 두려움을 갖지 않고 예수님의 말씀을 있는 그대로 읽을 용기가 있다면 이 구절에서도 주춤거릴 필요가 없습니다.

우리는 마태복음 5장 11-12절에서 산상설교의 대상을 아무래도 예수님을 믿는 자로 한정할 수밖에 없음을 알았습니다. 따라서 예수께서 바리새인들과 서기관들보다 나은 행동, 나은 삶을 천국에 들어가는 조건으로 제시하신 것은 믿음 없는 혹은 예수님과의 특별한 관계를 전혀 묻지 않는 순수한 윤리적 조건이라고 보기는 어렵습니다. 예수님을 믿는 사람들이 당연히 따라야 할 규범을 제시하셨다고 볼 수 있습니다.

예수님을 믿는 것과 예수님의 말씀을 따르는 것은 분리되지 않습니다. 산상설교 등 예수님의 가르침은 자신을 믿는 사람들에게 요구하시는 실제적 요구입니다. 하나님께서는 값없이 우리의 죄를 용서해 주시면서도 하나님의 이 사랑을 고귀한 삶을 통해 실천하며 자신의 성품을 따라오도록 명령하신 것입니다.

맺음말

하나님의 뜻을 찾기 위해 안달이 나서 기도하고, 철야하고, 금식하는 것은 열성적 신앙의 표현이기도 하지만, 다른 한편으로 보면 하나님께서 이미 알려 주신 자신의 뜻과 그 뜻을 찾는 방법들을 무시하거나 전혀 사용하지 않는 태도가 만들어낸 결과이기도 합니다. 다양한 하나님의 사역과 하나님의 뜻을 '예수-구원'이라는 간략한 표어로 축약하고 나니까 하나님을 믿는 사람들이 이 세상을 살아가며 필요로 하는 하나님의 뜻을 성경을, 특히 구약성경을 배제하고 찾게 되는 태도가 득세하게 됩니다. 이 둘을 병행할 수 있다면 얼마나 좋겠습니까? 열심히 기도하고 철야하고 금식하면서도 성경에 이미 주어진 명백한 하나님의 뜻을 따라 살아가는 태도 말입니다. 예수님을 믿으며 이 세상을 살아간다는 것은 예수께서 하신 말씀을 귀중히 여기며 그 말씀을 따라 살아가는 것을 뜻합니다. 죄인을 용서해 주시고 구원의 길을 여셨다고 해서 하나님께서 죄를 묵인하시거나 용인하신 것은 아닙니다. 하나님은 깨끗하고 거룩하고 고귀한 삶을 명령하셨습니다. 예수님의 은혜를 경험하는 사람일수록 더욱 고귀한 삶을 살아야 합니다. 예수께서 주신 삶의 기준을 받아들이고 그 정신을 따라 살며 그렇게 세상의 빛과 소금으로 살아갑시다.

제15장
살인자는 아니라구요?
마태복음 5:21-26

　우리는 법을 기준으로 살아갑니다. 법은 우리가 해도 좋은 행동과 하지 말아야 할 행동이 무엇인지를 알려줍니다. 법을 어기는 사람은 죄인입니다. 법을 지키면 훌륭한 시민입니다. 그런데 법을 중심으로 살다 보면 모든 것을 법의 잣대로만 판단하려는 타성이 생깁니다. 즉, 사람들은 법이 금지하는 것만을 나쁜 일이라고 생각하고 법이 허용하거나 금지하지 않는 행동을 모두 옳은 일로 생각하게 됩니다. 법에 저촉되지 않는 한 어떤 행동도 잘못됐다고 생각하지 않습니다. 죄의식도, 양심의 가책도 만들어지지 않습니다. 법이 금하지 않는 모든 행동을 자유롭게 행하고 정당화하게 됩니다.

　더 안타까운 것은 세상의 이 흐름에 기독교인들도 편승해 있다는 사실입니다. 교회 안에서조차 법만을 기준으로 행위를 판단하려는 풍조가 강해집니다. 세상의 법이 기독교인들 사이에 선과 악의 기준으로 활용되고 있습니다. 기독교적 양심조차도 법의 통제 아래 두려고 합니다. 법대로 살아가는 사람은 잘하고 있다는 의식이 기독교인을 지배하고 있습니다. 그래서 현대 기독교인들은 자신들의 삶과 행동에 대해 별로 죄의식이나 양심의 가책을 갖지 않습니다. 회개할 것도, 고쳐야 할 것도 별로 찾지 못합니다. 법정에 설 잘못을 저질러야 비로소 죄의식을 갖기도 합니다. 이는 명백히 잘못된 현상입니다.

예수님의 말씀을 삶과 양심의 규범으로 사용하면 현대 기독교인의 삶이 얼마나 병들었는지 금방 알 수 있습니다. 세상의 법에 따라 괜찮다고 판단하거나 잘못이 없다고 안도하는 태도는 착각에 지나지 않습니다. 예수님은 살인의 문제를 취급하시면서 인간이 가진 이런 잘못, 곧 인간이 자의적으로 기준을 정하고 이 기준에 따라 선과 악을 결정하며 그 결과로 안심하고 살아가는 습성을 아주 날카롭게 지적하셨습니다. 그리고 무엇이 정말 하나님의 뜻인지를 가르쳐 주셨습니다.

살인자입니까?

우리의 행동과 의식, 그리고 양심을 지배하고 있는 것이 이 세상의 법이라는 사실을 구체적으로 확인하기 위하여 이런 질문으로 시작해 봅시다. 당신은 살인자입니까? 살인자가 아닙니까? 살인죄에 관한 한 우리는 이미 답을 가지고 있습니다. 나는 살인자가 아니라는 것입니다. 우리에게는 그런 쓰라린 경험이 없습니다. 보통 사람들은 살인에 관계된 이런 종류의 질문을 받는 것조차 불쾌하게 생각합니다.

살인에 관한 예수님의 말씀을 읽을 때 우리는 이미 전제를 가지고 있습니다. 우리는 살인자가 아니라는 확신입니다. 이 점에 있어서는 산상설교를 처음 들었던 청중들도 크게 다르지 않습니다. 이 확신은 워낙 강해서 아무도 이것을 흔들어 놓을 수 없습니다. 심지어 산상설교를 읽어도 살인죄에 대한 의식은 만들어지지 않습니다. 사실 우리는 산상설교를 처음 읽는 사람들이 아닙니다. 그래서 예수께서 살인죄와 관련하여 이런저런 것을 지적하셨다는 것을 잘 알고 있습니다. 그렇지만 그런 것을 살인죄와 정말 같은 것으로 받아들이는 사람은 아무도 없습니다. 그래도 진짜 살인과는 다르다고 생각합니다. 예수님의 말씀에 동조하기보다는 살인죄를 짓지 않았다는 확신을 고수하는 태도는 우리가 하나님의 기준을 따르지 않고 있다는 증거입니다. 우리의 죄가 진짜 살인죄와는 다르다고 말함으로써 우리의 사고와 양심을 지배하는 것이 주님의 말씀이 아님을 인정한 셈입니다.

확신의 근거

살인자가 아니라는 우리의 판단은 도대체 어디에 근거를 두고 있는 것일까요? 확신의 뿌리는 세상의 법입니다. 우리는 우리가 알고 있는 법에 비추어 우리가 살인자가 아니라는 결론을 내리고, 양심의 평화를 누리며 살아가고 있습니다. 살인을 죄로 규정하는 것은 법입니다. 옛날부터 살인은 첫 번째 범죄 목록에 수록됐습니다. 예를 들어, 5000여 년 전 함무라비 법전도 이 조항을 가지고 있습니다. 그래서 어느 사회에서나 살인이 죄라는 것을 쉽게 배울 수 있습니다. 살인이란, 사람을 죽이는 것입니다. 한 사람에게 육체적인 해를 가하여 그의 심장이 작동을 멈추도록 만드는 행위입니다. 뇌사상태에 빠뜨리는 것을 살인으로 취급하는 국가도 있습니다. 살해당한 사람은 그 순간부터 숨을 멈추고 썩어 갑니다. 이렇게 만드는 일이 살인입니다. 육체에 해를 가하여 목숨을 끊는 행동이 아니라면, 죽인다고 아무리 심하게 독설을 내뿜어도 살인은 아닙니다. 죽이고 싶은 심정, 감정의 폭발을 우리는 살인이라고 부르지 않습니다. 살인미수도 살인과는 다릅니다. 사람을 죽이지만 살인자라는 오명을 쓰지 않아도 되는 경우가 더러 있습니다. 정당방위가 그 한 종류입니다. 살인을 하고도 벌은커녕 오히려 상을 받기도 합니다. 나라를 지킨 역사적 인물, 영웅들은 대개가 적이라고 불리는 사람들을 죽였거나 죽이는 데 앞장선 사람들입니다. 더 많은 사람을 죽인 사람이 더 큰 영웅으로 추앙받습니다. 제가 지적하고 싶은 것은 이 점입니다. 사람을 죽이는 것이지만 법이 살인죄로 규정하지 않는 행위에 대해서는 아무도 죄책감으로 괴로워하지는 않는다는 점입니다. 나라를 지켰다는 것 때문에 오히려 자랑스러워하는 살인도 있습니다.

유대인들은 하나님의 율법을 통해서 "살인하지 말라"는 계명을 배웠습니다. 그러나 예수님은 살인하지 말라는 계명에 대해 말씀하십니다. "'살인치 말라 누구든지 살인하면 심판을 받게 될 것이다'라고 옛사람들에게 말해졌다는 것을 너희가 들었다." 이 말씀을 분석해 보면 다음의 몇 가지를 알 수 있습니다. 첫째, 살인에 대하여 사람들은 선생들에게서 배웠습니다. 그것은 "살인하지 말라 살인하면 심판을 받게 될 것이다"였습니다. 둘째, 당시 율법 선생들은 이 계명을 그들의 조상이 하나님에게 받았다고 가르쳤습니다. 셋째, 그러나 구약에는 이런 형태의 율법은 없습니다. 넷째, "살인하지 말라"는 십계명의 여섯 번째 계명입니다. 다섯째, 여섯 번째 계명을 어기는 경우의 판결 규례가 별도로 기록되어 있습니다. 여섯째, 율법이 전해져 내려오는 동안 십계명의 살인 절대 금지 명령과 벌칙 규례가 합쳐졌습니다. 사람들은 이것을 가르치고 배우고 있었으며, 예수님은 당시에 유행하던 이 새로운 해석을 인용하셨습니다. 일곱째, 관련이 있는 서로 다른 두 조항을 합친 전통은 새로운 강조점을 만들어냅니다. "심판을 받을 것이다"에 무게가 실리게 됩니다. 여덟째, 예수님 당시의 사람들은 살인을 금한 하나님의 계명 자체보다는 현실적으로 죄인에게 가하는 형벌을 두려워했을 것입니다. 아홉째, 산상설교에는 분명하게 언급되지 않지만 예수님은 자주 사람들이 율법의 정신을 도외시하고 율법의 문자에 치중하고 있다는 점을 비판하셨습니다.

예수님은 살인의 범주에 분노, 욕설, 경멸을 포함하여 다루셨습니다

살인죄에 관하여 사람들이 배운 것, 사람들이 따르고 있는 기준을 지적하신 예수님은 차례로 세 가지를 말씀하셨습니다. "형제에게 노하는 자마다 심판을 받게 되고 형제를 대하여 라가라 하는 자는 공회에 잡히게 되고 미련한 놈이라 하는 자는 지옥 불에 들어가게 되리라." 두 번째 항목에서 말씀하신 "라가"라는 것은 유대인들이 흔히 쓰던 욕설입니다. 한국말의 '새끼'에 해당하는 욕설이라고 보시면 되겠습니다. 예수께서 거론하신 잘못을 요약해 보면 화내는 것, 욕하는 것, 경멸하는 것입니다. 범죄에 따르는 벌을 설명해 보면 지역 재판소에서의 재판, 유대인 최고 법정의 재판, 하나님의 지옥 불입니다. 점점 강한 단계가 언급됐습니다. 예수님의 말씀은 화내지 말고, 욕도 하지 말고, 사소한 경멸 조의 말도 하지 말라는 것입니다. 어느 도덕책에서나 쉽게 발견할 수 있는 그런 내용입니다. 그러나 이 말씀의 특징은 문맥에 있습니다. 예수께서 그냥 이 말씀을 하시지 않고 살인에 관해 당시 사람들이 배운 것을 먼저 인용하신 이유는 어디에 있을까요? 세상의 논리에 익숙해져 있는 우리의 눈에는 살인과 분노, 살인과 욕설, 그리고 살인과 경멸 조의 말은 함께 취급하기 어려운 개념으로 보입니다. 살인은 죄 중에서도 가장 악한 범죄행위입니다. 화, 욕, 미련한 놈이라는 한마디는 법으로 제재를 가할 수 없는 사소한 일들입니다. 그러나 바로 여기에 우리의 맹점이 있습니다. 살인을 가장 악한 것으로, 화, 욕, 경멸 조의 말을 사소한 것으로 구분하는 것은 우리의 판단입니다. 세상의 법이 심어준 가치의 차이입니다. 예수께서 살인죄 조항을 예로 드신 후에 화내는 것, 욕하는 것, 경멸하는 것을 거론하신 이유는, 예수님의 눈에는 이런 행위가 심각한 죄이기 때문입니다. 우리는 이런 행위를 사소하게 취급할 수 있으나 예수님은 살인의 항목에서 이것들을 다루셨습니다. 살인 못지않게 악한 것으로 보셨기 때문입니다.

우리가 자라며 익혀온 윤리 감각을 버립시다. 법을 중심으로 판단하는 것을 중지합시다. 그것을 가지고 예수님의 말씀을 읽기 때문에 예수님이 사소한 말씀을 하시는 것으로밖에 보이지 않습니다. 예수님의 말씀을 바로 이해하는 비결은 예수께서 말씀하신 바로 그것을 기준으로 받아들이는 것입니다. 그렇게 보면 욕설도 살인처럼 재판받아야 할 일입니다. 분노도 그렇습니다. 미련한 놈이라고 부르는 것도 그렇습니다. 우리는 이 말씀을 기준으로 생각하고 판단해야 합니다. 이것이 기독교인들의 행동을 평가하고 양심을 자극하는 기준이 되어야 합니다. 주님의 말씀은 우리의 규범일 뿐만 아니라 세상의 규범입니다. 다만 사람들이 인정하지 않을 뿐입니다. 잘못은 이렇게 말씀하신 예수님에게 있는 것이 아닙니다. 이것을 받아들이지 않는 세상이 잘못된 것입니다. 그러나 교회는 이 말씀을 삶의 기준으로 받아들이고 분노와 욕설도 멀리함으로써 세상의 빛과 소금의 역할을 하는 것입니다.

살인죄와 같은 벌을 예고하셨습니다

화내는 것, 욕하는 것, 미련한 놈이라고 말하는 것을 예수께서는 사소하게 취급하지 않으시고 역시 재판받을 죄로 보십니다. 사람들은 "살인에 심판이" 따른다고 배웠습니다. 재판이 두려우면 살인하지 말라는 경고적 의미가 담겨 있습니다. 살인에는 반드시 재판이 따라야 한다는 원칙이 세워져 있었습니다. 유대인들은 이 원칙을 시행할 재판소를 지방마다 설립했습니다. 살인사건은 이 지방재판소에서 다루었습니다. '심판을 받는다'는 표현은 살인자가 이 지방재판소에 넘겨져 재판받게 된다는 뜻입니다.

예수님은 "형제에게 화내는 것"도 재판받을 만하다고 말씀하셨습니다. 화내는 것이 사소한 문제가 아니라 살인죄를 취급하는 지방재판소에 넘겨질 그런 중대한 문제라는 것입니다. 형제를 향해 '라가' 혹은 '-새끼'라고 욕하는 것에 대한 벌로 예수님은 "공회에 잡힐 것이다"고 하셨습니다. 공회는 국가적인 중대사를 의논하고 결정하며 실행하는 기구였습니다. 현대의 국회와 대법원, 행정부의 기능을 합친 그런 종합 기구였습니다. 욕하는 것을 대법원에서 재판받을 중대한 문제로 간주하신 것입니다. 형제를 향해 별 의미 없이 '미련한 놈' 혹은 '멍청이'라고 말한다면 어떤 사태가 벌어질까요? 예수님은 그런 사람은 세상의 법정이 아닌 하나님의 법정에서 판결받아 지옥 불에 들어갈 만하다고 말씀하셨습니다. 형제를 향한 경멸 조의 말 한마디가 지옥에 빠질 바로 그런 큰 죄일 수 있다는 말씀입니다.

적지 않은 사람들이 이 말씀을 읽으며 글자로 표현된 것을 인정하지 않고, 예수님의 다른 의도가 있다고 생각합니다. 글자 안에 숨겨진 뜻, 비밀을 찾으려고 애를 씁니다. 하지만 무슨 다른 뜻이 있을 수 있을까요? 인간의 언어로 표현하신 것이 바로 예수께서 의도하신 것이 아닐까요? 말하고 싶은 것을 아주 인상 깊게 심어주기 위하여 극한적 방법으로 과장하는 표현기법을 우리는 과장법이라고 부릅니다. 금지를 목적으로 표현되는 과장법을 위협이라고 부릅니다. 문자로 표현된 내용은 실현되지 않는다는 것을 염두에 두면 엄포 놓는 것이 됩니다. 우리는 일상생활에서 흔히 '~하면 죽인다'는 표현을 씁니다. 이 표현은 '~하지 말라'는 것을 강조하여 표현하는 과장법입니다. 어떤 일이 있어도 하지 말라고 위협하는 말투입니다.

예수님도 '재판,' '공회,' '지옥 불'을 엄포용으로 사용하신 것일까요? 사람들이 형제에게 화를 내고 욕하고 의미 없는 말로 업신여기지 않도록 위협하셨습니까? 과장법적 표현으로 지옥과 공회와 심판을 언급하신 것일까요? 따라서 이 말씀들을 그저 "그렇게 하지 말라"는 뜻으로 받아들이면 될까요? 이렇게 이해하는 것은 옳지 않습니다. 예수님의 이 말씀을 우리 멋대로 과장, 위협, 엄포로 이해하면, 성경의 다른 모든 부분도 그렇게 해석될 수 있는 길을 열어놓는 것이 됩니다. 사람들은 자신이 받아들이기 어려운 것은 모두 과장법, 위협, 엄포로 해석할 것입니다. 물론 예수께서 과장법을 사용하신 적도 있습니다. 그러나 이러한 경우에는 문맥에서 과장법이라는 것을 충분히 밝혀낼 수 있습니다. 하지만 분노, 욕설, 경멸에 대한 말씀에는 그런 흔적이나 암시가 들어 있지 않습니다.

예수님의 말씀을 표현된 대로 이해한다면 이런 말씀이 됩니다. 사소한 말 한마디도 하나님께서 관여하시고 하나님께서 죄로 정하시며 하나님의 이름으로 벌하신다는 것입니다. 예수님은 모든 범죄는 근본적으로 하나님을 대항하는 것이요, 따라서 하나님께서 심판하신다는 것을 분명히 하셨습니다. 우리가 가장 사소하다고 생각하는 것에 지옥 불을 결합해 놓으셨기 때문입니다. 형제를 죽이든, 화를 내든, 욕을 하든, 아니면 미련한 놈이라 하든 다 하나님 앞에서 잘못된 것입니다.

입법자이신 예수님

예수님을 믿는 사람은 구원받았으므로 마치 무법의 세상에 사는 것처럼 마음대로 행동해도 된다고 주장하는 사람들이 있습니다. 그들은 예수께서 오셔서 십자가에서 대신 형벌을 당하셨으므로 율법을 지키지 않은 죄가 사함 받았고, 율법이 완성됐다고 주장합니다. 예수님을 믿기만 하면 계명들을 지키지 않아도 아무 문제될 것 없다는 태도로 인생을 살아갑니다. 이런 태도가 기독교인들에게 아주 큰 문제를 일으킨다는 것은 자명합니다. 하루하루 세상을 살아갈 때 우리는 그냥 되는 대로 살아갈 수 없습니다. 세상의 삶은 항상 우리의 판단과 선택과 행동을 요청하고 있습니다. 우리는 세상에 살면서 어떻게 행동하는 것이 좋은지를 매일 매시 물을 수밖에 없습니다. 최선의 행동을 만들어내어야 합니다. 그래서 기준이 있어야 하고, 최선을 기울인 노력이 있어야 하며, 더욱 성령님의 인도와 도움이 있어야 합니다. 이런 것이 없다면 하나님의 자녀답게 살아가는 듯이 보여도 사실은 어렸을 때부터 배운 관습과 상식과 전통을 따를 수밖에 없습니다. 하나님을 헌신적으로 섬긴다고 하면서 인간의 마음을 헌신의 이름으로 위장하는 결과가 만들어집니다. 인간적인 삶인데 본인은 성령의 삶이라고 우깁니다.

예수님은 율법을 완성하러 오셨습니다. 구약 시대에는 우리 시대와 마찬가지로 육체적인 살인만 살인이라고 불렀습니다. 예수께서 오심으로 이 살인을 금하는 명령이 사라졌다고 볼 수 없습니다. 살인하지 말라는 하나님의 명령은 여전히 살아 있습니다. 예수님의 말씀 속에 살아 있습니다. 예수님은 자신의 권위로 살인 금지 계명을 우리의 일상 생활의 영역으로 확대해 놓으셨습니다. 살인 행위는 물론이고 분노와 욕설과 경멸 조의 말들까지 모두 금지하는 가르침을 주셨습니다. 살인 금지 명령을 살인을 유발하는 분노나 욕설 등을 금지하는 가르침으로 확장하셨습니다. 이 말씀의 가장 큰 특징은 메시아로 오신 예수께서 이 말씀을 하셨다는 것입니다. 우리는 가끔 하나님의 말씀과 형식이나 내용이 비슷한 명령을 다른 책에서도 읽을 수 있습니다. 그러나 형식이 같고 내용이 같아도 성경 말씀은 차이가 있습니다. 곧 이 말씀을 하신 분이 하나님이시라는 사실입니다.

예수님은 죄인들이 받을 형벌을 십자가 수난을 통하여 대신 받으시고, 용서받은 죄인들이 이 세상에 살면서 기준으로 삼을 규범을 주셨습니다. 예수님은 구원자이시며 동시에 우리의 입법자이십니다. 예수님의 교훈은 모든 사람이 따라야 할 거룩한 기준이며, 모든 사람이 받아들여야 할 하나님의 뜻입니다. 예수님께서 이렇게 말씀하셨습니다. "나는 이렇게 말한다." 예수님의 말씀은 예수님을 믿는 모두에게 권위의 말씀이 됩니다. 예수님은 우리를 다스리시는 분이고 우리가 지킬 규칙을 제정하신 입법자이시며 우리의 삶을 심판하실 심판자이십니다.

산상설교에서 우리는 우리 주님께서 "나는 이렇게 말한다"고 말씀하신 내용 앞에 서 있습니다. 어떻게 하시겠습니까? 예수님을 주님으로 믿고 의지하신다면 예수님께서 하신 말씀을 그냥 받아들일 수밖에 없습니다. 예수께서 하나님의 아들이시라면 사람은 이 말씀에 근거해 심판받을 수밖에 없을 것입니다.

예배 이전에 화해를 명령하셨습니다

갑자기 일어나는 분노, 입에 발린 욕설, 쉽게 내뱉는 '멍청이' 한마디 정도를 사람들은 아주 사소하게 취급합니다. 그래서 이런 일들은 무의식적으로 혹은 비의도적으로 나타나는 경우가 대부분입니다. 본인이 죄를 짓고 있다고 깨닫기도 전에 거의 습관적으로 나타납니다. 그러나 예수님은 어떤 경우라도 그냥 지나가지 말라고 하셨습니다. 분노, 욕설, '미련한 놈'이라 말하는 것을 살인처럼 재판받을 만한 행위로 취급하셨습니다. 앞으로 하지 않는 것도 중요하지만 이미 저질러진 행위를 주워 담는 것도 중요합니다. 예배를 중단하면서라도 해결해야 할 정도로 중요합니다. 예수님의 말씀을 들어보십시오. "예물을 제단에 드리다가 거기서 네 형제에게 원망들을 만한 일이 있는 줄 생각나거든 예물을 제단 앞에 두고 먼저 가서 형제와 화목하고 그 후에 와서 예물을 드리라." 예수님은 예배 전에 사과와 화해를 명령하신 것입니다.

욕설하고 있을 때 갑자기 주님의 말씀이 생각나고 양심의 가책이 생기면 어떻게 하는 것이 좋을까요? 현재 진행 중인 죄를 해결하는 방법은 바로 행동을 중지하는 것입니다. 분노를 삭이는 것입니다. 저주를 축복으로 바꾸는 것입니다. 욕을 멈추고 상냥하고 친절한 말을 하는 것입니다. 남을 무시하는 것을 중지하고 칭찬하며 잘 대해 주는 것입니다. 태도를 바꾸는 것이 현재 진행 중인 죄를 처리하는 방법입니다.

화내지 않고, 욕하지 않고 미련한 놈이라 말하지 않는 것, 즉 죄를 짓지 않는 것이 미래를 맞이하는 바른 방법입니다. 죄를 지어야만 한다는 법칙은 없습니다. 과거의 행동에 관해서는 어떻게 할까요? 그것은 사과와 용서를 빎, 그리고 화해로 처리해야 합니다. 자신이 잘못했다는 생각이 떠오르면, 자신이 보인 분노의 감정이, 천박한 한마디가 형제에게 충격을 주었음이 생각나면 즉시 사과와 화해의 길을 모색하고 실행해야 합니다. 예배를 중단하면서라도 먼저 해야 할 일입니다.

여러분! 하나님 앞에서 우리 인간이 할 수 있는 가장 중요한 일을 우리는 예배라 생각합니다. 세상만사를 다 제쳐 두더라도 예배는 빠뜨리지 말아야 한다고 생각합니다. 주변의 사람들과는 이리 꼬이고 저리 꼬여 있는데도 우리는 손을 털고 고운 옷으로 차려입고 교회에 앉아 있습니다. 예수님은 예배를 중단하면서라도 화해를 먼저 하라고 하셨습니다. 예배가 불필요해서가 아닙니다. 사과와 화해가 우리가 느끼는 것 이상으로 중요한 일이기 때문입니다. 사람을 대하는 태도와 하나님을 섬기는 일은 두 가지 일이 아닙니다. 한 가지 일의 두 면입니다. 사람을 사랑하는 것과 하나님을 사랑하는 것은 연결되어 있습니다. 요한일서는 하나님을 사랑하는 사람은 사람을 사랑한다고 합니다.

형제들과의 관계가 꼬여 있는 것은 예배에 영향을 미칩니다. 예수님의 말씀은 사과와 화해가 없는 예배는 무효라고 선언하시는 것 같습니다. 위선자들이나 그렇게 합니다. 분노, 욕설, 멍청이라고 말한 것은 예배를 중단하면서라도 해결해야 할 정도로 중요한 죄로 다루어지고 있습니다. 예수님의 말씀대로 우리 주변에 우리가 뿌린 일들을 하나씩 하나씩 해결해 가는 방식으로 과거의 잘못들을 청산해 가십시다. 그렇게 홀가분한 마음을 가지고 예배에 임하는 사람들이 되어야 할 것입니다.

남김없이 청산하기를 명령하셨습니다

예수님은 다른 한 비유를 들어 어느 정도까지 화해가 이루어져야 하는가를 설명하셨습니다. 이 비유는 이 문맥에서는 앞서 언급하신 잘못들과 관련되어 있습니다. 그러나 사람들에게 범하는 모든 죄에 대한 사후 처리 방안을 알려 주셨다는 점에서 모든 다른 잘못에도 적용할 수 있을 것입니다. 이 비유는 두 사람이 법정으로 가고 있는 그림으로 시작합니다. 청중은 가해자로 그려지고 있습니다. 그의 가해행위가 명백하여 피해자가 가해자를 끌고 법관에게로 고소하러 가는 중입니다. 재판관에게 가면 분명 감옥에 갇힐 사태가 명백히 발생한 것입니다. 어느 정도까지 사과하고 화해하며 이웃에 범한 죄를 청산해야 할까요? 예수님은 법정에 가기 전에 급히 용서를 빌라고 하셨습니다. 하나도 남김없이 그렇게 해야 합니다. 마지막 하나까지 다 청산해야만 한다는 원칙을 주셨습니다.

우리는 이웃을 향한 실수와 범죄를 너무 과소평가하는 경향이 있습니다. 이러한 잘못은 하나님을 섬기는 신앙생활과 무관하다고 여기는 경향이 있습니다. 그러나 예수님의 명령은 이렇습니다. "예배를 중단하고 가서 먼저 형제와 화해하라. 예물을 제단으로 가져가라. 길에 있을 때 급히 용서를 구하라. 마지막 한 푼까지 다 갚지 못하면 결단코 하나님의 심판을 면하지 못한다."

맺음말

예수님의 이 말씀은 우리에게 엄청난 경고의 말씀입니다. 우리는 성질 급하고 화를 잘 내고, 인내심이 적고 다른 사람들을 잘 용납하지 못하지 않습니까? 우리는 자녀들이나 친구들에게도 험악한 욕설을 하기도 하지 않습니까? 우리는 자기를 과시하기 좋아하고 남을 무시하기를 좋아하지 않습니까? 우리는 농담을 할 때도 남을 깎아내리며 결점을 들추어냄으로써 사람들을 웃기지 않습니까? 예수님은 우리의 약점을 지적하신 것 같지 않습니까?

예수님의 말씀을 들으십시오. 형제, 자매들, 이웃 사람들에게 화내지 말고 살아갑시다. 분은 삭일 수도 있습니다. 한도 삼킬 수 있습니다. 이런 것을 꼭 다 표현해야만 살아갈 수 있는 것은 아닙니다. 용서할 수 있고 용서받을 수 있는 것도 인간의 삶입니다. 살인은 분노에 뿌리를 박고 있습니다. 욕설을 고칩시다. 선하고 선량한 그리고 친절한 말을 사용합시다. 입을 다스리는 사람들이 됩시다. 사람들을 귀히 여기며 서로를 존중하며 살아갑시다. 돈을 중심으로 사람들을 평가하기를 그칩시다. 살인은 인간의 가치를 인정하지 않는 곳에서 쉽게 발생합니다. 다른 사람들을 존중하는 곳에서는 살인이 일어나지 않을 것입니다.

제16장
성, 복인가 재앙인가?
마태복음 5:27-28

얼마 전 신문에 70대 부인이 이혼 소송을 걸었는데 법정에서 패소한 기사가 실렸습니다. 법정의 판결은 이제 부부가 살 만큼 살았으므로 이혼하지 말고 해로하시라는 의도였습니다. 그런데 본인들의 문제는 그렇게 간단하지 않았습니다. 부인이 지금까지 한평생 남편에게 눌려서 살아왔는데 늦었더라도 자신의 인생을 되찾겠다는 것입니다. 남편은 의처증 증세가 있어서 아내에게 직장 생활도 하지 못하게 했고 최근에는 거액의 재산을 사회단체에 자신과 전혀 상의도 없이 헌납해 버렸기 때문에 이제는 더 이상 그렇게 살 수 없다고 합니다. 남편은 남편대로 이혼을 저지하기 위하여 변호사를 고용하여 본격적으로 법정 싸움을 하겠다고 나섰습니다. 의문스러운 것은 법정에서 해로하라고 하면 해로가 되느냐 하는 것입니다. 또한 요즘 직장에서는 성추행에 대한 교육이 많이 이루어집니다. 옛날에는 직장 생활하는 여성들이 남자 직원들의 짓궂은 농담이나 만지는 행위 등을 참아야 할 때가 많았습니다. 그러나 이제는 이상한 눈으로 쳐다보기만 해도 법정에 고발될 수 있습니다.

오늘날 남자와 여자의 관계에서 생기는 문제가 많습니다. 성 문제는 매우 복잡하며 이것이 제대로 해결되지 않으면 그 개인은 물론이고 그 가정 전체와 사회 전체가 멸망하게 됩니다. 성 문제는 결코 개인의 문제가 될 수가 없습니다. 어떤 교인은 외국 생활하던 중에 폼페이를 방문해 거기서 음란한 여러 장면과 실제로 그들이 화산재에 덮여서 죽은 것을 보고서 하나님의 진노를 느끼게 됐다고 합니다. 오늘 우리 사회에서는 너무나도 많은 성의 타락과 남용이 이루어지고 있습니다. 이것이 우리 사회를 망하게 할 것입니다. 하나님께서 우리에게 성을 주신 것은 축복인가요 아니면 재앙인가요?

간음하지 말라는 계명의 해석

예수님 당시의 유대인들은 간음하지 말라는 계명을 어떻게 받아들이고 있었습니까? "또 간음하지 말라 했다는 것을 너희가 들었으나"(27절). 십계명 중에서 제7계명은 "간음하지 말라"로 되어 있고 유대인들은 문자 그대로 간음하지 말아야 한다고 이해했습니다. 십계명이 간음하지 말라는 것은 어떤 경우에도 절대로 하나님은 성적인 남용을 허용하지 않으며 그런 죄에 대하여 진노하신다는 뜻입니다. 그러나 사람들은 이 계명을 "간음은 좋지 못하다. 그런 짓은 하지 않는 것이 바람직하다"는 식으로 격하시켜 하나님의 절대적인 금지를 도덕적인 비난의 수준으로 떨어뜨리기도 합니다. 간음이 무엇입니까? 법적으로 아내나 남편이 있는 사람이 혼외 성관계를 가지는 것입니다. 이런 행위는 사회적으로 비난받거나 법원의 판단을 받게 될 것입니다. 그런데 예수님은 그런 것이 아니라는 것입니다. 성이라고 하는 것은 사람의 판단 이전에 하나님과의 문제이며 성적인 타락에 대해서는 하나님께서 진노하신다는 것입니다. 사람을 남자와 여자로 만드신 분은 하나님이십니다. 그래서 성적인 타락이나 남용은 하나님께 대한 죄가 됩니다.

우리 사회에는 성적인 행위 중에서 사회적으로 비난의 대상조차 되지 않는 것도 있습니다. 예를 들어, 성인물을 보거나 혹은 은밀하게 이성과 성관계를 맺어도 드러나지 않으면 죄가 되지 않는다고 생각합니다. 오직 법적으로 문제가 되지 않으면 괜찮다고 생각하는 사람들이 많습니다. 그러나 예수님은 다르게 말씀하십니다. "또 간음치 말라 했다는 것을 너희가 들었으나 나는 너희에게 이르노니 여자를 보고 음욕을 품는 자마다 마음에 이미 간음했느니라"(27-28절). 마음속에 있는 간음하고자 하는 의도는 다른 사람들이 알지 못합니다. 하지만 그것도 간음이라는 것입니다. 이러한 관점에서는 다른 사람들이 모르게 행한 간음도 죄입니다. 다른 사람들이 알지 못하는 잘못된 성행위에 대해서는 전혀 책임이 없다고 생각하는 사람들이 있습니다. 이와 비슷한 것이 교통 법규 위반입니다. 단속에 걸리지 않으면 그만이라고 생각하는 사람이 많습니다. 그러나 예수님은 다른 기준을 제시하십니다.

원래 하나님이 만드신 남성과 여성

창세기는 하나님께서 사람을 창조하신 내용을 창세기 1장과 2장에서 소개합니다. 1장의 기록과 2장의 기록에는 차이가 있습니다. 주로 창세기 1장은 인간과 하나님의 관계에, 2장은 남자와 여자의 관계에 초점을 맞춥니다. 1장에 따르면 하나님은 남자와 여자를 하나님의 형상으로 만드셨습니다. 하나님은 사람을 하나님의 형상으로 만드셨을 뿐 아니라 남자는 남자, 여자는 여자라는 성에도 하나님의 형상을 주셨습니다.

그래서 사람의 성에는 하나님의 형상이 있어서 하나님이 아주 존귀하게 하셨습니다. 남자가 남자인 것은 결코 부끄러운 것이 되지 못하고 여자가 여자인 것은 절대로 부족한 것이 아닙니다. 그런데 하나님께서는 남자와 여자 상호 간에 하나님의 형상을 주셔서 남자와 여자의 바른 관계를 통하여 하나님의 아름다움이 더 풍성하게 나타나게 하셨습니다. 다시 말해서 남녀의 성에는 하나님의 형상이 있고 하나님이 주신 가장 고귀한 선물이 바로 성입니다. 여기서 '하나님의 형상'은 '하나님의 얼굴'이라는 뜻입니다. 만약 인간의 성이 파괴된다면 이것은 단순한 성 문제가 아니라 하나님의 형상을 파괴하는 것이며 하나님의 얼굴에 침을 뱉는 것과 같은 죄가 됩니다.

창세기 2장에서는 남녀의 바른 관계를 설명합니다. 하나님께서는 남녀를 결혼하게 하셨는데 남자를 먼저 만드시고 그다음 여자를 만드셨습니다. 남자와 여자의 창조 사이에 시간의 차이가 있었습니다. 원래 하나님이 만드신 남자는 '아담'이었고 히브리어로 사람이라는 뜻입니다. 그는 완벽한 사람이었습니다. 그는 지적으로 뛰어났으며 외모나 감정적으로 완벽한 사람이었습니다. 혼자서도 부족한 것이 없었습니다. 그런데 하나님께서는 아담에게 짐승의 이름을 짓게 하셨고 짐승의 이름을 짓는 과정에서 자기가 혼자라는 것을 알게 하셨습니다. 짐승들은 다 둘씩 쌍인데 자기 혼자만 외톨이라는 것을 발견했습니다. 혼자만의 세계는 역시 부족한 것이 있었습니다. 자신의 깊은 감정이나 생각이나 사랑을 나눌 누군가가 필요했습니다. 그래서 하나님께서는 아담이 깊이 잠들게 하시고 전신 마취 후에 갈비뼈를 빼내어 여자를 만드셨습니다. 하나님께서 그렇게 하신 이유가 무엇입니까? 남자가 여자를 볼 때 자기의 뼈와 살로 만들어졌음을 깨닫게 하시기 위함이었습니다. '저 사람은 바로 내 자신이며, 저 여자가 행복해야 내가 행복해지는 것이다'를 몸으로 느끼게 하기 위해서입니다.

그래서 남자와 남편은 다릅니다. 남자는 그냥 남자이지만 남편은 한 아내를 책임지기 위하여 배를 가르고 뼈를 꺼낸 수술한 사람입니다. 남자가 아내와 결합하려면 수술해야 합니다. 다시 말해서 자신의 중요한 부분을 포기해야, 자신의 이기심이나 야망을 버려야 한 여자의 남편이 될 수 있습니다. 하나님께서는 여자를 '돕는 배필'이라고 하셨습니다. 이것은 여자만 남자를 돕는 보조 요원이라는 뜻이 아닙니다. 서로의 배필인 것입니다. 남자는 여자를 도와서 온전케 하고 여자는 남자를 도와서 온전케 합니다. 배필은 서로를 도와서 완성한다는 뜻입니다. 한 사람보다는 두 사람이 힘을 모을 때 더 많은 일을 할 수 있습니다. 때로는 역할을 나누어서 하기도 합니다. 이것은 신체적인 보완입니다. 성격적으로도 대개 남편과 아내는 성격이 달라서 보완될 때가 많습니다. 남편이 급하면 아내는 더디든지, 아니면 남편이 소극적이면 아내가 적극적이어서 서로의 부족한 점이 보완되기도 합니다.

그러나 더 중요한 것은 아내나 남편은 영적으로 상대방을 보완해서 한쪽이 죄나 유혹에 빠지려고 하면 다른 쪽이 바로잡아 줍니다. 한쪽이 다른 쪽을 더 성숙한 신앙의 자리로 이끌기도 합니다. 돕는 배필의 궁극적인 목표는 바로 여기에 있습니다. 아내나 남편을 하나님 앞에서 더 성숙하고 완전한 자리로 나아가도록 인도하고 도와주는 것입니다. 아내는 남편에게 결국 이것을 원합니다. 남편이 돈을 잘 벌어다 주는 것도 좋고 사랑해 주는 것도 좋지만 영적으로 자기를 책임져 주고 이끌어주기를 바랍니다. 그리고 남편도 아내가 결정적인 순간에 바른 조언을 해주기를 바랍니다. 그리고 아내의 칭찬이나 격려 한마디가 다른 어떤 것보다 힘이 될 때가 많습니다. 하나님께서 우리를 남자와 여자로 만드시고 상대방의 필요를 느끼게 하시고 성생활을 나누게 하신 일은 하나님이 주신 최고의 선물입니다.

타락하고 난 후의 남자와 여자의 관계

그러나 인간이 타락한 후에는 이 성이 폭탄으로 변합니다. 인간이 타락한 후 하나님께서 여자에게 주신 저주가 바로 이것입니다. "또 여자에게 이르시되 내가 네게 잉태하는 고통을 크게 더하리니 네가 수고하고 자식을 낳을 것이며 너는 남편을 사모하고 남편은 너를 다스릴 것이니라"(창 3:16). 더 이상 결혼 관계가 돕는 배필의 관계가 아니게 됐습니다. 죄의 결과로 남편은 아내를 억압하고 종속시키는 방향으로 나아가게 됐습니다. 아내는 분노하거나 자포자기하게 됩니다. 이것이 아내가 남편을 사모하는 것입니다. 여기서 '사모한다'라는 단어는 좋은 의미를 담은 표현이 아닙니다. 분노하고 질투하는 것을 의미합니다.

사람이 타락한 후 마음속에 두 가지 불이 생기게 됐습니다. 그 하나가 분노의 불이고 두 번째가 성욕의 불입니다. 성욕은 불과 같아서 한번 불이 붙으면 개인의 삶을 파괴합니다. 하나님의 진노를 불러일으킵니다. 소돔과 고모라처럼 유황불 심판이 닥치기도 합니다. 무서운 성병인 AIDS도 하나님이 내리신 벌일 수 있습니다. 성은 하나님이 주신 축복이었지만 타락하고 난 후에는 가장 무서운 폭탄이 됐습니다. 성의 타락은 여성을 성적으로 학대하거나 남성 사이의 경쟁과 투쟁을 불러오기도 했습니다. 성의 남용은 결국 하나님의 심판을 가져와서 노아의 홍수나 소돔과 고모라의 멸망을 초래하기도 했습니다. 성의 타락은 수많은 형태로 우리 사회에 문제를 쌓고 있습니다.

예수님의 해답

예수께서는 간음의 문제는 행위 이전에 다른 사람을 보는 시각에서 부터 시작된다고 바르게 말씀하셨습니다. "또 간음하지 말라 했다는 것을 너희가 들었으나 나는 너희에게 이르노니 여자를 보고 음욕을 품은 자마다 마음에 이미 간음했느니라"(27-28절). 간음죄는 상대방을 소유하기 위하여 구체적인 어떤 상상을 하는 데서부터 시작됩니다. 상대방을 보고 어떤 상상을 하는 것이 무슨 죄가 되겠느냐고 말할 것입니다. 상대방을 괴롭힌 것도 아니고 상대방의 몸에 손을 댄 것도 아닙니다. 그런데 왜 예수께서는 여자를 보고 음욕을 품은 자마다 이미 마음에 간음했다고 말씀하시는 것입니까? 만일 우리가 성 문제를 하나님 앞에서 보기만 한다면 이 세상에서 한 남자와 한 여자를 사랑하고 서로를 위하여 자신을 주는 것보다 더 아름다운 것이 없습니다. 이것은 이 세상에서 출세하는 것보다 훨씬 더 복된 것입니다. 성은 하나님이 주신 선물입니다. 선물을 기다리는 마음이 얼마나 가슴 벅찬 일입니까? 성은 감추어져 있어야 하고 숨겨져 있어야 아름다운 것입니다. 하나님의 선물을 때가 되어 허락되기도 전에 내 마음대로 가지려고 한다면 그런 생각 자체가 얼마나 불경스럽고 추악한 것입니까?

그래서 이성을 대하는 태도에서 구원받은 백성과 그렇지 않은 사람이 확연히 구분됩니다. 하나님을 모르는 사람은 성을 파괴하고 약탈하려고 합니다. 반면 하나님의 백성은 상대방을 존중하고 어떻게 하든지 그의 부족함을 채워주려고 합니다. 내 물건과 남의 물건이 구분되듯이, 내 사람과 남의 사람도 구분되기는 마찬가지입니다. 합법적으로 나의 사람이 아닌 대상에 대하여 마음대로 가지려고 하는 것이 이미 하나님께 대하여 죄를 짓는 것입니다.

예수님은 그리스도인들이 마음속에 일어나는 성욕과 싸울 수 있다고 하십니다. "만일 네 오른눈이 너를 실족케 하거든 빼어 내버리라. 네 백체 중 하나가 없어지고 온몸이 지옥에 던지우지 않는 것이 유익하며 또한 만일 네 오른손이 너로 실족케 하거든 찍어 내버리라. 네 백체 중 하나가 없어지고 온몸이 지옥에 던지우지 않는 것이 유익하니라"(29-30절). 예수께서는 분노에 대해서는 3심제로 말씀하셨습니다. 그런데 성에 대해서는 2심제로 말씀하십니다. 2심제로 그치는 것은 성적인 범죄가 더 무섭기 때문입니다. 예수님은 성적인 죄에 대해서 바로 지옥의 경고를 하십니다. 먼저 눈으로 보고 그다음에 손으로 만집니다. 예수님은 우리가 인간인 이상 전혀 생각조차 하지 않는 것은 불가능하다는 것을 아십니다. 그래서 우연히든 아니면 의도적이든 여자나 남자를 보고 음욕이 생겼다면 빨리 눈을 뽑으라는 것입니다. 그런데 보통 눈이 아니고 오른눈입니다. 가장 중요한 눈을 뽑으라고 말씀하십니다. 이것은 실제로 눈을 뽑으라는 뜻이 아닙니다. 빨리 그런 상황을 탈출해서 죄의 정욕에 사로잡히지 않게 하라는 말입니다. 그럼에도 손으로 만지게 됐다면 그 손을 잘라버려서 다시는 쓰지 못하게 하라는 뜻입니다. 이것은 아직 시간이 있을 때 욕심을 죽이라는 뜻입니다. 하나님의 백성은 죄의 욕망을 어느 선에선가 차단해야 합니다.

우리가 음란한 죄에 빠지는 데는 여러 단계가 있습니다. 예를 들어서 음란한 포르노 영화를 본다고 가정해 봅시다. 우선 광고를 보고 충동을 느낄 것입니다. 그때 눈알을 빼는 것이 좋습니다. 그때 보고자 하는 욕심과 싸워서 제거하지 않으면 보게 될 가능성이 큽니다. 아직 기회가 있습니다. 그런 것을 보기 위해서 돈을 주어야 하는 것이 유혹을 이길 수 있는 두 번째 단계입니다. '내가 이런 더러운 것을 보기 위하여 돈까지 주어야 하는가?' 혹은 다른 사람의 눈을 의식하게 되는 것도 유혹을 이길 수 있는 한 단계입니다. 그러면 만일 우리가 음란한 영상을 한번 보았다면 다 지옥에 가게 됩니까? 그렇지는 않더라도 내 영혼은 거의 죽은 것이나 마찬가지입니다. 음란한 성 문화는 그 영혼을 죽입니다. 그런 영화를 보았다면 그의 영혼은 거의 물에 빠져 죽을 뻔했다가 나온 것으로 생각해야 합니다. 자꾸 빠져 죽는 연습을 하는 것은 좋지 못합니다.

그리고 만일 우리가 회개하지 않으면 우리 안에 있는 성령이 시기하기까지 근심하십니다. 절대로 우리는 기쁘거나 행복하지 않을 것이며, 하나님께서 여러 번 경고했음에도 불구하고 돌이키지 않으면 그분은 경고의 채찍을 드실 것입니다. 우리는 제대로 회개하기까지 이미 영적인 지옥을 맛보게 될 것입니다. 전혀 기쁨이 없는 엄청난 죄의식 속에서 슬피 울며 이를 갈게 될 것입니다. 그리스도인은 언제 승리의 기쁨을 체험할 수 있습니까? 육체의 작은 정욕을 거부하고 참을 때입니다. 욕망을 거부하고 이겼을 때 얼마나 기쁜지 그리고 우리 안에 계신 성령께서 얼마나 기뻐하시는지 발견하게 될 것입니다. 그러면 이미 과거에 우리가 실패한 부분에 대해서는 어떻게 합니까? 회개하면 하나님께서 용서해 주십니다. 새로운 삶을 시작할 수 있습니다. 예수님께서 오신 것은 무조건 정죄하기 위해서가 아니고 치료하고 회복시켜 주시기 위해서입니다.

혼외정사 문제

"또 일렀으되 누구든지 아내를 버리거든 이혼 증서를 줄 것이라 했으나 나는 너희에게 이르노니 누구든지 음행한 연고 없이 아내를 버리면 이는 저로 간음하게 함이요 또 누구든지 버린 여자에게 장가드는 자도 간음함이니라"(31-32절). 성과 관련된 또 다른 문제는 이혼입니다. 유대 사회의 이혼은 우리 사회의 경우와 조금 달랐습니다. 비슷한 부분도 있고 그렇지 않은 부분도 있었습니다. 우선 유대인들의 이혼은 혼외정사를 합리화하기 위한 수단이었습니다. 유대 사회는 어떤 경우에도 간음을 허용하지 않으니까 혼외정사를 위해서 이혼했습니다. 이것은 우리 사회와는 반대입니다. 우리 사회는 혼외정사를 숨기기 위해서 할 수 있는 한 이혼하지 않습니다. 다른 사람의 시선도 있고 특히 자녀의 장래를 생각해 그냥 같이 삽니다. 그런데 유대 사회는 혼외정사는 사형이니까 죽지 않으려고 이혼이라는 방법을 사용했습니다. 누군가 혼외 성관계를 맺은 남자에게 '왜 당신은 부인이 있는데 다른 여자와 성관계를 맺는 것인가요?'라고 물으면 '저는 얼마 전 이혼했습니다'라고 말하면 끝납니다. 그들에게 있어서 이혼의 절차는 간단했습니다. 부인의 승낙도 필요하지 않았습니다. 부인에게 재혼을 허락하는 이혼 증서를 써 주면 그만이었습니다.

그러나 모세가 이혼을 허락한 이유가 무엇입니까? 사람이 악하므로 이혼 제도를 허용하지 않으면 상대방을 때려서 죽이든지 말려서 죽이든지 할 것입니다. 예를 들어서 사별해야 이혼이 성립된다고 하면 이혼하기 위하여 어떻게 해서든지 상대방을 죽게 할 것입니다. 남모르게 폭력을 행사하든지 아니면 정신적인 고통을 주어서 서서히 죽이게 될 것입니다. 그래서 모세는 약자를 보호하기 위하여 이혼을 허용한 것인데 이것은 오늘날도 유효하게 적용할 수 있는 원리입니다.

맺음말

사실 이혼이 많은 이유는 결혼 자체가 온전하지 못한 경우가 대부분입니다. 예를 들어, 남편이나 아내의 정신 질환이나 혹은 성 질환 같은 것을 숨기고 결혼하는 경우입니다. 혹은 결혼할 때 전혀 생각하지 못했던 심각한 문제가 발생해서 결혼 생활이 불가능한 경우에는 한쪽이라도 보호하기 위하여 이혼을 허용해야 할 경우가 있습니다. 또한 한번 결혼에 실패한 후 엄청난 실패와 좌절을 경험한 후 신앙의 길에서 만난 새로운 배필과 아름다운 삶을 사는 분들도 계십니다. 저는 그런 분들을 마음으로 축복합니다. 그러나 자신의 정욕을 합리화시키기 위하여 무죄한 아내와 남편의 눈에 피눈물이 흐르게 하고 아이들과 부모의 마음에 못을 박으면서 이혼이라는 사회적인 제도를 이용해서 자신의 정욕을 채우는 자는 영원한 지옥의 형벌을 피할 수 없을 것입니다. 29절과 30절 끝에, "내 백체 중 하나가 없어지고 온몸이 지옥에 던지우지 않는 것이 유익하며"라는 표현이 나옵니다. 간음하지 말라는 계명의 정신은 어디에 있습니까? 다른 사람의 정조를 생명만큼이나 중요하게 생각해 주는 것입니다. 나의 인격이 중요한 만큼 상대방의 정조나 결혼 관계를 나의 생명만큼 중요하게 생각하는 것입니다.

예수님은 가끔 그 시대를 향해 '악하고 음란한 세대'라고 꾸중하셨습니다. 그런데 이 꾸중은 예수님 당시보다 우리 시대에 훨씬 더 적합한 것 같습니다. 특히 '음란한 세대'라는 말은 우리 시대의 사람들에게 딱 들어맞는 표현입니다. 20세기 후반기로 접어들면서 우리의 성생활에는 엄청난 변화가 있었습니다. 이른바 '성(性) 혁명'이 일어나면서부터이지요. 과거에는 감춰야 했던 것들이 이제는 떳떳한 것, 아름다운 것으로 변했습니다. 죄악시하고 금기시하던 남녀 간의 비정상적인 관계도 이제는 누구나 수긍하는 당연한 일로 받아들여지고 있습니다. 그리고 쉽게 결혼하고 쉽게 이혼하는 세상이 됐습니다. 굳이 결혼을 하지 않고도 성욕을 충족시키고 성생활을 즐길 수 있는 시대가 된 것입니다. '결혼과 성은 별개다'라는 생각이 많은 사람에게 받아들여지고 있으며, 남녀 간의 사랑과 애정은 당사자들이 서로 원하기만 하면 죄 될 것이 없을 뿐 아니라 오히려 아름다운 일이라고 생각합니다. 경찰서와 사창가가 나란히 서 있는 모습, 성욕을 자극하는 천박한 상술들, 백주에 벌어지는 뜨거운 광경들 등은 이제 어디서나 볼 수 있는 흔한 이 시대의 풍속도입니다. 각종 이류 매스컴에 성을 상품으로 선전하는 광고가 등장한 것도 어제오늘의 일이 아닙니다. 성 개방의 속도가 가장 느린 나라 가운데 하나인 우리나라가 이렇다면 다른 나라들은 어떻겠습니까? 어떤 나라에서는 몸을 파는 사람들이 그렇게 번 돈에서 세금을 내고 정식 직업인으로 행세하겠다고 정부에 제안한 적도 있었습니다.

성도 여러분, 우리는 그야말로 음란한 시대에 살고 있습니다. 성이 문화라는 이름으로 범람하고 있는 세상에 살고 있습니다. 이제 대부분의 사람들이 음란한 것에 익숙해져 있습니다. 죄책감을 갖거나 두려워하지도 않습니다. 성은 아름다운 것이고, 그래서 성욕이 일어나는 대로 함부로 사용해도 좋은 것일까요? 이렇게 살아가는 것은 절대로 옳지 않습니다. 하나님을 사랑하는 것이 아니고, 예수님의 말씀을 따르는 것도 아닙니다. 예수님은 살인의 문제를 취급하신 다음, 두 번째로 간음에 대하여 말씀하셨습니다. 이것은 간음이 살인 다음으로 심각한 죄이기 때문입니다.

대조법적 표현

간음에 대한 예수님의 교훈은 당시 사람들이 알고 있었던 간음죄를 인용하심으로 시작됩니다. "또 간음치 말라 했다는 것을 너희가 들었으나." 자신의 교훈을 바로 주시지 않고 다른 것, 즉 청중들이 알고 있었던 것과 비교하며 말씀하신 이런 방법을 우리는 '대조법'이라고 부릅니다. 대조법은 사람들이 어떤 것을 이미 굳게 붙들고 있을 때 효과적으로 사용하는 표현기법입니다. 사람들이 따르고 있었던 기준과 예수님의 교훈을 대조하심으로, 사람들을 지배하고 있던 옛 기준을 축출하고 예수님의 교훈을 강하게 부각시키는 효과가 있습니다. 예수님 교훈의 탁월성을 청중 스스로 감지하도록 하는 방법입니다. 즉, 대조법은 수정 혹은 대체의 효과를 만들어냅니다.

예수님은 자신의 교훈을 무엇과 대조시킨 것일까요? 사람들은 간음죄를 지어서는 안 된다는 것을 율법사들에게 배웠습니다. 율법사들은 간음이 무엇인지를 그들의 선생에게서 배웠습니다. 이렇게 올라가면 유대인들이 따르고 있었던 법의 출처는 모세에게로, 그리고 모세에게 율법을 주신 하나님에게까지 거슬러 올라갑니다. '간음하지 말라'는 명령은 십계명의 여섯 번째 계명입니다.

그렇다면 예수님은 무엇과 자신의 교훈을 비교하셨을까요? 여기서 저는 사람들이 가진 아주 좋지 않은 경향 혹은 습성을 하나 지적하고 싶습니다. 법을 지키는 것처럼 하면서도 사실은 법의 정신을 역행하고 망가뜨리는 교활함이 우리 인간에게 있다는 점입니다. 사람들은 살인하지 않고도 살인에 못지않은 해를 다른 사람에게 가할 수 있습니다. 살인할 때보다 더 독한 마음을 가지거나 표현할 수 있습니다. 살인의 범위 밖에서 사람들을 괴롭히는 것입니다. 이 경우 법은 사람들의 마음과 행동을 선도하는 역할을 하지 못하고 오히려 사람들이 자신의 분노를 마음껏 발휘할 수 있는 울타리를 치는 역할을 합니다.

간음의 경우도 그렇습니다. 사람들은 마지못해 법을 지키면서도 법에 저촉되지 않는 한도 안에서 자신의 음란한 마음을 충족시킬 방법들을 찾습니다. 법을 피해 가며 음란한 삶을 즐기는 것입니다. 법을 지키려는 사람이 있는가 하면, 이와는 반대로 법에 걸리지 않는 일들만을 찾는 사람이 있습니다. 법을 악용하고, 법이 원하는 길을 역행하는 것이 우리 인간의 습성입니다. 이런 사람들은 간음하지 않았다는 것 때문에 자신이 음란하다는 사실을 인정하지 않습니다. 음란한 마음을 따르고 음란한 행동을 하면서도 자신은 잘 가고 있다고 생각합니다.

바로 이런 인간의 사악함을 아시는 예수께서는 살인을 일으키는 원인인 사람에 대한 분노, 경멸, 무시 등도 문제 삼으셨습니다. 살인을 금하신 하나님의 원뜻은 사람들을 존중하는 데 있었기 때문입니다. 예수님은 간음죄에 관한 교훈에서도 간음하지 말라는 계명을 악용하던 당시 사람들의 실생활을 비판하셨던 것으로 보입니다. 사람들이 간음은 하지 않으면서도 간음 못지않은 음란함을 가지고 있음을 보셨기 때문일 것입니다.

간음에 대한 율법의 규정

간음이란 인류의 역사만큼이나 오래된 죄악입니다. 엄밀하게 따진다면 결혼한 두 사람 이외의 모든 성관계가 간음입니다. 이런 관점에서 살펴보면, 결혼이란 남녀 두 사람이 성관계를 가질 수 있도록 허락하는 것입니다. 간음하지 말라는 하나님의 명령은 가정을 지키기 위한 것으로서 결혼한 두 사람 가운데 누가 다른 사람과 관계를 맺는 것을 금하신 것입니다.

구약의 계명을 좀 더 정확하게 이해하기 위하여 우리 시대의 얘기로부터 시작해 봅시다. 현대사회는 불법적 성관계라는 사실보다는 이 사건으로 인해 피해 입은 배우자의 태도를 강조하는 경향이 있습니다. 그래서 고소가 없다면 간통죄는 성립하지 않습니다. 그 결과가 고소가 없는 한 간음을 죄로 인식하지 않는 풍조로 나타납니다. 현대사회는 성관계를 맺은 두 사람의 의도를 중요시합니다. 두 사람이 좋아서 그렇게 한 것이라면 혼외 관계라도 법이 개입하려고 하지 않습니다. 그래서 간음에 관한 한 강간은 있어도 간통은 존재하지 않는 새로운 풍속도가 만들어집니다.

현대사회의 또 다른 약점은 혼인의 정신을 약화시킨 것입니다. 쉽게 이혼할 수 있게 함으로써 원하는 사람들끼리의 합법적 성관계를 보장하는 것입니다. 정욕을 충족시키기 위해서는 가정도 무너뜨리는 극도로 이기적인 사회가 되고 있습니다. 현대사회는 결혼과 관계없는 성관계를 더 이상 제어하지 못하고 방임하고 있습니다. 결혼만 없다면 간음도 없다는 사고가 사람들을 지배하고 있습니다. 이런 식의 변화는 발전이 아닙니다. 타락입니다. 퇴보입니다. 성적으로 문란해지는 것이고 가정과 사회를 파괴하는 것입니다. 정욕을 따르는 것이고 멋대로 살아가는 것입니다. 음란한 세상이 가는 길입니다.

하나님의 뜻은 처음부터 이렇지 않았습니다. 하나님은 남자와 여자를 만드시고, 두 사람을 한 몸으로 결합하셨습니다. 결혼을 통과하며 누구도 나눌 수 없는 한 몸이 되는 것입니다. 이렇게 탄생하는 가정을 통하여 하나님은 인류의 역사를 이어가십니다. 성경은 결혼과 육체적 관계가 밀접하게 결합되어 있음을 보여주고 있습니다. 결혼은 두 사람의 육체의 결합을 인정하는 하나님의 허락인 셈입니다. 그렇다면 간음은 이 하나님의 선하신 계획을 파괴하는 죄입니다. 결혼으로 맺어지는 한 사람 됨을 파괴하고 또 다른 하나의 몸을 만듦으로써 혼란의 구덩이에 빠져드는 악한 일입니다.

성경은 결혼이 없는 자유로운 성관계를 인정하지 않습니다. 따라서 청소년들이 문란하게 성을 익혀가는 것이나, 독신으로 살면서도 성욕을 발산하는 것은 옳지 않습니다. 결혼 전에 성관계가 이루어지는 바람직하지 못한 길을 갔을 때는 결혼을 통하여 더 큰 악을 방지해야 할 것입니다.

신약시대는 무법시대가 아닙니다. 하나님의 율법이 폐지됐거나 자기 멋대로 살아도 되는 시대가 아닙니다. 하나님의 법은 여전히 살아있었습니다. 예수께서 사람들을 꾸중하신 이유는 법을 지킨다고 하면서 오히려 그 법을 악용하고 하나님의 의도에 역행했기 때문이었습니다.

마음의 음욕도 간음

예수님은 실제 간음만이 아니라 여인을 보고 음욕을 품는 사람도 이미 마음으로 간음했다고 선언하셨습니다. 간음이라는 육체적 죄의 범위를 그 동기가 되는 정욕, 즉 정신적 차원으로 확대하신 것입니다. 예수님의 말씀을 정확하게 이해하려면 몇 가지 주의사항이 필요합니다.

첫째, 간음이란 남자들만 범하는 죄가 아닙니다. 즉, 예수님의 이 말씀은 남자들에게만 주신 말씀이 아니라 여자들에게도 같이 주신 말씀입니다. "여인을 보고 음욕을 품는다"는 말은 남자들에게 해당되는 경우이기 때문에 예수님은 남자들의 간음만을 취급하셨다고 말하기 쉽습니다. 그러나 이런 표현은 남자와 여자를 구별하는 것이 아니라 남자와 여자로 이루어진 전체에 대해서 얘기할 때 그 대표격으로 남성 명사를 사용하는 관용법에서 나온 것입니다. 명사가 남성 명사 혹은 여성 명사 등으로 나누어지는 언어에서 흔히 발견되는 용법입니다. 예수님은 일반적으로 사람들이 이성을 보고 성욕을 가지는 것 혹은 성욕을 충족시킬 목적으로 이성을 보는 것을 간음이라고 지적하신 것입니다.

둘째, 예수님의 말씀을 문법적으로 분석하면 음욕은 '본다'는 동사의 목적어입니다. 즉, 예수께서 정죄하신 성욕은 마음속에 자연스럽게 형성되는 그런 대상 없는 성욕이 아니라, 간음할 의도를 가지고 이성을 쳐다보는 행위입니다. 고의적이고 의도적인 시선을 정죄하신 것입니다. 합법적인 결혼 관계 이외의 육체적 행위에 간음이란 죄명이 붙었던 것처럼, 이 경우에도 배우자 이외의 사람에게 성욕을 느끼고 간음하고 싶어 하는 것을 예수님은 '마음의 간음'이라고 경고하셨습니다. 우리는 충동적이고 무의식으로 발생하는 성욕도 정당한 것이라고 하며 무방비 상태로 놔둘 수는 없습니다. 왜냐하면 바로 그런 충동적이고 무의식적으로 생산되는 성욕이 간음하고자 하는 의도로 이어지고 결국 실제 간음이라는 무서운 결과를 낳을 수 있기 때문입니다.

셋째, 하나님은 사람들에게 각종 기능을 주셔서 인간으로 살아가게 하셨습니다. 식욕은 살아가는 데 필요한 음식을 찾는 기능입니다. 목마름은 물을 보충하는 기능입니다. 성욕이란 필요한 반쪽을 찾고 결혼하며 가정을 꾸미고 역사를 이어갈 다음 세대를 만들어내는 그런 본능입니다. 어떤 심리학자의 연구를 따르면, 사람은 태어날 때부터 성적 욕구를 가지며 그것을 표현한다고 합니다. 나타나는 현상, 강도, 그리고 그 표현 방법이 나이에 따라 다르기 때문에 그것을 성적 욕구가 아닌 것처럼 느낄 뿐이라는 분석입니다.

간음에 대한 예수님의 말씀이 오해되어 적용되기도 합니다. 학교 가다 길에서 만난 남녀 학생이 서로 인사하며 잠시 얘기 나누는 것을 간음으로 정죄하기도 했습니다. 남자아이가 여자아이 곁에 앉고 싶어 하는 마음을 음란이라고 야단치며 몰아세우기도 했습니다. 한국에서 이런 식의 설교가 유난히 강했던 이유는 '남녀칠세부동석'을 가르치던 유교의 영향이 아마 절대적이었기 때문이라고 생각됩니다. 선교 초기에는 예배당 중앙을 막으로 막은 후에야 겨우 남자와 여자가 함께 예배드릴 수 있지 않았습니까? 청년들은 이런 순수한 감정적 자유를 통하여 짝이 될 사람을 찾고 결혼에 도달하게 됩니다. 이러한 감정을 정죄할 수 없습니다. 하지만 아무리 건전한 감정이라도 어느 순간에 음행의 늪에 빠져들 수 있음을 기억해야 합니다.

모든 성욕이 죄는 아니지만 간음죄는 항상 성욕에서 나오는 것입니다. 그렇다면 간음죄를 피하고 근절하는 길은 그 동기, 원인이 되는 불법적인 성욕을 억제하고 제거하는 것뿐입니다. 음란한 이 세상의 풍조에 편승하여 음욕을 채우는 일을 그칩시다. 주님의 말씀을 기준으로 받아들여 이 말씀에 저촉되지 않도록 깨끗하게 생각하고, 깨끗하게 생활하도록 애씁시다.

마음의 정욕도 죄

진짜 간음과 마음의 간음 혹은 심리적 간음은 다르다고 생각하는 것이 우리들입니다. 진짜 간음만을, 그것도 법정의 판결에 의해서만 죄로 인정하는 세상의 논리에 젖어 있지 않습니까? 온갖 종류의 간음을 갖은 방법으로 정당화하고 미화하는 세상의 분위기에 푹 빠져 있지는 않습니까?

기독교인이라 하더라도 죄를 범한다면 죄인이라고 불러야 하지 않겠습니까? 기독교인은 죄를 범하지 않는다거나 죄를 범할 수 없다는 말은 현실에서는 별로 설득력이 없습니다. 실제로 악한 생각과 악한 행실이 그리스도의 영광을 가리는 것이기 때문입니다. 예수님의 제자라도 죄를 범한다면 그는 죄인이요 죄인의 운명을 밟을 수밖에 없습니다. 삶은 아직 모든 것을 유동적인 차원에서 보고 느끼고 다루게 합니다. 믿음도 아직은 유동적으로 나타납니다. 강한 믿음의 용사인 듯 보이던 사람이 잠시 후에는 나약한 신음 소리를 내며 두려워 떨게 되는 것이 현실입니다.

예수님은 사람들이 살아 움직이는 삶의 현장을 다루시며 삶의 현장에 필요하고 유용한 말씀도 주셨습니다. 산상설교가 바로 그런 종류의 말씀입니다. 모든 명령은 이렇게 미래가 현재로 변할 때 선을 행할 수도 있고 악을 행할 수도 있는 살아있는 사람들에게 주신 말씀입니다. 그 현재를 바르고 깨끗하게 삶으로써 후회 없는 과거를 쌓아가도록 주신 말씀입니다. 예수님은 우리의 그 현재의 믿음의 삶에 하나님의 은총/심판을 결부시켜 말씀하신 것입니다. 예수님은 마음의 간음마저도 죄로 규정하셨습니다. 따라서 누구도 간음하는 사람이 되어서는 안 됩니다.

간음에 따른 후회와 참회

예수님은 다른 어떤 죄보다도 간음이라는 죄를 심각하게 취급하셨습니다. 간음죄는 우리의 몸, 본능, 인간성과 굳게 결합되어 있어서 웬만한 후회와 회개로는 정리하기 어렵다고 보셨기 때문일 것입니다. 성욕이 교활하게 자신을 고상한 것으로 위장하는 특징도 지적해야 할 것입니다.

성욕이란 죽음보다 더 강하다고 말할 수 있을 것입니다. 어떤 사람이 상사병에 걸려 피골이 상접하게 말라갔다는 말을 우리는 종종 듣습니다. 못 이루는 사랑 때문에 밤잠을 설치고 음식을 끊고 고민하고, 때로는 자살로 삶을 마무리한다는 얘기는 동화책의 한 부분만이 아닙니다. 사람이 살아있는 한 사랑을 갈구하고 이루지 못할 때 모든 신경이 이 한 부분으로 집중하는 것은 누구에게나 일어나는 일입니다. 한 사람을 찾기 위하여 이런 현상이 나타날 때 우리는 정열적인 사랑이라고 찬사를 보냅니다. 그런데 이런 현상은 결혼한 후에도 되풀이 될 수 있습니다. 그뿐만 아니라 아무에게나 이런 욕구를 갖도록 충동질하는 것이 인간의 본능입니다. 우리 인간의 육체에 새겨져 있는 성적 욕구가 사람을 이렇게 만드는 것입니다. 그것은 본능과 결합되어 있기 때문에 금방 끊을 수 있는 그런 것이 아닙니다. 마셔도 되고 마시지 않아도 그만인 그런 종류의 욕심이 아니라는 말씀입니다.

담배를 피우는 사람이 일정 기간 동안 담배를 피우지 않으면 그의 몸은 금방 금단현상을 나타냅니다. 그는 그때부터 아무것도 손에 잡지 못하고 담배 피울 구실만 찾습니다. 성적 욕구는 아마 그 이상일 것입니다. 우리의 몸이 그런 것을 요구하고 있습니다. 그 결과가 간음으로 나타나는 것입니다. 예수님은 결과만을 보지 않으시고 그 동기로부터 시작하는 전 과정을 경고하시며, 이 문제에 대한 심각하고 극단적인 처방을 요구하셨습니다.

우리는 죄가 간단한 문제가 아니라는 것을 압니다. 예수님을 믿는 사람들조차 죄로 인해 고통을 당하고 있습니다. 예수를 믿고 섬기면서도 여전히 죄를 짓는다는 사실이 우리를 비참하게 만들고 끝없는 자책과 좌절을 만들어내는 것입니다. 예수님을 믿지 않을 때는 죄를 짓는 것이 즐거울 수 있습니다. 무감각했습니다. 죄의식도 없이 그냥 세태에 흔들리며 살았습니다. 그리고 그렇게 사는 것을 호탕하게 사는 '인생'이라고 불렀습니다.

그러나 예수님을 믿게 되면서 모든 것이 달라집니다. 더 이상 마냥 죄를 짓지는 못합니다. 어느새 새로운 마음이 주어진 것입니다. 죄를 짓는 것을 두려워하게 마음을 받았습니다. 그래서 실수하는 자신을 미워합니다. 허약한 인간성을 싫어합니다. 정말 죄를 짓지 않을 수 있는 비결이 있다면 누가 마다하겠습니까? 예수님을 믿는 우리는 예수님에게 소망을 둘 수밖에 없습니다.

초대 교회 시절에 예수님의 이 말씀을 글자 그대로 실행했던 용감한 기독교인들이 있었습니다. 죄를 너무 미워하고 죄짓는 자신을 너무 싫어한 나머지 그들을 범죄케 했던 손을 잘랐습니다. 다시는 죄짓지 않기를 소원하면서 말입니다. 그렇게 한 후에 그들이 발견한 사실이 하나 있었습니다. 손을 하나 잘랐는데도 여전히 죄를 짓는 근성이 사라지지 않고 남아 있다는 사실에 그들은 깜짝 놀랐습니다. 죄는 눈동자나 손에 붙어 있는 것이 아닙니다. 그런 것을 잘라낸다 하더라도 잘라야 할 것들이 끝이 없다는 점을 발견한 것입니다. 예수님은 과장법을 사용하셨던 것입니다. 손을 자르고 눈을 뽑는 그런 단호한 결심과 회개가 아니라면 죄의 문제를 극복할 수 없다는 말씀이었습니다.

예수님은 마태복음 12장 34-35절과 15장 17-19절에서 인간의 죄는 밖에서 안으로 들어가는 것이 아니라 사람의 안에서, 즉 마음에서 나온다고 강조하셨습니다. 마음이 죄의 온상이고 인간의 본성, 습성이 그 수구 노릇을 하고 있다는 것입니다. 죄의 본질을 이렇게 규명하신 예수께서 눈을 뽑고 손을 자르고 말씀하셨다면 이것은 육체의 한 부분을 없애므로 죄를 벗을 수 있다는 의미가 아님을 진작 알 수 있었습니다. 예수님의 말씀은 심각하게 죄 혹은 죄의 원인을 절단해야만 한다는 것을 그렇게 극단적으로 과장법으로 표현하셨음이 분명합니다. 유독 간음과 관련해서 이 과장법적 표현을 쓰신 이유는 다른 어떤 죄보다도 간음죄는 우리 가까이, 우리의 몸 안에 있기 때문입니다.

맺음말

성도 여러분, 간음에 관한 구약의 계명은 약해지거나 폐지되지 않았습니다. 그것은 예수님의 말씀을 통해서 완성됐습니다. 하나님은 여전히 우리의 행위 가운데 어떤 것을 간음으로 규정하시고, 그런 행위들을 잘라 내기를 원하십니다. 간음하지 말라는 계명은 우리가 지켜야 할 하나님의 말씀입니다. 예수님은 간음죄의 범주에 음란한 마음까지 포함하셨습니다. 구약 시대에 주신 계명을 더 철저하게 적용하신 것입니다. 신약시대의 특성에 어울리게 마음의 영역에까지 적용하셨습니다. 여러분, 우리는 주님의 말씀을 따라 우리의 마음도 깨끗하게 해야 합니다. 우리를 넘어뜨리고 유혹하는 것들을 과감히 잘라내고 후회하고 회개하며 청산해야 합니다.

제18장
이혼만은 하지 맙시다
마태복음 5:31-32

예수님은 이혼을 금하셨는데, 그럼에도 불구하고 이혼은 오늘날 어디서나 볼 수 있는 흔한 일이 되어버렸습니다. 교인 중에도 이혼의 쓰라린 경험을 가진 사람들이 많습니다. 기독교인이 된 이후에 이혼한 사람도 있습니다. 교회 직분자나 심지어 목회자들 가운데도 이런저런 이유로 이혼한 사람들이 많이 있습니다. 이혼은 이제 더 이상 부끄러운 일도, 숨길 만한 일도 아닌 것처럼 인식되고 있습니다. 그런데 예수님은 이혼을 하지 말라고 하셨습니다. 미래에 결혼할 사람들에게, 그리고 어쩌면 언젠가 이혼의 위기를 만날지도 모르는 남편과 아내들에게 이혼을 금지한 예수님의 말씀은 중요한 삶의 지표가 될 것입니다. 모든 가정의 밝은 미래를 위하여 예수님의 보물 하나를 얻는 마음으로 이 말씀에 접근해 봅시다.

늘어나는 이혼율

이혼율은 우리 사회에도 점점 증가하고 있습니다. 현대사회의 결혼관 때문입니다. '성의 혁명'이 그 불을 지폈습니다. 사람들은 사랑이나 성관계를 부부 사이에만 있을 수 있는 비밀스러운 일이라는 생각을 버렸습니다. 이것에 기초한 결혼관은 필연적으로 흔들릴 수밖에 없습니다. 결혼이 사람의 일생을 구속하는 것이라고 생각하는 사람은 요즘에는 거의 없습니다. 그것은 고루한 결혼관이라고 치부될 것입니다. 고전적이라는 단어를 쓰기도 합니다. 필요하면 결혼하고 불편하면 이혼해도 좋다는 생각이 어디에나 만연되어 있습니다. 이혼의 사유도 점점 다양해지고 가벼워집니다. 별거 아닌 것 가지고도 이혼 합의서에 도장을 찍고 남남으로 갈라섭니다. 결혼하는 네 쌍 가운데 한 쌍, 세 쌍 가운데 한 쌍은 이혼으로 끝난다는 통계 보고서가 발표된 나라들이 적지 않습니다. 어제 결혼하고 신혼여행을 떠난 두 사람이 남남으로 돌아왔다는 웃지 못할 소문도 심심찮게 나돌고 있습니다.

성경이 말하는 이혼 허용 조항

예수께서 사셨던 시대의 유대 사회도 우리 시대의 한국 사회와 크게 다르지 않았습니다. 유대인들은 결혼을 하나님 앞에서 한 남자와 한 여자가 결합하여 평생 살아가는 것, 하나님의 명령, 하나님 앞에서의 약속으로 받아들였으면서도 그 지역을 지속적으로 지배하고 있던 이방인들의 영향으로 이혼을 별로 심각하게 생각하지 않았습니다. 그 당시 유대인들의 문헌을 보면 아내가 요리를 잘 못하는 것이 이혼의 사유가 되느냐 안 되느냐는 토론이 있었습니다. 예수님에게 어떤 사람이 와서 '이유만 있다면 아내를 내어버리는 것이 옳습니까'라고 질문하기도 했습니다(막 10:2). 아들을 낳지 못하면 아내를 쫓아내어도 문제 없었던 한국의 칠거지악(七去之惡)보다 더 심했던 것 같습니다. 지금의 우리 사회와 차이점이 있다면 이런 토론이 주로 남성들 위주로 진행됐다는 점입니다. 즉, 이혼은 남편이 가지고 있는 권리인 것처럼 인식되어 있었습니다. 한국 사회도 몇십 년 전으로만 거슬러 올라가면 아내를 구박하고 쫓아내곤 했던 남성 위주의 사회였습니다.

이혼에 관한 토론이 벌어지면 당시 사람들은 항상 구약의 한 구절을 인용했습니다. 그것은 신명기 24장 1절인데 이렇게 되어 있습니다. "사람이 아내를 취하여 데려온 후에 수치되는 일이 그에게 있음을 발견하고 그를 기뻐하지 아니하거든 이혼 증서를 써서 그 손에 주고 그를 자기(自己) 집에서 내어보낼 것이요." 하나님은 모세를 통하여 이혼이 가능한 계명을 주셨습니다. 그러나 이 계명을 실제 생활에 적용하는 데는 적지 않은 어려움이 있었는데, 그것은 바로 '수치되는 일'을 설명하고 그 범위를 확정하는 것입니다. 이 '수치스러운 일'은 간음이 아닙니다. 구약의 율법은 간음에 대하여 사형을 선고했지 이혼을 명령하지는 않습니다.

예수님 당시 이 단어에 대해 크게 두 가지 학설이 유행하고 있었습니다. 힐렐 학파에서는 '수치'를 가능한 한 크게 확대했습니다. 그래서 요리를 못하는 것도 '수치되는 일'에 해당하느냐 않느냐로 토론했던 것입니다. 샴마이 학파는 이 단어의 해석에 명확한 선을 긋지는 않았지만 이혼을 극도로 제한했습니다. 이방인들과 함께 섞여 사는 세상에서 율법대로 사는 어려운 길보다는 권세 있는 사람들과 쉽게 동화될 수 있는 쉬운 길, 즉 힐렐 학파의 학설이 더 보편화될 것은 자명한 일입니다. 그 결과 유대인들은 결혼을 하나님께서 맺어주시는 관계로 받아들이면서도 이혼의 구실을 찾기만 하면 이혼해도 좋다는 식으로 살았습니다.

남자들은 이 계명을 악용했습니다. 그들은 갖은 구실을 붙여 아내를 쫓아내었습니다. 여자들은 결혼을 해도 소유물 이상의 대우를 받지 못했습니다. 남자들의 세상이었으니까요. 인권을 인정받지 못하고 천시받는 대명사처럼 인식되던 여인들을 상대로 남자들은 가혹하게 하나님께서 주신 계명을 악용하여 그들의 욕망을 채우려고 했던 것입니다. 이렇듯 그 당시 이혼 증서는 결혼을 끝내는 수단으로 사용됐습니다.

'수치되는 일'이란 모호한 단어가 들어 있기는 했지만 사실 신명기에 수록된 하나님의 계명은 이혼을 하라는 명령은 아니었습니다. 아내의 '수치스러운 일'이 곧 자동으로 혹은 강제적으로 이혼으로 연결되어야만 하는 것은 아니었습니다. 그 수치되는 일 때문에 남편이 계속 함께 살기를 원치 않는다면 이혼해도 좋다는 허용이었을 뿐입니다. 남편이 그 '수치스러운 일'에도 불구하고 계속 그 여자와 살기를 원한다면 이혼할 필요는 없었습니다. 허용과 명령은 전혀 다른 차원의 말씀입니다. 허용은 특별한 경우에 주어지는 가능성입니다. 그러나 명령은 그 길밖에 없다는 것을 의미합니다. 하지만 사람들은 허용되는 조건을 확대하여 일반적 가능성으로 만들고 나아가 명령으로 바꾸어버렸습니다.

이렇게 볼 때 신명기의 계명이 문제로 삼는 조건, 즉 아내에게서 발견된 '수치되는 일'이란—제 생각에는—부부관계를 유지할 수 없는 여성의 육체적 결함에 관한 말씀으로 보입니다. 결혼은 성관계를 통한 하나됨과 자녀의 생산, 인류의 역사를 이어가는 것인데 육체적 결함이 있다면 결혼의 의미가 없어지기 때문입니다.

이혼 증서란, 여성을 보호할 목적으로 만들어진 것이지 이혼을 정당화하기 위해 만들어진 것이 아니었습니다. 그것은 이혼해야 하는 사유를 기록해서 그 여인을 자신의 부모 집으로 돌려보내는 서류였습니다. '수치되는 일'이 있을 뿐 결백한 사람이라는 것을 보장해 주는 역할을

하는 것이 이혼 증서였습니다. 현대사회에서 작성하는 이혼 합의서와
는 근본적으로 다른 것이었습니다.

예수님은 이혼을 금하셨습니다

예수님은 당시의 관행과 율법에 대한 곡해 내지 악용에 단호하게
쐐기를 박으셨습니다. 간음이라는 명백한 범죄행위가 아니라면 결코
아내를 버릴 수 없다고 하셨습니다. 그렇게 버림 받은 여자와 결혼하는
것도 간음이라고 하셨습니다. 예수님의 말씀을 한번 읽어보십시오. 예
수님의 권위가 이 말씀에 새겨져 있습니다. "나는 너희에게 말한다." 이
렇게 말씀하신 분은 우리를 구원하신 분이십니다. 우리의 죄를 지시고
십자가에 못 박히신 분이십니다. 하나님의 나라를 이 땅에서 시작하게
하시려고 인간으로 태어나신 하나님의 아들이십니다. 그분이 "나는 너
희에게 말한다"고 단호하게 말씀하셨습니다. "누구든지 음행한 연고 없
이 아내를 버리면 이는 저로 간음하게 함이요 또 누구든지 버린 여자에
게 장가드는 자도 간음함이니라."

누가 이 말씀을 다르게 바꿀 수 있겠습니까? 어떤 철학자나 법학자
나 윤리학자가 "아니다," "그런 것은 현대에 맞지 않는 고리타분한 것이
다"라고 말할 수 있겠습니까? 세상 사람 모두가 합의하여도 이 말씀을
고칠 수는 없습니다.

예수님은 그의 증인들이 쓴 복음서를 통하여 여전히 우리에게 말씀
하십니다. 간음한 경우가 아니라면 누구도 아내를 버려서는 안 된다고
말입니다. 남성 위주의 사회에서 주신 교훈이기 때문에 남자의 경우를
언급하는 것으로 충분했습니다. 당시 여자들이 이런 방식으로 남편을
버릴 수 있다고는 아무도 생각할 수 없었기 때문입니다. 우리 시대에는

적어도 이론적으로는 여성도 남성과 동등한 권리를 인정받고 있습니다. 실제로 남편을 구박하고 때리고 버리는 아내도 있다는 소식을 접하기도 합니다. 이런 세상이었다면 예수님은 여성들을 향해서도 같은 말씀을 하시지 않았을까요? "간음한 이유 없이 남편을 버리면 저로 간음하게 하는 것이다"라고 말입니다. 즉, 남편이나 아내나 일단 결혼한 이상 결혼과 이에 근거한 성적 의무와 책임을 저버릴 권한은 남편에게도 아내에게도 없다는 것입니다.

이혼의 사유가 합당하고 또 그 길밖에 다른 방법이 없었다고 하더라도 이렇게 말합시다. 어쩔 수 없이 이혼이란 가시밭길을 걸었지만 그렇게 함으로써 우리는 예수님의 명령을 어기고 말았다고 말입니다. 이 말씀이 남아 있는 한 이혼의 상처와 죄책감을 피할 방법은 없습니다. 그런 경험과 과거를 가지고 계신 분이라면 이 말씀을 읽을 때마다 자신의 정당성을 항변하고 자신의 행동을 미화하기보다는 최선을 다했음에도 불구하고 주님의 말씀을 지키지 못했노라고 고백하는 것이 더 나은 태도일 것입니다. 핑계와 미화와 자기 정당화는 과거를 돌아보는 정당한 방법이 되지 못합니다. 그것은 자신을 속이는 일입니다. 자신만의 의를 쌓는 것입니다. 자신이 한 일을 자신이 평가한다면 잘못이라고 할 만한 일이 무엇이 있겠습니까? 우리가 회개하는 것은 예수님의 기준에 우리가 맞지 않는 행동을 하기 때문입니다. 우리가 예수를 믿는 것은 하나님께서 정하신 새로운 기준을 받아들이는 것을 포함합니다.

사랑해서 결혼한 사람과 이혼의 위기에 도달해 괴로운 하루하루를 보내고 계신다면 믿음으로 다른 방법을 모색해 보시기를 권합니다. 아직 그런 위기에 부딪혀 보지 못한 분이라도 이런 생각으로 미리 무장하기를 바랍니다. 이혼이 최상의 길일까요? 이혼 외에 다른 길은 없습니까? 무엇이 사랑해서 결혼한 두 사람 사이에 금이 가게 합니까? 표면적으로는 어떤 사건이 개입되어 있습니다. 이 사건으로 인한 상처가 점점 커집니다. 그러나 실제로는 그 사건 자체보다는 사건과 관련한 두 사람의 마음이 그 핵심입니다. 두 사람의 마음이 이혼이란 쉬운 돌파구를 택하려고 하는 것입니다. 자신의 고집과 자존심을 한 번 더 죽이면 어떻겠습니까? 이것이 이혼보다 더 낫지 않을까요? 예수께서 이혼을 금하셨기 때문입니다.

사람들은 결혼하기 위해서 자존심도 이기심도 다 버리고 오직 한 사람만을 위합니다. 그 사람이 없으면 당장 죽을 것 같습니다. 그러나 일단 결혼하고 나면 숨겨 놓았던 자존심과 이기심이 서서히 고개를 들기 시작합니다. 그것도 유독 아내에게, 유독 남편에게 더 강하게 나타납니다. 우리의 자존심은 세상 모든 사람에게는 굽힐 수 있어도 아내에게만은 절대로 굽히지 못하게 합니다. 남편에게만은 질 수 없다고 생각하는 자존심을 우리는 가지고 있습니다. 그러나 그 반대여야 하지 않을까요? 아내에게만은 죽였던 자존심을 다른 곳에서 찾으면 어떻겠습니까? 남편에게 자존심을 숙이고 다른 사람에게 꼿꼿하게 살면 어떻겠습니까? 물론 대인관계에서 이렇게 하자는 말이 아닙니다. 예수님의 권고를 따라 가끔 찾아오는 이혼의 위기를 이렇게라도 극복하자는 말씀입니다. 예수님은 간음이 아니라면 누구도 아내를, 남편을 버려서는 안 된다고 말씀하셨기 때문입니다.

과거의 사랑도 사랑입니다. 결혼은 사랑이란 뿌리에서 자라 줄기를 만들고 가지를 내는 것입니다. 꽃이 피고 열매를 맺는 것입니다. 지금은 비록 사랑이란 감정이 식었지만 그럼에도 사랑했던 과거가 있습니다. 그리고 그 줄기와 가지와 열매들은 오랜 기간을 거쳐 만들어진 것들입니다. 사랑은 지금만이 아니라 역사를 가지고 있습니다. 내가 지고 내가 사랑하는 사람이 이긴다면 사실 이보다 더 좋은 일이 어디 있겠습니까? 사랑했던 그 사람, 그에게 지는 것이 슬픈 일만은 아닐 것입니다. 불쾌한 일만은 아닙니다. 처음에 우리는 그렇게 사랑을 시작합니다. 그때처럼 하나님께서 주신 사람, 나의 배필이며 나의 감독자인 아내에게, 남편에게 지십시오. 져줍시다. 그리고 이혼만은 하지 맙시다. 죄짓는 일이 아니라면 남편이 하자는 대로 해 보시기 바랍니다. 아내가 하자는 대로 해 보시기 바랍니다. 그렇게 주님의 명령을 따릅시다. 무슨 일이 있어도 이혼만은 하지 맙시다.

결혼관에 기초한 이혼 금지 명령

예수께서는 왜 이혼을 금하셨을까요? 왜 간음을 이혼의 사유로 말씀하셨을까요? 간음이라는 사유만 있다면 이혼해야만 하는 것일까요? 이혼에 관한 예수님의 명령에는 이런 여러 가지 질문이 수반되고 있습니다. 예수님의 말씀은 예수님의 결혼관에 기초하고 있습니다. 예수님은 다른 때 이혼에 관한 질문을 받으시고 이런 말씀을 하셨습니다. "사람을 지으신 이가 본래 저희를 남자와 여자로 만드시고 말씀하시기를 이러므로 사람이 그 부모를 떠나서 아내에게 합하여 그 둘이 한 몸이 될지니라 하신 것을 읽지 못했느냐 이러한즉 이제 둘이 아니요 한 몸이니 그러므로 하나님이 짝지어 주신 것을 사람이 나누지 못할지니라"(마 19:4-6).

결혼이란, 예수님에 의하면 한 남자와 한 여자가 만나 한 몸을 이루는 것입니다. 그렇게 하나님께서 두 사람을 한 몸으로 결합시켜 주신 것입니다. 그렇다면 결혼에 이르는 모든 과정, 즉 만남과 사랑과 데이트와

구애와 고민과 선택과 결정 그리고 결혼식은 하나님께서 이루어내는 우리가 가진 도구인 셈입니다. 인간의 몸과 마음, 그리고 가장 명석한 자신의 판단을 따라 결정하는 과정이 결국 하나님의 도구로 사용되는 것입니다. 기독교인들은 결혼식장에서 이 사실을 받아들입니다. 사람들이 받아들이지 않는다 하더라도 예수님의 말씀은 변함이 없습니다. 하나님께서는 결혼한 두 사람을 한 몸으로 결합시켜 주십니다.

이혼이란 한 몸을 강제로 떼어내는 일입니다. 사람이 갈라놓는 일입니다. 하나님께서 묶어주신 것을 떼어놓을 수 있는 사람은 아무도 없습니다. 그래서 예수님은 이혼을 금하셨습니다. 인위적인 방식으로 이혼합의서에 도장을 찍어도 그곳에 하나님의 도장이 함께 찍히지 않는 한 그 이혼은 무효라는 말씀입니다. 기독교인들은 이 사실을 인정하는 사람들이 아니겠습니까?

한 몸을 갈라놓는 하나님의 결정은 한 가지, 즉 죽음뿐입니다. 육체를 가진 채 시공간의 제약을 받으면서 살아가는 인간이 세상에서 누리는 결혼과 성생활은 오직 죽음과 함께 끝나버립니다. 죽음 이후의 세상에는 시집가는 일도, 장가가는 일도 없습니다. 따라서 죽음이 아니라면 아무도 하나님께서 짝지어주신 것을 나눌 수 없습니다.

아내를 버리는 것, 남편을 버리는 것은 하나님 편에서 갈라놓지 않은 한 몸을 강제로 잡아떼는 것이기 때문에 죄를 짓는 것입니다. 그렇게 버림받은 아내나 남편은 한 몸이 아직 지속되고 있음에도 불구하고 다른 사람과 결혼함으로 다른 한 몸을 만들게 되므로 간음죄를 짓게 됩니다. 결국 아내나 남편을 버린 사람은 그렇게 자신의 아내나 남편이 간음을 하게 하는 죄, 즉 간음교사죄 내지 간음조장죄를 짓는 것입니다. 한 몸으로 남아 있는 버림받은 여자, 버림받은 남자와 결혼하는 사람은 아직 깨어지지 않고 다른 사람과 연결되어 있는 그 한 몸을 깨뜨리는 결과를 초래하는 것이기에 역시 간음죄를 짓는 것입니다.

하나님께서 한 번 아니라고 하신 것은 그 누구도 변경할 수 없습니다. 세상 사람들 모두가 옳다고 해도, 관습상 모두가 그렇게 한다고 해도 그것은 반드시 하나님께서 인정하시는 바른 길은 아닙니다. 이혼 합의서는 하나님의 허락이 아닙니다. 인간의 법과 관습을 가지고 하나님의 규칙을 깨뜨려서는 안 될 것입니다. 모두가 인정하기 때문에 옳은 것이라고 생각한다면 그것은 분명 착각입니다.

결혼 생활을 유지함으로써 더 큰 불행, 더 큰 죄가 만들어지는 경우라면, 이렇게 말합시다. 큰 악과 작은 악을 선택해야만 하는 기막힌 상황에서 어쩔 수 없이 작은 악을 택할 수밖에 없었다고 말입니다. 이혼이 선한 일이어서가 아니라 그 길만이 더 큰 악을 피할 수 있는 유일한 길이었기 때문이라고 말입니다. 살다 보면 때로는 큰 선과 작은 선 가운데 하나를 선택하고 다른 하나를 포기해야만 하는 기로에 설 때가 있습니다. 그럴 때는 누구나 더 큰 선을 택하려 할 것입니다. 그것은 포기하는 것이 나쁜 일이어서가 아니라 다 좋은 일 중에서 선택을 해야 할 경우이기 때문입니다. 이혼은 그 반대에 해당합니다. 인생의 한 고비에서 큰 악과 작은 악, 큰 죄와 작은 죄 가운데 하나를 선택해야만 하는 경우라면 어쩔 수 없이 우리는 큰 것을 포기하고 작은 것을 선택하려 할 것입니다. 이래도 죄가 되고 저래도 죄가 되는 그런 묘한 일이 세상에서 벌어지기 때문입니다. 그런 식으로 이혼할 수밖에 없었다면, 누구도 이혼을 미화할 수 없습니다. 그것을 좋은 일이라고 부를 수도 없습니다. 그저 불가피한 일이었다고, 더 큰 악을 막기 위해 선택할 수밖에 없었던 작은 악이었다고 할 수 있을 뿐입니다.

예수님의 예외 조항은 명령이 아니다

예수님의 말씀을 분석해 보면 간음은 이혼의 사유가 된다는 결론이 나옵니다. 간음한 연고 외에는 이혼을 불허하셨으니까 간음한 경우라면 이혼할 수 있다는 말씀 아니겠습니까? 적지 않은 사람들이 간음을 이혼의 정당한 이유로 받아들입니다. 그리고 당연히 이혼할 권리를 주는 말씀이라고 생각합니다. 이 문제와 관련하여 두 가지를 말씀드리고 싶습니다.

첫째, "간음한 연고 외에는"이란 말씀은 절대 금지를 약화시키는 말씀이 아닙니다. 예외 조항을 두는 것이 아니라는 말씀입니다. 이미 이 질문에 대해서는 위에서 설명을 드렸습니다. 예수님도 이혼에 관한 말씀을 하시기 전에 간음에 대한 말씀을 먼저 하셨습니다. 간음이란 하나님께서 만드신 한 몸에 속한 한 사람이 이 관계 밖에 있는 사람과 관계를 맺음으로 다른 한 몸을 만드는 것입니다. 한 몸으로 짝지으신 것을 파괴하는 행위이기 때문에 죄를 짓는 것입니다. 즉, 간음은 예외 조항이 아니라 그 자체가 죄입니다. 예수님의 말씀을 종합하면 한 몸임을 파괴하는 인위적인 방법은 인간의 죄밖에 없다는 말씀입니다.

둘째, 부부 가운데 어느 한편이 간음을 한 경우라면 어떻게 할까요? 이 어려운 문제와 관련하여 저는 한국에도 널리 알려진 로이드 존스 목사님의 설교를 인용하고 싶습니다. 그는 본문을 설교하며 간음한 남편이나 아내를 용서하는 길도 있음을 지적했습니다. 물론 이 제안은 피해를 입은, 그래서 이혼을 결정할 수 있는 권한을 가진 사람에게 하는 것이었습니다. 간음했다는 것은 곧 이혼하라는 명령이 아님을 상기시키는 말입니다.

예수님의 말씀을 우리는 자칫하면 악용하기 쉽습니다. 간음은 이혼에 이를 사유임이 분명합니다. 그러나 이혼하는 것만이 최선의 길이 아닐 수도 있습니다. 그것은 이미 한 몸을 이룬 관계를 파괴한 것이지만 이혼하라는 명령은 아닙니다. 죄의 결과를 법적으로 책임지는 것도 한 방법입니다. 그러나 죄는 그런 방식으로 극복되지는 않습니다. 죄의 결과를 자신의 십자가처럼 걸머지고 아내에게, 남편에게 그리고 모든 가족에게 남은 생애를 최선을 다해 봉사하는 것도 죄를 극복하는 한 방법입니다. 지울 수 없는 상처를 안긴 남편이나 아내를 용서하고 힘겹게 다시 사랑하도록 몸부림침으로써 구겨진 가정을 바로 펴가는 것도 죄를 극복하는 한 방법입니다. 용서할 수만 있다면 말입니다. 용서해 주기만 한다면 말입니다.

우리는 이 문제에 있어서도 인간의 자존심, 마지막 남은 한 가닥 자존심이 문제 해결의 열쇠임을 배울 수 있습니다. 이런 모든 일의 와중에서 우리가 기억해야 할 것은, 이 말씀을 하신 분이 인간이 되셔서 인간의 길을 가시고 인간을 용서하기 위하여 십자가를 지신 바로 그분이라는 사실입니다. 그는 신의 자리에서 인간의 육체로 내려앉는 치욕을 겪으셨습니다. 손발이 찢기는 고통과 가슴을 도려내는 아픔을 당하신 분이십니다. 죽고 무덤에 묻히는 고초를 겪으셨습니다. 그분을 믿는 우리라면 이 말씀도 그냥 흘려들을 수는 없습니다. 가정과 결혼 생활에 닥친 위기의 때에 예수님과 그분이 하신 이 말씀을 기억하시기 바랍니다.

맺음말

우리는 성의 혁명기에 살고 있습니다. 아무나 좋아하고, 좋아하면 그냥 하룻밤 잘 수 있다고 생각하는 세상입니다. 그런 가운데, 성생활에 기초한 결혼은 무시되고 가정은 파괴되고 있습니다. 결혼과 이혼에 관한 예수님의 말씀은 이런 세상을 바로잡을 수 있는 유일한 무기입니다. 그리고 예수님을 믿고 따르는 우리는 뒤틀려가는 이 세상을 바로잡을 수 있는 유일한 군사들입니다. 우선 우리 각자가 바르게 살고, 가정을 지킴으로써 세상의 빛과 소금이 됩시다. 그리고 무엇이 결혼인지를 사람들에게 알려줍시다. 특히 자라나는 세대를 바로 가르칩시다. 그렇게 함으로써 비단 결혼에 관한 하나님의 뜻이 이 세상에 이루어지게 할 뿐만 아니라 이혼을 싫어하시는 하나님의 뜻도 이루어지게 합시다.

제19장
정직하게 말합시다
마태복음 5:33-37

한 사회에서 함께 살아가려면 다른 사람에 대한 배려가 필요합니다. 다른 사람을 자신처럼 귀중히 여기고 존중하는 자세, 즉 이타심이 모든 사회생활의 기본이 되는 것입니다. 예수님은 이것을 '자기 자신처럼 이웃을 사랑하는 것'이라고 표현하셨고, 하나님을 사랑하라는 계명과 함께 이웃 사랑을 율법의 대강령, 즉 모든 법과 관습과 도덕의 근본이라고 하셨습니다(마 22:39; 막 12:31). 이 대원칙하에서 예수님은 살인, 간음, 이혼의 문제를 다루셨습니다. 그리고 그 네 번째로 다른 사람과 살아가는 데 필수적 도구인 '말'에 대하여 교훈하셨습니다.

예수님은 사람들에게 '맹세하지 말라,' '옳은 것은 옳다고 하고 아닌 것은 아니라고 하라'고 하셨습니다. 예스(Yes)와 노(No)를 분명히 해야 한다는 말씀입니다. 정직하게 말하고 정직하게 살아야 한다고 하셨습니다. 살인, 간음, 이혼은 일상생활에서 늘 일어나는 일은 아닙니다. 예수께서 지적하신 미움, 분노, 욕설, 정욕 등도 말을 하듯 항상 경험하는 현상은 아닙니다. 그러나 말은 눈을 뜨면서부터 잠자리에 들기까지 하루

종일 사용하는 것입니다. 따라서 옳고 그른 것을 정확하게 말하면서 정직한 사회를 만들어 가야 한다는 이 말씀은 우리가 주님의 어떤 명령보다도 더 신경을 쓰며 실천해야 할 말씀입니다.

속이기를 좋아하는 인간성

사람은 누구나 정직하게 말하기보다는 과장하고 속이고 감추기를 좋아합니다. 특별히 자신의 말 한마디에 이득이 왔다 갔다 하거나, 손실을 입게 될지도 모르거나, 자신의 이미지가 구겨질 만한 경우에는 어김없이 이런 인간의 본능이 발동합니다. 우리는 눈앞에 보이는 이득을 위해 거짓말하며, 눈에 뻔히 보이는 손실을 피하기 위해 진실을 감추려 합니다. 이득을 마다하며 또 손해를 감수하며 정직하게 말하는 사람은 흔치 않습니다. 정직하게 말하기보다는 적당히 말하고 얼렁뚱땅 위기를 피해 가려는 것이 우리 인간들입니다. 우리는 미국 대통령의 탄핵 재판을 기억합니다. 탄핵 사유로 제시된 것은 가정을 가진 한 남자가 다른 여자와 관계를 맺었다는 것이 아니라 이런 사실을 감추기 위하여 거짓말을 했다는 것이었습니다. 법을 지키고 법대로 나라를 다스려야 할 책임을 가진 사람이 진실을 말하겠다고 선서했으면서도 위증을 했다는 것에 사람들은 분노했습니다. 하지만 그런 위기에서 누군들 바로 실토할 수 있겠습니까? 체면치레를 삶의 지혜로 배워 온 우리는 더욱 그렇습니다. 진실을 말함으로 손해를 볼 수밖에 없다면 누구나 진실을 감추려 할 것입니다. 입을 다물거나 적당하게 얼버무리는 사람은 그래도 정직한 편에 속합니다.

허위성에서 나오는 맹세

이득과 유리한 위치를 점하기 위한 거짓, 진실의 은폐, 위장 등에서 자란 것이 맹세라는 좋지 않은 습관입니다. 맹세란, 가장 강하게 자신을 확신시키려는 방법입니다. 상대방에게 자신의 말이 사실임을 좀 더 강하게 확신시키고자 하는 의도로 그 말에 뭔가를 더 갖다 붙이는 것입니다. 그냥 말로 하는 약속은 통하지 않게 되니까 맹세라는 가장 강한 수단이 동원되는 것입니다. 자신의 말이 진실이 아닌 거짓이라면 자신의 목숨도 내어놓겠다고 다짐하는 것이 맹세입니다. 자신의 말, 약속에 자신의 모든 것을 거는 것입니다. 자신의 말이 진실이 아니거나 자신의 약속을 지키지 못한다면 어떤 벌, 심지어 천벌이라도 받겠다는 식으로 말함으로써 상대방과의 대화나 약속을 종결하려는 것, 즉 이렇듯 상대방으로 하여금 자신의 말을 꼭 믿게 하려는 의도에서 고안해 낸 최후의 수단이 바로 맹세입니다. 맹세가 무엇인지 모르는 사람은 아무도 없습니다. 그러나 맹세가 곧 진실을 의미한다고 믿는 사람은 없습니다. 살아가면서 맹세도 믿을 수 없다는 것을, 아니 절대로 믿어서는 안 된다는 것을 배우게 됩니다. 그 결과 맹세란, 보통 말하는 것보다는 조금 강도를 높인 표현법에 불과하다는 것을 체득하게 됩니다.

한두 번 속은 사람은 맹세 자체에 큰 의미를 두지 않습니다. 우리 사회는 누가 소위 양심선언을 해도 그것의 진위를 가리려 하고, 그 의도를 찾으려고 노력합니다. 하지만 정작 자신의 말을 믿게 하기 위해서는 맹세를 하고 목숨을 걸고 별의별 수단을 다 동원합니다. 맹세가 빈번한 사회일수록 맹세를 더 믿을 수 없는 사회가 되어 가는 이유는 그런 강도 높은 말을 사용하는 인간의 허위성에 있습니다. 맹세의 습관은 인간의 거짓된 본성이 만들어 내는 것입니다.

구약의 계명이 말하는 맹세

하나님께서 모세를 통해 주신 율법에 사람들의 허위성과 거짓말에 대한 계명도 들어 있었다는 것은 당연한 일이었습니다. 하나님은 자신이 택한 백성이 쉽게 맹세하고, 곧 맹세를 어기면서, 맹세를 자신의 허위성을 가리는 방편으로 삼는 것을 막기 위하여 그들이 믿는 "여호와의 이름으로 맹세하라"라고 명령하셨습니다(신 6:13, 10:20). 그들이 믿는 하나님의 이름으로 맹세한다면 정직하게 말하고 신실하게 그 약속을 지키려 할 것이기 때문입니다. 하나님은 사람들의 신앙과 말을 결부시켜 놓으신 것입니다. 하지만 인간의 본성은 진실하게 살아가기보다는 실리와 자신의 행복만을 추구합니다. 하나님의 이름으로 하는 맹세라도 상황에 따라 얼마든지 파기할 수 있는 것이 사람들입니다. 그래서 하나님께서는 좀 더 적극적으로 금지 명령을 덧붙이셨습니다. "너희는 내 이름으로 거짓 맹세함으로 네 하나님의 이름을 욕되게 하지 말라. 나는 여호와니라"(레 19:12). 거짓 맹세란 옳지 않은 것을 옳다고 말하거나 옳은 것을 옳지 않다고 거짓 증언을 하면서 자신이 진실을 말하고 있다고 맹세하는 것입니다. 혹은 자신이 맹세로 다짐한 것을 지키지 못하거나 스스로 깨뜨리는 것입니다.

사람들은 하나님을 믿으면서도, 그 살아 계신 하나님의 이름으로 맹세했으면서도 자신의 말을 지키지 못합니다. 손해를 피하고 체면을 세우기 위해, 또 이득을 놓치지 않기 위하여 스스로의 맹세를 파기합니다. 인간은 성실성과 정직을 추구하려는 마음보다는 자신의 실리를 챙기고, 명예를 추구하며, 권세를 거머지기 위해서는 자신의 맹세마저도 깨뜨리고자 하는 마음이 더 강합니다. 그 결과 맹세에 사용된 하나님의 이름이 더럽혀집니다. 이렇게 우리의 믿음이 조롱거리가 될 뿐만 아니라 거룩하신 하나님의 이름이 사람들의 조롱거리로 전락해 버립니다.

하나님께서 자신의 이름과 맹세를 결부시키신 목적은 말의 신뢰성을 회복하기 위함이었을 것입니다. 그러나 사람들에게 나타난 결과는 거짓 맹세의 사용으로 인한 살아 계신 하나님의 이름의 모독이었습니다. 다음에 나타나는 상황이 무엇이겠습니까? 하나님의 이름을 사용하지 않는 맹세라면 괜찮다는 그런 생각 아니겠습니까? 이 문제는 예수님의 말씀을 살펴보면 아주 확실해집니다.

예수님 당시의 상황

신약성경에는 예수님 당시 유대인들의 언어 습관과 맹세의 악용에 대한 구체적이고 직접적인 인용은 없습니다. 그러나 예수님의 말씀에는 당시의 관행에 대한 예수님의 답변이 들어 있어서 사람들이 어떤 식으로 하나님의 명령을 악용하고 있었는지 어렵지 않게 추론할 수 있습니다.

본문 마태복음 5장 34절부터 예수님은 이런 말씀을 하셨습니다. 절대로 맹세하지 말라. 하늘로도 맹세하지 말고 땅으로도 맹세하지 말라. 맹세에 예루살렘을 걸어도 안 되고 네 머리를 걸어도 안 된다. 아마 당시 사람들은 그들의 맹세에 하늘을 걸거나 땅을 걸었던 것 같습니다. 하나님의 거룩한 성전이 있는 예루살렘을 걸거나, 혹은 목을 걸고 맹세한 것 같습니다.

율법사들 가운데 있었던 맹세에 관한 토론을 예수께서 지적하시며 꾸중하신 적이 있습니다. 마태복음 23장 16절에는 성전으로 맹세하면 지키지 않아도 되지만 성전의 금으로 맹세하는 것은 지켜야 한다는 당시의 해석이 인용되고 있습니다. 율법사들이 내어놓은 해석이었습니다. 그들은 사람들이 제단을 걸고 맹세하면 지키지 않아도 되지만 그 위에 하나님께 바친 제물을 걸고 맹세를 하면 꼭 지켜야 한다고 말했습니다 (마 23:18). 더 이상 인용하지 않더라도 예수님 당시에 사람들이 어떤 식으로 말하고 맹세했는지 충분히 짐작할 수 있습니다. 그들은 거짓 맹세에 하나님의 이름을 사용함으로 그 맹세를 지키지 못했을 때 하나님의 이름을 모독하게 되는 결과를 두려워했습니다. 사실 이것이 두려우면 그들은 어떻게 해서든지 맹세를 지켜, 자신의 말이 거짓 맹세가 되는 것을 막아야 했습니다. 그렇지 않다면 맹세라는 거추장스러운 방법을 동원할 필요가 없었습니다. 그러나 살아가다 보면 사람들은 맹세라는 강력한 수단으로 자신의 거짓을 가리려는 충동을 받습니다. 진실을 말하고서도 그것을 깨뜨릴 유혹에 시달립니다.

맹세를 어기면 하나님의 이름을 더럽혔다는 심적 중압감과 죄의식에 사로잡힙니다. 어떻게 하면 신앙의 중압감을 벗으면서도 맹세를 최대한 이용할 수 있겠습니까? 사람들은 궁리 끝에 새로운 해결책을 만들었습니다. 하나님의 이름을 불명예스럽게 하는 것이 아니라면 얼마든지 맹세해도 좋다. 그래서 나타난 것이 하늘을 두고 맹세하는 것입니다. 하나님의 이름을 사용하지 않았기 때문에 깨뜨리거나 허위를 말해도 신앙적 죄책감은 면할 수 있다는 묘안이었습니다. 어떤 사람은 땅을 걸고, 목을 걸고, 제단을 걸고, 성전을 거론하며 맹세했습니다.

하나님은 자신의 택한 백성이 살아 계신 하나님의 거룩한 이름으로 맹세할 것을 명령하셨습니다. 그리고 맹세한 것은 지키라고 하셨습니다. 그런데 사람들은 일부러 하나님의 이름을 피하며 맹세했습니다. 언제라도 깨뜨릴 수 있는 가능성을 열어 놓은 것입니다. 거짓을 가리는 수

단으로 맹세를 사용해도 괜찮은 관습을 만들어 놓았습니다. 예수님은
바로 이 점을 지적하시며, 사람들에게 정직하게 말하고 정직하게 살 것
을 명령하셨습니다.

맹세를 금하신 예수님의 의도

인간의 마음과 그 습성을 훤히 아시는 예수님은 한마디로 맹세하지
말라고 하셨습니다. 맹세라는 허위성으로 기우는 인간의 성향에 쐐기
를 박으신 것입니다. 맹세의 습관은 위장을 좋아하고 믿을 수 없는 자신
을 믿게 하려는 인간성에서 나온 것이기 때문입니다. 예수님의 논리에
의하면, 맹세에 사용되는 그 어느 것도 하나님과의 관련성을 피할 수 없
습니다. 따라서 맹세에 무엇을 걸든지 간에 결국 하나님의 이름은 모독
당한다는 것입니다.

하늘은 하나님의 보좌입니다. 땅은 하나님의 발을 놓는 곳입니다.
천지는 모두 하나님의 피조물로서 하나님의 지혜와 위엄, 영광을 보여
주는 것들입니다. 이런 것으로 맹세하는 것은 하나님의 이름으로 맹세
하는 것과 같습니다. 사람은 머리카락 하나도 희거나 검게 만들 능력이
없습니다. 그러면서도 마치 그렇게 할 수 있는 존재인 것처럼 자신의 목
을 걸고 맹세합니다. 제단이나 제단 위에 입힌 금, 혹은 제단과 그 위의
제물을 구별하여 유효한 맹세와 무효한 맹세를 구별하는 것도 예수님
은 단호히 거부하셨습니다. 사람들의 말과 행동은—그들이 하나님을 믿
는 사람들이라면—어느 것 하나 하나님과의 관련성에서 자유롭지 못합
니다. 따라서 모든 맹세는 하나님과 직결되는 것입니다. 하나님의 이름
으로 맹세하고 그 맹세를 끝까지 지켜 낼 수 없다면 맹세하지 않는 것
이 최선의 방법입니다.

자신의 말을 믿게 하는 강제 수단이란 아무것도 없습니다. 말하는 자신의 인격과 진실성, 그 모두를 보고 계신 하나님 이외에 성실한 삶을 무엇이 보장할 수 있겠습니까? 맹세는 자신이 속일 수도 있고, 약속을 스스로 파기할 수도 있다는 인간의 나약성과 허위성에 기초하고 있습니다.

맹세하지 말라

성도 여러분, 우리의 말에는 우리의 신앙이 실려 있습니다. 말은 인격의 표현입니다. 그러므로 함부로 맹세하지 맙시다. 이것은 자신이 믿을 수 없는 사람이라는 것을 표현하는 것입니다. 신뢰성을 회복하는 길은 사람들이 믿도록 말하고 행동하는 것이지, 맹세라는 수단으로 위장하거나 믿도록 강압하는 것이 아닙니다.

우리는 과장 또는 위장하지 않는 말을 사용합시다. 정직하게 말하기 위해서는 용기가 필요합니다. 손해가 나더라도 그것을 감수할 희생정신이 필요합니다. 눈앞에 보이는 이득도 마다할 수 있는 결단력이 있어야 합니다. 그리고 이 모두를 위하여 하나님께 기도합시다. 말 한마디에도 성령의 도우심을 바라는 기도를 합시다. 그리고 나의 말 한마디를 믿을 수 있는 것으로, 그런 말을 하는 나를 믿을 수 있는 사람으로 만들어 갑시다.

여기서 우리는 다른 문제를 하나 생각해 볼 필요가 있습니다. 어떤 사람들은 예수께서 맹세를 금하셨다는 이유로 법정에서의 서약을 거부합니다. 군대에서 국가에 충성하겠다고 서약하지 않는 것 때문에 문제가 발생합니다. 하지만 엄격하게 말해서 오늘날 공식 행사에서 맹세를 강요하거나 사용하는 경우는 거의 없습니다. 결혼식장에서 "예"라고 답하는 것은 단순한 약속이지 예수께서 금지한 종류의 맹세가 아닙니다. 법정에서 손을 들고 선서하는 것도 하나님께서 경고하신 맹세의 부류에 들지 않습니다. 그것은 사람들 앞에서의 약속이며, 자신을 향한 마음의 다짐일 뿐입니다. 방금 언급한 약속이나 서약은 예수께서 금지한 맹세와 같은 것이 아닙니다. 물론 맹세가 아니니까 지킬 필요가 없다고 말씀드리는 것도 아닙니다. 서약은 결국 하나님 앞에서 우리가 서로에게 하는 것이기 때문에 우리의 모든 것을 다해서 지켜야 합니다. 우리가 해야 할 일은 그저 자신이 말한 대로 성실하게 행동하는 것입니다.

그러나 단순한 약속에 단서가 붙으면 문제가 달라집니다. 무엇을 담보로 해서 하는 약속이 맹세입니다. 오늘날 공식 행사에서, 예를 들어 목숨을 담보로 하는 식의 맹세를 강요하는 경우는 어디에도 없습니다. 이런 공식적인 다짐이나 서약에 가끔 '맹세'라는 단어가 사용되는 경우가 있습니다. 그러나 그것은 말만 그렇게 할 뿐 예수님께서 지적하신 맹세와는 전적으로 다른 경우입니다.

언제부터인가 우리나라에서는 국기에 대한 맹세라는 것을 만들어서 행사 때마다 애국심을 고취시키고 충성을 다짐하는 도구로 사용해 왔습니다. 국가를 상징하는 국기 앞에서 무엇을 어떻게 하라는 말인지 우리는 도무지 이해할 수 없습니다. 그 내용을 보면 맹세라고 보기 어렵습니다. 그렇다면 차라리 결심이라고 하든지, 아니면 마음의 다짐이라고 하는 것이 훨씬 자연스러울 것입니다. 그러나 설령 그렇게 하더라도 하나님 앞에서가 아니라 태극기 앞에서 그렇게 다짐해야 하는 것처럼 속상한 일이 없습니다.

거짓말하지도 말라

거짓말로 취급하지 않는 거짓말이 많습니다. 자신의 체면을 유지하기 위한 것으로 소위, 지혜로운 삶의 한 방편으로 거짓말이 사용되기도 합니다. 다른 것으로 둘러대는 것, 임기응변식의 대응, 일을 맡아 두기 위해서 무조건 승낙하는 것 등의 이름으로 우리가 뱉어내는 거짓말은 하루에도 그 수를 셀 수 없을 정도입니다. 부부 사이에, 자녀 사이에, 친구들 사이에 거짓말 아닌 거짓말이 우리를 지배하고 있습니다. 그래서 선한 거짓말도 있다고 생각합니다. 농담으로 거짓말을 합니다. 그리고 그러한 농담에 웃음을 터뜨립니다.

이러한 상태로는 우리 사회가 정직과 성실 위에 건설될 수 없습니다. 아무리 작은 거짓말도 자신이 알고 있는 것과 다르게 말한다면 그것은 거짓말입니다. 살아가다 보면 이래도 악이 되고 저래도 악이 되는 묘한 상황에서 당황하는 경우를 만나게 됩니다. 어쩔 수 없이 큰 악과 작은 악 중에 하나를 선택해야 하는 경우입니다. 이럴 경우 우리는 물론 작은 악을 선택할 수밖에 없습니다. 하지만 그렇다고 해서 악을 선이라고 말할 수는 없습니다. 거짓말의 경우도 마찬가지입니다. 억울하게 죽임당할 사람을 살리기 위해 불가피하게 거짓말을 하는 경우가 있습니다. 그러나 이러한 예외적인 경우를 일반화하여 거짓말이 선하다고 볼 수는 없습니다.

맺음말

없으면 없다고 합시다. 싫으면 싫다고 합시다. 비록 이런 식으로 말하는 것이 인정을 강조하는 한국 사회에서는 불편하게 느껴지더라도, 차츰차츰 이런 사회적 분위기가 형성된다면 한국 사회는 서로의 말을 신뢰할 수 있는 신용 사회로 변화될 것입니다. 가족의 말을 믿고, 친구의 말을 신뢰하고, 낯선 사람의 말 한마디를 존중할 수 있는 사회가 되면 얼마나 좋겠습니까? 그렇게 하라는 것이 예수님의 교훈입니다.

그렇게 말해야 하는 이유가 어디에 있습니까? 하나님께서 살아 계시기 때문입니다. 사람은 속일 수 있어도 모두를 보고 계신 하나님을 속일 수는 없기 때문입니다. 하나님을 믿는 사람들의 말은 자신의 신앙을 남들에게 드러내는 도구가 됩니다. 그러니 하나님을 믿으신다면 거짓말하지 마십시오. 과장하거나 위장하지 마십시오. 솔직하게 말하고 정직하게 살아갑시다.

제20장
악에도 선으로
마태복음 5:38-42

해를 가해 오는 사람에게 적대감을 가지는 것은 인간의 본능입니다. 지렁이도 밟으면 꿈틀거린다는 속담이 있습니다. 약한 동물이라도 자신을 지키려는 본성이 있어서 자기 나름대로 항거합니다. 나약하다고 해서 자신의 것을 빼앗기고도 웃고 있을 사람은 어디에도 없습니다. 어떻게 해서라도 보복합니다. 그래서 사람이 사는 곳은 어디에서나 가해와 복수가 그칠 날이 없습니다. 그러나 예수님은 우리에게 전혀 다른 행동 방식을 요구하셨습니다.

구약 인용문

예수님은 당시 사람들이 모두 알고 있는 "눈은 눈으로, 이는 이로"라는 말을 인용함으로써 말문을 여셨습니다. 이 말씀은 구약성경에 나오는 말씀인데 언뜻 보면 복수를 명령하신 것처럼 보입니다. 하나님께서 정말 복수를 명령하셨는지 아니면 사람들이 하나님의 말씀을 악용하고 있었는지를 확인하기 위해 구약성경에 나오는 계명부터 살펴보겠습니다. 예수님께서 인용하신 말씀은 구약성경의 세 곳에서 발견됩니다.

> "그러나 다른 해가 있으면 갚되 생명은 생명으로, 눈은 눈으로, 이는 이로, 손은 손으로, 발은 발로, 데운 것은 데움으로, 상하게 한 것은 상함으로, 때린 것은 때림으로 갚을지니라." (출 21:23-25)

> "사람이 만일 그 이웃을 상했으면 그 행한 대로 그에게 행할 것이니 파상은 파상으로, 눈은 눈으로, 이는 이로 갚을지라 남에게 손상을 입힌 대로 그에게 그렇게 할 것이며." (레 24:19-20)

> "네 눈이 긍휼히 보지 말라 생명은 생명으로, 눈은 눈으로, 이는 이로, 손은 손으로, 발은 발로니라." (신 19:21)

구약성경의 계명을 읽어 보면 "눈은 눈으로, 이는 이로"라는 말씀은 독립된 계명이 아니라 한 계명의 부분을 절단해 낸 것임을 알 수 있습니다. 전체를 읽어 보면 눈과 이만이 아니라 손, 발, 심지어 목숨까지 무엇이든지 한편이 손해를 가한 그대로 그에게 갚아주어야 한다는 원칙입니다. '눈은 눈으로, 이는 이로'는 이를 간명하게 표현한 구호인 셈입니다. 세 계명은 모두 재판관에게 주신 재판 규례 속에 들어 있습니다. 즉, 재판관이 어떻게 재판해야 하는지를 알려 주신 말씀으로 형평의 원칙에 관한 것입니다. 한편으로는 피해자가 납득할 수 있는 형을 선고함으로써 피해자가 더 이상 개인적인 복수를 하지 못하도록 하고, 다른 한편으로는 가해자가 지나친 형벌을 받지 않도록 가해자를 보호하려는 목적의 율법을 주신 것입니다. 구약 시대에도 하나님은 개인적인 복수를 철저하게 금지하셨습니다. 대신 재판관을 통해 가해자에게 균형 있는 형벌을 내림으로써 하나님 백성의 삶이 분노와 적개심, 보복의 역사로 얼룩지지 않고, 사회가 어지러워지지 않도록 하신 것입니다.

당시의 전통

하나님께서 재판관에게 주신 이 판결 규례는 마치 복수를 명령하신 것처럼 자주 오용되어 왔습니다. 눈을 상하게 하면 눈을 뽑고 이를 부러뜨리면 이를 뽑아 복수하라는 원리로 오해됐습니다. 폭력에는 폭력, 칼에는 칼, 피에는 피 이렇게 말입니다. 하나님의 계명을 그 문맥에서 떼어내고, 전체 명령의 한 부분만을 절단하고 나면 어떤 계명이라도 본래 의도와는 달라질 수밖에 없습니다. 이러한 율법 오용은 유대인 사회에서 흔히 일어났습니다. "눈은 눈으로 그리고 이는 이로"를 독립된 명령으로 보게 되면 이것은 명백히 복수의 계명으로만 보일 것입니다. 하나님께서 복수를 명령하신 것처럼 오해될 수 있습니다.

엄밀히 따져보면 예수님은 구약성경의 율법을 인용하신 것이 아닙니다. 글자는 같아 보여도 전혀 다른 것을 인용하신 것입니다. 즉, 당시 사람들이 가르치고 배우고 복수의 목적으로 사용하던 절단된 계명, 그렇게 오용되고 있던 그 시대의 구호를 인용하셨습니다. 사람들은 이 조작된 계명을 마치 하나님께서 복수를 명령하신 것처럼 생각하고 있던 것입니다.

복수를 하나님께서 명령하셨다고 믿으면 어떤 결과가 만들어질까요? 자신의 복수심을 폭발시키면서도 사람들은 그것을 하나님을 위한 열심, 즉 하나님의 계명을 지키기 위한 열정으로 생각할 것입니다. 적개심으로 복수하면서도 하나님을 향한 전폭적인 헌신이라고 착각할 것입니다. 이글거리는 분노를 하나님의 계명을 실천하려는 정의라고 부를 것입니다. 그렇게 신앙, 헌신, 하나님을 향한 열심으로 위장된 폭력을 행사하고, 심지어 살인까지 저지르면서도 그것이 악이라는 사실을 까마득하게 모를 것입니다. 오히려 옳은 일이라고 생각할 것입니다.

악한 자에게 대적하지 말라

예수님은 폭력과 살인이 난무하는 곳에서 성장하시면서 사람들이 어떻게 악을 극복하고 평화를 이룰 수 있는지를 생각하셨습니다. 그것은 악한 자에게 대항하지 않는 것입니다. 피해를 주는 사람에게 대항할 수 있는 최상의 방법은 대항 자체를 피하는 것입니다. 복수하지 않는 것입니다. 인도의 독립을 위하여 싸울 때 간디는 예수님의 이 말씀에서 힌트를 얻어 막강한 무기로 무장한 영국군을 향해 비폭력, 비무장, 무저항주의를 부르짖어 결국 독립을 쟁취했습니다. 영국군을 무기로 이길 수 없다는 것을 너무나 잘 알고 있었기 때문이기도 했으나, 악을 대항하지 말라는 예수님의 말씀에 더 크게 자극받은 것이었습니다.

간디는 예수님의 말씀을 충분히 깨닫지 못했습니다. 예수님은 그렇게 소극적인 무저항만을 가르치신 것이 아닙니다. 예수님은 더 적극적인 태도를 가르쳐 주셨습니다. 그러나 그 적극적인 행동은 우선 악한 자를 대항해서 싸우지 않는다는 무저항원칙에서 시작되는 것입니다.

예수님은 악한 자를 대항하지 말라고 하셨습니다. 왜 이런 말씀을 하셨을까요? 이 점을 자세하게 설명해 주시지는 않으셨지만 우리는 경험적으로 그 이유를 알고 있습니다. 악한 자에게 대항하는 과정에서 우리 역시 악해질 수 있기 때문입니다. 악한 자를 이기기 위해서는 우리가 더 악해지는 도리밖에 없기 때문입니다. 악한 자는 모든 것을 다 할 수 있습니다. 어떤 경우라도 목적한 것을 손에 넣으려고 합니다. 그러한 자를 이기려 하면 우리도 수단과 방법을 가리지 않게 됩니다. 빼앗아 가고자 하는 사람에게서 나의 것을 지키기 위해서는 더 강하게 무장하고 더 무자비하게 침입자를 몰아내야 하는 것입니다. 우리가 이기게 되면 이제 우리가 가해자가 되고 은원 관계는 뒤바뀌어 우리에게 복수하고자 하는 더 강한 힘이 자라나게 됩니다. 은원 관계가 대물림되고 역사는 보복의 연속으로 이어져 갈 수밖에 없습니다.

예수님은 우리가 이런 식으로 더 악해지는 것을 원치 않으십니다. 그분은 우리가 세상의 것에 몰두하다가 악한 사람이 되는 일을 막으십니다. 성경은 오래전부터 우리에게 섭리의 방법 하나를 알려 주었습니다. 사람들이 복수하지 않는다고 해서 가해자, 즉 악이 승리하지는 않는다는 것입니다. 하나님께서 악한 자에게 대신 복수해 주신다고 하셨습니다. 원수를 갚는 것은 사람이 할 일이 아니라 공의의 심판자이신 하나님의 몫이라는 교훈입니다. 세상에서는 악한 사람이 이기는 것 같아도 악이 승리하도록 놔두지 않으시는 것이 하나님의 법칙입니다. 복수, 원수 갚음은 하나님께서 맡으시고 하나님을 믿는 사람들은 대신 악에 항거하지 않도록, 그리고 나아가서 선을 행하도록 명령하신 것입니다.

한의 극복이 필요합니다

하지만 어떻게 자신을 가해하는 사람에게 항거하지 않고 살아갈 수 있습니까? 먼저 인간의 본성에 있는 보복 심리를 극복해야 합니다. 항거하지 않으려면 마음에서 일어나는 분노를 삭일 수 있어야 합니다. 가슴속에서 불타오르는 적개심을 이길 수 있어야 합니다. 우리 민족의 특징 중에 하나는 가슴속에 품은 한입니다. 한이란 무엇입니까? 그것은 힘으로 이길 수 없어서 생기는 마음의 원한입니다. 끝없는 피해의식입니다. 이러한 한은 기회를 만나면 엄청난 복수 행위로 발전하게 되는데, 상황이 이렇게 악화되기 전에 우리는 의지적으로 한을 버려야 합니다. 피해의식을 극복해야 하고, 적대감을 해소할 수 있어야 합니다. 용서가 필요합니다.

복수는 복수를, 보복은 끝없는 보복을 낳습니다. 예수님은 바로 나에게서 그 연결고리가 끊어지기를 원하십니다. 그리고 나약한 무저항주의가 아니라, 오히려 그들을 위해 주고 진정으로 용서하며 평화롭게 살기를 명령하셨습니다. 평화를 원하는 마음만이 전쟁을 이길 수 있습니다. 선한 마음만이 악을 이기는 무기입니다. 모든 것을 빼앗기는 것 같아도 세상을 만드신 하나님께서 살아 계시는 한 세상은 그렇게 되지는 않습니다. 이것이 우리의 믿음입니다. 하나님은 악을 원치 않으시고 우리 모두가 평화롭게 살기를 원하십니다.

악한 자를 대항하지 않는 것은 피해 가는 것이 아닙니다. 체념하는 것이 아닙니다. 포기하는 것도 아니고요. 복수심을 버리는 마음만이 계속되는 보복의 고리를 끊을 수 있습니다. 자신의 이기심과 자존심, 경쟁심, 적개심을 극복하는 것이 세상에 평화를 가져오는 길입니다. 우리 힘으로 이렇게 할 수 없다면 성령의 도움을 요청합시다. 십자가에 못 박히신 예수님을 기억하십시오. 자신을 모욕하는 사람들을 참으시고 용서하신 예수님을 본받으십시오. 우리를 위해서 목숨을 바치신 그분의 길을 따르는 방법은 악한 자를 대항하지 말라는 말씀을 겸손히 받아들이고 자신의 마음을 다스리며 살아가는 데 있습니다.

다른 뺨을 돌려 대는 아량을 명령하셨습니다

예수께서 우리에게 원하신 행동 방침이 약한 무저항주의가 아니라는 사실이 이어서 말씀하신 여러 가지 예에서 금방 드러납니다. 우선 첫번째 예를 살펴봅시다. "누구든지 네 오른편 뺨을 치거든 왼편도 돌려대라." 최선을 다하여 선하게 살아가려고 해도 미움을 받는 경우가 있기 마련입니다. 얼마나 미웠으면 뺨을 한 대 갈기겠습니까? 그런 경우 예수님은 참을 뿐만 아니라 다른 뺨을 돌려 한 대 더 때리도록 허용하는 아량을 명령하셨습니다. "그렇게 미우면 한 대 더 때리고 마음을 풀어라"는 식으로 말입니다. 두 가지를 언급해야 하는 경우, 오른편을 먼저 말하고 왼편을 나중에 말하는 것은 유대인들의 언어 습관이었습니다. 그러나 다른 설명을 시도하는 신학자들이 적지 않습니다. 보통 서 있는 상태에서 뺨을 때리면 대개 상대방의 왼편 뺨을 치게 됩니다. 물론 오른손을 사용하는 경우입니다. 그래서 어떻게 때릴 때 오른편 뺨을 맞게 될까 연구했습니다. 서구에서는 손바닥으로 뺨을 때리는 것보다 손등으로 때리는 것에 더 큰 모욕감을 느낀다고 합니다. 예수님은 이런 극도의 모욕이라도 참고, 왼편 뺨도 돌려 대라고 명령하셨다는 것입니다. 이런 설명도 가능합니다. 오른손으로 갈겼는데 요행히 피했습니다. 안도의 한숨을 쉬려는 순간에 왼손으로 다시 한 대 갈기면 오른편 뺨을 맞습니다. 아니면 뒤에서 달려와 느닷없이 한 대 갈기면 오른편 뺨을 얻어맞습니다.

어떤 경우든 영문도 모르고 당하는 이런 일에는 더 심하게 보복해야 분이 풀리는 것이 우리 인간입니다. 사실 어떤 방식으로 뺨을 얻어맞느냐는 것은 중요한 문제가 아닙니다. 예수님은 오른편 뺨을 맞을 때만 왼편을 돌려 대야 한다는 원칙을 주신 것이 아니기 때문입니다. 왼편을 먼저 맞든, 배를 맞든, 같은 경우에 해당합니다. 예수님은 가해 상황에 대적하지 말고 오히려 다른 편을 때리도록 허용하는 것을 명령하신 것입니다. 예수님의 말씀을 실천하려면 무엇보다 쉽게 분노하고 모독감을 느끼는 인간의 마음이 극복되어야 합니다. 피해를 감수할 수 있는 마음, 다른 뺨도 돌려댈 수 있는 아량이 없이는 왼편 뺨을 돌려 대기 어렵습니다. 솟구치는 화를 간직한 채 형식적으로 왼편 뺨을 돌려 대며 이쪽도 때리라고 말하며 항의한다면 예수님의 교훈을 지킨 것이 되지는 않습니다.

이런 경우도 있습니다. 힘으로는 상대를 이길 수 없을 때는 차라리 나를 죽이라며 뺨이 아니라 목을 들이댈 수도 있습니다. 이런 태도는 예수님의 말씀을 철저하게 지키는 것처럼 보일 수 있으나 주님의 뜻이 아닙니다. 극도의 분노를 터뜨리는 또 다른 방식일 뿐입니다. 예수께서 우리에게 부탁하신 행동은 무저항이 아니라 참고 넓은 아량으로 상대방의 분노를 받아들일 수 있는 선한 마음입니다. 선으로 악을 이기라는 것입니다.

권리를 포기하고 더 주는 마음을 명령하셨습니다

두 번째 예는 법적 소송과 관련된 말씀입니다. "너를 송사하여 속옷을 가지고자 하는 자에게 겉옷까지도 가지게 하라." 당시 옷은 사람들이 가진 귀중한 재산에 속했습니다. 지금처럼 값싸게 옷을 살 수 있고 조금만 헐어도 버릴 수 있는 그런 시대가 아니었습니다. 옷을 갖기 위해 법원에 고소하는 사람은 요즘에는 아무도 없습니다. 속옷, 겉옷을 다 주어도 집에 가면 더 많은 옷이 있습니다. 필요하면 시장에 가서 얼마든지 새 옷을 사 입을 수 있습니다. 우리가 입던 겉옷을 벗어주었다는 식으로 이 말씀을 이해하는 것은 예수님의 명령을 현대의 문맥에서 설명하는 우스꽝스러운 일이 되고 맙니다. 예수께서 이 말씀을 하시던 그 시대에는 옷 한 벌 입고 있는 것이 전부인 사람들이 많았습니다. 속옷과 겉옷을 입을 정도면 괜찮은 사람이었습니다. 밤에는 겉옷을 이불처럼 사용하는 사람도 있었습니다. 당시의 옷의 가치를 현대의 재산 가치로 환산해 보면 아마 승용차쯤 된다고 생각하셔야 할 것입니다. 그런 귀중한 옷을 탐내고 빼앗아 가려고 소송을 제기하는 사람이 있으면 그것만이 아니라 다른 것도 줄 수 있어야 한다고 말씀하신 것입니다.

예수님의 말씀을 더 정확하게 이해하기 위해서는 겉옷과 속옷의 가치가 달랐다는 점을 함께 고려해야 합니다. 여러분은 속옷과 겉옷 중 어떤 것을 더 귀중히 여기십니까? 유대 사회에서는 겉옷을 중요한 재산으로 평가하고 있었습니다. 따라서 예수님의 명령은 이런 것입니다. 너에게 있는 사소한 것을 가지기 위해서 소송을 제기하는 사람이 있다면 더 귀중한 겉옷까지도 가지게 하라. 예수께서 우리에게 원하신 것은 백만 원을 빌리러 왔는데 십만 원만 빌려주고 체면치레하는 그런 삶이 아니었습니다. 그가 빼앗아 가려는 것을 줄 뿐만 아니라 더 귀중한 것도 그에게 줄 수 있는 그런 마음을 원하신 것입니다. 자신의 것을 자신의 것이라고 하지 않고 그것을 필요로 하는 사람에게 줄 수 있는 삶, 더 귀중한 것을 넘겨줄 수 있는 삶을 원하신 것입니다.

성도 여러분, 이렇게 하자면 자신의 권리일지라도 포기하는 마음이 있어야 합니다. 사람들은 자신의 것이 아니라도 소유할 수만 있다면 법을 통해서라도 이득을 챙기려 합니다. 하지만 그런 마음으로는 아무도 겉옷까지도 가지게 하라는 우리 주님의 말씀을 실천할 수 없습니다. 당연한 권리일지라도 포기하고, 더 귀중한 것일지라도 줄 수 있는 마음씨가 있어야 하는 것입니다. 이런 삶을 우리는 단순히 무저항주의라고 부를 수는 없을 것입니다. 선한 마음을 가지고 선으로 악을 이기는 보다 적극적인 삶이 예수께서 우리에게 원하신 삶입니다.

적에게라도 자발적인 도움을 명령하셨습니다

예수께서 세 번째로 드신 예는 이렇습니다. "또 누구든지 너로 억지로 오리를 가게 하거든 그 사람과 십 리를 동행하라." 이 말씀은 로마 군대가 전쟁을 수행하기 위하여 민간인들을 강제 징용하는 제도와 관계되어 있습니다. 로마군을 위해 짐꾼이 필요할 경우 로마 제국은 최대 오 리까지는 아무런 값을 지불하지 않고 필요한 사람을 불러 쓸 수 있게 했습니다. 그러나 짐을 나르는 거리가 오 리가 넘게 되면 누구에게나 적당한 품삯을 지불해야만 일꾼을 부릴 수가 있었습니다. 이방인을 위해, 그것도 전쟁을 수행하는 군인들을 위해 억지로 짐을 날라야 하는 것은 기분 좋은 일은 아닙니다. 재수 없이 붙들려 강제 노역을 하는 것을 좋아할 사람도 없습니다. 그러나 그런 경우라도 예수님은 불평하지 말고 오 리만이 아니라 자발적으로 오 리를 더 가줄 것을 명령하셨습니다. 아무런 값도 받지 않고 말입니다. 대가를 받는 일을 마다할 사람은 아마 아무도 없을 것입니다. 돈이 생기는 일이라면 불의나 불법에라도 즐겨 가담하는 것이 사람들입니다. 돈이 생기지 않는 일이라면 사람들은 할 수 있는 한 피하려고 합니다. 친구나 친척을 위해서는 밤을 새우면서도 도움을 주지만, 모르는 사람의 일은 못 본 척, 모르는 척 해버립니다. 더구나 적대자를 위해 일을 해야 한다고 생각하면 아마 누구나 치를 떨 것이 틀림없습니다.

원수를 돕는다는 것은 감히 생각할 수도 없는 일입니다. 그것은 다른 한편으로 보면 매국노와 같은 짓입니다. 이것을 모르실 리 없는 예수님이시지만 예수님은 개인적인 분노와 적대감을 없애고 인간적인 면에서 도와주라고 하셨습니다. 꼭 해야 할 의무가 있는 일이 아니라도 자발적으로 돕는 일에 선뜻 나서라는 말씀입니다. 단지 적당한 수준이 아니라 아주 자발적으로 하라는 말씀입니다.

　이러한 예수님의 명령을 수행하기 위해서는 어떤 사람에게든지 따뜻하게 대하는 인간애의 마음이 있어야 합니다. 같은 모습의 사람이라는 것이 우리가 동정심을 가질 수 있는 이유가 되는 것입니다. 믿는 형제들, 자매들에게만이 아니라 교회 밖의 사람들에게라도 하나님이 만들어 놓으신 사람이라는 이유로 동정심을 가질 수 있어야 하는 것입니다.

　우리 기독교인들은 신앙을 근거로 해서 뭉치는 데는 누구보다도 잘하는 것 같습니다. 특히 같은 교단, 같은 교회에 속하게 되면 친형제 이상의 따뜻함을 보입니다. 때로는 과하다 할 정도로 친밀해지려고 합니다. 그러나 우리의 따뜻한 마음은 종종 교회의 담을 넘어 나가지 못하는 것 같습니다. 이웃에게, 모르는 사람에게 아니 미움을 불러일으키는 사람에게라도 우리의 마음은 열려 있어야 합니다. 그렇지 않으면 억지로 일을 시킬 때 기쁨으로 그리고 자발적으로 갑절이라도 하라는 주님의 말씀을 지켜내지는 못할 것입니다.

　예수님의 말씀을 지키기 위하여 모든 사람에게 따뜻한 마음의 창을 엽시다. 우리가 하나님의 원수였을 때, 하나님께서는 우리를 사랑하사 자신의 독생자로 하여금 우리가 받을 형벌을 대신 받게 하셨음을 상기합시다. 도움을 청하는 사람들에게 이것저것 따지지 말고 도움을 줍시다. 교회는 자발적으로 모든 사람의 요구에 응할 수 있는 그런 공동체가 되어야 할 것입니다. 주님을 따르는 선한 마음으로 말입니다. 그렇게 하노라면 어느샌가 한국 교회는 세상의 빛과 땅의 소금의 역할을 감당하고 있음을 발견하게 될 것입니다.

다른 사람에게 나의 것을 나누어 주는 삶을 명령하셨습니다

마지막 예는 별다른 설명이 없어도 누구나 이해할 수 있는 아주 쉬운 말씀입니다. "네게 구하는 자에게 주며, 네게 꾸고자 하는 자에게 거절하지 말라." 소유를 열망하고 탐욕에 빠진 사람에게는 다른 사람의 궁핍과 필요가 시야에 들어오지 않습니다. 자신에게 필요한 것을 다른 사람이 요청할 때 베푸는 일은 쉽지 않습니다. 사람들은 자신의 안녕과 풍요를 누리고 싶어하므로 불행해 보이거나 가난해 보이는 사람들을 피하고, 심지어 만나려고도 하지 않습니다. 그러나 예수님은 그런 사람들에게 그들이 요청해 올 때 결코 거절해서는 안 된다고 말씀하셨습니다. 구하는 자에게 주고 꾸어달라는 사람들에게 꾸어주라고 하셨습니다. 단지 그들이 도움을 요청할 때만이 아니라, 먼저 그들의 필요를 깨닫고 자발적으로 자신의 것을 나누어 줄 수 있어야 합니다. 이렇게 행동하기 위해서는 이기심을 극복해야 합니다. 다른 사람들을 살피고 그들의 궁핍과 필요에 가슴 아파할 수 있는 동정심이 있어야 합니다. 다른 사람의 불행을 자신의 것으로 짊어지고 함께 해결해 갈 수 있는 이타심이 있어야 합니다.

우리 모두는 가족을 위해서라면 일평생 헌신할 수 있습니다. 그런데 예수님은 이웃, 잘 모르는 사람, 심지어 적대자에게도 혈육을 대하는 선한 마음을 표현하도록 하십니다. 처음 만나는 사람에게 친절해야 하고, 무엇을 부탁하더라도 외면해서는 안 됩니다. 길을 묻는 사람들에게 마

치 나의 일인 것처럼 가르쳐 줄 수 있어야 합니다. 물건을 사지 않을 사
람처럼 보여도 그들이 필요로 하는 정보를 웃으며 친절하게 얘기해 줄
수 있어야 합니다. 남을 돕는 일에는 국경이 있을 수 없습니다. 남을 돕
는 일에 사용하는 시간은 결코 낭비가 아닙니다. 남을 돕는 일에 물질을
내는 것은 버리는 것이 아닙니다. 우리는 물질을 나보다 더 필요로 하는
사람들에게 사용함으로써 모든 것이 이 세상을 지으신 하나님의 것이
라고 말로만 고백하는 것이 아니라 이를 몸소 실천하는 사람이 되어야
합니다.

맺음말

예수께서 사람들에게 명령하신 행동은 어떻게 보면 바보가 되라고
하시는 것 같습니다. 마땅히 대적해야 할 순간에 적대감과 적대행위를
그치고 악을 대항하지 않는 사람, 그런 사람은 나약하기 짝이 없는 사람
입니다. 나를 모독하고 폭력을 행사하는 사람에게 왼편 뺨을 돌려 대는
것은 자존심도 없는 사람입니다. 나의 것을 빼앗으려는 사람에게 더 가
지도록 내어 주는 것은 좀 모자란 사람의 행동입니다. 그러나 예수께서
우리에게 그런 행동과 마음가짐을 명령하셨습니다. 달라는 사람에게
주고, 빌려달라고 하는 사람에게 빌려주는 식으로 살면 세상에서 앞설
수 없을 것입니다. 그래서 많은 사람은 예수님의 말씀을 곧이곧대로 실
천하자면 굶어 죽을 수밖에 없을 것이라고 생각합니다. 많은 기독교인
은 예수님을 믿는다고 하면서도 이런 식으로 비아냥거리며 예수님의
말씀을 외면하고 있습니다. 우리가 정말 예수님을 믿는 사람이라면 이
예수님의 말씀을 피해 도망갈 수 없습니다.

예수님의 말씀대로 살아서 굶어 죽을 수밖에 없다면 차라리 굶어

죽읍시다. 손해를 봅시다. 창피를 당합시다. 자존심도 없는 바보로 살아 갑시다. 그런 어수룩한 삶이 하나님의 눈에는 옳은 것으로 보이지 않겠습니까? 이렇게 행동하는 우리를 살아 계신 예수께서 분명 책임지실 것입니다. 그러나 주님의 말씀을 따르지 않아서 생기는 결과는 우리의 책임입니다. 손해당하고 고생하고 바보 취급받는 일이 생기면 십자가의 수치와 고난을 참으신 예수님을 생각하시기 바랍니다. 예수님은 우리를 위하여 목숨을 버리셨습니다.

고난을 당하신 예수님을 바라보십시오. 십자가를 지신 예수님을 생각하십시오. 그리고 우리의 삶을 향한 예수님의 말씀을 들으십시오. 여러분의 가정과 학교 그리고 직장에서 예수께서 요청하신 모습대로 살아가도록 노력하십시오. 성령님의 도움을 구하시고 겸손히 예수께서 가신 십자가의 길을 우리 모두 함께 즐거이 따라갑시다. 그렇게 하노라면 우리가 사는 대한민국은 그 어느 곳보다도 아름다운 곳으로 바뀌리라 확신합니다.

제21장
원수라도 사랑합시다
마태복음 5:43-48

예수님의 교훈이 얼마나 독특한 것인가를 알려 주는 여섯 개의 반제 중 드디어 마지막 가르침에 도달했습니다. 이 말씀은 예수께서 가르치신 교훈의 백미라 부를 수 있습니다. 산상설교의 문학성에 초점을 맞추어 클라이맥스라고 불러도 좋습니다. 그런 만큼 이것은 여섯 중 가장 어려운 말씀이기도 합니다. 내용이 어려워서가 아닙니다. 예수께서 말씀하신 의미는 아이들이라도 금방 외우고 이해할 수 있을 정도로 아주 쉽습니다. 그러나 이것을 막상 실천하려고 하면 누구나 너무 힘들고 무척 곤란하다고 느낄 것입니다. 따라서 우리가 가장 신경을 많이 쓰고 조심스럽게 실천해야 할 말씀입니다.

인간의 본심

가까이 있는 사람들을 사랑하고 원수를 미워하는 것은 인간의 본성에 속합니다. 예수님 당시의 유대인들도 이웃을 사랑하고 원수를 미워하는 사람들이었습니다. 그들은 이웃 사랑과 원수를 미워하는 것을 하나님께서 주신 율법으로 이해했습니다. 인간의 본성에도 새겨져 있는 원리를 하나님의 계명으로 이해할 때 어떤 일이 벌어질까요? 하나님의 이름으로 보복과 살인과 폭력이 발생할 것입니다. 그러나 예수님은 원수를 사랑하고 박해자들을 위해 기도하라고 가르치셨습니다.

구약성경의 명령

예수께서 인용하시며 비판하신 "이웃을 사랑하고 원수를 미워하라"라는 가르침은 구약 율법이 아니라 유대인들의 전통입니다. 구약성경에는 613개의 계명이 수록되어 있지만 "이웃을 사랑하고 원수를 미워하라"는 명령은 어디에도 없습니다. "이웃을 네 몸과 같이 사랑하라"는 명령이 레위기 19장 18절에서 발견되며, 출애굽기 23장 4-5절은 비록 원수 사이라고 해도 친절을 베풀고 결코 악을 행하지 말 것을 명령합니다.

예수님 당시에 고립되어 살았던 쿰란 공동체 사람들이 남긴 문헌에는 "원수를 미워하라"는 명령이 여기저기 들어 있습니다. 그들은 '원수' 속에 이방인이나 이스라엘을 억압하는 사람들만이 아니라 때로는 그들이 조직한 공동체에 들어와서 함께 정결한 생활을 하지 않는 모든 사람을 포함하기도 했습니다. 예수님은 극단적인 민족주의에서 발전한 당시의 이런 관행을 반대하셨던 것입니다. 그리고 원수에게라도 악을 행해서는 안 된다는 사상을 원수에게도 사랑을 베풀어야 한다는 가르침으로 적용하신 것입니다.

예수님은 원수도 사랑할 것을 명령하셨습니다

예수님은 "원수를 사랑하라"라고 말씀하셨습니다. 예수님은 이웃만이 아니라 원수라 불리는 사람도 사랑의 대상에 포함시키셨습니다. 해를 가하는 사람을 우리가 기도해 주어야 할 대상에 포함하시키셨습니다. 예수께서 명령하신 삶은 모두를 사랑하고 모두를 위해서 기도해 주는 것입니다. 이것이 하나님을 믿는 사람에게 어울리는 윤리 규범입니다. 예수님의 가르침을 이렇게 요약할 수 있습니다. "어떤 사람이든지 사랑하라. 어떤 사람이든지 위하여 기도해 주라." "모두를 사랑하라. 모두를 위하여 기도해 주라."

이렇게 가르치신 예수님은 십자가 수난을 통하여 원수에 대한 사랑을 실천하셨습니다. 하나님의 사랑과 구원을 민족적 울타리를 넘어 확장하셨습니다. 예수님의 십자가 수난 앞에서 인종과 민족에 대한 차별이 사라졌습니다.

이웃과 원수를 구별하는 일을 일단 중지합시다. 나에게 도움을 주는 사람인지 아니면 나를 괴롭히는 사람인지를 살피고 이에 맞추어 다르게 행동하던 우리의 삶의 습관을 버립시다. 원수라고 분류해야 할 사람이 있더라도 그에게 자비를 베풉시다. 핍박자라고 끝까지 불러야 할 사람이 있다면 그 핍박자를 위해서도 기도해 줍시다.

이웃과 원수를 구별하는 것은 인간의 마음입니다

우리는 상대방이 나에게 어떤 마음을 가지고, 어떤 행동을 해오느냐에 따라 사람을 구별합니다. 우리 마음은 우리를 대하는 사람들의 태도를 분석하여 이런 구별을 만들어냅니다. 이웃을 사랑하고 원수를 미워하는 것은 다른 사람의 태도에 따라 움직이는 삶입니다. 하나님을 믿는 사람에게는 이런 식의 조건적인 삶이 아니라 무언가 확실한 기준을 가지고 살아가는 삶이 필요합니다. 사랑이라는 절대적인 기준을 가지고 남을 대해야 합니다. 남이 나에게 무엇을 하든지 상관하지 말고, 또 감정이 움직이는 대로 따라 하지 말고 원수를 포함한 모든 사람들을 사랑해야 합니다.

대체로 원수는 상대적인 개념입니다. 나에게는 원수지만, 다른 사람에게는 가장 사랑하는 사람, 즉 부모요 친구요 자식일 수 있습니다. 반대로 나와 가장 가까운 사람들이 어떤 사람에게는 원수일 수 있습니다. 이웃과 원수를 구별하는 것은 상대적입니다. 상대적인 표현들은 사람에 따라 얼마든지 달라지는 것입니다. 나의 이웃, 나의 원수는 어떤 사람과 나 사이에서만 적용되는 용어들입니다. 서로 도우며 아기자기하게 살아가는 사람들을 우리는 이웃이라고 부릅니다. 서로 긴장 관계에서 싸우는 사람들을 우리는 원수라고 부릅니다. 이웃과 원수를 구별하는 것은 나의 마음, 나와의 이해관계에 기초한 주관적인 평가에서 나오는 것입니다. 인간은 마음에 드는 사람과 그렇지 않은 사람을 구별합니다. 그래서 그냥 좋은 사람이 있는가 하면 그냥 싫은 사람도 있습니다.

예수께서 우리에게 명령하신 삶은 다른 사람의 행동에 의존하거나 좌우되지 않는 사랑을 실천하는 삶입니다. 가깝고 도움을 주는 사람들만을 골라서 사랑하는 것은 절대적인 사랑이 되지 못합니다. 예수님은 원수도 사랑하라고 말씀하심으로써 사랑의 근거와 이유가 사랑의 대상이 아니라 사랑의 주체에게 있어야 함을 강조하신 것입니다. 나에게 누가 무엇을 하든지 사랑하고 선을 베풀 수 있는 삶, 이것이 하나님을 믿는 사람들에게서 나와야 할 무조건적인 사랑의 삶입니다.

절대적 기준인 하나님의 사랑

이웃과 원수를 포함하는 모든 사람을 사랑하는 것은 하나님의 성품과 하나님의 사역에 부합합니다. 마지막 절에서(48절) 예수님은 이것을 이렇게 표현하셨습니다. "그러므로 하늘에 계신 너희 아버지의 온전하심과 같이 너희도 온전하라." 우리가 따라야 할 표준은 악인에게도 자비를 베푸시는 하나님의 온전하심입니다. 원수를 사랑하는 것은 하나님을 본받는 것입니다.

하나님의 사랑이 어떤 것인지를 더 쉽게 알 수 있는 구체적인 예가 두 개 있습니다. 45절에 수록된 해와 비에 관한 말씀입니다. 하나님께서는 지금도 해를 악인과 선인에게 평등하게 주십니다. 햇빛은 선한 사람들에게만 비춰지 않습니다. 아무리 악한 사람이라도 아침에 눈을 뜨면 햇빛을 받고 만물을 보며 생명을 유지하게 됩니다. 하나님께서는 의인과 불의한 자 모두에게 비를 주십니다. 의인의 밭에만 비를 뿌리도록 하지 않으십니다. 불의한 사람의 밭에는 비가 내리지 않도록 다스리지 않으십니다. 하나님의 창조물인 비는 오늘도 어김없이 모든 사람에게 공평하게 내리고 있습니다.

하나님은 악인과 선인을 분명히 구별하는 분이십니다. 의로운 사람과 불의한 사람을 차별 대우하시는 분이 다름 아닌 하나님이십니다. 악인과 선인, 불의한 사람들과 의로운 사람들을 양과 염소처럼 구별하시고 불의한 자들을 심판하실 분이십니다. 그러나 하나님께서 아직은 사람들을 공평하게 대우하십니다. 모두에게 회개와 용서의 길을 열어 놓고 계십니다. 예수님께서 지적하신 것은 하나님의 공평한 섭리의 손길, 하나님의 은혜로우신 사랑의 사역이었습니다. 불의한 사람을 살려 놓고 그들에게도 내려주시는 비와 그들에게도 비춰게 하신 햇빛 속에서 하나님의 절대적인 사랑을 보라고 지적하신 것입니다.

이것을 예수님의 사역에까지 확대해 보면 더 좋은 설명이 됩니다. 하나님은 사람들이 여전히 죄에 빠진 채로 살아갈 때 그들을 사랑하셔서 자신의 독생자를 이 세상에 보내셨습니다. 하나님을 배반한 사람들을 구원하시기 위해 예수께서 십자가를 지셨습니다. 원수도 사랑하는 것은 하나님의 성품에 속합니다. 하나님의 사역입니다. 예수님의 삶과 죽음이 우리에게 보여주는 것이 하나님의 완전한 사랑입니다. 바로 이 예수께서 우리에게 그러한 사랑의 실천을 요구하신 것입니다. 원수라도 사랑하라. 박해자를 위해서도 기도하라. 그것은 하나님의 성품을 닮아가는 것입니다. 하나님의 행동을 본받는 것입니다. 하나님의 완전한 사랑처럼 완전하게 행동하는 것입니다. 하나님께서 선하신 것처럼 선하게 행동하는 것이 사랑의 원리입니다. 하나님께서 사랑을 베푸신 것처럼 상황에 좌우되지 않고 절대적인 사랑을 표현하는 것이 우리의 삶의 원리여야 합니다.

잊지 못할 원수가 있습니까?

어떤 사람을 원수라고 할 수 있을까요? 원수란 아마 여러분에게 평생 지울 수 없는 상처를 안겨준 사람일 것입니다. 여러분이 세상을 떠나기까지는 잠시도 잊을 수 없는 그런 아픈 기억을 남겨 놓은 사람이라면 원수라 불러도 좋을 것입니다. 나의 삶을 파괴한 사람이 원수입니다. 내 가정을 망가뜨린 사람도 물론입니다. 내 삶의 터전을 앗아간 사람이나 가꾸어 놓은 사업체를 집어삼킨 사람을 우리는 원수라고 부릅니다. 우리는 이런 사람들을 생각하는 즉시 끝없는 분노에 사로잡힙니다. 치가 떨리고 소름이 끼칩니다. 이를 악물고 분을 삼키려고 합니다. 이런 사람을 꼽아보자면 아마 끝이 없을 것입니다. 아무도 이런 사람을 만나고 싶지 않겠지만, 살아가다 보면 갑자기 이런 사람이 나타나 우리의 삶을 가로막곤 합니다. 예수님은 우리에게 그런 사람도 사랑하라고 하셨습니다. 바로 그런 사람을 위해서도 기도해 주라고 하셨습니다.

여러분의 삶에 치명적인 해를 가한 바로 그 사람을 주님의 이름으로 사랑하십시오. 그 사람 때문에 내가 받은 상처를 그냥 덮을 수 없을까요? 나에게 행한 박해와 적대행위를 용서하고 잊을 수는 없을까요? 용서해 주실 수 없겠습니까? 그리고 그를 향한 미움과 원망을 사랑과 기도로 바꿀 수 없겠습니까? 원수를 사랑하라는 말씀은 우리를 위해 십자가를 지신 예수님의 가르침입니다.

아직은 원수가 없습니까?

일상생활에서 원수를 만나는 것이 흔한 일은 아닙니다. 원수라는 살벌한 이름을 붙일 정도로 원한이 맺혀 있는 사람이 하나도 없는 사람들이 더 많습니다. 정확하게 따져보면 이런 사람은 원수를 사랑하라는 주님의 명령을 지킬 수 없는 처지에 있습니다. 원수가 없기 때문입니다. 사랑하기 위하여 억지로 원수를 만들 수는 없는 일입니다. 원수가 없는 경우 "원수를 사랑하라"는 계명을 비교적 잘 지키고 있다고 생각하는 사람들이 꽤 많습니다. 어떤 경우라도 이 명령을 계속 잘 지켜낼 수 있으리라고 기대하기도 합니다. 이런 식으로 자신의 상황을 정확히 모르는 사람들 앞에 정말 원수가 나타나면 어떻게 하는지 아십니까? 미워하고 보복하게 되는 경우가 대부분입니다. 지금 당장은 원수라고 부를 만한 인물이 없는 분들은 미리 이 명령을 지킬 수 있도록 준비합시다. 미리 준비한다는 것은 가장 어려운 계명에 조금이라도 쉽게 도달할 수 있는 여러 과정, 사랑의 계단을 하나씩 밟아가는 것입니다.

사람마다 절로 사랑하고 싶은 사람들이 있습니다. 연인이나 남편, 아내 혹은 자식과 같은 사람들입니다. 이들은 가장 가까이 있고 또 나의 모든 것을 다 주어도 아깝지 않다는 마음이 절로 들기 때문에 사랑을 표현하기 가장 쉬운 대상입니다. 이런 종류의 사람을 하나님 앞에서 바르게 사랑하는 것이 우리가 밟기 시작해야 할 사랑의 첫 단계입니다.

사랑이라는 감정이 쉽게 솟구치지는 않지만 그래도 꼭 사랑해야 한다는 의무감을 불러일으키는 대상이 있습니다. 부모나 형제, 친구 혹은 이웃 사람들입니다. 하나님 앞에서 이들을 진심으로 사랑하는 방법을 묻고 실천하는 것도 우리가 마땅히 해야 할 일들입니다. 한편, 길을 가다 부딪히는 사람처럼 전혀 감정이 동하지 않는 그런 대상이 있습니다. 사랑이라는 마음의 움직임이 쉽게 나타나지 않기 때문에 이들을 어떻게 사랑할 수 있고 사랑해야 하는지 배우고 실천하는 것은 더 어려운 과제에 속합니다. 그러나 우리가 만나는 모든 사람에게 친절을 베풀고 도움을 주는 것도 우리가 하나님 앞에서 해야 할 일들입니다. 다른 한편, 어떤 사람은 보기만 해도 싫고 피하고 싶은 사람이 있습니다. 굳이 원수라고 표현할 수는 없지만 미움의 감정이 앞서는 사람들을 어떻게 사랑할 수 있을까요? 이런 종류의 사람들을 사랑하는 것도 예수님의 명령에 포함됩니다. 일상생활에서 늘 만나는 이런 사람들을 우리가 그리스도인의 사랑으로 포용하고 친절을 베풀 수 있다면 어느 순간에 원수가 등장해도 조금은 빨리 원수를 사랑하라는 주님의 가르침으로 돌아갈 수 있습니다.

원수를 사랑하라는 예수님의 명령이 원수만 사랑하면 된다는 말씀은 아닙니다. 최고의 명령은 그 아래 단계를 다 포함하는 포괄적인 명령입니다. 가장 어려운 것, 즉 원수 사랑을 명령하심으로 그보다 쉬운 것, 즉 자녀와 배우자와 이웃과 친구 등등에 대한 사랑을 함축적으로 모두 지적하신 것입니다. 하나님의 사랑을 배워, 가까운 곳에서부터 사랑의 삶을 실천해 갑시다. 가까운 곳에서 시작하여 가장 사랑하기 어려운 대상에게까지 그리스도의 사랑을 차츰차츰 확대해 갑시다.

원수를 사랑해야 할 이유

인간으로서는 실천하기 어려울 뿐만 아니라 생각해 낼 수도 없는 원수 사랑을 예수께서 명령하신 이유는 어디에 있을까요? 그렇게 하는 사람이 하늘에 계신 하나님의 자녀들이 되기 때문입니다(45절). 예수님을 믿는 사람은 이미 하나님의 자녀가 됐습니다. 예수님을 믿는 자들에게 그런 권한을 주시는 분은 하나님 자신이십니다(요 1:12). 그러나 하나님의 자녀가 된다는 것은 아직 실현되지 않은 미래의 것으로 제시되기도 합니다(눅 6:35). 두 표현을 아름답게 결합한 설명은 아마도 에베소서 5장 1절일 것입니다. "그러므로 너희는 사랑을 입은 자녀같이 하나님을 본받는 자가 되라." 예수님을 믿는 사람들은 하나님을 아버지라 부르는 하나님의 자녀들일 뿐만 아니라 하나님의 자녀답게 살아야 합니다.

맺음말

마태복음 5장 17-20절에서 예수님은 자신을 따르는 사람들에게 바리새인들과 서기관들보다 더 수준 높은 의를 행하도록 요구하셨습니다. 이러한 의를 실천하려면 죄인들보다 더 수준 높은 사랑을 실천해야 하는 것은 당연합니다. 나를 사랑하는 사람을 사랑한다는 것은 죄인들도 할 수 있는 일입니다. 예수님을 따르는 사람들은 그러한 수준의 사랑에 머물러서는 안 됩니다. 하나님의 사랑을 본받아 원수라도 사랑할 수 있는 수준을 향해 가야 합니다. 나에게 다가와 먼저 인사하는 사람에게 인사하는 것은 누구나 할 수 있는 일입니다. 하나님을 모르는 이방인들도 웃으며 하는 평범한 일상생활입니다. 우리는 하나님처럼 모두를 공평하게 대우하고 사랑하는 삶으로 나아가야 합니다. 이것은 하나님의 용서와 사랑을 경험한 사람들만이 나타낼 수 있는 삶입니다. 성령의 충만으로 어려운 세상을 헤쳐가는 하나님의 자녀들만이 실천할 수 있는 그런 삶입니다.

제22장
하나님 앞에서
마태복음 6:1

바르게 살아가기 위해서는 삶의 바른 기준이 필요합니다. 하지만 삶의 규범 못지않게 중요하고 꼭 필요한 교훈은 삶의 방법에 관한 것입니다. 아무리 좋은 도구라도 제대로 사용할 줄 모르면 아무 유익을 가져다주지 못하는 무용지물이 된다는 것을 우리는 잘 알고 있습니다. 마찬가지로 아무리 좋은 교훈을 배웠어도 이것을 바르게 실천하지 못한다면 그 좋은 교훈이 조금도 빛나지 않을 것입니다. 우리 주변에는 바르게 살아가면서도 이처럼 그 방법이 잘못된 것 때문에 욕을 먹는 사람들이 있습니다. 바른말은 하지만 지혜 없이 말하기 때문에 그의 바른말이 먹혀들어가지 않을 뿐만 아니라, 오히려 따돌림을 받거나 비난을 받는 사람도 있습니다. 삶에 필요한 좋은 교훈은 적절한 방법과 잘 조화되어야만 합니다.

하나님의 뜻을 행하는 방법에 관한 교훈

우리가 하나님의 뜻을 배우고 실행하는 데도 내용과 방법의 이러한 상관관계가 작용하고 있습니다. 바른 인생을 위해서 우선 우리는 하나님의 뜻이 무엇인지를 알아야 합니다. 그뿐만 아니라 하나님의 뜻을 어떻게 행해야 좋은지 그 적절한 방법을 배워야 합니다. 물론 방법을 알고 있다고 해서 다 되는 것은 아닙니다. 좋은 방법은 있는데 담아야 할 내용이 없다면 인생은 더 큰 문제에 부딪히게 되는 것입니다. 그러나 내용이 채워졌다고 해서 인생은 절로 선하게 굴러가는 것이 아님을 아는 것도 퍽 중요합니다.

예수님은 무엇이 하나님 앞에서 옳은 일인지, 무엇이 인생을 향한 하나님의 뜻인지를 최우선적으로 가르쳐 주셨습니다. 그것이 바로 마태복음 5장의 내용들입니다. 그리고 곧이어 하나님의 뜻을 행하는 바른 방법을 설명하셨습니다. 마태복음 6장 1절부터 나오는 말씀입니다. 6장 1절은 바른 방법에 대한 교훈 전체(6:2-18)의 서론에 해당합니다. "사람들에게 보이려고 그들 앞에서 너희 의를 행치 않도록 주의하라. 그렇게 하지 않으면 하늘에 계신 너희 아버지께 상을 얻지 못하느니라."

문맥에서의 이해

마태복음 6장 1절에 수록된 예수님의 말씀을 '방법에 대한 교훈'의 서론으로 본다면 다음과 같은 몇 가지 사항을 주의해야 합니다. 첫째, 예수님은 이 말씀을 하시기 전에 무엇이 실천의 기준인지를 여섯 가지의 예를 들어 자세하게 설명하셨습니다. 그곳에서 우리는 살인, 간음, 이혼, 맹세, 보복, 사랑에 관련된 예수님의 기준을 배웠습니다. 그것은 곧 하나님의 말씀이고 우리가 따라야 할 하나님의 뜻입니다. 예수님은 6장 1절에서 이러한 가르침을 따르는 우리의 삶, 행동을 지시하며 '너희의 의'라고 표현하셨습니다. 따라서 6장 1절은 '내가 너희에게 요구하는 이런 행동들을 할 때' 사람들에게 보이려는 목적에서 해서는 안 된다는 뜻의 말씀입니다. 여섯 가지의 교훈을 하기 앞서 5장 20절에서 예수님은 이미 "너희의 의가 바리새인들과 서기관들의 의보다 더 나아야 한다"고 말씀하셨기 때문에, 예수님의 교훈을 따르는 행동을 '너희의 의'라고 부르는 데는 아무런 어려움이 없습니다. 5장에서 예수님은 실천할 내용을 말씀하셨고, 6장 1절부터는 이러한 실천의 방법을 말씀하셨습니다.

둘째, 예수님은 6장 2절부터 구제와 기도와 금식을 다시 '너희의 의'의 예로 드시면서 하나님 앞에서 어떻게 이런 일들을 실천해야 하는가를 보다 구체적으로 설명하셨습니다. 적지 않은 사람들이 이 구절에서 예수님이 구제와 금식과 기도를 기독교인이 애써야 할 경건 생활의 세 가지 규칙으로 제정하셨다고 생각합니다. 그리고 그들의 삶의 목표를 이 세 가지를 최선을 다해 실천하는 것으로 압축하려고 합니다. 교회사를 탐험해 보면 이런 목표를 가지고 살았던 기독교인들이 실제로 있었을 뿐만 아니라 그들의 영향력이 상당 기간 지속되기도 했었음을 여기저기서 발견할 수 있습니다.

물론 제대로만 한다면 이 세 가지를 철저하게 행하는 것만도 보통 사람으로서는 하기 어려운 일임이 분명합니다. 하지만 마태복음 6장 1절을 이렇게 읽는 것은 예수님의 말씀을 크게 오해하는 것입니다. 예수님은 이 세 가지를 규칙으로 제정하신 것이 아니라, 방법의 문제를 보다 현실감 있고 감동적으로 설명하시기 위하여 당시 유대교에서 경건 생활의 3대 실천 항목에 해당하는 것들을 그 구체적인 예로 사용하셨을 뿐이기 때문입니다. 구제, 금식, 기도는 6장 1절에서 말씀하신 "너희의 의를 행할 때"를 설명하는 예증일 뿐입니다. 신앙생활에 있어서 중요하다고 평가되는 구체적인 행동, 즉 "무엇을 행해야 하는가?"가 궁금하면 언제라도 5장으로 돌아가 예수께서 무엇을 명령하셨는지를 배워야 할 것입니다.

셋째, 5장에 수록된 예수님의 여섯 가지 반제적 교훈들은 기독교인이 따라야 할 규범 전체가 아님을 잊지 말아야 합니다. 또한 그것은 기독교 윤리 규범의 요약이나 강령을 말하고 있는 것도 아닙니다. 이것들은 구약 율법과 예수님의 교훈의 관계를 설명하며 예수님의 교훈의 특성을 날카롭게 밝혀주는 여섯 가지 예증적 교훈일 뿐입니다. 그러므로 이 여섯 가지 교훈만을 6장 1절이나 6장 2절 이하의 방법대로 지킨다고 해서 기독교인으로서의 의무나 책임을 완수했다고 말하지는 못할 것입니다. 기독교인들이 관심을 가지고 하나님 앞에서 성실하게 감당해야 할 일은 우리 각자의 삶만큼이나 복잡하고 많고 다양합니다. 사람들에게 보이려고 해서는 안 된다는 예수님의 말씀을 적용해야 할 행동을 5장의 여섯 가지나, 6장 2절 이하의 세 가지로 축약하는 것은 기독교인의 삶과 교회의 역할을 너무 단순하게 만드는 것입니다. 5장의 여섯은 '선한 행동의 내용'에 관한 예이며, 6장 2절 이하의 셋은 '방법론'에 대한 예일 뿐입니다. 따라서 '사람들에게 보이려고 해서는 안 된다'는 예수님의 이 말씀은 우리의 삶을 구성하는 모든 '선한 행동의 방법론'이 되어야 합니다.

사람에게 보이려는 것은 인간의 본능입니다

"사람들에게 보이려고 그들 앞에서 너희의 의를 행치 않도록 주의하라"는 말씀에서 예수님은 무엇보다도 인간 내면에 존재하는 본심 하나를 지적하셨습니다. 자신의 선한 행동을 사람들에게 과시함으로써 사람들로부터 칭찬과 존경을 받으려는 본성 말입니다.

일반적으로 사람들은 밤에, 몰래, 아무도 없는 곳에서 죄를 저지릅니다. 혹시 그것을 보았거나 아는 사람이 있어도 어떻게든지 핑계하고 자신을 미화 내지 정당화하려고 합니다. 이같이 진실을 감추면서까지 자신을 선한 사람으로 알리고 싶어 하는 것이 인간의 본성입니다.

우리는 어린아이 때부터 사람들이 보고 있으면 더 열심히 칭찬받는 행동에 몰두해 가는 습성을 가집니다. 반면에, 사람들이 보지 않을 때는 굳이 선한 행동을 하려고 하지 않습니다. 이처럼 자신이 악함을 스스로 잘 알고 있으면서도 끝까지 자신을 선한, 좋은 사람으로 알리고 싶어 하는 본심이 인간 누구에게나 있는 것입니다. 그래서 어떤 윤리학자는 가장 선한 것으로 평가받는 인간의 도덕심이나 양심까지도 인간의 도덕적 영웅심에 아부한다고 말하곤 합니다. 인간은 선 자체를 위해서가 아니라 선한 자신을 과시하려는 그런 악한 본성 때문에 선의 길을 선택하곤 한다는 이유에서 말입니다.

방법론을 인간의 본성에 맡기지 맙시다

예수님은 우리가 이런 인간의 본성을 따르지 말 것을 명령하고 계십니다. 선한 일이 무엇인지를 결정하는 것은 인간의 본성을 따르는 데 있지 않습니다. 인간의 본성을 거스르더라도 하나님의 명령을 밝히는 것이 선한 기준을 찾는 일의 핵심인 것처럼, 그 선한 행동을 이루는 방법론도 인간 스스로에게서 나와서는 안 되는 것입니다. 이러한 이유에서 어떤 방식으로 선한 행동을 해야 하느냐는 것도 결국 예수님에게서 새로이 나와야 하는 것입니다. 예수님의 새로운 방법론은 인간이 좋아하는 것, 즉 '사람들에게 보이려고,' '사람들 앞에서' 행하는 것을 피하는 것으로 시작됩니다.

선한 일, 하나님께서 우리에게 주신 규범을 따라 어떤 행동을 할 때, 우리는 사람들에게 보이려는 목적으로 행해서는 안 됩니다. 사람들 앞에서 보라는 듯이 선한 일에 몰두해서는 안 됩니다. 그것은 선한 일을 하는 바른 태도가 아닙니다. 선한 일을 악한 태도로 하는 것이기 때문에 내용은 선하지만 결국 선한 것으로 평가받을 수 없는 일이 되고 맙니다. 예수님은 "조심하라"는 경고문을 특별히 사용하심으로 우리의 경각심을 어느 때보다 강하게 촉구하셨습니다. 선행을 과시하려는 욕구는 누구에게나 있기 때문에 우리가 긴장의 고삐를 조금만 늦추면, 누구나 곧바로 그런 인간의 본성적 태도로 돌아가고 말 것이기 때문입니다.

선한 일은 행위자의 본성을 거스르는 희생이 동반되어야 합니다. 이 점을 우리는 5장에 수록된 예수님의 말씀에서도 배웠습니다. 그리고 이곳에서 다시 같은 교훈을 배웁니다. 선한 일을 의도적으로 드러내지 않는 것은 본능을 거스르는 일이지만 예수께서 진정으로 명하신 일입니다. 자신의 본성을 따르는 한 예수님의 말씀을 실천하기는 어렵습니다. 반대로 예수님의 말씀을 지키기 위해서는 예수님의 말씀을 자신 위에 높이 세우고 그 아래 자신을 복종시키며, 자신의 본성을 억제하고, 자신을 굴복시키는 희생정신이 절대적으로 필요합니다.

인간의 모든 일은 하나님 앞에서 일어나는 것입니다

예수께서 이렇게 사람들에게 보이려고 선을 행하지 말고, 사람들 앞에서 행하지 말도록 경고하신 배경은 어떤 것일까요? 그것은 인간사 전체가 하나님 앞에서 벌어진다는 '신전의식'(神前意識)'과 관련됩니다. 신전의식이란 무엇입니까? 인간의 행위, 인간의 의, 어느 하나라도 하나님의 눈을 피할 수 없다는 생각입니다. 사람들이 하나님을 의식하든 의식하지 않든 예수님의 눈에는 인간의 모든 행위가 하나님 앞에서 벌어지는 것일 뿐입니다. 따라서 무슨 행동이든지 사람들에게 보이려는 목적으로 하는 것은 전혀 의미가 없는 일입니다.

그러한 방식으로 선한 일을 하면서 사람들에게 무언가를 원하고, 그가 필요로 하던 것을 사람들에게서 다 받았다면, 하나님께서 그 사람에게 주실 아무런 신적 보상이 남지 않는다고 예수님은 설명하십니다. 선한 행동에 대한 보상이 이미 다 주어졌기 때문에 하나님께서 굳이 개입하셔서 보상할 필요가 없다는 것입니다. 그러나 하나님께만 보이려는 목적으로 하나님의 뜻을 행한다면 하나님께서 적절한 대가와 결과를 베풀어 주실 것입니다.

인간의 일들을 관찰하시는 하나님을 인정하십시오. 당신의 말과 행동을 보고 계신 하나님을 믿으십시오. 예수님의 말씀은 하나님을 향한 이런 절대적 믿음 위에서 바로 이해하고 바로 실천할 수 있습니다. 살아 계시며 세상과 당신을 다스리시고 보고 계신 하나님의 눈길을 의식하십시오. 하나님은 우리 인간의 저울, 우리 감정과 본능의 저울이 아닌 하나님 자신의 저울을 가지고 우리의 모든 것을 판단하고 계신다는 사실을 잊지 마십시오.

맺음말

보이지 않는 하나님을 의식하며 살아가고, 보이는 사람들의 눈을 의식하지 말며 행동하라는 예수님의 말씀이 무시되기도 합니다. 예수께서 이렇게 말씀하기는 하셨지만 여전히 세상에 존재하고 있는 교회가 유지되기 위해서는 현실적인 또는 인간적인 방식으로 운영되어야 한다고 변명하기도 합니다.

사람들이 보지 않고, 인정하지 않으며 칭찬하지 않음에도 불구하고 선행을 할 사람이 많지 않은 것이 현실입니다. 그렇지만 우리는 예수님의 가르침을 교회에 적용하고자 힘써야 합니다.

헌금한 사람의 이름과 헌금의 이유를 예배 시간에 목회자가 강단에서 언급하고 그들을 위해 기도해 주는 교회에서는 헌금이 많이 나오는 편입니다. 하지만 그렇지 않은 교회에서는 헌금이 상대적으로 덜 나오는 것이 현실입니다. 그럼에도 불구하고 예수님의 방식을 적용하려면 교회에게나 성도들에게나 큰 결단이 필요합니다. 우리가 예수님의 말씀을 따라 모든 것을 관찰하시는 하나님 앞에서 겸손하게 행동하는 것은 현실적인 힘은 없어도 하나님을 향한 진심과 진정을 보여주는 행동입니다. 그리고 그 결과는 하나님께서 하나님의 방식대로 틀림없이 책임지실 것입니다.

산상설교의 다른 말씀에 비해 구제에 관한 이 말씀은 비교적 이해하기 쉽고 실천하기에도 별로 힘들어 보이지 않습니다. 그러나 사실은 그렇지 않습니다. 복잡한 문제가 이 말씀에 얽혀 있습니다. 이 점을 주목하지 못하기 때문에 적지 않은 기독교인들이 예수님의 말씀을 오해합니다. 그리고 이 오해로 인하여 예수께서 말씀하신 진의를 파악하지 못하고 있습니다. 가장 큰 오해는 이 말씀에서 구제를 기독교인의 삶을 위한 가장 중요한 규칙으로 추론해 내는 것입니다. 예수님은 구제를 기독교적 삶을 위한 3대 의무의 하나로 제시하기 위하여 이 말씀을 하신 것이 아닙니다. 오히려 예수님은 이곳에서 구제의 방법을 예로 들어 사람들이 어떤 태도로 세상을 살아가야 하는가를 설명하신 것입니다. 무엇이 중요한 선행인가에 관하여는 산상설교 전체, 특히 마태복음 5장의 말씀이 답하고 있습니다. 초대 교회에서 이른바 예수님의 교훈 혹은 예수님의 계명이라고 부르며 중시했던 지침들은 복음서에 분산 수록되어 있습니다.

구제는 많은 사람이 실천하는 일반적인 선행입니다

예수님을 믿지 않는 사람도 구제가 좋은 일임을 알고 있습니다. 이웃의 구제에 몰두하고 헌신하는 사람들도 많이 있습니다. 많은 종교가 구제를 강조하고 있습니다. 예를 들어, 불교에도 자비에 관한 교훈이 큰 비중을 차지합니다. 코란도 구제를 아주 중요한 의무 중 하나로 회교도들에게 명령하고 있습니다. 구제는 구약 시대에 하나님께서 이스라엘 백성에게 명령하신 선행이기도 합니다. "네 하나님 여호와께서 네게 주신 땅 어느 성읍에서든지 가난한 형제가 너와 함께 거하거든, 그 가난한 형제에게 네 마음을 강퍅히 하지 말며, 네 손을 움켜 쥐지 말고, 반드시 네 손을 그에게 펴서 그 요구하는 대로 쓸 것을 넉넉히 꾸어 주라. 삼가 너는 마음에 악념을 품지 말라. 곧 이르기를 제칠년 면제년이 가까왔다 하고 네 궁핍한 형제에게 악한 눈을 들고 아무것도 주지 아니하면, 그가 너를 여호와께 호소하리니 네가 죄를 얻을 것이라. 너는 반드시 그에게 구제할 것이요, 구제할 때는 아끼는 마음을 품지 말 것이니라. 이 때문에 네 하나님 여호와께서 네 범사와 네 손으로 하는 바에 네게 복을 주시리라"(신 15:7-10).

구제에 앞장서는 교회가 됩시다

구제를 교회의 중요한 과제로 제시하는 교회가 많지는 않습니다. 세상 사람들이 인정하는 선행에 있어서 교회가 세상의 기관이나 단체들보다 앞장선다면, 그러한 모습이 하나님께 받은 은혜와 사랑의 증거로 제시될 수 있습니다. 구제에 관심을 가지지 않고 노력을 기울이지 않는다는 것은 신앙인의 문제이기 이전에 사실은 한 인간의 문제입니다. 도덕적으로 잘못 가고 있는 것입니다. 물론 신앙적으로는 더욱더 잘못된 것입니다.

하나님을 믿는 사람들은 구제처럼 모두가 인정하는 선한 일을 더 열심히 실천해야 합니다. 사람들이 다 포기하거나 도무지 움직이려 하지 않는 상황에서도 우리는 발 벗고 나서서 남을 도와주며 격려하고 그들의 어려움을 해소하기 위해서 노력해야 합니다. 개인적으로만이 아니라 사회적으로 가난을 물리칠 방법들을 찾고 제도를 만들어가는 것도 우리가 해야 할 일입니다. 사회나 제도에 맡겨서만은 안 되고 구제 사각지대에 있는 소외된 사람들을 끝까지 도울 수 있어야 합니다.

그러나 활발한 구제 활동만을 가지고는 예수님의 참된 제자라고 하기 어렵습니다. 이런 일에 우리가 사람들을 훨씬 앞서갈 수 있을 때만 다음 질문, '어떻게 하는 것이 예수님의 제자로서 잘 구제하는 일인가?'를 질문할 자격이 생기는 것입니다.

선행의 두 가지 성격과 두 가지 상반된 태도

구제에 대한 예수님의 말씀을 정확하게 이해하기 위해서는 선행에 두 가지 종류가 있다는 점을 알고 있어야 합니다. 그 차이점은 하나님께서 우리에게 요구하시는 선한 행동을 다른 사람들이 선한 것으로 인정하고 받아들이느냐 그렇지 않느냐와 관련되어 있습니다. 첫째, 예수님의 말씀 중에는 사람들이 도무지 수긍할 수 없는 착한 일이 있습니다. 원수를 사랑하라 등 앞에서(마 5장) 익힌 말씀들이 대부분 이런 종류의 선행에 속합니다.

둘째, 하나님께서 우리에게 요구하시는 선행 중에는 사람들이 쉽게 수긍하는 착한 일도 있습니다. 구제가 그런 선행입니다. 부모를 공경하라, 거짓말하지 말라, 이웃을 사랑하라 등 상당히 많은 계명이 이런 부류에 속합니다. 구제에 관한 이 말씀에 이어 나오는 주제인 기도, 금식도 종교적인 영역에서는 아주 일반화되어 있습니다.

사람들이 수긍하기 어려운, 그러나 순종해야 하는 선을 행함에 있어서는 방법론적인 문제에 그렇게 신경을 쓸 필요가 없습니다. 우리가 정말 원수를 위해 기도하고 그에게 어떻게든지 잘해 주려고 하면 사람들은 의아해할 것입니다. 오른뺨을 칠 때 다른 뺨을 돌려 댄다고 해서 존경하거나 칭찬할 사람은 없습니다. 이런 종류의 선행에 사람들은 우리를 비정상적인 사람이라고 느낄 것입니다. 칭찬도, 명예나 포상도 따르지 않을 것은 당연한 일입니다. 이런 경우에 우리는 실천 자체만으로도 예수님의 제자임을 확증할 수 있을 것입니다.

그러나 모든 사람이 수긍하는 착한 일에는 세심한 주의가 필요합니다. 불쌍한 사람들을 돕고 남의 불행을 해결해 주기 위해 애쓰는 사람들에게 세상은 찬사와 존경을 보내옵니다. 사회에 정말 필요한 사람이라고 느낍니다. 세상은 다른 사람을 위해 헌신적으로 일하는 그런 사람을 필요로 하기 때문입니다. 테레사 수녀가 죽자 온 세계 60억의 사람이 그녀의 장례식을 지켜보며 아쉬운 마음을 가졌습니다. 사람들이 모두 그녀가 믿었던 하나님께 영광을 돌리려 모인 것은 아닐 것입니다. 죽기까지 하나님을 믿고 헌신의 삶을 산 테레사 수녀의 믿음과 그 믿음에서 나온 희생의 삶은 세상의 관심거리가 아닙니다. 그들은 전혀 다른 관점에서 사회에 봉사하며 자신을 희생한 한 인간을 추모하고 찬양했던 것입니다.

세상이 인정하는 이런 일에는 자신도 모르는 사이에 현혹되기 쉽습니다. 하나님의 명령을 지킴으로써 그분으로부터 받는 칭찬이 사람들에게서 받는 칭찬과 정비례 관계에 놓여 있어서 혼동을 일으키는 것입니다. 주님을 향한 열심에서 최선을 다하면 다할수록 사람들에게서도 더 큰 찬사가 옵니다. 그리하여 하나님께 인정받으려는 행동인지, 아니면 사람들에게 보이기 위한 행동인지 본인도 구분하기 어려운 사태가 발생합니다.

하나님의 영광을 위한 마음과 사람들의 칭찬을 추구하는 마음이 중복되어 혼동을 일으키는 이런 일은 교회 안에서도 얼마든지 일어날 수 있습니다. 많은 헌금을 바치면 신자들의 인정을 받습니다. 죽음을 각오한 희생적 목회는 성도들의 존경으로 이어집니다. 하나님 앞에서만 한다고 해도 자연히 사람들의 칭찬과 존경이 따라옵니다. 사람들의 관심을 끄는 행동이 교회 안에서는 하나님의 명령에 순종하는 것으로 나타납니다. 이런 세계에서는 진정한 신앙의 실천이 정말 어디까지인지 확인하는 일은 매우 어렵습니다. 본인조차도 잘 모르고 혼동을 일으키는 경우가 허다합니다. 예수님은 이런 점을 아시고 이런 종류의 선한 일은 사람에게 보이기 위하여 하지 말라고 명령하셨습니다. 사람의 인정과 칭찬을 받는 것이 목적이 되면 안 되기 때문입니다.

바리새인들의 구제 활동

예수께서 구제에 관한 말씀에서 직접 비판하신 것은 당시 사람들에게 가장 존경받는 바리새인들의 구제 활동 방법이었던 듯합니다. 그들은 구제 활동을 위하여 회당이나 거리에서 나팔을 불었습니다. 그리고 사람들에게 그들이 열심히 일해 번 것을 나누어 주었습니다. 왜 나팔을 불고 사람들을 도왔을까요? 그들이 나팔을 분 것은 구제가 필요한 사람들을 불러 모으는 방편이었던 것 같습니다. 함께 살아가는 사람 중에 굶어 빵이 필요한 사람을 찾아내기란 쉬운 일이 아닙니다. 한 지역의 주민들 사정을 다 알아낼 수는 없기 때문입니다. 그래서 그들은 나팔 소리를 내어 빵이 필요한 사람들을 모이게 한 듯합니다.

물론 나팔 부는 행위를 공개적인 구제 활동의 비유어로 볼 수도 있습니다. 어떤 경우든 구제를 사람들이 보는 곳에서 공공연히 한다는 것은 예수께서 비판하신 방식이었습니다. 이러한 방식은 사람들의 이목을 끌고 칭찬받고자 하는 목적을 가지고 행하는 방식이었습니다. 예수님은 그렇게 하는 자들을 외식하는 자들로 규정하셨습니다. 그들이 순수한 동정심과 진심만으로 구제하지 않았기 때문입니다. 사람들의 찬사를 받으려는 마음이 도사리고 있었기 때문입니다.

'외식하는 사람'이라고 번역된 단어는 가면을 쓰고 연극하는 배우를 의미합니다. 사람에게 보이고 사람들의 칭찬을 추구하는 그들의 진심을 동정심에서 우러나와야 할 구제라는 가면 뒤에 감추어 두었다는 뜻이 됩니다. 예수님은 이런 외식자들과 같은 방식으로 구제하지 말라고 명령하셨습니다. 한마디로 예수님은 구제란, 그저 순수한 동정심에서 우러나오는 진실한 행동이어야 한다고 선언하신 셈입니다.

현대의 나팔

출세와 명예와 권력을 얻기 위하여 자신을 구제하는 사람으로 각인시키려는 경우도 종종 나타납니다. 시민의 대표로 선출되기 위해서는 자신이 유권자들을 진정으로 위하는 사람임을 부각시켜야만 합니다. 이를 위한 가장 쉬운 방법은 가난하고 불행한 사람들을 구제하는 것입니다. 우리 시대에는 구제가 정치 입문의 디딤돌로 사용되기까지 합니다. 구제하고 구제받는 것 자체를 잘못이라고 말해서는 안 될 것입니다.

그러나 예수님의 말씀에 비추어보면 이런 것은 색이 바랜 구제요, 진정한 구제가 되지 못합니다.

해마다 일어나는 크고 작은 재해는 희생자들을 남겨 놓고 사라집니다. 이럴 때쯤 우리는 전 국민이 힘을 모아 이들을 도와야 한다는 선전에 고무됩니다. 이름을 알리지 않는 익명의 모금보다 이름이나 사진을 보도하는 곳에 모금액이 더 많이 쌓입니다. 그렇다면 이런 것도 현대판 나팔 불기식 구제입니다.

동정심 이외의 어떤 요소라도 개입하면 우리의 구제는 나팔을 부는 구제가 됩니다. 부나 믿음을 과시하려는 마음, 좋은 사람으로 보이려는 동기, 체면에 근거한 구제, 인기와 명성을 얻기 위한 정치적 구제, 자신의 죄와 악을 중화시키려는 구제는 나팔을 부는 구제에 해당합니다. 구제란 많으면 많을수록 좋은 것입니다. 그러나 이런 것은 예수께서 기대하시는 그런 구제가 아닙니다.

누구보다 열심히 구제에 앞장섭시다. 도움이 필요한 사람들에게 진정히 긍휼히 여기는 마음으로 구제합시다. 이름을 숨기고, 사람들의 이목을 피하고, 사람들의 찬사와 영광이 절대로 우리를 찾아내지 못하도록 숨어서 불쌍한 이웃을 도와줍시다. 나팔이 될 수 있는 요소는 피합시다.

왼손조차도 모르게 합시다

예수님은 구제를 은밀하게 하라고 하셨습니다. 그러시면서 재미있는 비유를 보충하셨습니다. "너의 오른손이 무엇을 하는지 너의 왼손이 모르게 하라." 언뜻 보면 이 비유는 "사람 앞에서 하지 말라" 또는 "나팔을 불지 말라"라는 명령을 반복하는 내용처럼 보입니다. "은밀하게 구제하라"는 말씀을 인상 깊게 심어주시려는 말처럼 보입니다.

산상설교를 토론하는 어떤 모임에서 이런 얘기가 오고 갔습니다. 어떤 사람이 말합니다. "구제하는 오른손이 보지 못하도록 언제나 왼손을 호주머니에 넣어 두어야 합니다. 왼손잡이라면 반대로 오른손을 감추고 왼손만을 사용하면 됩니다." 이 주장은 구제란 언제나 한 손으로 줄 수 있는 범위 안에서 해야 한다는 것입니다. 다른 사람이 반론을 폅니다. "한 손만 사용한다고 해서 꼭 작은 것만을 줄 수 있는 것은 아닙니다. 한 손으로도 얼마든지 거액의 구제금을 가져갈 수 있습니다."

당연히 이런 식으로 비유를 해석해서는 안 됩니다. 예수님은 우리 몸의 한 기관을 의인화하여 말씀하심으로 교훈을 주시려고 한 것입니다. 비유의 핵심은 두 손이 다 한 사람에게 붙어 있다는 점입니다. 한 사람의 두 기관을 마치 다른 사람이거나 한 것처럼 의인화하신 것이 이 비유의 강조점입니다. 이 비유는 구제하는 자신도 모르게 구제하라는 의미입니다. 어떻게 이런 일이 가능할까요? 한 사람에게 두 마음이 있다고 생각해 봅시다. 아니면 흔히 작가들이 쓰는 표현대로 내 속에 두 종류의 사람이 있다고 말해 봅시다. 순수한 동정심에서 불쌍한 사람의 처지에 가슴 아파하며 진심으로 도와주려는 마음이 있습니다. 다른 한편에는 자신의 동정심과 이 동정심에서 우러나오는 선한 행위를 이기적으로 혹은 정치적으로 이용하려는 마음이 고개를 듭니다. 인간의 마음은 하나님을 향하는 가장 순수한 순간에도 이것을 이용하려고 합니다. 이웃을 향해 흘리는 순수한 동정의 눈물 속에 득실과 결과와 효과를 저울질하는 빗물을 섞어 놓습니다. 선한 행동에 악한 동기와 이기적인 목적을 섞어 놓는 것은 자신의 마음입니다. 앞에서 말씀드린 소위 현대적 나팔, 사람들에게 알리고 사람들의 찬사와 영광을 구하는 것은 무엇보다도 구제 활동에 헌신하는 인간의 마음에서 솟아 나오는 인간의 본심입니다. 오른손이 하는 것을 왼손도 모르게 하라는 예수님의 말씀은 같은 마음의 이 부분, 즉 알리고 인정받고 칭찬받고 싶은 악한 심리를 철저하게 외면하라는 자기 부정의 명령입니다. 순수한 동정심, 하나님을 사랑하는 마음으로 이웃을 돌아보는 순수한 사랑을 자신의 영광을 위해 사용함으로 결국은 자신을 속이는 자기기만성을 거부하라는 말씀입니다.

우리는 우리에게 두 가지 마음이 있다는 사실을 놓치기 쉽습니다. 하나님을 믿는 사람들에게는 하나님을 향한 경건과 헌신, 사랑이 자기 개인의 결심, 욕구, 희망과 동일 선상에 놓이기 때문에 우리는 우리에게 여전히 악한 본성, 인간의 사악함이 남아 있다는 사실을 잊고 살기 쉽습니다. 오른손이 하는 것을 왼손이 모르게 하라는 말씀은 우리 내면에 존재하는 이러한 순수하지 못한 동기가 구제 행위에 조금도 개입하지 못하도록 그것을 억누르고 극복해야 한다는 비유입니다.

구제란 푼돈으로만 하는 것이 아닙니다. 이웃 사랑은 나에게서 가장 가치 없는 것을 주는 것이 아니라 "형제를 위하여 목숨을 버리는 사랑"(요일 3:16)처럼 우리의 귀중한 것을 희생하는 것이어야 합니다. 구제란 혼자서만 하는 것도 아닙니다. 혼자서 힘이 벅차면 여럿이서 할 수 있습니다. 교회 전체가 힘을 합치는 것도 구제의 지혜로운 방법입니다. 물론 교회 안의 사람들만 구제하라는 명령도 아닐 것입니다. 개인적으로도 힘쓸 뿐만 아니라 사회적, 제도적인 면에도 우리는 관심을 가져야 합니다. 예수님의 가르침대로 오른손이 하는 것을 왼손도 모르게 합시다. 그리고 사람에게 보이고 인간의 영광을 추구하고자 하는 우리의 왼손이 나 자신에게 있다는 것을 기억합시다.

구제는 투자가 아니라 손실입니다

구제에 대한 또 하나의 오해를 지적하고 싶습니다. 그것은 많은 사람이 구제를 투자로 생각한다는 점입니다. 투자가 무엇입니까? 적은 돈을 내고 더 큰 돈을 거둬들이는 것입니다. 투자 당시에는 손실처럼 보이지만, 그 투자가 수익을 거둘 것이라는 희망 내지 기대감 때문에 우리는 원금 손실의 가능성을 알면서도 때로는 거액을 투자하기도 합니다. 그런데 구제를 그런 것으로 생각하는 사람들이 적지 않습니다. 내가 불쌍한 사람들에게 적은 것을 나누어 주면 하나님께서 몇 배로 갚아주실 것이라는 기대 속에서 구제에 임하는 것도 순수한 구제가 아닙니다. 이것은 구제가 아니라 투자입니다.

구제는 투자가 아닙니다. 그냥 입는 손실입니다. 남는 잉여물을 처리하는 방법도 구제는 아닙니다. 구제란 하나님의 약속에 근거해서 하는 것이 아니라 하나님께 입은 은혜를 감사하며 하는 것입니다. 구제로 나가는 돈이나 물질은 곧 나에게 손해가 됩니다. 따라서 구제에는 희생이 따를 수밖에 없습니다. 나와 가족이 쓰기에도 부족하지만 나에게도 여전히 귀중한 것을 다른 사람에게 나누어 주는 것이 바로 구제입니다. 그렇게 나누어 줌으로 나와 가족은 배부르지 않을 수도 있습니다. 하고 싶은 것을 못할 수도 있습니다. 하지만 나의 약간의 배고픔이 다른 사람의 생명을 구할 수 있습니다. 이렇게 구제란 희생을 감수할 준비가 되어 있을 때 비로소 할 수 있는 것입니다. 사람이 얼마나 가져야 충분하다고 생각할까요? 그리고 언제쯤 우리는 다른 사람들에게 줄 수 있는 시점이 됐다고 느낄까요? 지구 전체를 다 가져도 만족하는 사람은 없을 것입니다. 소유에서 버림으로 방향을 전환해야 구제할 수 있습니다.

주변을 둘러보면 나보다 못한 사람이 쉽게 발견됩니다. 나의 커피 한 잔이 다른 사람에게는 하루의 끼니가 될 수 있는 사람들이 있습니다. 나의 하루 용돈이 어떤 곳에서는 한 학생의 한 달 생활비가 됩니다. 주변을 돌아보면 지금 나의 처지에서도 동정심을 느낄 수밖에 없는 사람들이 많이 있습니다. 누군가가 도와주어야만 연명할 수 있고 일어설 수 있는 사람들에게 하나님께서 주신 물질을 떼어 주는 것이 구제입니다.

누구에게 구제가 필요한가?

마지막으로 구제가 필요한 사람에게 관심을 돌려봅시다. 어떤 사람은 나의 동정심을 자극하는 사람이 구제를 필요로 하는 사람이라고 생각합니다. 그러나 순수하지 못한 동기로 사람들의 동정심을 자극하는 사람들이 생겨남으로써 구제의 대상을 판별하기가 어려워졌습니다. 어떤 사람은 나의 도움이 필요한 사람에게 동정을 베풀어야 한다고 생각합니다. 누가 나의 도움이 필요한 사람입니까? 성경은 오래전부터 고아와 과부를 가난한 사람의 대명사처럼 사용했습니다. 태어난 지 얼마 되지 않아 날거나 기거나 헤엄칠 수 있는 동물과는 달리 인간은 일정 기간 부모의 보호와 양육과 교육이 없이는 자기 힘으로 살아가기 어렵습니다. 고아는 이런 면에서 혼자 설 수 있게 되기까지 누군가의 도움을 받아야만 합니다. 소년 소녀 가장들이 우리 주변의 이런 사람들입니다. 남성 위주의 사회에서는 과부도 그런 사람입니다. 육체의 힘을 주로 삶의 수단으로 사용하던 고대 사회에서 여자 혼자 험난한 세상을 살아가야 한다는 것은 보호자도 없고, 대변자도 없고, 삶의 수단도 없는 고난을 의미했습니다. 그래서 성경은 우리가 도와야 할 대상에 과부를 두 번째로 기록해 두었습니다.

비슷한 처지에 빠진 많은 사람이 있습니다. 병이 들어 생존 경쟁의 대열에서 이탈할 수밖에 없는 사람들이 있습니다. 늙어 더 이상 일할 수 없는 사람들, 정신과 육체에 장애가 있어 사회에서 인정받지 못하거나 정당한 대우를 받지 못하는 사람들이 있습니다. 능력의 한계 때문에 아무리 노력해도 먹을 것, 입을 것을 마련할 수 없는 사람들이 있습니다. 여러 가지 이유로 사회가 외면하고 조금도 설 자리를 주지 않는 사람들이 있습니다. 이들 모두가 우리의 관심과 도움의 대상입니다.

예수께서 이웃을 사랑할 것을 말씀하셨을 때 어떤 율법사가 이렇게 물었습니다(눅 10:29-37). "누가 나의 이웃입니까?" 그는 자신이 도울 만한 사람이 누군가를 질문한 것입니다. 예수님은 그 대답으로 선한 사마리아인의 비유를 말씀하시고 이렇게 질문하셨습니다. "누가 이 강도 만난 자의 이웃인가?" 율법사는 강도 만난 사람을 도운 사마리아 사람이라고 대답했습니다. 이 비유에는 관점의 이동이 있습니다. 우리는 종종 우리의 도움을 필요로 하는 사람이 누구인지 묻습니다. 그러나 예수님은 누가 도움을 줄 수 있는 사람인지 질문하셨습니다. 도움이 필요한 사람을 찾는 것은 그렇게 어려운 일이 아닙니다. 그런 사람은 어느 사회에나 존재하고 우리 주변에서 늘 만납니다. 그러나 남을 돕는 사람은 많지 않습니다. 실제로 도움을 주는 이웃이 되는 것은 어려운 일입니다.

어려움에 처한 사람들을 찾아 그들에게 도움을 주는 것은 마태복음 25장 31-46절에 나오는 양과 염소의 비유에서 예수님을 대접하는 것과 같은 행동입니다. 이 점에서 이 비유는 구제를 하나님께 꾸어주는 것으로 표현한 잠언 19장 17절과 맥을 같이 하고 있습니다. "가난한 자를 불쌍히 여기는 것은 여호와께 꾸어 드리는 것이니 그의 선행을 그에게 갚아주시리라."

물론 동냥을 업으로 삼는 사람도 있습니다. 충분히 일할 수 있으면서도 게으르거나 무절제하게 살아서, 혹은 알콜이나 마약 중독의 결과로 가난에 처한 사람들도 있습니다. 이런 종류의 사람들에게는 상당히 신중하게 구제의 손길을 내밀어야 할 것입니다. 성경은 일하지 않는 사람에게 먹지도 말게 할 것을 명령하고 있습니다(살후 3:10). 개가 토했던 것으로 돌아가고 돼지가 씻었다가 그 더러운 곳으로 되돌아가는 것을 경고합니다(벧후 2:22).

맺음말

우리가 받은 것이 너무나 크고 감격스럽습니다. 우리 인간을 위해서 인간으로 오셔서 고통을 당하시고 십자가에서 죽임을 당하신 예수님의 은혜보다 더 큰 것이 무엇이 있겠습니까? 우리 주변에서 고통 당하고 있는 사람들에게 관심을 가집시다. 그들을 도와줍시다. 하나님께 받은 사랑을 나누어 줍시다. 숨어서 말입니다. 만약 이런 식으로는 정말 몸이 움직이지 않는다면 할 수 없이 나팔이라도 붑시다. 하나님의 갚아주심을 누리기 위해서라도 이웃에게 눈을 돌립시다. 구제라는 면에서도 한국 사회를 선도하며 앞장서는 교회가 되기를 소원합니다.

신앙생활을 어떻게 해가느냐는 것은 예수님을 믿는 우리 모두에게 정말 중요한 일입니다. 우리의 마음과 삶을 늘 점검하지 않으면 또다시 습관적이고 형식적인 삶, 위선적이고 자기 선전적인 삶이 되고 말 것입니다. 성도의 삶을 위협하는 인간의 타성과 죄악성을 암시적으로 지적하시고 경고하시며 올바른 삶의 태도를 지시하신 말씀이 본문에 나타난 기도에 관한 예수님의 가르침입니다.

경건 생활의 두 번째 예

마태복음 6장 1절에서 예수님은 경건한 삶의 대원칙을 이렇게 말씀하셨습니다. "너희의 의를 사람에게 보이려고 사람들 앞에서 해서는 안 된다." 예수님의 가르침을 따르면 인간은 지구에 발을 붙이고 있어도 우주를 만드신 하나님 앞에서 살아가고 있습니다. 인생을 관찰하시는 하나님의 눈을 누구도 피할 수 없습니다.

6장 2-4절에서 예수님은 구제 활동을 예로 들어 하나님께 보이려고 선행을 해야 함을 교훈하셨습니다. 본문은 그러한 예의 두 번째로 기도에 관한 말씀입니다. 하나님을 섬기는 사람들에게 기도란 경건 생활에서 빼놓을 수 없는 한 중요한 요소입니다. 예수님 당시의 유대인들도 기도를 경건 생활의 중요 3대 요소로 간주하고 있었습니다. 따라서 기도는 바른 신앙생활의 방법에 관하여 가르치실 때 예수께서 사용하실 수 있었던 최고의 예였습니다.

하나님께 드리는 기도

기도란 무엇입니까? 기도란 인간이 하나님께 바치는 소리입니다. 아이가 아빠에게 이런저런 얘기를 하는 것처럼 마음에 있는 것을 말이라는 그릇에 담아 하늘의 아버지 하나님께 올리는 것이 기도입니다. 기도는 인간 편에서 하나님과의 교제에 뛰어드는 거룩한 수단이고 방법입니다.

우리는 하나님의 사랑을 알기 때문에 하나님께 기도할 수 있습니다. 조금만 기쁜 일이 있어도 아빠에게 얘기하지 않고는 견딜 수 없어 하는 아이처럼 하나님을 섬기며 살아가는 우리에게도 하나님께 기도하지 않고는 견딜 수 없는 마음의 기쁨과 감사가 있습니다. 기도란 마치 대화하듯 살아계신 하나님에게 하고 싶은 말을 하는 것입니다. 세상을 창조하신 하나님께서 아버지처럼 우리의 기도를 들어주시는 분이라는 확신이 기도의 배후에 깔려 있습니다.

예수님 시대에는 하나님께 기도하는 특별한 장소가 있었습니다. 예루살렘 성전입니다. 사람들은 이곳에 모여 개인적으로 혹은 민족적으로 그들의 사정을 고하고 그들의 오랜 소원을 두고 기도했습니다. 기도하는 시간도 정해져 있었습니다. 아침과 저녁 하루에 두 번 주기적으로 기도하기 위해 사람들은 성전으로 모였습니다. 성전에서는 정기 기도 시간에 맞추어 하나님께 희생 제사를 드렸습니다. 경건한 사람들은 정해진 시간에 성전으로 갔으며 원하는 시간에 수시로 성전에 올라가 하나님께 기도하곤 했습니다.

하나님께 기도하는 집이 있는 예루살렘에 사는 사람들은 커다란 특권을 누리고 있었습니다. 기도하고 하나님을 만나는 거룩한 장소 가까이에 살았기 때문입니다. 예루살렘 이외의 지역에는 회당이 세워져 있었지만 이곳은 기도의 장소라기보다는 성전에 갈 수 없는 사람들이 모여 예배를 드리고 율법을 교육하고 때로는 순례자들이 숙박하는 장소로 사용됐습니다. 유대인들의 지도자들은 대부분 예루살렘에 살고 있었습니다. 이곳은 기도하기를 원할 때 언제나 성전을 찾을 수 있는 곳이었습니다.

이스라엘과 같이 신앙이 중심이 된 국가에서 개인의 경건 생활은 곧 국민들의 존경을 받는 근거였습니다. 하나님을 섬기는 사람들이 없는 곳에서 열심히 주기적으로 기도하는 것은 사회적으로 별다른 효과를 불러오지 않습니다. 오히려 사회적으로 불이익을 초래하는 경우가 더 많습니다. 그러나 신앙이 국가의 구심점이 되어 있는 곳에서는 개인의 경건 생활은 곧 사회적 지위와 명성으로 연결됩니다. 사회적 지도력과 권위는 개인적 경건에 바탕을 두게 됩니다.

예수께서 기도와 관련하여 경건 생활의 방법을 지적하시며 비판하시고 바른 방법을 지시하신 것은 이러한 맥락에서 이해할 수 있습니다. 따라서 신앙이 중심이 된 국가와 유사한 교회에서 예수님의 이 가르침은 적절하게 적용될 수 있는 말씀입니다.

위선적 기도

예수님은 유대인의 삶의 한 부분이 되어 있는 기도를 예로 드시면서 "기도할 때에 위선자들처럼 되지 말라"고 하셨습니다. 위선자들이란 단어는 원래 연극배우를 뜻합니다. 다른 사람에게 보이기 위하여 사람들이 인정할 만한 멋들어진 연기를 함으로써 자신이 아닌 극중의 인물로 자신을 연출하는 사람들입니다. 극중의 행동과 배우 자신의 인격 사이에는 직접적인 관련이 없습니다. 그럼에도 불구하고 관객들은 배우의 멋진 연기를 보고 감동합니다. 예수님은 "위선자들처럼 되지 말라"고 경고하심으로써 기도라는 하나님을 향한 거룩한 신앙적 행위를 연극의 한 장면처럼 사용하지 말도록 지적하신 것입니다. 기도하는 경건한 모습 뒤에 경건하게 보이려는 인간의 사악함, 강렬한 연출 의도가 인간 내면에 도사리고 있음을 지적하셨던 것입니다.

예수께서 지적하신 사람들은 "회당과 거리 모퉁이에 서서 기도하는 사람들"이었습니다. 위선자들은 그런 식으로 기도하는 것을 좋아했던 모양입니다. 왜 그들이 하필이면 회당과 길모퉁이에 서서 기도하기를 좋아했는지 설명해 주는 내용은 본문에 별도로 없습니다. 하지만 다음과 같은 추정이 가능합니다. 기도의 장소로서 예루살렘에는 성전이라는 한 특별한 장소가 있었다는 것을 감안해야 합니다. 회당은 기도의 장소로서는 성전에 뒤떨어지는 역할을 했습니다. 길모퉁이는 사람들이 빈번히 왕래하는 곳이므로 기도 장소로는 부적당합니다. 그런데도 누군가가 성전이 아니라 회당과 길모퉁이에 서서 큰 소리로 기도하는 것은 자신을 돋보이게 하여 기도의 사람, 하나님에게 대단히 열성 있는 사람으로 선전하려는 명백한 의도가 있는 것입니다. 이런 기도는 기도하는 사람을 성전에서 정기적으로 기도하는 시간 이외에도 늘 기도하는 사람으로 보이게 합니다. 그는 성전에 올라가서 기도할 만큼 한가하지 않습니다. 그의 마음이 하나님을 향하여 불타오르기 때문에 한시도 지체할 수 없고 그래서 회당이나 길목에서라도 기도한다는 것을 알리는 효과가 있습니다. 길에서라도 시급히 기도해야 할 만큼 하나님을 향한 그의 마음이 뜨겁고 억제하기 어렵다는 것을 표현하는 것입니다.

기도하는 사람을 존경하는 사회에서 기도하는 모습은 인정받기 좋은 것이었습니다. 사회에 뿌리 박혀 있는 신앙적 관습은 개인적인 경건을 공개적으로 드러내도록 자극합니다. 사람들의 인정을 받고 지도력을 장악하려는 사회적 욕구를 가진 사람은 어떻게 해서라도 자신을 매우 경건한 사람으로 보이도록 합니다. 이런 것은 위선적 기도로도 나타납니다. 사람들은 속을 수 있지만 기도의 대상이신 하나님께서 속으실 리는 없습니다.

선거에서 교인들의 표를 얻기 위하여 예배에 참석하고 인사하는 행동을 하는 사람처럼, 다른 목적을 가지고 기도하는 사람이 있다면 그는 위선적인 기도를 하는 사람입니다. 교회에서 기도의 사람이라는 인정은 개인의 경건 생활에 대한 평가이기도 하지만, 동시에 교회에서의 영향력을 발휘할 수 있는 근거가 되기도 합니다. 기도는 자신의 경건을 알리는 광고가 아닙니다. 기도는 하나님께 드리는 우리의 말이며 마음의 표현입니다. 기도에 순수한 목적 이외에 조금이라도 다른 목적이 첨가된다면 이것은 예수께서 지적하신 위선적 기도입니다.

위선적 기도의 결과

기도는 하나님께만 드리는 것입니다. 따라서 기도를 들으시는 분은 하나님이시고 기도하는 사람에게 응답하시는 분도 하나님이십니다. 하나님은 기도하는 사람의 소리에 귀를 기울이시며 하나님의 뜻에 따라 분명히 응답하시는 분이십니다. 하나님께서 이렇게 하시는 것은 그를 믿고 의지하는 사람들을 위하여 활동하시는 분이시기 때문입니다. 히브리서의 한 말씀처럼 "자기를 찾는 자들에게 상 주시는 분"이시기 때문입니다.

그러나 위선적 기도는 진정한 의도가 따로 있기 때문에 기도자가 기도하는 모습을 보여주는 즉시 그가 기대하던 것을 받은 것으로 간주됩니다. 그가 기도하는 모습을 보임으로써 얻은 것은 경건한 사람이라는 칭찬입니다. 사람들에게 보이려는 그의 목적이 성취됐기 때문에 하나님께서 그의 기도를 들어주지 않으셔도 얻고자 하는 것을 다 얻은 셈입니다. 그래서 예수님은 이렇게 말씀하셨습니다. "내가 진실로 너희에게 말하는데 그들은 자기 상을 이미 받았다." 이것은 하나님께서 위선적 기도에는 응답하지 않겠다고 선언하신 것과 같습니다. 순수한 기도 이외의 다른 목적을 결부시킨 기도를 듣지 않겠다는 약속이나 마찬가지입니다.

교회는 일반적으로 성도들에게 기도할 것을 권합니다. 따라서 어떤 성도가 개인적인 기도 시간을 많이 갖거나 기도회에도 열심히 참석하면 교회는 그 사람을 칭찬합니다. 성도가 기도하는 모습만큼 감동적인 모습은 어디에도 없을 것입니다. 많은 시간과 정열을 기도에 쏟을 때 비난하거나 욕하는 사람은 아무도 없습니다. 교회의 어느 행사에서나 그런 사람은 중요한 역할을 할 수 있고 신앙적 명예를 획득할 수 있습니다. 기도의 사람은 교회에 늘 필요하고 그런 사람이 많을수록 그 교회는 좋은 교회입니다.

기도라는 가장 거룩한 행위에 악한 것이 위장한 채 스며든다면 우리는 그것을 악이라고 판단하기 쉽지 않습니다. 하나님을 향한 거룩한 기도가 명예욕과 섞이면 악이 개입한 것인지조차 알아채기 어렵습니다. 예수님은 사람들에게 보이려는 목적으로 행하는 선행은 위선이라고 규정하셨습니다. 그런 기도는 이미 사람들로부터 그 보상을 받은 것이 됩니다. 그래서 더 이상 남아 있는 하나님의 보상이 없습니다.

기도의 시간을 아끼지 마십시오. 그러나 어떤 목적으로라도 기도를 악용하지 마십시오. 기도를 악용한다면 그것은 무엇이든지 위선입니다. 회당과 큰 거리 모퉁이에 서서 기도하는 것과 하등 다를 바 없습니다. 혹시 여러분의 기도 생활 중에 예수께서 지적하신 것과 같은 그런 위선이 없는지 찾아보십시오. 예를 들어, 여러분이 기도의 시간으로 할당하여 놓은 바로 그 시간대가 사람들에게 알려지기 쉬운 그런 시간대라면 그 시간대를 고수하는 것이 위선이 될 수 있습니다.

골방에서의 기도

부정적 차원에서 위선적 기도를 경고하신 예수님은 곧이어 긍정적 측면에서 어떻게 기도하는 것이 좋은지 가르치십니다. 그것은 "기도할 때에 골방에 들어가 문을 닫고 은밀한 중에 계신 하나님 아버지께 기도하는 것"입니다. 골방이란 집주인만 알고 집주인만 사용하는 작은 방을 말합니다. 이 방에는 손님이 들어가지 못합니다. 아무도 들여다볼 수 없는 공간입니다. 누구나 들어갈 수 없는 곳입니다.

예수님은 아무도 모르는 장소에서 아무도 모르는 시간에 몰래 하나님께 기도하라고 가르치십니다. 남들의 눈에 띌 수 있는 가능성을 완전히 차단해 버리고 오직 순수한 마음으로 하나님을 찾으라는 것입니다. 그곳에서 무엇을 했는지 아무에게도 알릴 필요도 없고 자랑할 필요도 없습니다. 여러분, 한 사람이 하나님 앞에 혼자 서는 것이 기도입니다. 시공간 세계의 작은 피조물이 영원의 세계에 계신 하나님을 부르는 것입니다. 시간과 영원이 만나는 것이 기도라고 표현할 수도 있습니다.

이러한 모습의 기도는 공개적인 장소에서 잘 보이도록 서서 큰 소리로 외치며 기도하는 위선자들의 모습과 극한의 대조를 이루는 것입니다. 대조는 여러 가지입니다. 사람들에게 보이려는 것과 하나님에게 보이려는 것, 공개된 장소와 밀폐된 골방, 서서 기도하는 동작과 문을 닫고 기도하는 동작, 사람들이 들음과 하나님께서 들으심, 사람의 평가와 하나님의 평가 등 잘못된 기도와 바른 기도는 모든 면에서 다른 것입니다.

결과도 다릅니다. 위선적 기도는 기도가 시작되는 즉시 이미 결과가 기도자에게 주어집니다. 사람들에게 보이고 사람들의 반응을 불러일으킴으로써 그의 기도의 목적이 달성된 것입니다. 그러나 은밀한 기도는 기도와 함께 하나님의 교제가 시작되며 기도의 결과는 하나님의 응답으로 나타날 것입니다. 그 기도를 이루시는 하나님의 활동이 시작되고 미래에 효과를 나타낼 것입니다.

기도란 하나님 앞에서 혼자만의 일입니다. 자신의 기도를 누군가가 들어주어야 한다고 생각하면 그것은 그 순간부터 더 이상 기도가 아닙니다. 하나님을 향한 진심의 호소, 마음의 창을 열고 자신의 진실을 말하는 것, 그것이 하나님께 드리는 기도입니다. 기도로 자신을 과시할 필요도 없고 위장할 필요도 없습니다. 모든 것을 아시는 하나님께 있는 그대로의 모습을 자기 입으로 말하는 것이 기도입니다.

자신만의 골방을 마련합시다

예수님의 말씀에서 비유로 사용된 골방은 우선 문자적으로 이해해야 합니다. 우리는 예수님의 말씀대로 진짜 골방에 들어가 문을 닫고 은밀한 중에 계신 하나님께 기도해야 합니다. 그러나 이 말씀을 실천할 때 반드시 문자적으로 적용할 필요는 없습니다. 예를 들면, 여러분이 살고 있는 아파트나 주택을 개조하여 골방을 하나 만들어 그곳을 기도의 장소로 사용하라는 식으로 예수님의 말씀을 실천하기는 어렵습니다. 현대식 주택에서는 모든 시선을 차단할 골방을 만들지 않습니다. 설사 그런 골방을 만든다고 하더라도 정보화시대에 정상적인 사회생활을 하면서 사람들의 관심을 차단해 낼 도리는 없습니다. 그러면 골방을 찾아 기도원으로 떠날까요? 기도원은 여러 가지 장점도 있지만 적지 않은 약점도 안고 있습니다. 그 약점 중 하나가 하나님과 자신만의 시간이어야 할 기도를 내가 주도하지 못하고 기도원의 분위기가 주도한다는 점입니다. 게다가 주변의 사람들에게는 기도하러 갔다는 사실이 알려지기 쉽습니다.

골방을 마련하고 골방에서 기도하는 것은 하나님을 섬기는 사람이 각자의 처지에서 항상 고민해야 할 과제가 되고 말았습니다. 예수께서 골방에 들어가 문을 닫고 몰래 기도하라고 하신 말씀의 요지는 기도에 있었습니다. 중요한 것은, 각자가 자신의 형편에 맞게 자신에게 맞는 최상의 시간과 장소를 정하는 것입니다. 물론 항상 같은 장소, 같은 시간이어야 할 필요는 없습니다. 어떤 사람에게는 대중교통으로 출퇴근하는 시간이 최상의 시간일지도 모릅니다. 어떤 사람은 잠자기 전에 그런 시간을 마련할 수도 있을 것입니다. 아무도 모르게 하나님에게 드리는 기도의 시간을 마련할 수 있다면 하나님과 교제하는 행복을 놓치지 않을 것입니다.

함께 기도하는 시간

회당과 큰 거리 모퉁이에 서서 기도하지 말고 골방에 들어가 문을 닫고 기도하라는 말씀은 공개 모임에서 기도하지 말라는 의미는 아닙니다. 함께 하나님을 섬기는 우리는 공동의 아픔, 공동의 기쁨 등 많은 면에서 같은 것을 소유하고 살아갑니다. 함께 생각하는 것이 있습니다. 그래서 성도들이 공통의 기도 제목을 가지고 마음을 합하여 기도해야 하는 경우도 많습니다. 하나님의 백성이 함께 전심전력하여 기도하는 공동체보다 더 아름다운 모습은 없을 것입니다. 그것은 우리가 개인적으로만이 아니라 집단적으로 하나님께 속한 하나님의 백성임을 확실하게 인식시켜주는 시간이기도 합니다.

함께 어울려 기도하는 공동체적 기도에 대하여 예수님은 마태복음 6장 7절에서부터 말씀하셨습니다. 통상적으로 5-8절을 기도의 예를 들어 경건 생활의 방법을 가르치신 예수님의 두 번째 예로 취급하지만 제 생각에는 두 부분을 따로 취급하는 것이 더 적당하다고 생각합니다. 우선 기도의 주체가 단수에서 복수로 변한다는 것이 앞부분(5-6절)을 개인적인 기도로, 뒷부분(7-8절)을 공동체적 기도로 구분해야 할 이유라고 생각합니다. 예수님은 5-6절에서는 이 가르침을 받는 대상을 단수로 표현하심으로써 개인적인 기도 생활의 방법을 가르치셨습니다.

맺음말

우리는 사람들에게 보이려고 기도하는 심리를 억제해야 할 뿐만 아니라 기도 생활에 집중하고자 노력해야 합니다. 예수께서 은밀한 기도를 명령하신 것은 기도를 하지 않도록 하려 하심은 분명 아니었습니다. 우리가 은밀하게 기도하면서도 기도에 대한 열심을 키워간다면 우리의 삶은 점점 더 하나님께 가까이 가는 거룩한 삶으로 자라날 것입니다.

제25장
모든 것을 아시는 하나님께
마태복음 6:7-8

잘못된 기도에 대한 예수님의 두 번째 비판과 교훈(마 6:7-8)은 기도 시에 말을 많이 하는 것과 관련되어 있습니다. 예수님의 이 말씀을 바르게 이해하기 위해서는 이 말씀과 앞 절(5-6절)에 있는 "골방에 들어가 문을 닫고 기도하라"는 말씀이 어떤 관계에 있는지 살펴보아야 합니다. 그렇게 하지 않으면 기도에 대한 예수님의 전체 교훈을 놓치거나, 오해하게 될 것입니다.

예수님은 공동 기도를 금하시지 않으셨습니다

마태복음 6장 5-6절에서 예수님은 위선자들이 하듯이 회당과 큰길 모퉁이에 서서 기도해서는 안 된다고 하셨습니다. 예수님에 의하면, 사람들이 보도록, 사람들이 듣도록 그리고 사람들이 알아주도록 기도하는 것은 잘못된 기도입니다. 이러한 기도는 이미 소기의 목적을 달성한 기도에 속합니다. 기도란 하나님에게만 하는 것이기 때문입니다. 기도란 사람들에게 자기 경건을 과시하는 도구가 아니기 때문입니다. 예수님의 이 말씀은 하나님을 믿는 사람이 개인적인 삶에 있어서 어떤 방식으로 기도할 것인가를 가르쳐 주신 말씀일 뿐, 공중 기도나 단체 기도나 예배 시의 대표 기도에 관한 교훈은 아닙니다.

하지만 예수님의 이 말씀을 기도에 관한 일반적이고 절대적인 규칙으로 이해하면 어떤 결과가 만들어질까요? 기도하는 자신 이외에 다른 사람들이 있는 곳에서 하는 모든 기도, 즉 사람들이 조금이라도 듣거나 볼 수 있도록 하는 모든 기도는 다 잘못이라고 해야 할 것입니다. 심지어 예배 시나 기도회에서 함께 기도하는 것조차 피해야 할 것입니다. 기독교인의 삶에서 큰 비중을 차지하고 있는 대표 기도, 단체 기도 등 어느 것도 설 자리가 없을 것입니다. 따라서 이것은 오해에서 비롯된 명백히 잘못된 해석입니다. 예수님의 단편적인 말씀을 기도에 관한 말씀 전부인 것처럼 곡해한 것입니다. 예수님은 5-6절에서 개인의 기도에 대하여 말씀하셨고, 7절 이하에서 공동의 기도 생활에 관하여 말씀하셨습니다.

예수님은 믿는 사람들이 모여서 함께 기도해야 할 때가 있음을 알고 계셨습니다. 모여서 함께 기도해야 할 필요가 있음도 인정하셨습니다. 하나님의 자녀들이 공동의 아픔과 기쁨, 공동의 소원과 기원을 말할 때도 있습니다. 특히 예배에 참석한 사람들이 그들의 하나님을 향해 함께 기도하는 것은 예배의 아주 중요한 한 부분입니다. 예수님은 단체 기도를 정죄하신 적이 없습니다. 공동 기도나 대표 기도를 경고하시고 금지하지 않으셨습니다. 이 점은 6절에서 예수께서 개인을 지적하시며 '너는'이라고 말씀하셨지만, 7절부터는 '너희는'이라고 하신 점에서도 분명해집니다. 이어지는 주기도문에서 예수님은 하나님을 '우리 아버지'라고 부를 수 있는 많은 사람을 염두에 두고 계셨음이 확실합니다.

개인의 기도 생활에 관한 예수님의 말씀과 기독교인의 공동 기도에 관한 예수님의 말씀을 혼동하거나 오해하는 일이 없어야 할 것입니다. 7절부터 시작되는 기도에 관한 교훈은 공동 기도, 즉 대표 기도나 단체 기도에 적용해야 할 예수님의 말씀입니다. 주기도문도 예수님을 믿고 하나님을 섬기는 사람들의 단체 기도문, 즉 공동 기도문으로 주신 것입니다.

중언부언하지 맙시다

하나님을 믿는 사람들이 모여서 함께 기도할 때는 어떻게 기도하는 것이 좋을까요? 예수께서는 우선 금해야 할 일을 지적하시며 "너희는 기도할 때에 이방인들처럼 중언부언하지 말라"고 하셨습니다. 중언부언이란, 했던 말을 반복하거나 같은 말을 반복하는 기도를 말합니다. 한마디면 충분한 말을 길게 하는 것입니다. 같은 내용을 표현만 바꿔가며 반복적으로 말하는 것입니다. 예수님은 이런 식의 기도는 하나님을 믿는 사람들이 해서는 안 될 기도라고 하셨습니다.

왜 중언부언하는 기도가 좋지 않은 것일까요? 우리는 상대방이 잘 알아듣지 못할 때 그에게 바로 이해시키기 위하여 같은 말을 반복합니다. 혹은 상대방이 말을 받아들일 의사가 없을 때 그를 설득시키기 위하여 말을 반복합니다. 기도할 때 중언부언하며 했던 말을 반복하고 같은 말을 반복하는 것은 하나님을 기도의 내용을 잘 알아듣지 못하시는 분으로 취급하는 것과 같습니다. 아니면 기도를 전혀 들어줄 의사가 없는 하나님을 설득시키려고 애를 쓰는 것과 같은 것입니다. 만약 이런 것이 중언부언하는 기도의 배경이라면 사실은 기도할 필요조차 없습니다. 인간의 기도를 제대로 들을 귀도 없고 들어줄 마음도 없는 신에게 기도할 필요가 무엇이 있겠습니까?

예수께서 중언부언하는 기도를 지적하시면서 이방인들을 언급하신 것은 의미 있는 일입니다. 당시에 이방인이라고 지적할 수 있는 대상은 주로 로마인들, 헬라 사람들이었는데 신관에 있어서 이들은 공통점을 가지고 있었습니다. 그들은 유대인들과는 전혀 다른 신관을 가지고 있었습니다. 그들은 신을 인간처럼 생각하고 있었습니다. 그들은 만물을 만드시고 세상을 다스리시는 유일하신 하나님이 아니라 인간과 같은 신에게 기도하고 있었습니다. 예를 들어, 그리스-로마 신화에 등장하는 신들을 보면 모두 사람과 흡사합니다. 그들은 신을 그런 인간의 확대판 정도로 생각하고 있었기 때문에 기도를 통하여 신의 마음을 움직인다고 믿고 있었습니다.

이방인들에게 기도는 신이 금지하신 것을 허락으로 바꾸고 신이 정해 놓은 운명을 다르게 만드는 수단이었습니다. 억지를 쓰고 있었다고 표현하는 것이 더 나을 것입니다. 기도란 인간의 마음을 바꾸는 웅변처럼, 신의 마음을 바꾸는 인간적인 기술이었던 것입니다. 그래서 마치 웅변술을 사용하여 성난 대중의 마음을 부드럽게 만들어 놓듯이 신의 마음을 움직일 수 있다고 믿었습니다. 그러다 보니 말이 많아질 수밖에 없었습니다. 신을 위로하듯 말에 말이 꼬리를 물고 계속됐습니다. 그리고 그런 기도를 신이 들어준다고 믿고 있었습니다.

예수께서 이들이 하는 기도, 즉 중언부언하는 그런 기도를 비난하신 이유는 그런 기도 배후에 있는 신관이 잘못됐기 때문입니다. 그런 신관에 뿌리를 내리고 있는 웅변식의 기도는 사실은 기도가 아니라고 선언하신 셈입니다. 기도는 신의 마음을 바꾸는 것이 아닙니다. 웅변이 아닙니다. 신의 마음을 바꾸는 인간적 기술이 아닙니다. 기도는 세상을 만드시고 다스리시는 그 하나님에게 인간의 안타까운 사정을 알리는 것입니다. 아이가 부모에게 안타까움을 호소하듯 하나님에게 마음의 문을 열고 아뢰는 것이 기도입니다. 아이가 부모에게 즐거움을 말하지 않으면 견딜 수 없듯이 하나님에게 마음을 표현할 수밖에 없는 것이 자녀들의 태도이고 기도입니다. 하나님께서 기도를 들어주시는 것은 우리가 많은 말을 가지고 하나님의 마음을 바꾸고 움직이기 때문이 아닙니다. 예수님의 말씀에 의하면 하나님께서 기도를 들어주시는 근본 이유는 하나님은 세상을 만드시고 다스리시며 우리를 돌보시는 우리의 아버지이시기 때문입니다. 많은 말로 하나님을 설득시키거나 하나님의 마음을 바꾼다는 것은 옳지 않은 생각입니다.

중언부언식 기도에는 불신과 의심이 있습니다

하나님을 섬기는 사람들이 왜 이방인처럼 중언부언식의 기도를 할까요? 이방인처럼 신관이 잘못되어서 중언부언식의 기도가 나오는 것은 아닙니다. 대부분의 경우 신자들의 반복적인 기도의 원인은 하나님에게 있는 것이 아니라 기도하는 사람에게 있기 마련입니다. 즉, 하나님께서 기도를 잘 알아듣지 못하시는 것이 아니라 기도하는 사람이 그렇게 느끼는 것이 중언부언의 동기입니다. 기도하는 사람이 이런 심리상태에 도달하면 조바심이 생겨 같은 내용을 반복적으로 기도할 수밖에 없습니다. 아니면 하나님께서 기도를 들어주지 않으시는 것처럼 느끼는 것, 즉 불신이 중언부언하는 기도의 근본적인 동기가 됩니다. 하나님께서 기도를 들어주실 의사가 없다는 선입견을 가지게 되면 그 의심이 사라질 때까지 같은 말을 반복하며 기도하게 되는 것입니다.

이런 태도는 하나님을 믿는 사람들에게는 적당하거나 바람직한 태도가 아닙니다. 중언부언에는 기도하는 사람의 의심, 조바심, 염려가 작동하고 있습니다. 의심, 조바심, 염려는 기도의 바른 동기가 될 수 없습니다. 의심하면서 하는 기도가 무슨 힘이 있겠습니까? 하나님께서 들어주지도 않으신다고 생각하는 사람이 무엇을 기도할 수 있겠습니까?

하나님을 믿는 사람들은 하나님께서 우리의 아버지라는 사실을 믿고 기도해야 합니다. 이 믿음은 우리가 기도하는 이유이기도 합니다. 그 하나님은 우리가 무엇을 구하기 전에 우리에게 무엇이 필요한지 알고 계심을 믿어야 합니다. 하나님은 우리의 기도를 들으시는 분이시며 우리를 위해서 일하시는 분이십니다. 우리를 보호하시고 지키시는 분이십니다. 그 하나님을 향한 우리들의 불신이 아니라 믿음이, 의심이 아니라 확신이 우리의 기도의 근거입니다.

현대판 중언부언 기도

오늘날 우리 교회들의 기도를 관찰해 보면 예수님의 정신이 제대로 반영되기는커녕, 중언부언식의 기도가 판치는 실정임을 누구나 알 수 있습니다. 집회 시간에는 방언 기도를 통해 알아들을 수 없는 말을 수없이 반복하는 사람들이 많이 있습니다. 한두 마디의 반복이 그 긴 기도 시간을 채우는 전체 내용입니다. 때로는 자신도 알지 못하는 말을 끝없이 뱉어내는가 하면, 습관적이고 형식적인 용어들로 공동 기도 시간의 대부분을 채우고 맙니다. 공동 기도 시간이 아니라 열광적인 축제 시간이라고 말하는 것이 더 나을 지경입니다.

하늘 보좌를 움직일 것 같은 '주여 삼창'은 이제 어디서나 들을 수 있는 보편적인 외침인 것 같습니다. '주여 삼창'이 빠진 기도는 아무래도 맥이 없어 보이고 하나님께서 들어주지 않으실 것 같습니다. 교인들이 모인 장소의 천장을 울리는 통성기도는 이미 한국식 기도로 세계 교회들에 알려져 유명해져 있습니다. 우리는 하나님께서 그런 기도만을 들어주시는 것처럼 착각에 빠질 때도 있습니다.

혹 이런 것이 예수께서 지적하신 중언부언하는 기도가 아닐까요? 남보다 더 크게 소리 지르기 위한 노력, 남보다 더 오래 기도하려는 열정, 주변의 모든 것을 무시한 채 자기 소리에 몰입하는 함성, 그 속에 계속 반복되는 중언부언, 이 모든 것은 한국 교회의 특징인 동시에 예수께서 경계하신 모습의 기도는 아닐까요? 하지만 하나님께서 기도를 들어주시는 것은 우리의 고함 소리 때문이 아닙니다. '주여 삼창' 때문도 아닙니다. 아무도 엿듣지 못하는 방언의 소리 때문에 우리 기도가 위력을 얻는 것도 아닙니다.

공동 기도나 대표 기도는 자신의 지식을 과시하는 도구가 아닙니다. 기도를 자신의 관심을 공개하는 시간으로 만들어서도 안 됩니다. 기도 시간은 교인들의 개인적인 상황을 열거하는 시간이 아닙니다. 어떤 사람은 대표 기도 시간을 이용하여 여러 가지 광고와 충고를 열거하기도 합니다. 설교식 기도도 흔히 들을 수 있습니다. 기도 시간을 이용하여 교인에 대한 불만 혹은 지도부에 대한 불만을 표출시키는 경우도 있습니다. 소설을 쓰듯이, 시를 쓰듯이 거창한 기도문을 적어 와서 낭독하는 분도 있습니다. 아름다운 기도, 문학적 기도, 역사적 기도 등등 이 모두는 현대 교회에서 우리가 어렵지 않게 만날 수 있는 목적과 방식이 잘못된 기도는 아닐까요?

기도란, 예수님을 따르는 가운데 오직 하나님께만 드리는 것입니다. 개인으로 기도하든, 단체로 기도하든, 기도는 하나님에게만 드리는 것입니다. 의식적으로 사람들을 대상으로 삼거나 하나님께 드리는 언어의 제사 이외의 목적으로 사용하는 것은 옳지 않은 기도입니다. 이런 의미에서 한국 교회에서는 수정해야 할 기도 형태가 너무 많다는 것을 감히 지적하지 않을 수가 없습니다.

맺음말

예수께서 명령하신 순수한 기도 정신으로 돌아갑시다. 하나님에게만 기도하고 하나님의 주권과 사랑과 은총을 의지하는 기도로 되돌아갑시다. 예수께서는 너희는 이렇게 기도하라 하시면서 '주기도문'으로 알려진 기도를 예수님을 믿는 사람들이 함께 기도해야 할 공동 기도문으로 주셨습니다. 이 기도문과 기도문에 담긴 기도의 정신을 회복합시다.

우리가 예배 시에 수시로 암송하거나 노래하는 주기도문은 예수께서 제자들에게 가르쳐 주신 기도입니다. 예수님은 이 기도문을 "너희는 이렇게 기도하라"고 하시며 공동 기도의 모범으로 주셨습니다. 문맥을 보면 이 기도문은 말을 많이 하는 잘못된 이방인들의 기도에 대한 수정으로 주어진 것입니다. 우상을 숭배하는 사람들이나 하나님의 섭리를 믿지 못하는 사람들은 말을 많이 해서 신을 설득하고자 합니다. 예수님은 하나님을 믿는 사람들이 드려야 할 기도가 과연 어떤 것인지 주기도문으로 가르쳐 주십니다. 따라서 주기도문을 우리는 예수님의 제자들, 즉 기독교인들의 기도라고 부를 수 있을 것입니다. 이 기도에는 예수님에게서 시작된 새로운 시대의 특징이 고스란히 들어 있습니다. 그래서 이 기도를 배우고 분석함으로 기독교가 무엇인지, 기독교인들이 관심을 두어야 할 것이 무엇인지 확인할 수 있습니다. 또한 바른 공동 기도가 어떤 것인지를 배울 수 있습니다.

예수께서 가르치신 대로 기도하는 것은 기독교인의 표식이요 특권이다

기도의 내용으로 들어가기 전에 먼저 알아야 할 것은 주님이 가르쳐 주신 대로 기도하는 것은 예수님의 제자라는 표식이요 그들의 특권이라는 사실입니다. 예수께서 이 기도를 가르쳐 주신 후에 제자들은 기쁨으로 이 기도를 드렸습니다. 열심히 전도하다가 새로운 신자들이 생기면 그들에게 무엇보다 먼저 이 기도문을 가르쳤습니다. 그 결과 주기도문은 기독교인의 표식처럼 통용됐습니다. 예수께서 가르쳐 주신 이 기도를 배우고 암송하고 사용한다는 것은 기독교인임을 알려 주는 표식이 됐습니다. 기독교인이란, 이런 기도를 하나님께 드리는 사람들이라고 정의해도 될 정도입니다. 그만큼 주기도문은 기독교의 특징을 단적으로 잘 표현하고 있습니다.

우리도 예수님을 믿게 되면서 복음과 함께 가장 먼저 이 기도문을 배웠습니다. 그래서 이 기도를 좋아하게 됐고 암송하게 됐습니다. 예배의 끝에 아름다운 곡을 붙인 주기도문을 노래하는 교회가 적지 않습니다. 정말 멋있고 웅장한 기도입니다. 이 주기도문 찬송은 언제나 우리에게 감동을 불러일으키고, 그리스도인으로서 우리가 가지는 희망과 책임을 상기시켜 주곤 합니다.

이 기도문대로 기도하는 것은 기독교인들의 특권입니다. 이것은 기도문의 내용에서 금방 드러납니다. 특히 기도문 서두에 아주 확실하게 표현되어 있습니다. "하늘에 계신 우리 아버지!" 이 호칭은 기독교인들의 표식일 뿐만 아니라 기독교인의 특권을 담고 있습니다. 하나님을 '우리 아버지'로 부른다는 것은 예수님을 믿는 사람들의 표식이며 특권입니다.

예수님은 하나님을 '하늘에 계신 아버지'로 알려 주셨습니다

신에 대해서는 옛날부터 말이 많았습니다. 지혜 있는 사람들이 저마다 한마디씩 남겨 놓은 얘기가 수천수만 권의 책으로 남아 있습니다. 하나님에 대한 예수님의 가르침은 아주 독특합니다. 예수님은 하나님을 "하늘에 계신 아버지"라고 알려 주셨습니다. 예수님은 이 기도문을 주시기 전에도 하나님을 자주 "하늘에 계신 너희 아버지"라고 부르셨습니다. 예를 들어, 5장 16절에서 "이같이 너희 빛을 사람들 앞에 비취게 하여 저희로 너희 착한 행실을 보고 하늘에 계신 너희 아버지께 영광을 돌리게 하라"고 하셨습니다. 같은 표현인 "하늘에 계신 너희 아버지"는 마태복음 5장 45절과 48절, 6장 1절, 4절, 6절에도 들어 있습니다. 특히 주기도문을 주신 직접적인 배경인 이방인들의 말만 많이 하는 기도를 비판하신 후에 예수님은 다음과 같은 말씀을 덧붙이셨습니다. "그러므로 저희를 본받지 말라 구하기 전에 너희에게 있어야 할 것을 하나님 너희 아버지께서 아시느니라."

하나님은 우리의 아버지이십니다

하나님은 아버지처럼 우리에게 생명을 주셨습니다. 육체를 주셨습니다. 호흡을 주시고 삶을 주셨습니다. 우리가 살아가는 데 필요한 모든 것을 준비해 놓으셨습니다. 인간에게 있는 것은 모두 하나님께서 만드신 것이고 주신 것입니다. 인간에게 필요한 것은 하나님에게서 나옵니다. "하늘에 계신 아버지"는 우리의 필요를 모두 아시는 분이십니다. 우리가 기도하기 전에 우리에게 있어야 할 것을 알고 계십니다. 따라서 하나님은 우리의 좋은 것을 빼앗는 분이 아닙니다. 하나님은 우리가 좋아하고 사랑하고 가까이하고 찾고 섬겨야 할 대상이십니다. 그래서 우리는 우리에게 주기를 좋아하시는 아버지 하나님의 선물을 누리고 감사하기 위해 아버지께 기도하는 것입니다. 그런 하나님의 세계에 사는 우리가 목소리를 합쳐 "하늘에 계신 우리 아버지!"라고 말하기 시작하는 것이 우리의 공동 기도입니다.

눈에 보이지 않는 하나님, 세상과 우주를 만드시고 질서와 법칙을 주신 하나님, 인간을 만드신 하나님은 멀리 떠나 계신 분이 아닙니다. 하나님은 지금도 자신의 세상과 우주를 보존하시고 다스리시는 분이시며 특히 인간을 찾아오시고 부르시고 기꺼이 돌보시는 분이십니다. 예수님은 "하늘에 계신 너희 아버지"라 부르심으로 그분을 친밀하고 가까이 계시는 분으로 알려 주신 것입니다. 아무도 본 적이 없는 하나님을 우리가 잘 아는 아버지로 알려 주셨습니다.

하나님을 하늘에 계신 아버지로 부르는 자격

예수님은 하나님을 "하늘에 계신 우리 아버지"라고 부르는 자격을 우리에게 주셨습니다. 그리하여 우리에게 하나님의 자녀의 자격을 주셨습니다. 예수님은 하나님을 자신의 아버지로 알리셨습니다. 예수님과 하나님의 관계는 신적 부자 관계에 속하는 것입니다. 십자가에 달려 죽고 부활하신 예수님을 믿는 자들은 하나님의 아들 예수님과 연합하여, 하나님의 자녀가 됩니다. 그리스도 예수 안에서 사람들은 이제 하나님의 자녀가 되는 길에 들어선 것입니다. 요한 사도는 요한복음 1장 12절에서 이것을 "예수님을 영접하는 자 곧 그 이름을 믿는 자들에게는 하나님의 자녀가 되는 권세를 주셨다"라고 표현했습니다.

하나님은 독생자 예수의 희생을 통해 용서와 구원을 얻게 될 사람들을 하나님의 자녀들로 대하십니다. 하나님께서 독생자 예수님 안에서 죄인들의 아버지로 돌아서신 것입니다. 예수님의 생애와 사역은 한 편으로는 하나님께서 사람들의 하늘 아버지로 돌이키시도록 하시고, 죄인들이 하나님의 자녀들로 돌아오도록 길을 여신 것입니다. 히브리서에 따르면 예수님을 믿음으로 우리는 이제 당당하게 하늘 성소로, 하늘 아버지께로 갈 수 있는 자격자들입니다. 예수님께서 이것을 가능하게 하셨습니다.

누가 하나님의 자녀인가?

예수님을 믿는 사람들만 하나님의 자녀가 되는 권한을 얻습니다. 요한 사도는 예수를 믿는 자들이 하나님의 자녀의 권한을 얻고 그 결과로 하나님으로부터 영생을 상속받도록 하고자 요한복음을 썼다고 했습니다. 하나님께서는 죄인들을 위해서 고귀한 목숨을 버리신 독생자 예수님을 믿는 자들에게만 자신을 아버지라 부를 수 있는 권한을 주셨습니다. 하나님은 모든 사람의 아버지가 아닙니다. 마찬가지로 모든 사람이 하나님의 자녀인 것도 아닙니다. 예수 그리스도의 십자가 보혈을 통해 하나님과 아버지-자녀 관계를 맺은 언약 백성들만이 하나님의 자녀이며, 하나님은 그들의 아버지입니다.

하늘에 계신 우리 아버지라 부릅시다

예수께서 자주 사용하신 '하늘에 계신 너희 아버지'라는 표현을 우리 편의 말로 바꾼다면 '하늘에 계신 우리 아버지'가 됩니다. 물론 이 용어도 우리가 마음대로 이렇게 바꾸어 부르는 것이 아닙니다. 예수께서 주기도문을 가르치시며 '하늘에 계신 우리 아버지'로 부르도록 가르치셨기에 그렇게 부릅니다. '우리' 속에 예수님 자신이 포함되지 않는 것은 당연합니다. 예수님은 하나님을 자신의 아버지로 부르시고 제자들에게 '하늘에 계신 너희 아버지'라고 알리시면서도 예수님과 제자들을 합하여 '우리'라는 표현을 사용하신 적은 한 번도 없습니다. 하나님과 예수님의 부자 관계와 하나님과 기독교인들의 부자 관계는 같은 것이 아니기 때문입니다. 예수님과 하나님의 부자 관계는 본질적인 것입니다. 이 관계는 깨어질 수 없는 것입니다. 그러나 하나님과 우리의 부자 관계는 언약 관계입니다. 언약을 받아들이는 믿음을 떠나서는 부자 관계는 성립되지 않습니다. 만약 우리가 믿음의 길에서 벗어난다면 우리는 더 이상 하나님의 자녀들이 아닙니다. 그냥 누구나와 같은 죄인일 뿐입니다. 하나님도 더 이상 우리의 아버지가 아니십니다. 죄인을 벌하시는 심판자이실 뿐입니다.

하나님을 '하늘에 계신 우리 아버지'라고 부르라는 말씀에는 예수를 믿음 안에서 기도하라는 명령이 포함되어 있습니다. 예수님을 떠나서는 우리는 누구도 하나님께 받아들여질 기도를 드리지 못하는 사람들입니다. 바로 이런 이유로 우리는 기도할 때마다 그 끝에 '예수님의 이름으로 기도합니다'를 덧붙일 수밖에 없습니다. 예수님을 의지해서 하나님께 나아가야만 그 기도는 효과가 있을 것입니다. 나의 행위나 공로가 아니라 예수님 안에서 은혜로 우리를 자녀로 삼으셨다는 확신으로 '하늘에 계신 우리 아버지'라고 불러야 합니다.

아버지란 단어는 거의 누구에게나 가장 친숙하고 가장 큰 힘이 되는 단어입니다. 우리가 약할 때 아버지는 우리의 약함을 자신의 강함으로 채워주셨습니다. 그래서 아버지라는 단어에는 용기와 위로, 도움이 새겨져 있습니다. 우리가 잘못할 때 아버지는 사랑과 친절로 우리의 잘못을 꾸중하면서도 바르게 가는 길을 알려 주신 분입니다. 우리가 알고 있는 단어 중 이보다 더 향긋하고 더 힘이 되는 단어가 무엇이 있겠습니까? 예수께서 하나님을 '하늘에 계신 너희의 아버지'라고 알려 주신 것은 바로 이 아버지라는 단어가 가진 이미지가 우리에게 하나님을 잘 알려 주기 때문입니다. 하나님의 강함과 사랑을 감동적으로 표현할 수 있기 때문입니다. 하나님은 우리에게 그런 분이십니다. 그러므로 하나님을 '하늘에 계신 우리 아버지'라 부릅시다.

'우리 아빠'라 부릅시다

사실 '아버지'보다는 '아빠'라는 용어가 어릴 때부터 우리에게 더 친숙한 단어입니다. 아이들이 처음 내는 소리가 '엄마,' '아빠'입니다. '아빠'라는 단어는 우리의 기억 속에 강하게 각인되어 있습니다. 예수께서 사용하신 아람어에서 아버지를 뜻하는 단어도 '아빠'였습니다. 예수께서는 하나님을 '아빠'라고 부르셨습니다. 그리고 제자들에게 하나님을 '아빠'라고 부르도록 가르치셨습니다. 예수께서 이 아람어 단어를 사용하신 예가 마가복음 14장 36절에 기록된 예수님의 기도에 나옵니다. "아빠 아버지여!" 초대 교회 성도들이 하나님을 "아빠"로 불렀다는 흔적도 신약성경에 남아 있습니다. 로마서 8장 15절에서 바울 사도는 "너희는 다시 무서워하는 종의 영을 받지 않았고 양자의 영을 받았으므로 우리가 아빠 아버지라고 부른다"고 했습니다. 갈라디아서 4장 6절에서도 "너희가 아들인고로 하나님이 그 아들의 영을 우리 마음 가운데 보내서 아빠 아버지라 부르게 하셨느니라"고 썼습니다. 앞의 "아빠"는 아람어로 예수께서 실제로 사용하셨던 소리를 그대로 적은 것입니다. 그렇다면 우리도 이 용어를 사용하여 기도해 봅시다. "하늘에 계신 우리 아빠!"

우리가 처음 소리 내었던 아빠, 하늘을 올려볼 때 크고 인자하게 보이던 아빠가 생각날 것입니다. 가장 처음 만난 사람인 아빠는 누구보다 강해 보였습니다. 우리를 번쩍 들어 올리기도 하고, 목말을 태우고, 등에 올리고, 옆구리에 끼고 다니신 아빠! 먹고 싶은 것을 주시고, 가지고 싶은 것을 주셨던 그 아빠는 우리에게 누구보다 다정하고 따뜻하고 힘이 됐습니다. 아빠의 손을 잡고 길을 걷다 보면 세상에 무서운 것이 없습니다. 조금만 무섭거나 두려운 일이 생기면 우리는 습관적으로 아빠를 외치게 됐습니다. 그만큼 우리 아빠는 우리에게 절대적인 존재였습니다. 무엇보다 크고, 무엇보다 힘 있고, 무엇보다 강해 보였던 우리 아빠입니다. 눈물을 닦아주시며 어깨를 두들겨 주시던 분이었습니다. 아플 때 걱정하시고 손가락을 싸매 주시면 금방 상처가 아물 것 같았던 그런 아빠의 모습이 우리 모두에게 새겨져 있습니다.

예수께서 가르쳐 주신 기도의 첫마디는 하나님을 그런 아빠로 생각해야 한다는 말씀입니다. 하나님께 기도할 때 우리는 아이의 심정으로 돌아갈 수밖에 없습니다. 예수님께서 통곡하시며 기도하실 때 아빠를 부르면서 그분을 전적으로 의지했던 그 심정이 바로 예수님께서 제자들에게 요구하신 마음입니다. 어린아이와 같이 천국을 받아들이는 자가 천국에 들어갈 것이라 하신 말씀을 기억해 봅시다. '아빠'란 단어를 입 밖으로 낼 때 우리는 아무리 잘살고 출세했고 모든 것을 가졌다 하더라도 아이가 됩니다. 아이의 심정으로 돌아갑니다. 여러분, 그렇게 하나님을 아빠, 우리 아빠, 하늘에 계신 우리 아빠라 부르며 기도합시다.

맺음말

아빠가 되어 있는 사람들은 자라나는 아이들이 가지게 될 아빠의 상을 심어주는 아주 중요한 역할을 하고 있습니다. 아빠이신 여러분을 통해서 자녀들에게 심어지는 아빠의 인상은 나중에 그 아이가 하나님을 아빠라 부를 때 하나님을 향한 열린 마음과 사랑과 의지와 도움을 회상하게 할 것입니다. 만약 우리가 잘못된 아빠상을 아이들에게 심어준다면 우리의 자녀들은 하늘의 아빠란 호칭에서 하나님에 대한 어떤 좋은 것도 찾아내지 못할 것입니다.

마찬가지로 우리의 아빠가 우리에게 좋은 인상을 심어주지 못했다면 하나님을 하늘에 계신 우리 아빠로 부른들 하나님이 어떤 분인지를 제대로 알 수 없을 것입니다. 세상의 우리 아빠는 우리에게 하나님의 상을 비추는 역할을 했습니다. 우리는 우리 자녀들에게 아빠 노릇을 통하여 하나님의 상을 심어주는 그런 역할을 합니다. 그러므로 우리는 좋은 아빠가 됩시다.

불행했던 어린 시절로 인해 아빠라는 단어가 공포심을 가져오기만 한다면 어떻게 할까요? 그것은 정상적인 아빠상이 아닙니다. 그것은 한 개인에게 과거를 통해서 새겨진 잘못된 아빠상입니다. 그런 분은 우선 아빠라는 단어가 보통 사람들에게 어떤 의미를 전달하는지, 즉 이상적인 아빠상이 무엇인지를 먼저 배워야만 "하늘에 계신 우리 아빠"의 의미를 바르게 받아들일 수 있을 것입니다. 그리고 나서야 다른 사람과 함께 기쁘게 하나님을 "하늘에 계신 우리 아빠"라고 부르게 될 것입니다. 이런 힘든 과거가 있었던 분들도 예수님을 믿게 되고, 하나님을 "하늘에 계신 우리 아빠"라고 즐거운 마음으로 함께 부르고, 함께 의지하게 되기를 소원합니다.

제27장
아빠의 영광을 위하여
마태복음 6:9-10

하늘에 계신 하나님 아버지, 우리 아빠께 무엇을 먼저 기도할까요? 하나님을 아빠라 부르는 사람들이 함께 모여 기도할 때 무엇보다 먼저 기도해야 할 것은 하나님의 이름, 하나님의 나라, 하나님의 뜻에 관한 것이라고 예수님은 알려 주셨습니다(6:9하-10). 그리고 그다음에 우리와 관련된 것을 기도하라고 하셨습니다(11-13절). 기도에도 우선순위가 있는 것입니다. 하나님의 것이 먼저이고 우리의 것이 나중입니다. 예수님은 왜 이런 순서를 정하셨을까요?

하나님은 우주를 만드시고 다스리시는 분이십니다

하나님의 일과 관련된 기도를 먼저 드려야 하는 이유는 하나님은 우리 아버지이실 뿐만 아니라 우주의 창조주이시며 관리자이시기 때문입니다. 하나님 아버지는 우리 혹은 나만을 보고 계신 것이 아니라 피조 세계 전체를 보고 계십니다. 우리 자신의 필요를 위해 먼저 기도하는 것은 이기적이기도 하고 피조 세계 전체를 돌보시는 하나님의 섭리에 맞지 않을 수 있습니다. 따라서 기도하는 자녀들이 하나님의 일에 최우선적인 관심을 가지는 것은 당연한 일입니다.

모든 피조물은 하나님의 영광을 위해서 존재합니다. 하나님의 지혜를 드러내고 있습니다. 인간도 한 부분입니다. 하나님께서는 모든 만물에 형태와 법칙과 질서를 주셨습니다. 인생도 하나님의 법칙과 질서 아래 있습니다. 우리는 이런 법칙과 질서 아래서 하나님의 영광을 위해 살아가고 있습니다. 우리가 하나님을 아빠라 부르는 자녀라 하더라도 자녀의 자격과 권한을 자신의 이득을 위해 이용해서는 안 됩니다. 반대로 우리가 하나님의 영광을 위하여 살아가도록 해야 합니다.

하나님을 아빠라 부르는 사람들도 먼저 하나님과 하나님의 영광을 위한 기도를 하면서 살아야 합니다. 하나님께서 독생자를 보내 사람들을 구원하신 것도 하나님 자신의 영광을 찬송하도록 하기 위함입니다. 하나님의 사랑과 의와 평화를 드러내기 위함입니다. 그러므로 먼저 하나님의 영광을 위해 기도해야 합니다.

하나님 아버지는 자녀들의 필요를 알고 채워주십니다

하나님을 아빠 아버지라 부른다면 어린아이들이 아빠의 손을 잡고 즐겁게 살아가듯이 하나님께 모든 것을 맡기고 살아가야 합니다. 이런 자녀들의 관심거리는 바로 아버지의 일인 것입니다. 아버지의 원대한 일은 곧 자녀들의 일입니다.

하나님께서 자신의 독생자를 보내셨다면 그의 피로 구속하신 자녀들을 하나님께서 버려두시겠습니까? 하나님의 일이 간혹 자녀들에게 고통과 고난으로 나타나는 것처럼 느끼는 것은 하나님의 일이 더 넓고 깊고 높기 때문입니다. 예수께서 가르쳐 주신 기도의 순서는 하나님의 사랑을 쉽게 의심하거나 자신의 것을 위해 기도하는 사람들을 향한 충고를 담고 있습니다.

우리의 것만을 기도하는 현실

예수님의 이 기도의 교훈에 우리의 현실을 비교해 보면 우리의 현실은 이 기도문과는 사뭇 동떨어져 있음을 느낍니다. 무엇보다도 먼저 우리의 기도 자세와 내용을 시급히 바꾸어야 할 필요를 느낍니다. 우리는 주로 누구를 위해서 기도합니까? 우리는 나의 문제로부터 시작하여 남편, 아내의 문제, 자녀들의 문제, 친척과 친구들의 문제 등을 열거하기에 바쁩니다. 우리의 기도는 날개를 펼쳐봐야 가족, 교회, 직장, 사회 혹은 국가의 경계를 넘어가지 못합니다. 이해관계가 없는 이웃은 이름이나 얼굴조차 떠오르지 않습니다. 경쟁이나 적대 관계에 있는 사람들을 위해서는 입이 떨어지지 않습니다.

우리는 어떤 주제로 기도합니까? 하나님 앞에 기도하려고 하면 우리를 괴롭히거나 우리가 고민하는 현실의 문제들이 먼저 고개를 들고 뇌리를 채우며 얄팍한 우리의 입술을 뚫고 나옵니다. 우리는 건강과 평안을 위해 기도하기에 급급합니다. 병과 사고와 재난에서 벗어나거나 피할 수 있도록 목청껏 외칩니다. 좋은 삶과 부와 성공, 출세 이런 것이 우리의 기도의 1순위를 차지합니다. 우리가 관심을 가지고 살아가는 것이 이 세상인 것처럼 기도의 주제도 우리의 좁은 문제들로 귀착되고 있는 실정입니다.

이런 형편은 예수님 당시의 사람들도 마찬가지였습니다. 먹는 것, 입는 것은 사람들의 가장 큰 관심거리였습니다. 하나님의 일보다는 인간의 일에 기도의 시간을 보냈습니다. 당장 눈에 보이는 문제를 해결하는 것이 기도의 첫 내용이었습니다. 하나님의 백성이라 자부하던 이스라엘 사람들의 생각도 우리만큼이나 좁았습니다. 자신과 가족을 위한 기도가 대부분이었고 그들의 관심과 기도도 민족의 울타리를 벗어나기 어려웠습니다. 심지어 예수님의 제자들도 예수님을 따르는 동안 누가 더 크게 쓰임을 받을 것인지를 놓고 서로 다투었습니다. 하나님을 위한 일에도 우리는 자신의 더러운 시기심과 욕심을 섞어 놓습니다. 그래서 더 크게 봉사하고 쓰임 받기 위해 거룩한 욕망의 날개를 펼치는 것입니다. 이기심과 자만심이 신앙과 헌신의 이름으로 둔갑하여 나타나는 것입니다. 예수님께서 승천하시는 날까지도 제자들은 민족의 자유와 번영을 위한 관심으로 가득 차 있었습니다. 인간의 본성으로는 하나님의 나라와 하나님의 뜻을 위해 기도하기 어렵습니다.

예수님의 기도를 배웁시다. 먼저 하나님의 이름과 하나님의 나라와 하나님의 뜻을 위해 기도합시다. 하나님의 것을 먼저 기도하고 그다음 나의 기도를 올립시다.

아빠의 영광을 위하여 기도합시다

예수께서 가르쳐 주신 기도를 따르면 하나님의 일을 위한 기도는 모두 세 가지입니다. "당신의 이름이 거룩해지소서. 당신의 나라가 오소서. 당신의 뜻이 하늘에서처럼 땅 위에 이루어지소서." 이 세 가지 청원을 이렇게 요약하는 것이 좋겠습니다. 아빠의 영광을 위한 세 가지 기도로 말입니다. 이것은 헬라어 기도문을 정확하게 한번 번역해 본 것입니다. 여기서 '당신의'라고 번역한 단어는 2인칭 대명사의 소유격으로 '너의'(your)에 해당합니다. 헬라어에는 존대어와 경어체의 구별이 없습니다. 마치 영어의 'you'가 윗사람이나 아랫사람을 모두 지칭하는 것처럼 말입니다. 이것을 글자 그대로 번역하고 보면 우리 한국 사람에게는 심한 불경이나 모독처럼 느껴지기 마련입니다. 한국어의 여러 가지 격식에 젖어있는 우리는 하나님 아버지를 '너,' '당신' 등으로 부를 수가 없습니다. 하나님께는 상상할 수조차 없는 장엄한 호칭이 있어야 한다고 우리는 생각합니다. 그러나 누구에게나 사용하는 '너'와 같은 말을 하나님에게 사용하며 기도하는 사람은 하나님을 친구처럼, 아니 정말 아빠처럼 다정하고 친밀하게 그리고 가깝게 느낄 것입니다.

　'하늘에서처럼 땅에서도'라는 표현이 세 번째 기도에만 걸리는 것인지, 아니면 세 가지 기도 모두에 걸려 있는지는 명확하지 않습니다. 문법적으로 보면 세 가지 청원에 모두 걸릴 수도 있습니다. 그렇게 한번 읽어봅시다. "당신의 이름이 하늘에서처럼 땅에서도 거룩해지소서, 당신의 나라가 하늘에서처럼 땅에도 오소서, 당신의 뜻이 하늘에서처럼 땅에도 이루어지소서!"

　기도문에 사용된 '하늘에서처럼'이란 표현은 기상학적이나 천문학적인 표현이 아닙니다. 즉, 지구의 대기권을 하늘이라고 표현한 것이 아닙니다. 인간의 세계, 즉 보이는 세상과는 다른 하나님의 세계, 신의 세상을 의미하는 것입니다. 그곳에서는 하나님의 이름이 최고입니다. 가장 귀한 것입니다. 누구나 우리 아빠의 이름을 알고 있습니다. 그곳은 우리 아빠의 신적 통치가 완전하게 이루어지고 있는 곳입니다. 아빠의 눈이나 아빠의 손에서 벗어날 수 있는 것은 없습니다. 우리 아빠의 뜻만이 글자 그대로 모두에게 통하고 모든 곳에 미칩니다. 예수께서 알고 계신 바로 그 하늘나라에서처럼 사람들이 사는 이 땅 위에서도 하나님의 영광이 모두에게 나타나고 인정되고 찬양되도록 기도하라고 예수님은 가르치셨습니다.

우리 아빠의 이름, 우리 아빠의 다스림, 그리고 우리 아빠의 뜻이 완전하게 이루어지는 그곳에서처럼, 이곳 우리 인간들이 사는 이 땅 위에서도 그렇게 되도록 기도합시다. 하나님의 이름을 애써 외면하고 때로는 무시하고 모독하고 멸시하는 곳에 우리는 살고 있습니다. 그렇게 하는 주체들은 모든 피조물 가운데 유독 사람들뿐입니다. 하나님의 이름보다는 인간의 이름을 드러내고 길이 남기려고 하는 것이 이 세상입니다. 우리는 바로 그 하나님의 이름을 배웠습니다. 우리는 아빠 하나님을 사랑합니다. 그러니 즐거운 마음으로 그분을 아빠라고 부릅니다. 그 아빠의 이름이 모든 사람에게 알려지도록, 모든 사람이 사랑할 뿐만 아니라 두려워하도록 기도합시다.

우리는 우리 아빠의 이름을 인정하지 않을 뿐만 아니라 우리 아빠의 손길을 벗어나 멋대로 살아가려고 하는 그런 사람들 틈에 살고 있습니다. 사람들이 이 세상의 주인인 것처럼 착각하고 있습니다. 사람들은 이 착각을 진실이라고 부르며 신으로부터 해방되는 것이라고 확신합니다. 하나님의 통치를 거부하고 사람들이 움직이는 세상을 만들 것이라고 장담합니다. 여러분, 사람들에 의해 우리 하나님 아빠의 다스림이 무시되고 있습니다. 그런 세상에서 우선 우리 하나님 아빠의 권위가 모두에게 인정되도록 기도합시다. 하나님의 다스림에 모두가 굴복하도록 기도합시다.

우리는 우리 하나님 아빠의 뜻을 거역하는 사람들 틈에 살고 있습니다. 인간의 자유의지를 외치고 인간의 능력과 인간의 욕망을 최우선시하는 그런 곳에 말입니다. 하나님의 뜻은 안중에도 두지 않는 것이 이 땅 위의 실정입니다. 바울 사도의 말대로 조금만 유심히 관찰하면 세상 곳곳에 하나님의 지혜와 능력이 새겨져 있건만 세상은 모든 곳에 새겨져 있는 우리 하나님 아빠의 지혜와 뜻을 인정하려 하지 않습니다. 그런 세상에 우리 하나님 아빠의 뜻이 그대로 수긍되고 그대로 이루어지기를 기도합시다.

맺음말

우리는 하나님의 이름을 거룩하게 부르며 하나님의 다스림에 복종하고 하나님의 뜻을 따르도록 먼저 부름을 받은 사람들입니다. 이 사명을 잘 감당할 수 있도록 기도합시다. 그것은 우리의 소망이며 우리의 목표입니다. 하나님의 이름이 나, 가정, 직장과 동네, 대한민국과 전 세계에서 거룩히 여김을 받도록 기도합시다. 이것이 예수께서 우리에게 가르쳐 주신 기도의 첫 번째 부분입니다.

제28장
하나님의 거룩하신 이름
마태복음 6:9하

　　예수께서 가르쳐 주신 우리의 공동 기도문, 주기도문의 첫 간구는 "이름이 거룩히 여김을 받으시오며"입니다. 문자적으로 번역해 보면 "당신의 이름이 거룩하게 되소서"입니다. 원래 한글 번역은 하나님의 이름이 사람들에 의해 거룩하게 여겨지기를 간구하는 제한된 내용을 담고 있습니다. 이 번역에서 하나님의 이름을 거룩하게 하는 주체는 사람이고, 요구되는 것은 거룩하게 여기는 것이고, 사람의 생각에 국한되어 있습니다. 그러나 예수께서 가르쳐 주신 기도에는 이런 제한이 붙어 있지 않습니다. 본래의 기도문에는 하나님의 이름을 거룩하게 해야 할 주체가 누구인지, 그들에게 요구되는 것이 무엇인지 모호합니다. 하나님의 이름을 거룩하게 해야 할 주체와 거룩하게 하는 방법을 애매하게 예수께서 말씀하셨다는 것은 비단 사람만이 아니라, 또 '생각'으로만이 아니라, 다른 주체에 의해 다른 방법으로도 하나님의 이름은 얼마든지 거룩하게 될 수 있음을 내포하고 있습니다. 예수님은 사람들에 의해 하나님의 이름이 거룩하게 평가받거나 심리적 태도를 통해서만 거룩하게 여겨져야 할 것만을 기도하라고 하신 것이 아닙니다. 온갖 주체와 온갖 방법을 통해 하나님의 이름이 거룩하게 되도록 기도하라는 것이 예수께서 의도하신 바입니다. 하나님의 이름을 거룩하게 하는 주체에 무엇이 포함되는지 우리는 알 수 없습니다. 또 어떤 방법들이 있는지 찾아내기 어렵습니다. 천사들에 의해서 혹은 하나님께서 만드신 우주 만물에 의해서 하나님의 이름이 거룩하게 될 수 있을 것입니다. 물론 사람도 하나님의 이름을 거룩하게 해야 할 주체에 포함됩니다. 사람들에게만 초점을 맞추어봅시다. 우리의 생각, 말, 행동, 삶 전체가 하나님의 이름을 거룩하게 나타내고 거룩하게 만들어야 할 가능한 방법들입니다. "거룩하게 여기는 것"은 이런 다양한 방법들의 하나에 지나지 않습니다. 그래서 저는 문자적으로 "당신의 이름이 거룩하게 되소서"로 번역했습니다.

"하늘에서처럼 땅에서도"란 10절의 문구가 첫 기도에도 걸리는 것이라면 예수님은 하나님의 이름이 하늘에서는 이미 거룩하게 됐음을 전제하고 계십니다. 반면에 우리가 사는 이 땅에는 아직 그렇게 되어 있지 않습니다. 우리가 기도해야 할 내용은 하나님의 이름이 세상에서 거룩하게 되는 것입니다. 예수님은 하늘에서처럼 땅에서도 하나님의 이름이 모두에 의해, 가능한 모든 방법으로 거룩하게 되기를 기도해야 한다고 가르치신 것입니다.

사람들은 자기 나름대로 신을 찾고 신의 이름을 만듭니다

사람에게는 누구나 하나님을 찾는 마음, 즉 종교심이 있다고 합니다. 사람들은 누가 가르치지 않아도 자기 나름대로 하나님을 찾고 하나님을 섬깁니다. 그리하여 인위적인 종교 혹은 인간 중심의 신앙이 탄생합니다. 인간의 종교심은 이 땅에 숱한 종교를 만들어내었습니다. 사람들이 사는 곳에서는 지금도 늘 새로운 종교가 만들어지고 있습니다. 모두가 인간의 종교심이 낳은 결과입니다. 이 방면에 전문가가 되지 않더라도 사람들이 찾은 신의 모습, 신의 이름은 가지각색이라는 사실을 어렵지 않게 알 수 있습니다. 신을 찾는 사람의 개성이 다르듯이 신을 찾는 방법도 다르고 신과 관계된 경험도 다릅니다. 자신이 찾았다는 신의 모습도 다양하고 신에게 붙여 놓은 이름도 다양합니다.

한국에도 복음이 들어오기 전에 신을 찾은 사람들이 많았습니다. 그 신들 중에는 '하느님'이 있습니다. 인간이 사는 이 땅이 아닌 하늘에서 모든 것을 주관하는 최고의 신, 옥황상제가 있다고 생각한 것입니다. 산에는 산을 좌우하는 힘, 인간보다 더 나은 존재가 있다고 사람들은 믿었습니다. 그래서 그 신에게 사람들은 산신령, 혹은 산신이라는 이름을 붙여 놓았습니다. 한국에는 오늘날에도 봄가을만 되면 산신제를 지내는 사람들이 적지 않습니다. 한국문화, 혹은 한국식 전통이라는 이름으로 말입니다. 바다에는 바다의 모든 것을 주관하는 존재가 있다고 믿었습니다. 사람들은 그 신에게 용왕이라는 이름을 지어주었습니다. 순조로운 항해를 위해 바다의 광풍과 흉흉한 파도를 잠재우기 위해 사람들은 그렇게 이름 붙인 용왕에게 제사를 지냈습니다. 생명을 주신 신을 삼신이라고 불렀습니다. 처녀 귀신, 총각 귀신, 도깨비 등 세상에는 사람들이 붙인 별별 신의 이름이 널려 있습니다. 사람들은 자신이 알 수 없거나 할 수 없는 일 뒤에 인간 이상의 존재, 즉 신이 있다고 생각했고 제각기 찾은 신에게 자신이 원하는 이름을 붙여 절하고 빌고 섬겼던 것입니다.

이는 한국만의 얘기가 아닙니다. 어느 나라 어느 민족에게나 그들이 찾은 고유 신이 수없이 있습니다. 그들 자신의 언어로 붙인 고유한 신의 이름 또한 엄청나게 많습니다. 그리스와 로마 사람들은 신이 인간의 모습을 하고 있다고 믿었습니다. 그래서 신의 이름도 사람의 이름처럼 붙여 놓았습니다. 마치 인간사를 말하듯이 신의 얘기를 만들었습니다. 모든 신 위에서 최고의 권력을 행사하는 신을 그들은 제우스라 불렀습니다. 헤라, 아폴로, 아프로디테 등등 온갖 종류의 신의 이름이 그리스-로마 신화에 등장합니다.

이런 모든 이름은 사람들이 신을 찾으며, 혹은 신을 경험하며 자신의 언어로 신의 이름을 붙이고 그 신들이 하는 일을 구분한 것에 불과합니다. 사람의 지혜, 사람의 종교심 그리고 사람의 경험에서 나온 신의 이름입니다. 이름을 붙여 놓기는 했으나 바울이 아테네에서 발견했다는 "알지 못하는 신에게"라는 비문에 새겨진 신처럼 이름이 없는 것과 별로 다르지 않습니다. 인간의 지혜나 경험으로 찾아 인간이 마음대로 붙인 신의 이름을 성경은 단호하게 거부합니다. 그런 이름이 붙은 신을 형상화해 놓은 것을 성경은 우상이라고 규정합니다. 사람들이 만들어 이름을 붙이고 섬길 수 있는 그런 존재라면 신이 아니기 때문입니다. 그래서 절대로 신이라고 부르지도 말고 섬기지도 못하도록 합니다.

하나님은 자신의 이름을 우리에게 알려 주셨습니다

예수께서 '하늘에 계신 우리 아빠'라고 부르라는 하나님의 이름은 근본적으로 다른 출발점을 가지고 있습니다. 이 하나님의 이름은 어떻게 탄생했을까요? 성경은 천지와 우주, 즉 존재하는 모든 것을 만드신 하나님은 만유 위에 계신 분임을 알려 줍니다. 인간의 언어나 인간의 지혜가 하나님에 대한 지식을 담을 그릇이 되지 못할 것은 너무나 뻔한 일입니다. 인간의 생각도 하나님께 도달할 수는 없습니다. 인간의 오감은 영이신 하나님을 감지할 수 있는 그런 기능이 아닙니다. 각 사람에게 있다는 종교심으로는 창조주 하나님에 대한 어떤 것도 찾아낼 수 없습니다.

　그렇다면 창조주 하나님과 인간의 교제, 대화가 어떻게 가능해질까요? 하나님과의 교제는 하나님 편에서 시작할 때 비로소 가능해집니다. 하나님께서 인간의 오감 안에 무엇을 나타내실 때라야 사람들은 겨우 하나님에 대한 어떤 것을 감지하거나 하나님과 교제할 수 있습니다. 이런 방법이 아니고는 인간이 하나님과 교제할 수는 없습니다.

　하나님은 인간을 만드시고 인간의 모든 기능들을 주신 분이시기 때문에 인간의 한계를 너무나 잘 알고 계셨습니다. 그래서 하나님은 아담과 교제하시기 위하여 아담이 볼 수 있도록 자신을 나타내셨습니다. 아담과 대화하시기 위하여 아담에게 주신 인간의 언어를 사용하셨습니다. 모세에게 나타나실 때도 마찬가지였습니다. 하나님은 모세가 인간의 눈으로 보고 다가오도록 가시덤불의 꺼지지 않는 불 속에 나타나셨습니다. 하나님은 모세가 들을 수 있도록 인간의 소리로 모세를 부르시고 말씀하셨습니다. 하나님께서 자신을 낮추어 인간의 오감이 감지할 수 있는 범위 안으로 자신을 나타내지 않으셨다면 모세가 어떻게 하나님의 소리를 들을 수 있었겠습니까?

　조금 전에 말씀드린 것은 하나님이 인간을 찾으실 때의 상황입니다. 그렇다면 인간 편에서 하나님을 찾을 수 있으려면 어떻게 하면 좋겠습니까? 하나님은 인간을 찾아오실 수 있지만 인간은 하나님에게 갈 수가 없습니다. 하나님은 인간이 하나님을 지시할 수 있는 한 표식을 주셨습니다. 그것이 하나님의 이름입니다. 인간의 언어로 자신의 이름을 하나

만들어 하나님 자신을 지시하시기도 하고 인간이 부를 수도 있도록 하신 것입니다. 하나님의 이름은 인간의 소리를 빌려 하나님 스스로 만드신 것입니다. 인간에게 언어를 주신 하나님은 인간의 언어를 이용하셔서 자신을 지시할 단어를 선택하셨습니다.

이런 점에서 우리 하나님의 이름은 인간이 만든 다른 신들의 이름과 근본적으로 다릅니다. 하나님께서 자신을 위하여 만들어내신 단어이기 때문에 거룩한 이름이요 영광스러운 이름입니다. 또한 하나님께서 인간의 소리를 이용해 이름을 인간에게 알려 주신 것은 인간이 하나님의 이름을 부를 때 하나님께서 듣고 반응하시겠다는 약속을 의미합니다.

하나님께서 선택하신 단어는 '야웨' 혹은 '여호와'입니다. 잠시 후에 말씀드리겠지만 이스라엘 사람들이 이 하나님의 이름을 얼마나 거룩하고 두렵게 취급했는지 지금은 그것이 정확하게 어떤 소리였는지 음가조차 우리에게 전수되지 않았습니다. 여러분, 여호와는 하늘에 계신 하나님 우리 아빠의 이름입니다. 우리가 거룩하게 여기고 우리의 전 삶을 통하여 거룩하게 해야 할 이름입니다. 모든 피조물, 만물에 의해 거룩하게 되어야 할 우리 하나님의 높고 영광스러운 이름입니다. 하나님을 찾도록 허락하신 하나님의 약속이 얽혀 있는 이름입니다. 하나님의 이름을 통해 우리는 사람을 사랑하셔서 자신을 나타내어 알리시고, 부르고 교제하기를 원하시는 하나님의 사랑과 은총을 느낄 수 있습니다.

아브라함과 이삭과 야곱의 하나님

하나님께서 직접 이름을 만들어 사람에게 알려 주시기 전에 하나님께서 하신 일이 한 가지 더 있습니다. 그것은 이름이 지시하는 하나님이 어떤 분인지 체험을 통해 알려 주신 것입니다. 이름만 알려 준다면 무슨 소용이 있겠습니까? 이름이 지시할 하나님이 어떤 분인지를 알아야 하나님을 부르거나 기도하거나 의지할 수 있지 않겠습니까? 이런 이유로 하나님은 자신의 이름을 인간의 언어로 알리시기 전에 먼저 그 내용을 채워주셨습니다. 즉, 하나님은 사람들에게 복을 주시고 사람들의 요청에 응답하는 분이심을 아브라함에게서부터 꾸준히 알려 주셨습니다. 하나님은 아브라함을 고향에서 불러내셨습니다. 그를 미지의 땅으로 인도하시며 그에게 말씀하시고 함께하셨습니다. 그에게 복을 주시고 미래의 복을 약속하셨습니다. 하나님은 아브라함에게 "나는 전능한 하나님이다"라고 자신을 소개하셨습니다(창 17:1).

아브라함이 죽은 후에 하나님은 아들 이삭에게 자신을 아브라함이 섬기던 하나님으로 알려 주셨습니다(창 26:24). 그리고 아브라함에게 주신 약속대로 이삭에게 복을 주시고 그를 큰 민족을 이루게 하겠다고 하셨습니다. 형을 피해 도망하는 야곱에게 하나님은 자신을 나타내시고 아브라함과 이삭의 하나님으로 자신을 소개하셨습니다(창 28:13). 야곱과 함께하고 그에게 복을 주고 그를 약속의 땅으로 인도하셨습니다.

하나님의 소개는 점점 길어져 '아브라함과 이삭과 야곱의 하나님'이 됐습니다. 이것은 신약시대에까지 계속 사용되던 우리 하나님의 또 다른 이름입니다. 하나님은 야곱의 이름을 이스라엘로 바꾸시고 처음에 아브라함에게 약속하셨던 한 민족, 하나님의 백성이 탄생토록 하시며 이제 '이스라엘의 하나님'으로 불리셨습니다.

하나님의 자기 계시란 아브라함에게서부터 이삭과 야곱을 거쳐 이스라엘 백성에게 자신을 나타내신 하나님의 사역을 가리키는 표현입니다. 우리가 믿는 하나님은 우주의 창조주이시며 아브라함에게서부터 자신을 나타내시고 사람들이 부르도록 이름을 알려 주신 분입니다.

여호와 혹은 야웨 하나님

"스스로 계신 분"을 의미하는 '야웨' 혹은 '여호와'와 "아브라함과 이삭과 야곱의 하나님"이 어떤 과정을 통해 결합하는지 말씀드리겠습니다. 하나님은 이집트에서 종살이하며 힘들게 살아가던 야곱의 후손들, 이스라엘 민족을 약속의 땅 가나안으로 불러내기 위해 모세를 선택하셨습니다. 그리고 거룩하신 이름을 모세에게 알려 주셨습니다. "나는 네 조상의 하나님이니 아브라함의 하나님, 이삭의 하나님, 야곱의 하나님이니라"(출 3:6). 이름을 묻는 모세에게 하나님은 대답하셨습니다. "나는 스스로 있는 자니라. … 너는 이스라엘 자손에게 이같이 이르기를 스스로 있는 자가 나를 너희에게 보내셨다 하라"(출 3:14). 하나님께서 인간의 언어를 사용하여 자신을 위해 만드신 최적의 이름은 '스스로 계신 분'이었습니다. 한자로 표현한다면 '자존자'(自存者)가 됩니다. 이보다 하나님의 속성을 더 잘 표현할 수 있는 이름이 어디 있겠습니까? 세상을 창조하신 하나님은 스스로 계신 분이십니다. 출애굽기 3장 15절에 이 이름에 대한 설명이 다시 한번 나옵니다. "너는 이스라엘 자손에게 이같이 이르기를 나를 너희에게 보내신 이는 너희 조상의 하나님 곧 아브라함의 하나님, 이삭의 하나님, 야곱의 하나님 여호와(야웨)라 하라." 그러고는 이런 말씀을 덧붙이셨습니다. "이는 나의 영원한 이름이요 대대로 기억할 나의 표호니라."

우리가 거룩하게 해야 할 하나님의 이름은 "스스로 계신 분"이란 뜻을 가진 야웨 혹은 여호와입니다. 인간의 소리에 담겨 있지만 그것은 하나님께서 선택하신 이름이기 때문에 거룩한 이름입니다. 하나님은 이 이름을 알려 주시며 이것이 하나님의 영원한 이름이라고 하셨습니다. 세상 끝날까지 대대로 기억할 하나님의 표는 인간의 소리를 이용한 하나님의 이름이었습니다.

히브리인들은 하나님의 거룩한 이름을 입을 사용하여 발음하는 것을 피하려고 했습니다. 물론 이 소리를 보전하기 위해 적는 글자가 있었습니다. 하지만 그들은 하나님의 이름에 본래의 모음을 붙인 적이 없습니다. 성경을 읽을 때도 하나님의 이름을 발음하지 않고 '아도나이'(나의 주님)로 읽었습니다. 글자로 기록할 때도 필사자들은 이 소리를 쓰는 글자를 아주 특별하게 취급했습니다. 예를 들면, 하나님의 이름을 쓰는 붓이 따로 있었습니다. 하나님의 이름을 쓸 때는 다른 잉크를 사용했습니다. 학자들의 연구에 따르면, 필사자는 하나님의 이름을 한 번 쓸 때마다 붓을 놓고 무릎을 꿇고 기도한 다음에 한 번씩 쓰곤 했다고 합니다. 이것은 글자를 쓰는 평범한 행위였지만, 거룩하신 하나님의 이름을 적는 것이었기 때문에 인간으로서 취할 수 있는 최대한의 경건한 모습으로 하나님의 이름을 기록하고자 했던 것입니다.

하나님의 이름을 감히 발음하지 못하는 상황이 한 세대 두 세대 흘러가면서 글자의 소리가 잊히고 말았습니다. 소리를 찾아내는 것은 쉬운 일이 아닙니다. 고대 히브리어는 자음만을 표기했을 뿐 모음을 문자로 만들어 표시하지는 않았기 때문입니다. 신학자들은 후에 하나님의 이름을 적어놓은 거룩한 네 문자와 "스스로 있는 분"이란 의미로부터 본래 발음이 '야웨'였을 것이라고 추측합니다. 하지만 이것은 근사치를 찾은 것뿐입니다. 하나님의 이름을 지시하는 네 글자를 유대인들은 '아도나이'(나의 주님)로 읽었는데 '아도나이'의 모음과 저 네 글자를 결합하여 '여호와'라는 발음이 생겨났습니다. 한글 성경은 바로 이 전통을 따르고 있습니다.

하나님의 이름은 거룩하고 아름다운 이름입니다. 영광스럽고 신비로운 이름입니다. 하나님께서 직접 지어서 알려 주신 그런 이름입니다. 우리가 높여야 할 그리고 거룩하게 해야 할 이름입니다. 이 소리를 내며 하나님을 찾도록 사람들에게 허용하신 특별한 이름입니다. 예수님은 바로 하나님의 "이름이 거룩해지도록" 기도하라고 하신 것입니다.

우리는 하늘에 계신 우리 하나님을 '야웨' 혹은 '여호와'로 부름으로써 하나님께 기도할 수 있습니다. 이 이름으로 불리는 하나님은 모든 피조물의 창조주와 통치자이십니다. 우리는 하나님이 아브라함과 이삭과 야곱에게 약속하신 것을 끝내 이루시기를 소원하고 기대할 수 있습니다.

하나님의 거룩한 이름은 '예수'에 포함되어 있습니다

하나님의 이름은 예수님의 이름에 포함되어 있습니다. 예수님의 이름을 믿는 사람은 하나님의 거룩한 이름을 믿는 사람입니다. 예수님을 부르고 예수님께 도움을 호소하는 사람은 하나님을 부르고 그 하나님께 호소하는 것이 됩니다. 하나님의 거룩한 이름은 잊힌 것이 아니라 우리 곁에 있습니다. 천사가 요셉에게 지어준 이름인 '예수'는 "여호와께서 자신의 백성을 그들의 죄에서 구원하신다"는 뜻입니다(마 1:21). 이것은 여호수아라는 히브리어 이름을 헬라 문자로 표기한 이름입니다. 하나님의 거룩한 이름에 구원한다는 의미의 '숩'을 결합하여 만든 이름이 여호수아입니다. 글자 그대로 여호와 혹은 야웨께서 구원하신다 또는 여호와(야웨)는 구원이시다는 뜻입니다.

하나님의 이름이 예수님의 이름 속에 포함되어 있다는 사실은 많은 것을 생각하게 합니다. 우선 하나님의 거룩한 이름이 결코 잊힌 것이 아님을 우리는 배웁니다. 하나님의 이름이 남아 있는 한 우리에게는 하나님을 찾는 길이 열려 있습니다. 예수님의 이름을 부르면서 하나님의 사랑과 은총, 약속이 깃들어 있는 하나님의 이름을 부르게 되는 것입니다. 그래서 "하나님의 이름이 거룩히 되소서"라는 기도는 "예수님의 이름이 거룩히 되소서"라는 기도와 연결됩니다. 하나님의 이름이 예수님의 이름 속에 살아있기 때문입니다. 그러므로 예수님의 이름을 거룩히 하는 것은 하나님의 이름을 거룩히 하는 것과 같은 것입니다.

하나님의 이름을 거룩하게 하는 인간적 방법들

어떻게 우리는 하나님의 이름을 거룩히 할 수 있습니까? 먼저 기도에 "하나님의 이름이 거룩히 되소서"라는 문장을 포함해야 할 것입니다. 하나님께서 정해 주신 하나님의 이름은 찬송의 대상입니다. 사람들의 이름처럼 함부로 말하는 일이 없어야 할 것입니다. 이스라엘 사람들이 하나님의 이름의 원발음을 잊어버리기까지 함부로 입에 올리지 않은 것은 우리가 본받아야 할 태도입니다. 이는 예수님의 이름에도 해당합니다. 예수님의 모습이 친구같이 느껴진다고 해도 그분은 하나님의 아들이십니다. 하나님이십니다. 그의 이름에는 하나님의 거룩한 이름이 들어 있습니다.

하나님의 거룩한 이름이 들어 있는 이름을 가진 예수님을 믿는 우리는 우리의 말과 행동을 통해 하나님의 거룩한 이름이 드러나도록 해야 할 의무를 지닌 사람들입니다. 우리의 잘못된 행실 때문에 사람들이 하나님의 이름을 멸시하게 된다면 이것은 "당신의 이름이 거룩히 되소서"라는 기도와 정반대의 방향으로 가는 실망스러운 일입니다. 우리는 하나님의 거룩한 이름을 짊어지고 살아가는 사람들이기 때문에 우리의 모든 것이 하나님의 거룩한 이름과 연결되어 있습니다. 예수님을 믿는 순간부터 우리는 거룩한 하나님의 이름 아래 있습니다. 우리의 모든 행동, 모든 말이 하나님의 이름을 더럽히느냐 아니면 거룩하게 하고 영광스럽게 하느냐와 관련됩니다.

우선 하나님 아빠의 이름이 거룩히 되도록 기도합시다. 생각으로도 거룩하게 여깁시다. 함부로 입에 올리며 인간의 이득을 위하여 하나님의 이름을 악용하지 맙시다. 적극적으로 하나님의 이름을 걸고 다니는 하나님의 대사로 선하게 행동합시다. 그렇게 한다면 우리는 하나님의 이름이 거룩히 되도록 기도할 뿐만 아니라 하나님의 이름이 거룩하게 여김을 받도록 하는 사람이라고 말할 수 있을 것입니다. 물론 예수의 십자가 수난을 통하여 죄 사함 받고 영생을 얻는 구원의 복음을 전하는 것이야말로 하나님의 이름을 거룩히 만드는 최우선적인 일이 될 것입니다.

하나님의 이름을 남용하고 멸시받게 하는 사례들

하나님을 하늘에 계신 우리 아빠라 부르는 우리는 하나님의 이름과 관련하여 어떤 결과를 만들어내고 있습니까? 우리는 우리의 말, 행동, 삶을 통하여 하나님의 이름이 거룩히 되도록 살지 못하고 정반대로 하나님의 이름이 멸시받도록 살아가고 있지 않습니까?

하나님의 이름이 거룩히 여김을 받지 못하게 되는 이유는 다음과 같습니다. 첫째, 우리가 하나님의 거룩한 이름을 남용하기 때문입니다. 둘째, 우리가 말과 행동에 있어서 하나님을 섬기는 사람처럼 신실하게 행동하지 못하고 그 결과로 사람들이 하나님의 이름을 귀중히 여기거나 영광을 돌리지 않기 때문입니다. 셋째, 우리의 삶이 하나님의 뜻을 성취하지 못하기 때문입니다.

우리가 일상생활에서 하나님의 이름을 불필요하게 남용함으로써 사람들이 하나님의 이름을 욕되게 사용하는 경우가 종종 발생합니다. 미국 사람들이 가장 많이 사용하는 말 중에 "오 마이 갓"(Oh my God)이라는 표현이 있습니다. 문자적으로 번역해 보면 "아 나의 하나님!"이 됩니다. 미국이 신앙의 자유를 찾아 이주한 사람들로부터 구성된 나라이므로 이 말은 대단히 신앙적인 표현인 것 같습니다. 그러나 이것은 전혀 신앙적인 표현이 아니라 한국어의 "맙소사!"에 가까운 불평과 실망의 표현입니다. 그런 표현에 하나님을 지칭하는 용어가 사용되고 있다는 것은 분명 예수께서 가르치신 첫 번째 기도문의 내용과는 정반대되는 발전입니다. 미국에서는 "지저스(Jesus)!"라는 말도 종종 들을 수 있습니다. 사람들이 예수님을 부르는 것이 아닙니다. "제기랄"에 해당하는 감정적 표현입니다. 어떻게 상스러운 감정을 표현하는 말에 예수님의 이름이 사용되는 것일까요? 예수님의 이름에는 하나님의 거룩한 이름이 포함되어 있는데도 말입니다. 하지만 이것이 현실입니다.

우리는 신앙이나 성경을 선전하고 과시하듯이 사용하기도 합니다. 이것은 우리가 별생각 없이 저지르는 실수입니다. 하지만 작은 실수를 통해 우리는 "당신의 이름이 거룩히 되소서"라고 기도하는 것과는 정반대의 결과에 도달합니다. 정말 두려운 일입니다. 우리의 실수로 우리 개인이 욕을 먹고 비난을 받는 것은 한 인간으로서 어쩔 수 없는 것일지도 모릅니다. 그러나 우리로 인해서 우리가 믿는 여호와 하나님, 우리를 구속하신 예수님께서 불명예를 얻게 되고, 그 거룩한 이름에 먹칠하는 결과가 만들어진다면 우리는 개인적인 상처를 넘어 하나님의 거룩한 이름이 모독당하게 만드는 장본인이 되고 말 것입니다. 이것은 우리가 기도하는 "당신의 이름이 거룩히 되소서"가 가는 방향과 정반대되는 결과입니다.

맺음말

우리는 열심히 하나님의 이름이 거룩히 되도록 기도해야 하지만 우리의 짧은 생각과 부주의한 말이나 태도가 하나님의 거룩한 이름을 훼손하지 않도록 조심해야 하겠습니다. 소극적인 측면에서는, 우리의 부주의 혹은 하나님의 이름의 남용으로 인해 나타날 수 있는 이런 위험성을 피해야 하겠습니다. 적극적인 측면에서는, 하나님의 이름이 거룩히 되도록 기도하며, 우리의 말, 행동, 삶을 통해 하나님의 거룩하신 이름이 드러날 수 있게 해야 하겠습니다.

나라가 임하시오며

예수께서 가르치신 두 번째 기도는 "오소서, 당신의 나라여"입니다. 개역한글 성경에는 "나라이 임하옵시며"로 번역되어 있습니다. '나라 이'는 옛날 말로 지금의 '나라가'에 해당합니다. 원문에는 이것이 누구의 나라인지를 밝히는 2인칭 소유격 '너의' 혹은 '당신의'에 해당하는 단어가 붙어 있습니다. 거룩하신 하나님께 이런 대명사를 사용하는 것을 두려워한 과거 번역자들이 이 소유격을 빼고 번역함으로써 더 장엄한 분위기를 살리려고 했던 것 같습니다. 저는 이것을 원기도문 형태대로 '당신의 나라가 오소서'로 번역했습니다. 우리 시대에는 하나님에게 '당신의'란 지시어를 사용하는 것이 거부감을 크게 불러일으키지는 않으리라고 생각합니다. 반대로 아빠이신 하나님을 우리 입으로 한 번 더 부름으로써, 하나님을 오히려 더 가깝게 느끼게 됩니다.

예수님의 가르침에 의하면 우리가 가장 먼저 기도해야 할 내용은 하나님의 이름이 거룩하게 되는 것입니다. 그다음이 "당신의 나라가 오소서"입니다. 두 기도를 합쳐보면 이런 뜻이 됩니다. 거룩하게 되어야 할 하나님의 이름은 왕이신 우리 아빠의 이름이고, 우주를 지으시고 뜻대로 다스리시는 하나님의 이름입니다. 하나님 아빠의 이름은 하나님의 나라가 이 땅에 옴으로 거룩하게 된다는 것도 함께 배울 수 있습니다. 하나님의 나라가 올 때 하나님의 이름이 거룩해진다고 말해도 좋습니다. 세 번째 기도인 하나님의 뜻이 이루어지는 것도 하나님의 이름이 거룩하게 되는 것, 그리고 하나님의 나라가 오는 것과 연결되어 있습니다. 즉, 하나님의 나라가 오는 것은 하나님의 뜻이 땅에서 이루어지는 것입니다.

처음에 우리가 제안한 대로 "하늘에서처럼 땅에서도"란 문구가 첫 세 기도 모두에 연결된 것이라면, 두 번째 기도도 하나님의 나라가 이미 하늘에 왔음을 전제하고 있습니다. 하늘에서 이루어진 하나님의 나라가 땅에도 임하는 것을 구하는 기도가 두 번째 기도의 내용입니다.

하나님의 나라는 이 땅의 우리에게 오는 것입니다

예수께서 가르치신 기도문을 배울 때 가장 인상 깊은 내용은 하나님의 나라를 예수님은 이 땅에 '오는 나라'로 표현하셨다는 것입니다. 하나님의 나라는 우리가 보통 알고 있는 '죽어서 가는 곳,' '죽으면 가는 곳'이 아니라 이 땅에도 오는 나라입니다. '오소서 당신의 나라여'라고 기도할 수 있는 그런 나라입니다. 물론 죽음 이후의 영원한 세계가 없다는 말이 아닙니다. 또 이 세상이 끝날 때 시작되는 하나님의 영원한 나라에 대한 소망이 잘못됐다거나 불필요하다는 말이 아닙니다. 영원한 세계에 가기 전에, 세상의 종말이 오기 전에, 하나님의 나라는 우리가 사는 세상에 옵니다. 그렇게 하나님의 나라가 이곳에 오도록 기도하라는 것이 예수님의 가르침입니다.

사람들은 늘 영원을 사모하며 살았습니다. 하나님을 믿지 않는 사람도 낙원, 극락, 천당 등의 개념으로 영원을 향한 그리움을 표현하고 있습니다. 사랑하는 자녀들을 잃은 부모들은 그들이 어디엔가 먼저 갔다고 생각하며 그곳으로 편지를 보냅니다. 마음을 담아 보내며 재회의 희망으로 오늘을 살아갑니다. 현실이 각박하면 각박할수록, 괴로우면 괴로울수록 영원을 향한 인간의 꿈은 더 강렬해집니다. 어두운 땅에서 밝은 천당을 그리워하며 현실의 어두움을 견디는 것입니다. 전쟁과 병과 슬픔이 그칠 날이 없는 이곳에서의 고통을 감수하며, 평온하고 행복한 낙원을 그리며 살아갑니다. 어느 시대, 어느 장소에서나 이런 희망과 기도가 없었던 적은 결코 없었습니다. 영원의 세계란, 우리가 이곳을 떠날 때 가는 곳으로 이해되고 있습니다.

기독교인도 현실보다는 미래의 영광, 미래의 축복에 더 깊은 관심을 가질 수 있습니다. 특히 교회가 고난을 받고 박해를 겪을 때 성도들은 세상에서의 삶에 더 이상 미련을 두지 않고 영원한 하늘나라를 소망했습니다. 평화로운 시기에도 신앙심이 깊은 사람일수록 영화롭고 아름다운 영원한 나라에 들어가고자 하는 욕망을 키웁니다. 그리하여 우리에게 하나님의 나라는 가는 곳이란 인식이 깊이 박혀 있습니다.

인간의 이런 현실을 감안하면 천국에 관한 예수님의 말씀은 아주 큰 특징을 가졌음을 알게 됩니다. 하나님의 나라, 즉 천국은 이 세상에 오는 것이기도 합니다. 그것은 우리의 삶이 끝나거나, 우주의 역사가 끝날 때 분명히 넓게 펼쳐질 세계입니다. 그러나 예수께서는 이 땅에 하나님의 나라가 와야 함을 "오소서 주님의 나라여"라는 기도를 통하여 가르쳐 주셨습니다.

하나님의 나라는 새로운 시작을 의미합니다

천국 혹은 하나님의 나라에 대한 큰 오해는 천국이 오면 세상이 끝난다는 생각입니다. 그래서 개인의 죽음과 천국, 세상의 종말과 영원한 세계는 항상 붙어 다니는 단어 쌍이 됩니다. 그러나 예수님이 가르치신 기도문 "당신의 나라가 오소서"는 세상의 마지막이 빨리 오도록 기도하라는 가르침이 아니었습니다. 정반대였습니다. 하나님의 창조 세계가 계속되는 가운데 하나님의 나라가 오도록 기도하라고 하신 것입니다.

산상설교를 처음부터 다시 읽어보면 예수님은 하나님의 끝없는 지혜와 위대한 계획의 결과물인 이 세상이 곧 끝날 것을 조금도 예상하지 않으셨음을 알 수 있습니다. 아니 당분간 더 계속된다는 것을 알고 계셨음이 확인됩니다. 그리고 세상의 지속을 전제하시며 여러 가지 축복과 교훈을 주신 것이 분명합니다.

예를 들어 봅니다. 예수님은 제자들을 향하여 "너희는 땅의 소금이다," "세상의 빛이다"라고 말씀하셨습니다. "이같이 너희 빛을 사람 앞에 비취게 하여 저희로 너희 착한 행실을 보고 하늘에 계신 너희 아버지께 영광을 돌리게 하라." 세상이 금방 끝난다면 이런 말씀을 하지 않으셨을 것입니다. 5장 전체가 끝나는 세상에 대한 대비책이 아니라 계속되는 세상에서의 거룩한 삶의 방법을 내용으로 담고 있습니다. 이런 분위기는 산상설교 전체에 골고루 퍼져 있습니다. 이 땅에 오신 우리 예수님은 우주와 인류의 역사가 끝나고 영원한 하나님의 나라가 시작됨을 선언하지도 아니하셨습니다. 세상이 지속될 것을 전제하시며 하나님의 나라가 오도록 기도하라 하셨습니다.

예수께서 이 기도를 가르치신 이후 제자들은 늘 하나님의 나라가 오도록 기도하며 그들의 역사 현장을 살았습니다. 신약성경의 기록을 보면 성도들은 예수님의 출현과 함께 하나님의 나라가 이 땅에 이미 시작됐다고 인식하고 있음에도 불구하고 계속 그 나라가 오도록 기도했습니다. 21세기를 사는 우리의 기도도 당연히 이와 같은 기도, "오소서 당신의 나라여"입니다. 이 기도는 무언가 새로운 일이 하늘에서처럼 이 땅에서도 시작됨을 기원하는 것입니다.

　오늘도 우리 곁을 떠나 영원한 세계로 들어가는 성도들이 있지만 개인의 종말과 세상의 종말은 전혀 다른 것입니다. 한 개인은 삶을 끝내고 영원한 하나님의 나라로 들어간다 해도 하나님의 아름다운 피조물인 우주와 세계는 그대로 남아 있습니다. 계속되는 세상에 "오소서 당신의 나라여"라고 기도하라는 것이 우리 주님의 교훈입니다. 우리가 예수님을 믿고 천국의 백성이 되어도 그것이 곧 우리의 종말을 뜻하지는 않습니다. 이 땅에서 천국의 백성이 이미 됐다고 하더라도 우리는 계속해서 "오소서 당신의 나라여"라고 기도할 수밖에 없습니다.

하나님은 모든 것을 다스리시는 우리의 왕이십니다

　'나라'는 대개 땅을 의미합니다. 국경으로 구분되는 땅을 우리는 통념상 '나라'라고 부릅니다. 하지만 땅은 나라가 아닙니다. 나라라고 불리기 위해서는 그 땅에 누군가가 살고 있어야 합니다. 나라를 구성하는 요소는 이렇게 세 가지입니다. 땅과 사람과 주권입니다. 그런데 예수께서 가르치신 기도에 나오는 '당신의 나라'는 이 땅에 이루어지는 사람들의 나라가 아닙니다. 이 땅에 '오는' 하나님의 나라입니다. 그러므로 세상에서의 나라를 구성하는 요소와는 다른 요소로 구성될 수밖에 없습니다. 하나님의 나라는 이 세상의 나라 개념과는 전혀 다른 것입니다.

　하나님의 나라를 구성하는 요소에는 무엇이 있을까요? 이 나라의 주체가 하나님이시라는 점입니다. 세상의 나라에서는 사람들이 주체입니다. 살아계신 하나님을 세상 나라의 주체로 규정하는 나라나 법은 어디에도 없습니다. '하나님의 나라'란 표현은 나라의 주권을 가지신 왕, 하나님에게 초점이 맞추어져 있습니다. 하나님이 다스리시는 나라 혹은 하나님이 왕이신 그 나라가 하나님의 나라입니다. 우리가 기도해야 할 것은 그러한 나라가 이 땅에 오는 것입니다.

하나님이란 이름을 피하고 대용어를 쓴 표현도 있습니다. 유대인들은 직접 '하나님'이란 이름을 부르는 것을 두려워했습니다. 그들은 하나님의 이름을 발음하지 않으려고 세상이나 땅과 대조되는 단어인 '하늘'을 하나님 대신 사용했습니다. 그렇게 하늘나라, 즉 천국이란 용어를 탄생시켰습니다. 하늘에 계신 크신 왕 하나님께서 다스리시는 나라가 하나님의 나라입니다. 하나님의 나라가 땅에 오도록 기도하라는 것이 예수님의 가르침입니다. 그것은 하늘에서 이 땅에 오는 나라로서 하나님의 직접적인 통치를 받는 그런 나라입니다.

다니엘서에 나오는 느부갓네살 왕은 엄청난 권력을 가지고 있었습니다(단 2장). 그는 눈에 보이는 것 모두를 자신의 것인 양 생각했습니다. 자기 앞에서는 감히 고개를 들 사람도 없다고 생각했습니다. 그러던 어느 날 갑자기 왕좌에서 쫓겨나 짐승처럼 방황하면서 아주 귀한 진리 하나를 배웠습니다. 그것은 이 세상을 다스리시는 분은 다름 아닌 지극히 높으신 하나님이시라는 사실입니다. 그 하나님께서 누구에게 왕권을 주시기도 하는가 하면, 누구에게서 그것을 빼앗기도 하신다는 사실을 그는 짐승처럼 지내며 배웠던 것입니다. 그러나 과거나 현재나 권력자 중에 이러한 사실을 배우고 경험하고 확신하는 경우가 그렇게 많지 않습니다. 로마 황제처럼 자신을 신격화하는 사람들도 있고 이집트의 파라오처럼 세상을 떠나기가 안타까워 끝내 신이 되기를 염원한 사람들도 있었습니다.

　성경은 처음부터 우리에게 이렇게 알려 줍니다. 온 우주 만물을 만드신 분은 하나님이시다. 그분은 직접 온 우주와 세상을 주관하시고 다스리시는 왕이십니다. 이런 의미에서 하나님 우리 아빠야말로 우주의 왕이시고 모든 것을 다스리시는 분이십니다. 보이는 세상과 보이지 않는 세상이 모두 하나님의 지배를 받는 것입니다. 미래에도 하나님께서 홀로 천지 만물을 다스리실 것입니다. 이런 의미에서는 하나님의 나라는 오는 것이 아니라 이미 존재하고 있는 것입니다. 우리가 태어난 것부터가 하나님의 섭리를 따른 것, 즉 하나님의 나라에 속하는 일입니다. 모든 만물, 모든 사람, 모든 인생이 하나님의 통치와 섭리 아래 놓여 있습니다. 모든 사람이 이미 하나님의 나라에 살고 있습니다. 사도 바울의 표현을 빌리자면, 우리는 천지를 만드시고, 인간을 만드시고, 우리에게 생명과 호흡과 모든 것을 공급하시는 하나님 아빠를 믿고 의지하며 살고 있습니다. 어느 것 하나 하나님의 눈길과 손길을 피할 수 없습니다.

　따라서 예수님이 가르치신 기도인 "오소서 당신의 나라여"는 우주의 모든 것을 다스리시는 하나님의 통치나 능력이 나타나기를 애타게 기대하는 기도가 아닙니다. 이런 하나님의 손길은 처음부터 있었고, 지금도 계속되며, 영원히 끝나지 않을 것입니다. "오소서 당신의 나라여"라는 기도는 그 이상의 특별한 의미를 가지고 있습니다.

구약적 의미의 하나님 나라

　"오소서 당신의 나라여"에서 또 하나 눈에 띄는 용어가 있습니다. 이 나라가 땅으로 온다는 사실입니다. 이 표현은 하나님의 통치 대상과 관련이 있습니다. 단적으로 말씀드리면, '하나님의 나라'는 구약성경에서 하나님을 알고 믿고 섬기는 사람들과 하나님 사이의 관계를 특별히 설명하는 용어입니다. 즉, 하나님께서는 자신을 알고, 믿고, 섬기는 사람들을 백성으로 삼으셨습니다. 자신을 그들의 왕으로 소개하시고 아주 특별한 손길로 이들을 다스리시고 축복하시고 보호하셨습니다. 이런 의미에서 하나님은 이스라엘의 왕이십니다. 그리고 이스라엘은 하나님의 백성이요, 이 땅에 잠시 세워진 특별한 의미의 나라였습니다. 하나님께서 이스라엘을 직접 혹은 율법을 통하여, 선지자들과 왕을 통하여 다스려 오셨기 때문입니다.

이때도 강조점은 땅덩어리에 있지 않습니다. 이스라엘 나라를 구성하는 혈통이나 민족성이 중요한 것이 아닙니다. 즉, 이스라엘 사람으로 태어나고 할례를 받았다고 해서 무조건 하나님의 백성으로 간주되지는 않았습니다. 하나님 나라의 개념에 있어서는 항상 한 사람이 개인적으로 하나님과 맺고 있는 관계가 중요하기 때문입니다. 그래서 모든 이스라엘 사람이 아니라 하나님을 진심으로 믿고, 하나님과의 언약을 성실히 지키고, 꾸준히 하나님의 백성으로 살아가는 사람들만을 하나님은 자신의 참 백성으로 인정하셨습니다. 하나님은 그런 경건한 사람들, 의인들의 왕으로 불리었습니다. 하나님을 섬기는 사람들이 이스라엘이라는 나라를 조직하고, 땅에 발을 붙이고 일정한 영토를 점령하고 살았기 때문에 이스라엘 국가가 마치 하나님의 나라인 것처럼 보였던 것일 뿐입니다. 하지만 이스라엘 백성이 하나님과의 언약을 지키지 않고 멋대로 살아갔을 때 그들은 다른 어떤 나라보다 더 극렬한 하나님의 징벌을 받을 수밖에 없었습니다.

이런 역사적인 사건을 통해서 우리는 구약성경에서도 '하나님의 나라'란 개념은 혈통이나 민족, 땅 중심이 아니라 하나님의 다스리심, 그 대상인 신실한 백성들, 그 사람들을 다스리시는 하나님 이 세 가지 요소로 구성된다는 사실을 배웁니다. 이런 관점에서 보면 "오소서 하나님의 나라여"란 외침은 포로로 잡혀간 백성을 하나님께서 돌아보시고 구원하시는 것을 의미합니다. 유대인들이 보기에 이 기도문은 다시 하나님께서 이스라엘의 왕으로 활동하시며 그들을 돌보시는 것을 간구하는 것으로 이해됐을 것입니다. 팔레스타인으로 돌아왔으나 완전히 독립하지 못한 이스라엘을 해방하고 하나님의 백성으로서의 영광을 회복하는 것이 '하나님 나라의 옴'이라고 이해했을 것입니다.

　예수님의 제자들도 처음에는 예수님의 천국 선포나 "오소서 당신의 나라여"라는 기도문을 아주 좁은 의미로 이해하고 있었습니다. 예를 들면, 부활하신 예수님에게 제자들은 이런 질문을 던집니다. "이스라엘 나라를 회복케 하시는 것이 지금입니까?"(행 1:6). 그들의 모든 관심은 하나님께서 이스라엘 나라를 회복시켜주시는 것이었습니다. 그러나 예수님의 기도는 훨씬 넓은 뜻을 가지고 있습니다.

하나님의 나라는 그리스도의 나라입니다

　예수님의 이름에는 하나님의 거룩하신 이름이 스며들어 있습니다. 따라서 "오소서 당신의 나라여"라는 두 번째 기도에서 '하나님의 나라'는 하나님의 이름을 품고 오신 '그리스도의 나라'임을 어렵지 않게 알 수 있습니다. 그리스도로 시작되는 새로운 영적인 나라가 와야 할 하나님 나라입니다. 예수님은 자신이 왕으로 오신 그 나라가 이 땅에서 시작되고, 자라고, 큰 나무가 되어 마침내 온 세상을 정복하도록 기도하라고 하신 것입니다.

예수님의 설교를 처음 들었던 유대인들은 이스라엘의 회복을 손꼽아 고대해 왔던 사람들이기 때문에 '하나님의 나라'를 이스라엘이 강대국으로부터 해방되는 나라로 이해했습니다. 이를 위해 하나님께서 메시아를 보내셨다고 생각했습니다. 하지만 이런 오해는 오래가지 않았습니다. 제자들은 예수님과 함께하는 3년, 예수님의 십자가에서의 죽음, 부활, 승천, 그리고 성령의 오심과 복음의 확장을 경험한 후에는 하나님의 나라가 온다는 것은 단순히 이스라엘 민족과만 연관된 것이 아님을 깨달았습니다. 그들은 하나님의 나라가 영적이며, 인류의 오랜 숙제인 타락과 죄로부터의 구원임을 알게 됐습니다. 그리고 그 중심에 그리스도가 계심을 알았습니다. 예수께서 하나님의 나라를 이 땅에 가져오신 분임을 확신했습니다. 하나님의 나라는 모든 민족 위에 오는 것이며, 전 세계에서 하나님의 자녀들을 불러 모으는 그런 것임을 알게 된 것입니다.

그래서 마태 사도는 예수님의 이름이 자기의 백성을 그들의 죄에서 구원하시는 분임을 복음서에서 먼저 기록했습니다. 하나님의 아들이 하나님의 이름을 가지고 오시고, 제자들에게 "오소서 하나님의 나라여"라고 기도하게 하셨습니다. 와야 할 나라는 다름 아닌 그리스도의 나라인 것입니다.

예수님은 이 세상에 실제로 왕으로 오셨습니다. 복음서는 예수님을 하나님의 아들로 소개할 뿐만 아니라 자기 백성들의 왕으로 소개합니다. 수많은 비유를 통해서 예수님은 자신이 왕이심을 알려 주셨습니다. 예수님의 비유를 따르면 겨자씨처럼 작은 씨에서 큰 나무로 자라나는 천국의 백성은 열두 제자들로 시작되는 믿는 사람들의 무리입니다. 이제 그 나라는 교회란 이름으로 역사를 이어가고 있습니다.

우리는 신약성경에서 하나님의 나라를 구성하는 세 요소를 모두 확인했습니다. 그것은 왕이신 예수님, 그 백성이요 몸인 신자들, 즉 교회, 신자들을 위해서 일하시는 그리스도의 일들입니다. 또한 하나님의 나라의 주체이신 하나님, 그 객체인 백성, 그리고 백성을 불러 모으시는 그리스도의 사역이라고 말할 수도 있습니다. "오소서 당신의 나라여"라는 기도는 그리스도의 나라가 이 땅 위에 시작되기를 기도하라는 말씀이었습니다.

오소서 그리스도의 나라여

제자들은 이 기도가 무슨 뜻인지 정확하게 알지는 못했으나 이 기도문을 사용함으로써 예수님의 길이 틀림없이 이루어지도록 기도할 수 있었습니다. 기도의 응답으로 예수님의 십자가 수난을 통하여 새 언약이 굳게 세워졌습니다. 회개와 용서의 길이 열리고 믿음과 충성의 길이 마련됐습니다. 예수님 한 명에게서 시작한 하나님의 나라는 인종과 세상의 국경을 넘어 점점 확장됐습니다. 지금은 전 세계에 골고루 퍼져 계속 큰 나무로 성장하고 있습니다. "오소서 당신의 나라여"는 예수님의 사역이 시작되는 그 시점에서 보면 하나님 나라의 시작을 염원하는 기도인 셈입니다.

우리 시점에서 보면 두 번째 기도는 의떤 의미일까요? 무엇보다도 하나님 나라의 기초가 예수님의 생애와 사역, 설교를 통해서 탄탄하게 놓였다는 점을 기억해야 할 것입니다. 나사렛에서 시작한 가장 작은 겨자씨 하나가 땅에 심어져 썩음으로 하나님의 나라가 와서 자라기 시작한 것입니다. 제자들은 이제 하나님의 영적 통치를 받는 하나님 나라의 백성, 하나님 나라 자체가 됐습니다. 이렇게 질문해 봅시다. 하나님의 나라가 예수님으로 말미암아 이미 2000여 년 전에 시작됐으므로 이제 이 기도는 불필요한 기도가 됐습니까? 그 대답을 우리는 제자들의 삶에서 배울 수 있습니다. 제자들은 예수님을 통해서 하나님의 나라가 이 땅에 이미 시작됐음을 알았지만 주님께서 가르쳐 주신 기도를 계속 사용했습니다. 새로운 신자들에게 계속 사용할 수 있도록 가르쳐 주었습니다.

맺음말

예수께서 가르쳐 주신 이 기도가 구하는 하나님 나라는 그리스도의 공생애를 통하여 기초가 놓이고 출발점이 만들어졌으나 아직 완성된 것이 아닙니다. 이 세상에 하나님의 이름이 거룩히 여김을 받고 하나님의 뜻이 땅에서도 이루어져야 할 많은 부분이 남아 있습니다. 그리스도께서 시작하신 일이 계속되도록 우리는 믿는 사람들로서 "당신의 나라가 하늘에서처럼 땅에도 오소서"라고 기도합시다.

제30장
하나님의 뜻
마태복음 6:10하

우리가 세 번째로 기도해야 할 내용은 "하늘에서처럼 땅에서도 당신의 뜻이 이루어지소서"입니다. 여기서 '당신'은 기도의 대상이신 하나님을 지시하는 용어입니다. '뜻'이란 하나님께서 원하시고 계획하시는 것을 말합니다. 세 번째 기도문에서 예수께서 우리에게 가르치신 것은 하나님의 영원한 뜻이 사람들이 사는 이 땅에도, 땅의 한 부분인 우리에게도 그대로 이루어지도록 기도하라는 것입니다.

우리는 사람의 손이 미치지 않는 하늘 혹은 하나님의 세계나 우주에 "당신의 뜻이 이루어지소서!"라고 기도하는 데는 별로 어려움을 느끼지 않습니다. 그러나 내 삶에 "당신의 뜻이 이루어지소서!"라고 기도하는 것은 매우 어려워 보입니다. 우리가 "당신의 뜻이 땅에서도 이루어지소서"라고 기도하는 것은 인간의 뜻대로 할 수 있다고 생각하는 나의 인생이나 세상에도 하나님의 뜻이 이루어지기를 기도하는 것입니다. 물론 우리가 이 기도에 어울리게 살아가는 것도 이 기도문에 자연스럽게 포함된 내용입니다.

신정정치의 원리를 구하는 세 기도문

이 기도문을 더 잘 이해하고 사용하기 위해서 우선 하나님의 영광을 구하는 세 기도문을 서로 연결하여 정리해 볼 필요가 있습니다. 우주의 모든 존재와 그것의 움직임에는 하나님의 지혜와 뜻이 새겨져 있습니다. 우주와 만물 모두가 하나님의 지혜와 하나님의 뜻의 결과물입니다.

거룩하신 하나님의 이름과 하나님의 다스림을 따로 떼어놓고 하나님의 뜻을 말하기는 어렵습니다. 하나님의 영광을 향한 첫 번째 세 기도는 모두 연결되어 있음이 분명합니다. "당신의 이름이 거룩해 지소서"는 하나님의 사역의 최종 목표를 지시합니다. "당신의 나라가 오소서"는 하나님의 사역에 관한 외적 묘사입니다. "당신의 뜻이 이루어지소서"는 하나님의 사역의 내적 동기, 원리를 묘사하고 있습니다. 이 세 기도문을 이렇게 요약해 봅시다.

> 하나님을 위한("당신의 이름이 거룩해 지소서")
> 하나님에 의한("당신의 나라가 오소서")
> 하나님의("당신의 뜻이 이루어지소서")
> 세상("하늘에서처럼 땅에서도")

신학자들은 이것을 신정정치라는 이름으로 불렀습니다. 하나님께서 세상을 다스리신다는 것입니다. 목표는 하나님의 이름이 거룩해지는 것입니다. 하나님의 영광을 드러내는 것 말입니다. 세 번째 기도는 그 내적 원리를 알리는 것입니다. 즉, 모두가 하나님에게서 나왔고 하나님의 성품, 하나님의 뜻의 결과라는 것입니다. 아브라함 링컨이 제창한 민주주의 정치원리는 눈에 보이는 사람들에게 초점을 맞추어 "사람들을 위한(for the people), 사람들에 의한(by the people), 사람들의(of the people) 정치"를 주창하는 것이었습니다. 그러나 우리는 우주와 세상 그리고 인생 배후에 숨겨져 있는 진정한 통치자, 믿음의 눈으로만 볼 수 있는 신정정치의 원리에 의지하여 살아갑니다. 그것은 "하나님을 위한, 하나님에 의한, 하나님의 다스리심"이 존재한다는 것입니다. 이것을 사실로 받아들이는 것이 믿음입니다. 예수님은 사람들이 이 원리를 수긍하고, 이 원리가 이루어지도록 기도하며, 이 원리에 의지하여 살아가도록 이 기도문을 가르쳐 주신 것입니다. 그뿐만 아니라 우리가 이 원리 안에 들어갈 수 있도록 예수님은 대속의 은혜를 베푸시고, 성령을 통해 믿음으로 우리 마음의 문을 여시며, 하나님을 우리 아빠라 부르게 하셨습니다.

하나님의 이름, 하나님의 다스림, 그리고 하나님의 뜻이 있다는 사실을 아는 것만도 놀라운 은혜입니다. 그런데 예수님은 우리의 삶을 하나님과 연결하고 기도하도록 독려하셨습니다. "당신의 이름이 거룩해지소서." "당신의 나라가 오소서." "당신의 뜻이 이루어지소서." 우리는 그렇게 기도할 뿐만 아니라 우리의 전 삶을 하나님의 신정정치에 맞추어 살아가야 하는 영광스러운 삶의 임무를 부여받았습니다. 따라서 우리의 삶은 하나님의 이름을 거룩하게 하는 삶으로 나타나야 합니다. 하나님의 다스림이 구현되는 삶이 되어야 합니다. 하나님의 뜻을 따르는 삶을 만들어내어야 합니다.

이 기도문에 전제된 것들

세 번째 기도문에도 몇 가지 중요한 사실이 전제되어 있습니다. 첫

째, 하늘, 즉 하나님의 세계에서는 하나님의 뜻만이 이루어지고 있다는
사실이 전제되어 있습니다. 그렇게 땅에서도 하나님의 뜻이 이루어지
도록 기도하라고 하신 것입니다.

둘째, 사람들이 이 땅에서 하나님의 뜻을 거스르고 있다는 사실이
전제되어 있습니다. 그래서 예수님은 "하나님의 뜻이 땅에서도 이루어
지소서"라고 기도하도록 일러주신 것으로 보입니다. 피조물 중에 유독
인간이 하나님의 뜻을 거역했다는 것은 인류가 만들어낸 최초의 사건
으로 성경에 기록되어 있습니다. "선악을 알게 하는 나무의 과일은 먹
지 말라"는 하나님의 뜻을 하와도 아담도 거역했습니다. 불신과 반역으
로 인해 인간의 타락이 시작된 것입니다. 태양은 하나님께서 주신 법칙
을 따라 오늘도 동편에서 솟았습니다. 달도 오늘까지 하나님께서 주신
궤도를 돌고 있습니다. 우리가 다 알지도 못하는 천체, 수억 수조의 별
들이 변함없이 우주공간을 움직이며 하나님께서 주신 법칙을 따라 하
나님의 뜻을 이루고 있습니다. 해바라기는 해를 따라 고개를 돌립니다.
풀은 자라며 산들바람에 흔들립니다. 과학자들이 밝혀내는 모든 법칙,
우주의 법칙과 자연의 법칙과 질서는 그 자체가 하나님의 뜻이 이루어
지고 있고, 어느 것도 하나님의 뜻을 거역하지 않는다는 산 증거입니다.
유독 인간만이 하나님 앞에서 목을 세우고 하나님에게 저항합니다. 하
나님은 사람들이 살아가는 데 꼭 필요한, 선하고 아름다운 것들을 통해
자신의 뜻을 사람들에게 알리셨지만 사람들은 이를 외면합니다. 하나
님의 뜻이 아니라 인간의 뜻대로 살아가는 세상입니다.

사람은 누구나 어려서부터 자기가 원하는 것을 중심으로 살아갑니
다. 온갖 욕구를 이루기 위하여 노력합니다. 삶이란 새로운 욕구를 만들
어내고 이루어가는 끊임없는 과정, 즉 자기실현의 과정입니다. 철학자

들이나 사회학자들은 인간의 욕망, 욕구를 이런 이유로 더 나은 삶의 동기, 사회발전의 원동력이라고까지 불렀습니다. 어떤 욕구도 없고 어떤 욕망도 더 이상 만들어내지 않는 사람의 삶은 정체되고 만다는 의미입니다. 이런 사람들은 미래를 향해 조금도 나갈 수 없을 것입니다. 그런데 성경은 인간이 죄를 지었고 타락했다고 알려줌으로써 인간의 욕구가 선하지 않고 인간의 뜻이 옳지 않음을 지적하고 있습니다. 사회가 발달하고 역사가 계속된다고 하더라도 인간이 죄인이라는 성경의 외침은 변함이 없습니다. 인류 문명과 인간 사회의 발전은 인간의 기준에서 볼 때만 진보 내지 발달로 보이는 것이지, 하나님의 기준에서는 그런 것들이 진정한 개선 내지 인간성의 회복은 아닙니다.

사람들은 인간의 삶에는 신의 뜻보다는 인간의 뜻이 앞선다고 생각합니다. 네덜란드 사람들은 이런 말을 자주 합니다. "세상은 하나님이 만드셨고 홀란드(= 네덜란드)는 우리가 만들었다." 물론 이 말은 하나님께서 그들에게 부여하신 사명감의 실천을 통해 오늘의 네덜란드를 일구어냈음을 지적하는 말일 것입니다. 그러나 사람들은 인간의 의지가 세상을 바꾸고 있고, 또한 바꿀 수 있다는 것을 강조하기 위하여 이 말을 즐겨 인용합니다. 우리는 하나님을 향한 불신과 배반의 영역을 확대해 가는 세상의 흐름을 역행하며, 믿음과 순종의 영역을 확대해 가기 위해 "하나님의 뜻이 이루어지소서"라고 기도하는 사람들입니다.

하나님의 뜻

무엇이 하나님의 뜻일까요? 이 질문에 대한 답은 크게 두 가지로 나눌 수 있습니다. 명확하게 나타난 하나님의 뜻과 숨겨져 있는 하나님의 뜻입니다. 명확하게 나타난 하나님의 뜻으로는 하나님께서 주신 여러 법칙과 질서를 꼽아야 할 것입니다. 우주와 자연의 법칙, 질서들이 곧 하나님의 뜻입니다. 인생의 법칙도 하나님께서 주신 것입니다. 예를 들어, 태어나서 자라고 결혼하고 어른이 되고 늙어 죽어 가는 이 모든 것이 하나님의 뜻입니다. 때로는 병들고 고통당하고 약해지고 실패를 경험하는 것도 인생의 질서 속에 자리 잡고 있습니다. 적지 않은 기독교인들이 고통과 어려움을 이적을 통해서라도 극복하고 싶어 하지만 그런 이적은 잘 일어나지 않습니다. 이적이란 하나님께서 만드신 법칙을 하나님 스스로 깨뜨리는 것이기 때문입니다. 따라서 이적을 기대하는 믿음도 위대하고, 또한 필요하지만 하나님께서 주신 인생의 법칙을 하나님의 뜻으로 수긍하며 살아가는 자세 또한 아름다운 믿음입니다. 하나님께서는 일단 모두에게 죽음을 주시고 그다음에 영생을 주십니다. 죽음을 없애는 이적은 아직 없습니다. 그렇다면 삶의 모든 부분에 나타나는 다른 현상, 즉 하나님께서 정하신 인생의 법칙을 따라 나타나는 모든 것도 하나님의 뜻으로 수긍할 수 있어야 하지 않을까요? 표적으로 믿음을 보이라는 사람들에게 바울 사도는 "우리는 십자가에 못 박힌 그리스도를 전하니"(고전 1:23)라고 말했습니다. 예수 그리스도의 십자가 수난과 죽음으로 성취된 구원의 복음을 전하는 것이 사도의 일이라고 보았던 것입니다. 많은 기적을 보여주었던 바울 사도도 하나님께서 정해 놓으신 법칙에 나타난 하나님의 뜻을 따라 죽음으로 떠날 수밖에 없었습니다.

여러분, 인생의 희로애락 가운데서 우리가 할 수 있는 기도는 "하나님의 뜻이 이루어지소서"입니다. 이 기도로 우리는 인생의 위기와 고통을 용감하게 직면하게 됩니다. 때때로 나타나는 삶의 즐거움과 행복을 정면으로 받아들이게 되는 것입니다. "당신의 뜻이 이루어지소서"라고 기도하면서 우리의 삶을 하나님께 맡기는 것입니다.

성경에서 우리는 하나님의 뜻을 배웁니다

명확하게 나타난 하나님의 뜻으로 또 하나 꼽아야 하는 것은 성경입니다. 아담에게서부터 시작하는 하나님의 뜻의 계시는 한편으로는 이스라엘의 역사를 통해 나타났고 다른 한편으로는 하나님의 율법을 통해서 나타났습니다. 그리고 신약시대로 들어오면서 이 기도문을 주신 예수님의 삶과 가르침을 통해서 나타났습니다. 명확하게 나타난 하나님의 뜻을 살펴보면 한편으로는 우리가 수동적으로 참여할 수밖에 없는 하나님의 뜻이 있습니다. 예를 들면, 예수님의 생애와 십자가에서의 죽음, 부활, 승천 등과 같은 사건은 하나님의 뜻이었지만 우리가 할 수 있는 것은 없습니다. 하나님께서 스스로 모든 일을 진행하시기 때문입니다.

예수께서 "하나님의 뜻이 이루어지소서"라고 기도하라고 하셨던 그 시점에서 살펴보면 이루어져야 할 하나님의 뜻에는 잠시 후의 위대한 사건들, 즉 예수님의 모범적 삶과 죽음, 부활, 승천이 이루어지기를 비는 내용도 포함되어 있었습니다. 이런 복음의 사건들이 발생한 이후를 사는 우리가 드리는 기도에는 이런 내용은 포함될 수 없음이 당연합니다.

지금 우리가 "당신의 뜻이 이루어지소서"라고 기도한다면 이 기도의 내용은 이 시점부터 앞으로도 인류의 역사가 그리고 내 개인의 삶이 하나님의 뜻대로 진행되기를 소원하는 것이 될 것입니다. 특히 예수께서 이루신 구원 사역이 사람들에게 알려져서 회개하고 믿는 사람들이 생겨나기를 기대하는 것도 이 기도에 포함될 수밖에 없습니다.

성경에는 우리가 적극적이고 능동적으로 따를 수 있는 또 다른 뜻이 수록되어 있습니다. 그것은 율법과 예수님의 교훈과 설교에 나타난 명령들입니다. 이 명령들은 우리가 구현해야 할 마음가짐, 행동, 삶을 요구하고 있습니다. "하나님의 뜻이 이 땅에도 이루어지소서"라고 기도하는 사람은 하나님의 뜻을 따라 살겠다고 다짐하는 사람과 같습니다. 이렇게 기도하는 사람은 하나님께서 무엇을 요구하시는지 배우기 위해 애를 쓸 수밖에 없습니다.

하나님의 뜻이 이루어지기를 기도하는 사람은 하나님께서 요구하시는 행동을 구체적으로 실천해야 합니다. 하나님께서 하라는 행동을 하고, 금지하는 행동은 거부해야 합니다. 그래야 하나님의 뜻이 사람을 통하여 이루어지기 때문입니다. 우리는 예수님을 믿음으로, 성령을 받음으로 하나님의 뜻을 이루어갈 수 있는 사람들이 되는 것입니다. 이런 실천이 없다면 기도는 그저 말을 내뱉는 것에 불과하고, 하나님의 뜻을 배우는 것은 지식욕을 충족시키는 탐욕으로 끝나고 말 것입니다.

하나님의 뜻을 배우고 따름이 없이는 우리는 육체의 욕구와 욕망, 인간의 뜻의 노예로 살아갈 수밖에 없습니다. 하나님께서 주신 거룩한 뜻을 배우고 실천하고 가르치기를 멈추지 맙시다. 그리고 "하나님의 뜻만이" 나의 인생에 그리고 이 땅에 늘 이루어지기를 기도합시다.

긴박한 삶을 위한 하나님의 뜻

현대인들은 성경이 일일이 언급하지 않는 다양하고 복잡한 문제들에 직면하게 됩니다. 하루하루 색다른 과제들이 우리 주변에서 부상하고 있습니다. 삶의 현장은 때로는 우리가 하나님의 뜻을 가려내기도 전에 선택을 요구하기도 합니다. 세상은 하나님의 뜻을 찾아낼 때까지 기다려 주지 않습니다. 어떻게 하는 것이 좋을까요? 하나님의 뜻을 찾고 행동하려다 보면 자연히 느려지기 마련입니다. 속도 경쟁에서 뒤진다는 것은 사회에서 경쟁에 밀리는 것을 의미합니다. 그렇다고 무턱대고 아무렇게나 살아갈 수는 없는 노릇입니다. 이런 답답한 상황에서 하나님의 뜻을 따르려는 사람들은 "무엇이 하나님의 뜻일까?"라고 묻습니다. 하지만 명료한 대답을 찾기는 어렵습니다. 그래서 다음과 같이 제안하고 싶습니다.

첫째, 매사에 하나님의 뜻을 묻는 것이 잘못된 태도는 아닙니다. 하나님을 우리 아빠라 부르는 사람들에게는 당연한 일입니다. 둘째, 매일 성경을 읽으며 평소에 성경에 수록된 각종 하나님의 명령을 배우고 익히는 것이 필요합니다. 왜냐하면 삶의 근본적인 요소들에 대한 하나님의 뜻이 성경에 풍부하게 기록되어 있기 때문입니다. 하나님의 뜻이 알려지지 않아서가 아니라 하나님의 뜻을 몰라서 실수하고 죄를 짓는 경우가 더 많습니다. 셋째, 성경의 많은 교훈 중 근본원리가 되는 말씀들을 체계화하는 것이 필요합니다. 예를 들면, 이웃 사랑은 예수님의 교훈과 바울 사도의 해석에서 아주 중요한 역할을 합니다. 우리가 사랑의 원리를 현대의 여러 상황에 적용한다면 어떻게 행동할 것인지 결정할 수 있을 것입니다. 넷째, 성경에 등장하는 수많은 사람의 행동, 삶의 모범을 익혀두는 것이 필요합니다. 이것은 성경 시대에 있었던 특정 사례들을 살펴봄으로써 현대에 필요한 하나님의 뜻을 파악하는 방법입니다. 다섯째, 성경에 문자적으로 취급되지 않는 문제에 직면할 때 이것을 핑계로 인간의 욕구를 정당화하는 일이 일어나지 않아야 합니다. 우리는 겸손하게 성령님의 도우심을 구할 수밖에 없습니다. 하나님의 뜻을 찾는 사람들의 조언이 도움이 될 수도 있을 것입니다. 마지막으로, 우리의 최선을 다하면서도 우리는 "당신의 뜻이 이루어지소서"라고 기도할 수밖에 없습니다. 혹시 우리의 판단과 결단이 잘못됐을 때라도 하나님께서 우리 뜻대로가 아니라 하나님의 거룩하신 뜻대로 우리의 삶을 이끌어 주시도록 하나님께 맡겨야 합니다.

맺음말

나의 소원이 아무리 커도 우리가 드려야 할 기도는 "하나님의 뜻이 이 땅에 이루어지소서"입니다. 창조주 하나님을 아빠라 부르는 사람들은 자기 뜻이 아닌 하나님의 뜻이 이루어지기를 열망해야 합니다.

예수께서 가르쳐 주신 공동 기도문의 후반부는 우리의 현실적 삶을 위해 기도하라는 내용으로 채워져 있습니다. 모두 세 가지입니다. 첫째는 육의 양식을 위한 기도입니다. 둘째는 죄의 용서를 비는 기도입니다. 셋째는 시험에 빠지지 않고 악에서 건져주시기를 비는 기도입니다.

두 기도는 서로 연결되어 있습니다

우리의 삶을 위한 기도 세 가지는 하나님의 영광을 비는 기도 세 가지와 밀접하게 연결되어 있습니다. 첫째, 예수께서 가르쳐 주신 기도문에 따르면 우리의 기도에는 우선순위가 정해져 있습니다. 하나님을 아빠라 부르는 사람들은 무엇보다도 먼저 하나님의 영광을 위해 기도해야 합니다. 인간의 필요와 욕구를 충족시키기 위한 기도가 먼저 오지 않습니다.

둘째, 비록 하나님의 영광을 위한 기도가 삶의 어떤 기도보다 앞서야 하는 것이긴 하지만 인간의 삶이 결코 무시되거나 경시되지 않습니다. 이런 이유에서 주기도문은 하나님의 영광을 위한 기도로 종결되지 않고 삶을 위한 필요 부분으로 이어져 있습니다. 인간의 삶의 필요와 인간의 일들도 아주 중요하고 긴급한 일입니다. 인간에게서 시작하여 신에게로 올라가는 일반 종교와는 달리 하나님에게서 시작하여 인간에게로 내려오는 것이 기독교 신앙입니다.

셋째, 두 종류의 기도는 독립된 내용이 아니라 서로 연결되어 있습니다. 이 점은 이미 하나님의 영광을 위한 기도에서도 나타납니다. 하나님의 이름이 이 땅에서 거룩하게 되고, 사람들이 사는 이 세상에 하나님의 나라가 오며, 인간 세상에 하나님의 뜻이 이루어지도록 기도하는 것은 인간과 상관없이 따로 떨어져 있는 것이 아닙니다. 기도의 초점은 이제 이 땅에 맞추어져 있습니다.

넷째, 우리의 삶을 위한 기도의 성취는 하나님의 이름이 이 땅에서 거룩하게 되고, 하나님의 나라가 이 땅에 오며, 하나님의 뜻이 이 땅에 이루어지는 결과로서 꼭 있어야 합니다. 하나님의 일 위에 세워지는 아름다운 건축물처럼 인간의 삶이 나타나야만 합니다.

삶을 위한 기도도 하나님을 향한 믿음을 전제하고 있습니다

적지 않은 사람들이 예수께서 가르치신 '삶을 위한 기도'를 고통에 빠진 사람들의 외마디 비명과 같이 오해하고 있습니다. 당장 필요한 것을 신에게 요구하는 기도인 것처럼 말입니다. 예수께서 가르치신 '삶을 위한 기도'는 빵이 없을 때 하늘을 향하여 기도하여 빵을 얻으라는 그런 가르침이 아닙니다. 마음의 무거운 짐을 신에게 고백하고, 용서를 빌어 적당한 위로를 얻고, 마음의 평정을 회복하고, 평안히 살아가라는 충고가 아닙니다. 이런 방식의 기도는 너무 인간 중심적입니다. 종교적 심리에서 나오는 것과 별로 다르지 않아 보입니다. 만약 예수께서 가르치신 기도가 이런 것이라면 더 나은 삶을 위해 행한 무속 행사와 무엇이 크게 다르겠습니까? 삶의 개선을 목표로 하는 것은 주기도문의 정신이 결코 아닙니다.

예수께서 가르치신 공동 기도문을 따라가다 보면 삶을 위한 이 기도에는 하나님을 향한 믿음이 암시 혹은 전제되어 있음을 알게 됩니다. 하나님을 인격적으로 신뢰하지 않는 사람이 이 기도문을 바르게, 용감하게 그리고 효과적으로 사용할 수 있을까요? 하나님을 향한 믿음이 없이는 누구도 이 기도문을 바르게 사용할 수 없다는 점은 아주 분명합니다. 그래서 예수님은 인간의 필요 이전에 하나님의 일에 관해 기도하라고 말씀하신 것 아닐까요? 우리는 하나님의 영광을 위해 기도함으로써 우리의 삶을 위해 기도할 동기와 용기를 얻게 됩니다. 하나님을 신뢰하며 우리의 필요를 호소하게 됩니다.

하나님은 오늘도 살아계셔서 우리에게 양식을 제공하시며, 우리의 죄를 용서하시며, 우리를 시험에 들지 않도록 그리고 모든 악에서 구원하시는 분이십니다. 우리는 아빠에게 음식을 요청하듯 매일의 양식을 위해 기도합니다. 일상생활의 죄들에 대해 용서를 빕니다. 우리 각자 앞에 놓여 있는 시험에 빠지지 않게 하시고 악마에게서 구원해 주시기를 기도합니다.

우리는 거품 신앙, 거품 기도의 시대에 살고 있습니다

사람들은 누구나 즐거울 때보다는 어려울 때 기도하고 싶어 합니다. 행복하다고 느낄 때보다는 불행하다고 느낄 때 기도할 마음을 갖게 됩니다. 고통과 좌절, 억압과 절망의 순간에 기도하지 않을 사람은 아마 어디에도 없을 것입니다. 절박한 순간에 신을 찾는 것이 종교적 본성입니다. 삶이 힘들었던 일제 강점, 한국전쟁, 그 후의 혼란과 가난은 한국 교회로 하여금 더 강하게 기도하게 하는 동기로 작용했습니다. 예전보다 삶이 풍요로워진 요즘, 우리나라에서는 개인 차원에서나 공동체 차원에서 기도의 빈도와 강도가 예전보다 많이 줄어든 것 같습니다. 양식을 위한 기도는 오늘날 품위 없는 기도처럼 보입니다. 신앙의 길을 꾸준히 걸어온 기독교인은 이미 축복의 삶과 그 풍요로움을 누리고 있을 뿐만 아니라 다른 사람에게 나누어 주고 있어야 한다는 생각이 퍼져 있습니다.

죄의 용서를 비는 기도는 어떨까요? 이 기도 역시 승리의 감격으로 가슴 벅찬 기독교인들에게는 부적합한 기도로 취급받기 쉽습니다. 성숙한 그리스도인이라면 반복되는 회개 기도를 뛰어넘어 뭔가 특별하고 신비로운 영적 체험으로 가득해야 한다는 잘못된 통념마저 있습니다. 힘 있게 앞으로 나아가는 기독교인들에게 시험에 들지 않기 위한 기도와 악에서의 구출을 비는 식의 기도는 중요하지 않을 수도 있습니다. 삶에 내린 하나님의 은혜에 관한 간증의 얘기를 엮어가는 자리에서 이런 기도는 힘없고 꿈 없는 기도로 인식되고 맙니다. 죄의 용서를 빌기보다는 인간을 죄의식에서 해방하는 것이 필요하다고 여겨지기도 합니다.

삶을 위한 기도

예수께서 가르치신 기도는 가난하고 암울했던 시대에만 해당한 기도가 아닙니다. 그것은 우리가 어느 시대에나 드려야 할 기도입니다. 하나님의 영광을 위해 기도하는 사람은 자신의 삶을 위해서도 기도할 수 있어야 합니다. 양식을 위해서도 기도해야 합니다. 죄의 용서를 빌어야 하고 하나님의 구원과 보호를 요청해야 합니다.

주기도문의 정신은 살아계신 하나님에게서 시작합니다. 상황에 따라 요동하는 인간의 마음과 감정의 틈바구니에서도 하나님의 영광을 위해 기도하며, 우리 인간의 삶에 정말 필요한 것들을 하나님에게 의존하는 것이 주기도문의 정신입니다.

어떤 상황에서나 삶을 위한 기도는 필요합니다

사람은 하나님의 피조물로서 하나님만 의지해서 살아가야 하는 존재이기에 언제, 어디서나 하나님을 향한 기도가 필요합니다. 즉, 기도가 필요한 상황이 따로 있지 않습니다. 감정의 기복이 기도의 근거가 되지 않습니다.

예수께서 제시하신 삶을 위한 세 가지 기도는 언제 어디서나 드려야 할 일반적 내용을 담고 있습니다. 왜 이런 기도를 해야 할까요? 첫째, 우리는 육체로 이루어진 사람이기 때문입니다. 흙에서 나와서 흙으로 돌아가는 것이 인생입니다. 삶이란, 이 육체가 죽는 날까지 생명을 지속시키는 일입니다. 육체가 살아있는 동안 매일 양식이 필요합니다. 살아가기 위해서 그렇습니다. 육체와 영혼이 절묘하게 조화를 이루고 있는 한 육체의 영양분과 건강이 필요합니다. 아무리 고매한 인격과 높은 이상을 가지고 살아도 양식이 없이는 살아갈 수 없습니다. 양식을 위해 기도하는 동안 우리는 흙에서 와서 흙으로 돌아간다는 삶의 진실을 잠시도 망각하지 못할 것입니다.

둘째, 우리는 죄인이며 끊임없이 죄를 짓기 때문에 죄 용서를 위해 기도해야 합니다. 무엇이 죄입니까? 죄의 기준이 무엇입니까? 하나님께서 의와 죄의 기준이며 하나님께서 죄라고 금하신 것이 죄입니다. 그렇다면 사람들의 죄의식과 관계없이 죄인은 존재하는 것입니다. 아무도 죄인이라고 판결되지 않더라도, 양심의 가책이 없다고 하더라도, 우리는 하나님의 기준에 의해 죄인입니다. 예수님은 이 기도를 통하여 모든 인간이 죄인이고 항상 죄를 지으며 살아가고 있음을 알려 주신 것입니다. 그리고 죄는 하나님의 용서를 통해서만 해결된다는 사실을 알려 주신 것입니다. 기독교인도 다른 사람과 마찬가지로 죄인입니다. 물론 우리는 죄를 용서받고, 의인으로 인정받았으며, 따라서 그리스도 안에서의 심판은 없지만, 이 땅을 살아가는 동안에는 여전히 크고 작은 죄를 짓기 때문에, 늘 하나님의 용서를 구해야 할 필요가 있습니다.

셋째, 삶은 인간 편에서 보면 나의 자유를 의미하는 것처럼 보입니다. 삶은 선택의 순간의 연속입니다. 하나를 선택하기 위하여 다른 것을 포기하며 살아갑니다. 포기가 필요한 것은 모두를 선택할 수는 없기 때문입니다. 우리가 최선의 것을 선택했다고 생각해도 곤경과 실패로 이어지곤 합니다. 시련과 방해가 우리의 인생에 다가옵니다. 사탄은 우는 사자처럼 삼킬 자들을 찾아 헤맵니다. 이러한 형편에서 "우리를 시험에 들게 하지 마시고 악으로부터 우리를 구원해 주소서"라는 기도는 미지의 세계를 향하는 아이들이 하늘에 계신 아빠를 향해 은총을 구하는 외침입니다.

우리의 하루치 밥을 오늘 우리에게 주소서

삶을 위한 첫 번째 기도문에는 빵이란 단어가 사용됐습니다. 이것은 당시 그곳 사람들이 주식으로 사용하던 것으로서 우리에게는 매일 먹는 밥에 해당합니다. 따라서 "빵을 우리에게 주소서" 대신 "밥을 우리에게 주소서"라고 번역할 수도 있습니다. 한글 성경 번역자들은 주식을 포괄하는 용어인 양식으로 번역하여 기도문의 품위를 높인 것으로 생각됩니다. 그렇지만 이렇게 번역함으로써 기도의 내용이 좀 애매해지고 그 의미가 넓어지고 말았습니다.

'일용할'로 번역된 단어는 "하루에 필요한"을 뜻한다고 하는 사람도 있고, "내일 쓸"을 뜻한다고 주장하는 사람도 있습니다. 오늘을 위해서냐 내일을 위해서냐에 시간적 관점의 차이가 있을 뿐 근본적인 의미는 크게 다르지 않습니다. 출애굽 당시 하나님께서 하늘로부터 만나를 내리게 하셔서 40년 동안 이스라엘 사람들을 먹여 살리셨듯이 하루에 필요한 양식은 하늘에 계신 하나님 아빠에게서 온다는 신앙을 담고 있는 기도문입니다. 그래서 저는 이 기도문을 '우리의 하루치 밥을 오늘 우리에게 주소서'로 번역해 보았습니다.

맺음말

밥을 위한 기도는 우리에게 과연 어떤 의미가 있을까요? 먹는 문제를 이미 해결한 곳에 사는 사람들은 밥을 위해 기도하는 것은 별 의미가 없다고 생각합니다. 그러나 밥 한 그릇이 없어서 죽을 위기에 놓여 있는 사람들이 아직도 우리 사회에 적지 않게 있습니다. 그들에게는 밥을 위한 기도만큼 절박한 주제는 없습니다. 그들에게 "우리에게 밥을 주소서" 혹은 "우리에게 빵을 주소서"라고 기도하는 것은 생사를 가르는 절규의 기도입니다.

양식을 위한 기도는 유치한 기도, 천박한 기도, 인생의 진정한 의미와 목표를 분간하지 못하는 본능적인 기도일까요? 음식이 풍부하다고 "밥을 주소서"라는 기도를 유치하게 생각하는 것은 교만입니다. 고상함을 추구하고 더 큰 꿈을 품는 것은 좋은 일입니다. 그러나 인간의 모든 생각과 활동, 헌신과 꿈이 하나님께서 주시는 밥 한 그릇에서 시작한다는 사실을 우리는 잊지 말아야 합니다. 밥 한 숟가락, 빵 한 개로 천하보다 귀한 생명을 살 수도 있습니다. 피골이 상접한 채 마지막 숨을 거두는 그들에게 이 기도는 무엇보다 귀중한 삶의 원천입니다.

이 기도문에서 '우리에게'는 한편으로는 하나님을 아빠로 부르는 신앙인들을 가리키는 대명사임이 틀림없습니다. 그러나 다른 면으로 보면 '우리'는 사람이라는 사실을 공통분모로 하는 인류를 하나로 묶는 단어입니다. 하나님에 대한 신앙과 상관없이 모든 인간은 '우리'에서 제외되지 않습니다. 하나님께서는 인류 모두가 이 기도를 믿음으로 하기 원하셔서 예수 그리스도를 보내셨기 때문입니다. "오늘 우리 모두에게 하루치 먹을 것을 주소서!" 이것은 인류가 창조주 하나님을 향해 드려야 할 기도입니다.

제32장
우리 죄를 사하여 주시옵고 I
마태복음 6:12

삶을 위한 두 번째 기도는 "우리를 위해 우리의 빚을 탕감해 주소서"입니다. 같은 기도가 누가복음 11장 4절에도 수록되어 있는데 그곳에는 "빚을 탕감해 주소서"가 아니라 "죄를 용서해 주소서"로 되어 있습니다. '빚'과 '죄'는 글자도 다르고 그 의미도 같지 않기 때문에 신학자들은 이 문제를 심각하게 연구하고 있습니다. 즉, 예수께서 같은 기도를 조금씩 다르게 여러 번 제자들에게 알려 주셨는데 조금씩 다른 기도가 마태복음과 누가복음에 각각 기록되어 있는지, 아니면 한 번만 알려 주신 기도가 조금씩 다르게 번역되고 전달되다가 복음서에 이렇게 수록됐는지를 논의하고 있습니다. 아직도 답은 찾지 못했습니다.

그러나 사람이 하나님께 질 수 있는 빚이 무엇인가를 생각해 보면 하나님에게 진 빚이나 하나님에게 지은 죄는 같은 것임을 알 수 있습니다. 사람이 하나님께 진 빚이란 경제적 부채나 다른 무엇이 아니라 사람이 하나님께 지은 죄이기 때문입니다. 사람이 하나님에게 어떤 부채 또는 다른 무엇을 빚지고 있다는 사상은 성경 어디에도 들어 있지 않습니다. 반대로 사람이 죄를 지음으로 하나님께 죄인이 됐고 죄로 말미암아 하나님의 축복과 은총을 잃게 됐다는 사상은 성경 전체에서 두루 발견되는 진리입니다.

본문의 '빚'이란 '죄'를 비유적으로 표현한 것임을 알 수 있습니다. 언젠가는 꼭 갚아야만 하는 빚처럼 인간의 죄는 어떻게든지 처리되어야만 한다는 것을 강하게 표현하는 것입니다. 그러므로 "우리를 위해 우리의 빚을 탕감해 주소서"는 "우리를 위해 우리의 죄를 용서하소서"와 조금도 다르지 않은 기도입니다.

밥을 위한 기도와 죄의 용서를 위한 기도

밥을 위한 기도와 죄의 용서를 위한 기도의 순서를 주목할 필요가 있습니다. 우리 생각에는 밥을 위한 기도보다 죄의 용서를 비는 기도가 더 시급할 것 같은데도 불구하고 예수님은 육체적 삶을 위한 밥의 기도를 먼저 말씀하셨습니다. 그다음이 죄의 용서를 비는 기도입니다. 왜 이런 순서로 말씀하셨을까요?

빵을 위한 기도가 필요하지 않은 사람에게는 죄의 용서를 위한 기도도 필요치 않습니다. 다시 말씀드리면 죄의 용서를 비는 기도는 생명을 가졌고, 밥을 통해 이 땅에서 하루를 살아가는 산 사람에게 필요한 삶을 위한 기도입니다. 죽은 사람은 더 이상 죄의 용서를 빌지 않습니다. 그럴 필요도 없습니다. 그의 영원은 이미 확정됐기 때문입니다.

죄의 용서를 비는 기도는 살아 있는 사람이 자신의 현재와 미래의 삶을 위하여 하나님께 간구할 기도입니다. 죄는 우리의 시점에서 보면 과거의 일이지만 죄의 용서를 비는 기도는 현재를 살아가는 우리가 맞이할 우리의 내일을 위하여 필요한 기도입니다.

누구나 죄의 용서를 기도해야 합니다

어떤 사람은 죄의 용서를 비는 기도의 일반성을 부정합니다. 이 기도는 죄를 짓지 않은 사람이나 죄인임을 인정하지 않는 사람이 드릴 수 있는 기도는 아니라는 것입니다. 이들은 예수님을 믿음으로 모든 죄를 모두 용서받았기 때문에 더 이상 이런 기도를 드릴 필요가 없다고 생각합니다.

그러나 이런 생각은 세 가지 이유로 옳지 않습니다. 첫째, 우선 예수께서 "빵을 주소서"란 기도와 "우리 빚, 즉 죄를 용서해 주소서"란 기도를 바로 연결하여 가르치셨다는 점을 지적하고 싶습니다. 이것은 예수께서 죄의 용서를 비는 기도를 빵을 구하는 기도만큼이나 모두에게 일반적으로 필요한 기도로 주셨다는 증거입니다. 기독교인들에게도 밥이 있어야 한다면 이것 못지않게 하나님의 용서를 비는 기도도 우리의 삶을 위하여 꼭 있어야 합니다. 믿는 사람이나 믿지 않는 사람이나 사람은 누구나 하나님의 용서를 근거로 해서만 바르게 살아갈 수 있습니다. 빵이나 밥만큼 필요한 것이 죄의 용서입니다.

둘째, 예수님은 사람은 누구나 하나님 앞에서 죄인임을 전제하고 계셨던 것이 분명합니다. 그렇지 않다면 죄의 용서를 비는 기도를 가르치시기 전에 예수님은 누가 죄인인가를 먼저 말씀하셨을 것입니다. 무엇이 죄인지를 명확하게 규명하셨어야 할 것입니다. 그런 죄인들에게 죄의 용서를 비는 기도를 가르쳐 주셨을 것입니다. 그러나 예수님은 누가 이 기도를 드려야 할 죄인인지 분명하게 규정함 없이 그냥 "우리를 용서하소서"라는 기도를 가르치셨습니다. 예수님은 죄의 용서를 비는 보편적 기도를 가르쳐 주심으로써 모든 사람은 죄인이고, 따라서 하나님께 죄의 용서를 비는 기도가 모두에게 꼭 필요함을 알려 주셨습니다. 죄가 무엇인지, 누가 죄인인지 따지는 것은 예수님에게는 사실 긴박한 문제가 아니었습니다. 모두가 죄인이라면 죄의 용서를 비는 것이야말로 현실적으로 가장 시급한 일이 아니겠습니까? 예수님 편에서는 하나님께서 죄인을 용서하실 수 있는 근거를 마련하시는 일, 즉 대신 징벌 받는 사역이 긴급한 일이었습니다. 이 예수께서 "우리의 죄를 용서해 주소서"라는 기도를 가르치셨습니다.

셋째, 기독교인들은 더 이상 죄의 용서를 빌 필요가 없다는 생각은 구원받은 이후로는 자기 행동과 공로에 의존하여 살아갈 수 있다는 판단입니다. 우리는 믿는 사람으로 시작할 때뿐만 아니라 계속해서 예수님을 의존해서만 성도로 살아갈 수 있습니다. 우리를 위해 십자가에 못 박히신 그리스도로 옷 입고, 그리스도의 피에 옷을 빨아 입고, 하나님 앞에 서는 것이 신자들의 삶이어야 합니다. 바울 사도는 이것을 '그리스도 안에'라는 말로 표현했습니다. 그리스도 안에 있을 때만 우리는 죄에 대한 심판을 면제받고 의인으로 평가되어 하나님의 사랑과 축복을 경험하게 된다는 것입니다. 따라서 우리는 그리스도를 의지하며 "우리의 빚을 용서해 주십시오"라며 매일 기도할 수밖에 없습니다.

요한일서에서 요한 사도는 그리스도인도 죄를 자백해야 함을 이렇게 적었습니다. "만일 우리가 죄가 없다고 말하면 스스로 속이고 또 진리가 우리 속에 있지 아니할 것이요 만일 우리가 우리 죄를 자백하면 그는 미쁘시고 의로우사 우리 죄를 사하시며 모든 불의에서 우리를 깨끗하게 하실 것이요"(요일 1:8-9).

죄에 대한 해결책은 용서를 비는 것뿐입니다

하나님께 진 빚은 어떤 방식으로 청산할 수 있을까요? 예수께서 대신 죄의 값을 치르시며 징벌받은 것으로 청산됩니다. 실제로 죄가 처벌됐기 때문에 더 이상 하나님의 벌은 없습니다. 우리의 죄가 용서된 것입니다. 이 용서의 길을 밟지 않는다면 직접 죄에 대한 벌을 받는 길이 있을 뿐입니다.

　죄란 범법 행위입니다. 하나님의 법을 어긴 것입니다. 하나님의 명령을 지키지 않는 것입니다. 그것은 과거의 한 역사로서 지울 수 없는 사실입니다. 역사를 돌이킬 수 없는 것처럼 죄도 돌이킬 수 없습니다. 그것을 뉘우치고 회개한다고 해서 지나간 일들이 사라지거나 인생의 역사에서 지워지지 않습니다. 지금부터라도 새로운 마음가짐으로 하나님의 모든 명령을 준수하며 살아간다고 하더라도 과거에 우리가 지은 죄가 없어지는 것은 아닙니다. 따라서 죄에 대한 용서 없이는 죄의 필연적인 결과인 하나님의 심판을 피할 수 없습니다.

　하지만 누가 하나님의 징벌을 견딜 수 있겠습니까? 그것이 무엇이며 어떤 것인지 모르기 때문에 사람들이 용감하게 하나님의 징벌을 감수하겠다고 말합니다. 그러나 하나님의 심판을 조금이라도 안다면, 죄에 대한 하나님의 진노에 조금이라도 눈이 뜨인다면 누구라도 "바위야 나를 가려다오," "산이여 내 위에 덮여 하나님의 눈앞에서 나를 숨겨다오"라고 외칠 수밖에 없을 것입니다. 구약의 묘사를 보면 사람들은 하나님의 임재조차 두려워했습니다. 그러니 누가 하나님의 징벌을 통과할 수 있겠습니까? 죄에 대한 하나님의 심판을 달게 받겠다는 주장만큼 어리석고 무모한 것은 없습니다. 흙덩어리에 불과한 존재가 온 우주를 창조하신 분을 향해 이런 반응을 보이는 것은 사실 처참하기까지 합니다. 이는 멸망으로 들어가는 길입니다. 그렇다면 우리 인간에게 남은 길은 하나뿐입니다. 창조주 하나님께 무릎을 꿇고 벌을 면해 주시길 기도

하는 것입니다. "우리 죄를 용서해 주십시오"하고 기도하는 것입니다.

맺음말

하나님께서는 사람이 타락한 후 곧바로 용서와 사죄의 길을 마련하셨습니다. 사람들은 하나님께서 마련하신 용서와 사죄의 길을 따라 하나님의 은총을 구했고, 또한 죄의 용서를 탄원했습니다. 사람들은 제사 제도 속에서 그렇게 했었습니다. 그리고 예수께서는 미래에 있을 자신의 고난과 죽음으로 열릴 용서의 길을 염두에 두시고 "우리의 빚을 용서해 주소서"라고 기도하도록 가르치셨습니다. 성경을 통하여 십자가 사건을 이미 접한 우리는 보다 확실한 지식을 바탕으로 하나님께 죄 용서를 구하며 기도할 수 있습니다.

예수께서 죄인들을 대신하여 당하신 고난과 죽음을 의지하여 하나님께 용서를 구하는 것은 히브리서의 기자를 따르면 "은혜의 보좌 앞에 담대히" 나아가는 유일한 길입니다(히 4:16). 이렇듯 그리스도의 십자가를 통해 언제나 하나님께 기도할 수 있는 특권을 누리게 된 우리는 그리스도의 피를 의지하여 매일매일 하나님께 죄 용서를 구하는 자들이 되기를 소원합니다.

제33장
우리 죄를 사하여 주시옵고 II
마태복음 6:12

예수께서 가르쳐 주신 용서를 비는 기도에는 이해하기 어려운 문구가 첨가되어 있습니다. "우리가 우리에게 빚 진 사람들을 탕감하여 준 것처럼"이란 문구입니다. 하나님의 용서가 인간의 용서에 비유된 것입니다. 이 문구에서도 "빚"은 경제적인 빚이기보다는 사람에게 해를 가한 것, 즉 사람들 혹은 우리의 죄를 의미한다고 보아야 할 것입니다.

이 문구의 어려움

이 문구는 신학자들이 2000여 년 동안 있는 지혜를 다 짜내어 이해하고 설명하려고 노력했던 구절입니다. 이 기도에 들어 있는 인간의 용서와 하나님의 용서의 논리적 관계를 어떻게 설명하느냐가 관건이었습니다. 하나님의 용서와 인간의 용서의 논리적 관계를 문법적으로 추론해 본다면 죄지은 사람들을 용서해 주었다는 사실에 근거하여 하나님의 용서를 비는 것이 됩니다. 그러나 이러한 설명은 성경 전체의 흐름에 비추어 볼 때 엄청난 신학적 어려움과 혼란을 몰고 옵니다. 인간의 용서는 하나님의 용서의 결과이고, 하나님의 용서를 위한 전제 혹은 조건으로 작용하지 않는다는 것이 성경의 일반적인 내용이기 때문입니다. 하나님의 은혜와 용서는 값없이, 조건 없이 주어지는 것이기 때문입니다.

신학자들이 이 문구에서 느끼는 어려움은 "우리가 … 용서한 것처럼"을 삭제할 수 없다는 데 있습니다. 많은 사람이 이 구절을 잘못 이해하여 이단으로 정죄되곤 했습니다. 저는 이 문구를 아주 제한된 방법으로 설명하려 합니다. 즉, 이 기도문에서 하나님의 용서와 인간의 용서 간의 신학적·논리적 상관관계를 논의하지 않고 감정과 마음을 가진 사람들의 기도하는 자세만 다루고자 합니다. 그렇게 하면 다른 사람들의 죄를 용서해 주어야만 한다는 인간의 의무감이 살아납니다. 이러한 생각은 주기도문 끝에 후기처럼 붙어 있는 14-15절로 보충됩니다. 죄인을 용서하는 것이 하나님에게도 쉽지 않은 일이었습니다. 하나님께서 독생자를 보내 대속의 길을 마련하실 정도로 죄인의 용서란 하나님의 공의와 사랑 사이에서 발생한 어렵고 괴로운 일이었습니다.

사람을 용서하는 것은 하나님의 용서를 비는 사람의 의무입니다

먼저, 다른 사람을 용서해야만 한다는 의무감이 이 구문 속에 어떻게 표현되어 있는지 말씀드리겠습니다. 예수님은 우리가 하나님께 죄의 용서를 빌 때 우리가 다른 사람들을 용서한 것을 비교 모델로 사용하도록 말씀하셨습니다. "우리가 우리에게 빚진 사람들, 즉 죄지은 사람들을 용서해 준 것처럼 우리의 죄를 용서해 주소서." 우리가 이 기도를 드릴 때, 우리 자신에게 실수하거나 잘못을 저지른 사람들에 대한 불쾌감이나 반감, 적대감, 복수심 등을 그냥 품고 있다고 상상해 봅시다. 하나님의 용서를 비는 순간에도 우리 마음속에 누군가를 향한 마음의 응어리가 여전히 남아 있다면 어떤 현상이 나타날까요? 기도의 결과에 관심을 가지기도 전에 우리는 우리 스스로 잘못된 기도를 드리고 있다는 사실을 금방 느끼게 될 것입니다. 그때 예수께서 가르쳐 주신 기도문은 기도하는 우리의 자세가 잘못됐음을 지적해 주는 역할을 합니다. 그리고 다른 사람의 죄를 용서해 주는 것만이 죄의 용서를 비는 기도를 할 수 있는 바른 자세임을 알려줍니다.

형제를 용서하지도 않았는데도 불구하고 이 기도를 드릴 때 이런 자각증상이 나타나지 않는다면 아무런 생각 없이 주기도문의 이 부분을 암송하는 것과 같습니다. 우리 자신의 죄에 대해 하나님의 용서를 구하기 전에 상대방을 먼저 용서하고 와야 한다는 의무감을 예수님은 '…처럼'으로 표현하셨습니다. 그렇게 하지 않을 때, 누구도 예수님의 기도문을 올바르게 사용했다고 보기는 어려울 것입니다.

다른 사람들의 말과 행동으로 발생한 보복의 마음을 비우고 상대방을 용서하는 것이 하나님의 용서를 비는 사람에게는 피할 수 없는 의무입니다. 하나님의 용서를 비는 사람의 기도하는 자세에 대한 이 의무감은 이 구문이 가지고 있는 두 가지 헬라어 표현법으로 더욱 강화되어 있습니다.

첫째, 정확하게 번역해 보면 예수께서 사용하신 표현은 "우리에게 우리의 빚들을 탕감해 주소서. 우리도 우리에게 빚진 자들을 탕감해 준 것처럼"입니다. '우리도'란 앞 문장의 하나님의 용서에 연결됩니다. 하나님처럼 '우리도' 용서했다는 표현입니다. 그러나 시간상으로 인간의 용서는 과거의 일로 표현되어 있습니다. 하나님의 용서는 기대되는 것, 소원하는 것, 즉 미래의 일로 표현되어 있습니다. 한국말에서는 비교문이 언제나 앞에 배열되므로 '우리도'의 의미를 정확하게 살리는 번역은 불가능합니다. 그렇다고 "우리가 …한 것처럼, (하나님도) … 용서하소서"라고 번역할 수는 없습니다. 마찬가지로 "우리도 …하는 것처럼, … 용서하소서"로 번역할 수도 없습니다. 헬라어 문장에는 우리가 하나님의 용서를 본받는다는 의미가 '우리도'에 강하게 내포되어 있습니다.

둘째, 헬라어 문장은 보통 주어 없이 동사만 사용합니다. '우리가 용서한 것처럼'에서 주어인 '우리'는 동사의 어미에 포함되어 사용됩니다. 헬라어에서 별도로 '우리'라는 대명사를 사용할 경우 이것은 행동의 주체를 강조하는 것으로서 보통 '우리 자신이'로 번역하는 도리밖에 없습니다. 예수님의 기도문은 '우리 자신도 …한 것처럼'으로 강조된 표현을 담고 있습니다. 본받아야 할 행동은 하나님의 용서입니다. 그런데 용서라는 동작을 비교해 보면 하나님의 용서가 우리의 용서에 비교되고 있습니다. 우리 자신이 다른 사람을 용서함 없이는 누구도 이 기도를 드리기 어렵게 되어 있는 것입니다.

예수님은 주기도문 끝에 용서의 의무를 기도의 결과와 연결하여 말씀하심으로 우리에게 죄지은 사람들을 용서해야만 하나님의 용서를 비는 기도를 드릴 수 있다는 점을 아주 강하게 표현하셨습니다(14-15절). 이 말씀에서도 신학적 과제인 용서의 상관관계를 따지지 않고 말해 보겠습니다. 우리가 다른 사람을 용서한 상태에서 하나님의 용서를 빌면 하나님께서 우리에게도 용서를 베풀 것입니다. 그러나 우리가 다른 사람을 용서하지 않은 상태에서 하나님의 용서를 빌면 하나님께서도 우리에게 용서를 베풀지 않으실 것입니다. 물론 용서의 근거는 어디까지나 그리스도의 대속에 있습니다. 그렇지만 이곳에서 예수님은 다른 어떤 곳에서보다 더 강력하게 하나님의 용서를 비는 사람들이 다른 사람의 죄를 용서해 주어야만 한다는 의무를 이렇게 표현하신 것입니다.

하나님의 용서는 우리의 용서처럼 힘들고 어려운 것입니다

성경은 하나님은 의로운 분이고 세상을 사랑하시는 분이시라고 알려줍니다. 하나님의 사랑을 따르면 죄인이 용서받을 수 있습니다. 하나님의 두 가지 상반된 두 성품에서 나온 용서의 길이 예수님을 통한 대속입니다. 예수님이 대신 징벌을 받으심으로 하나님의 의가 나타났고, 동시에 사람들을 용서하시는 하나님의 사랑이 나타난 것입니다. 이 일을 위해서 오신 예수께서 우리에게 사람들을 용서하라고 말씀하셨습니다.

우리는 다른 사람의 말 한마디에 상처를 입습니다. 어떤 사람이 해를 끼치면 그것이 아무리 작다고 해도 우리는 며칠씩 잠을 설칩니다. 분노가 들끓어 오르고 얼굴색이 변합니다. 잠시도 분을 삭이지 못하고 흥분하여 씩씩거리며 복수심으로 이글거립니다. 인간의 자존심은 용서보다는 차라리 투쟁과 장엄한 죽음을 선택하도록 만듭니다. 다른 사람이 남기는 아픔과 상처는 죽어도 용서하지 못할 그런 일로 느껴집니다.

그런 우리에게 예수님은 다른 사람을 용서하도록 은근히 요구하십니다. '은근히' 요구하셨다고 표현한 까닭은 주기도문에서 직접 명령하시지 않고 하나님의 용서를 우리의 용서에 비교하시며 간접적으로 그렇게 명령하셨기 때문입니다.

사람들이 다른 사람을 용서하고, 이것에 근거하여 하나님의 용서를 비는 기도를 진심으로 드릴 수 있을까요? 우리는 사람을 용서한다는 것이 너무 어렵다는 것에만 익숙해져 있습니다. 그러나 우리가 호소하는 하나님의 용서가 얼마나 어려운가에 대해서는 한 번도 생각해 보지 않았습니다. 관심조차도 별로 두지 않습니다. 만약 하나님의 용서가 우리의 용서보다 훨씬 더 어렵고 힘든 것이며, 하나님의 신적 고통을 수반하는 것임을 알게 된다면 인간을 향한 우리의 용서가 조금은 더 쉽게 느껴지지 않을까요?

하나님 역시 우리 인간처럼 마음을 가지고 계시다고 한번 생각해 봅시다. 자신이 만든 사람이 하나님을 배반하고 하나님의 뜻과 하나님의 말씀을 어기는 것은 얼마나 가슴 아픈 일일까요? 하나님의 의로우신 속성을 공격하는 존재는 인간입니다. 우리의 작은 생각들, 우리의 작은 움직임들이 창조주 하나님을 감히 거역하는 것입니다. 그 공격적 범죄에 하나님이 느끼신 신적 아픔, 신적 상처가 있다고 생각해 보셨습니까?

죄와 악에 분노하시는 그 하나님에게 용서를 빈다는 것은 어떤 것일까요? 인간의 마음이 용서를 어렵게 느낀다면, 하나님이 사람을 용서하시는 것은 얼마나 어려운 것일까요? 용서보다는 모든 것을 쓸어버리시는 하나님의 심판이 차라리 더 쉬운 일 아니겠습니까? 우리는 하나님의 아픔, 하나님의 고통을 우리 인간의 아픔을 통해서 겨우 유추할 뿐입니다. 이런 것을 알려 주는 것이 예수께서 사용하신 '…처럼'이란 단어입니다. 사람들에게 공격당하고 피해당할 때 우리가 느끼는 아픔과 괴로움 이상으로 하나님의 속성에 상처를 입히는 것이 인간의 죄입니다. 우리가 느끼는 어려움보다 더 어려운 것이 하나님의 용서입니다. 하나님의 용서는 하나님의 아들이 인간이 되어 대신 징벌을 받는 방법이 아니고서는 이루어질 방법이 없었습니다.

신이 인간이 되는 고통은 또 어떤 것일까요? 하나님의 영광을 뒤로하고 인간의 세상에 인간의 몸으로 태어나신 예수님, 우리가 그 예수님의 마음을 조금이나마 느낄 수 있겠습니까? 그 예수께서 하나님의 용서를 구하라고 말씀하신 것은 예수님 편에서 보면 "어서 나의 죽음을 재촉하고 그 위에서 하나님의 용서를 얻으라"는 내용과 조금도 다를 것이 없습니다. 예수께서 인류의 죗값을 대신 치르신 대속의 죽음만이 죄의 용서를 위한 유일한 해결책이기 때문입니다. 자신을 밟고 그 효력과 약속을 힘입어 하나님의 용서를 빌고 경험하며, 하나님의 아들이 되라는 그 신적 희생의 고통을 누가 상상이나 할 수 있을까요? 예수님은 이 고통을 겟세마네 동산에서 그리고 십자가 위에서 인간의 외마디로 표현하셨습니다. "이 잔이 내게서 떠나갈 수는 없겠습니까?" "나의 하나님이여 나의 하나님이여 어찌하여 나를 버리셨습니까?"

맺음말

우리는 용서를 힘겨워하는 인간의 마음을 통해, 사람을 용서하실 길을 만드신 하나님의 마음을 조금이나마 감지할 수 있습니다. 십자가에서의 죽음의 길을 가신 예수님의 낮아지심과 고통을 조금이나마 이해할 수 있습니다. 우리의 용서와 하나님의 용서를 비교하면서 우리는 하나님의 용서가 신적 차원에서 얼마나 어려운 것인가를 조금이나마 배우게 됩니다. 이러한 배움을 통하여 우리는 하나님의 용서를 구할 때, 우리도 사람들을 용서할 수 있는 마음을 가지게 될 것입니다.

제34장
우리를 시험에 들게 하지 마시옵고
마태복음 6:13

삶을 위해 예수님께서 가르쳐 주신 세 번째 기도는 "시험에 들게 하지 마시고 악에서 구원하소서"입니다. 이 문장을 분리하여 각각 다른 기도, 즉 "시험에 들게 하지 마소서"와 "우리를 악에서 건져주소서"의 두 가지로 구분하는 사람도 있지만 문장 구조상으로나 내용상으로 이 둘은 서로 연결된 기도입니다.

번역의 문제

우선 한국어와 관계된 번역의 문제를 몇 가지 말씀드리겠습니다. 첫째, '시험'으로 번역된 단어는 이 시험의 의도나 결과의 성격에 대해서, 즉 시험의 의도나 결과가 좋은 것인지 나쁜 것인지에 대해서는 아무런 암시도 하고 있지 않습니다. 이 점에서 한국어 '시험'은 중립적이고 적당한 단어입니다. 시험은 합격자에게는 좋은 의미일 수도 있고, 불합격자에게는 나쁜 의미일 수도 있기 때문입니다. 이것을 시련으로 이해하는 것은 옳지 않습니다. 시련이란 좀 힘들기는 하지만 결과가 더 좋은 것으로 나타난다는 다분히 긍정적인 표현이기 때문입니다. 유혹으로 번역하는 것도 바르지 않습니다. 유혹은 처음부터 의도가 나쁘다는 점을 미리 암시하기 때문입니다.

둘째, 개역 성경에서 '들게 하지 마시고'로 번역된 단어는 본문의 뜻을 약화시킵니다. 이 단어는 '데리고 들어가다'의 부정 명령형으로 '데려가지 마시고'가 더 적당합니다. '빠지지 않게 하시고' 또는 '들지 않게 하시고'는 옳은 번역이 아닙니다. 두 번역은 시험에 빠지는 것을 나쁜 것으로 보기 때문에 시험에 빠지는 자는 인간이고, 하나님은 시험에 빠지지 않도록 우리를 보호하시는 분이라는 내용을 담고 있습니다. 이렇게 번역하면 우리가 시험에 빠지는 것 혹은 들어가는 것을 하나님께서 간섭하셔서 그렇게 되지 않도록 해 달라는 청원이 됩니다. 이런 번역은 의미는 굉장히 좋지만 본문을 변형시킨 것에 지나지 않습니다.

원문을 관찰하면, 우리를 시험에 "들게 하는"(개역) 혹은 "데려가는"(사역) 행위자가 하나님이라고 볼 수도 있습니다. 물론 하나님께서 행위자라는 것은 문법적 설명일 뿐, 원문은 "데려가지 마소서"라는 부정어가 붙은 동사 하나뿐입니다. '악한 자'에게서 구해달라는 기도가 이어지는 문맥은 이 시험의 주체가 악한 자라고도 볼 수 있게 합니다.

이 시험의 의도가 선한지 악한지는 본문에 표현되어 있지 않습니다. 하나님이 시험의 주체이면 이 시험은 유혹과 같은 부정적인 것이 아닙니다. 하나님에게 악한 의도가 있다는 것은 성경적이지 않기 때문입니다. 또한 연단과 같은 선한 의도의 시험이라면 인격과 신앙생활의 성숙을 위하여 굳이 하나님의 연단을 마다하는 소원을 기도할 필요가 있겠느냐는 의문이 발생합니다. 그러나 이 시험의 주체가 악한 자라면 시험의 의도는 부정적인 것이라고 볼 수 있을 것입니다.

셋째, '악에서'라고 번역된 단어는 "악한 자에게서"를 의미할 수도 있습니다. 이 경우 "악한 자"가 악을 행하는 악한 사람을 의미하는 것인지, 아니면 악의 원천으로서의 악한 자, 곧 사탄을 의미하는지는 분명하지 않습니다. 어쨌든 청원하는 내용은 그런 악 혹은 악한 자로부터의 하나님의 건져주심, 곧 보호입니다.

연약한 인간

사람은 모든 동물 가운데 유별나게 약한 존재로 태어납니다. 어떤 동물은 태어나는 날부터 걷고 뛰고 싸우고 자기를 보호할 줄 아는데 사람은 그렇지 않습니다. 그런 경지에까지 도달하자면 적어도 십수 년이 걸립니다. 모든 동물이 자기를 방어할 무기를 달고 나오거나 자기 방어 본능을 가지고 태어나는데 사람은 그런 것도 지니고 있지 않습니다. 우리에게는 날개도 없고 부리도 없습니다. 몸에 털도 나지 않고 가시도 돋지 않습니다. 물속에 숨는 재주도 없고 땅속을 파고드는 기능도 없습니다.

이런 사실에서 사람은 보호자 없이는 살아갈 수 없다는 단순한 진리를 배웁니다. 사람에게는 처음부터 보호자가 있어야 한다는 것이 하나님께서 우리 인간에게 심어놓으신 진리입니다. 동물학자들의 주장을 따르면, 모든 식물과 동물이 환경에 적응하는 쪽으로 진화했다고 합니다. 이 진화론으로 인간의 육체와 본능, 습성을 설명하려고 하면 도무지 맞아들어가지 않습니다. 인간은 보호자 없이는 생존 자체가 불가능하기 때문입니다. 환경에 가장 잘 적응하지 못하는 쪽으로 진화한 존재가 사람이라고 해야 할 판입니다. 이런 사실을 설명하는 데는 생물적 진화론보다는 성경이 더 적합합니다. 하나님께서 인간을 처음부터 보호자를 필요로 하는 존재로 창조하셨다고 말하는 것입니다.

그래서 인간은 유달리 남에 대한 의존심, 즉 의존본능이 강합니다. 이 의존심은 생물학적으로 보면 잘못된 것입니다. 그러나 성경적으로 관찰하면 당연하고 옳은 것입니다. 의존본능이 인간에게 유달리 강하다는 것은 성장, 결혼, 독립의 과정에서도 발견됩니다. 모든 동물이 독립하면 부모를 잊는 데 반해, 인간은 부모가 살아계실 때는 물론이고, 심지어 세상에 계시지 않을 때에도 부모를 기억하고 그리워합니다. 나이가 들어서도 자신보다 더 늙은 부모에게 기대는 심리가 인간의 마음에 새겨져 있습니다. 인간은 너무나 약하기 때문에, 처음부터 보호자를 통해서만 생존이 가능했기 때문에 우리는 늘 무엇에 기대고 살아가야만 마음도 편하고 또 안전합니다. 이러한 의존심의 연장선에 신을 찾고 신에게 의존하고자 하는 마음이 있습니다. 물론 성경이 말하는 신앙은 이 의존심으로 신을 찾는 것은 아닙니다. 그러나 하나님을 만난 사람들에게 이 의존심은 하나님을 믿게 하는 도구가 됩니다.

예수님은 우리를 만드시고 보호하시고 인도하시는 하나님, 즉 마땅히 의존해야 할 신이 하늘에 계심을 알려 주셨습니다. 하늘에 계신 그 아빠를 의존해서 살아가기 위한 기도를 가르쳐 주셨습니다. 매일 우리에게 빵, 밥을 주시는 분은 하늘에 계신 하나님입니다. 그래서 하나님을 아빠라 부르며 "매일의 양식을 주소서"라고 기도하라고 하셨습니다.

하늘 아빠의 보호

삶을 위한 이 세 번째 기도에서 예수님은 그 하늘 아빠에게 도움과 보호를 요청하는 기도를 하라고 가르쳐 주셨습니다. 하나님만이 우리 인간의 진정한 보호자이시기 때문입니다. 하나님은 우리의 생명을 주셨을 뿐만 아니라 지금도 우리 눈에 보이지 않는 곳에서 우리가 찾아낼 수 없는 방법으로 우리를 다스리고 계십니다. 때로는 법칙을 통해서, 때로는 질서를 통해서, 그리고 우리가 믿는 대로 늘 하나님의 직접적인 섭리를 통해서 우리를 보호하고 인도하고 계십니다. 보호자를 필요로 하고 의존할 분을 찾는 사람들에게 하나님보다 더 마땅한 분이 달리 있을 수는 없습니다.

삶은 얼마나 어렵습니까? 먹고사는 문제가 왜 인간에게는 이렇게도 복잡할까요? 배울 것이 너무 많습니다. 익힐 것이 무궁무진합니다. 아무리 정신을 차리고 똑똑하게 산다고 해도 늘 실수하고 실패하며 절망과 좌절에 깊이 빠집니다. 삶에는 곳곳에 돌부리가 나와 있고, 가는 곳마다 위험의 수렁이 가로 놓여 있습니다. 그 한가운데를 우리는 아무것도 모른 채 그냥 지나가려 합니다. 그러다 갑자기 고난이 닥칩니다. 재난이 몰려옵니다. 정말이지 하나님을 의지하고 하나님께 기도하지 않고는 단 하루도 안심하고 살아갈 수 없는 곳이 세상이고 우주입니다.

"우리를 시험에 데려가지 마소서!" 이렇게 모두가 기도할 수밖에 없는 곳이 세상입니다. 시험은 그 의도의 좋고 나쁨과 관계없이 우리 인간에게는 고난과 고통을 의미합니다. 이런 시험 없이 하루를 통과해 갈 수 있다면 이보다 더 나은 삶이 어디 있겠습니까? 시험이란 그 결과가 좋게 나타나든지 나쁘게 나타나든지 우리에게는 어렵고 힘들고 괴로운 과정입니다. 엄마 품에 안겨 있는 아이의 천진난만한 모습처럼 그렇게 하나님의 품에서 인생을 살아가면 얼마나 좋겠습니까? 예수님은 마치 아이처럼 하나님 아빠를 향해 용서를 빌고 영원한 하나님의 보호를 요청하라고 하셨습니다.

우리 주변에는 얼마나 많은 악이 놓여 있습니까? 공연히 남을 해치

고 이익을 챙기며, 다른 사람들의 고통과 불행을 즐기는 사람들이 얼마
나 많습니까? 악에 빠지지 않고 악한 사람들을 피할 수만 있어도 우리
의 삶은 거의 항상 평화롭지 않을까요? 악이든지 악한 자이든지, 아니
면 악한 사탄에게서든지 하나님 아빠의 보호를 기도하라고 하심으로
예수님은 우리 인간과 하나님의 관계를 아빠 품에 안긴 아이의 모습으
로 그려주십니다.

아이에게 필요한 모든 것을 아빠가 가지고 있습니다. 마찬가지로 인
간에게 필요한 모든 것은 하늘에 계신 우리 아빠에게 있습니다. 하나님
은 모든 것을 만드신 분이십니다. 우리에게 생명을 주셨고 그 모두를 우
리에게 주시는 우리의 아빠이시며, 우리의 보호자시며, 우리의 구원자
이십니다. 이 하나님을 향해 모든 종류의 시험, 모든 종류의 악에서 놓
여 평화롭게 살며, 하나님을 찬송하고 그분의 뜻을 따를 수 있도록 기도
하라는 것이 예수께서 가르쳐 주신 세 번째 기도문입니다.

맺음말

하나님의 마음은 이미 넓게 열렸습니다. 우리 모두에게 더없이 넓게
열렸습니다. 예수님이 오셨다는 것이 그 증거입니다. 십자가의 피로 새
언약이 세워지고 새 언약 백성을 불러 모으기 시작하셨다는 것이 그 증
거입니다. 아빠의 마음이 우리 인간에게 돌아왔고 넓게 열렸기 때문에
하나님의 사랑과 용서와 보호는 이제 우리 손에 닿는 위치에 와 있습니
다. 예수님이 우리를 향해 하나님의 사랑과 용서와 보호를 요청하는 기
도를 하라고 하신 것은 하나님의 마음이 활짝 열려 있는 증거입니다.

예수님은 바로 그 자신의 죽음을 통한 대속과 새 언약을 내다보시
며 하나님을 향해 인간의 좁은 마음을 열고 하나님의 사랑과 용서와 보

호를 기도하라고 하신 것입니다. 십자가에서 죽으심으로 하나님의 사랑을 확실히 알리시며 보장하신 예수께서 주기도문을 통해 우리 스스로 하나님께 나아와 마음을 열고 입을 열도록 요청하십니다. 하나님을 떠난 자녀의 마음이 다시 하나님 아빠를 향하도록, 굳게 닫힌 마음의 문을 열고 하나님 앞으로 나오도록 우리에게 요청하는 것이 바로 예수께서 가르쳐 주신 주기도문입니다.

제35장
우리의 용서와 하나님의 용서
마태복음 6:14-15

독일의 신학자 디트리히 본회퍼는 기독교인의 삶을 싸구려 은혜에 흠뻑 젖어있는 것으로 비판한 적이 있습니다. 하나님의 은혜가 얼마나 귀중한지 모르고 살아가는 모습을 지적한 것입니다. 하나님의 은혜는 너무나 귀중해서 은혜를 받은 사람은 최상의 기준으로 살아가야 합니다. 그러나 본회퍼 당시 신자들의 삶은 은혜를 베푸신 하나님의 요청에는 응하지 않고 교회 밖의 사람들과 별로 다르지 않았습니다. 그는 이 모습을 하나님의 값진 은혜를 싸구려 은혜로 전락시켰다고 표현했습니다.

적지 않은 기독교인들이 하나님의 은혜를 누리기만 하면 된다고 생각합니다. 하나님의 은혜는 하찮은 것이어서 값없이 주어진 것이 아닙니다. 너무나 값지고 인간이 어떤 비용으로도 구할 수 없기에 하나님께서 거저 주셨습니다. 하나님의 은혜는 은혜에 어울리는 삶을 요구합니다. 따라서 하나님의 은혜를 진정으로 아는 사람은 보은의 삶을 살아갑니다. 하나님의 은혜가 값진 것임을 삶을 통해 증명합니다.

우리는 하나님의 용서를 너무 쉽게 생각하는 경향이 있습니다. 예를 들면, 우리는 죄책감으로 마음이 무거워지면 하나님께 용서를 구하고서는, 이내 용서받았다는 확신과 함께 홀가분한 마음으로 다시 기분 내키는 대로 살아갑니다. 그렇게 하나님의 값진 은혜, 즉 용서를 누리면서도 다른 사람의 조그만 가해에도 복수심을 불태우고 작은 실수도 용서하지 못합니다.

하나님의 용서는 양심의 가책을 잠재우기 위하여 사용하는 약과 같은 것이 결코 아닙니다. 사람들의 잘못이 우리에게 큰 해가 되듯이, 그래서 이것을 용서한다는 것이 정말 죽기보다 어렵게 느껴지듯이 하나님을 향한 우리의 죄도 하나님의 거룩하심에 대한 심각한 공격이 됩니다. 이러한 죄를 용서한다는 것은 하나님 편에서도 쉬운 일이 아니었습니다. 예수님은 우리가 가장 어렵게 느끼는 다른 사람을 용서하는 것과 우리가 쉽다고 느끼는 하나님의 용서를 결합하여 말씀하셨습니다. 이 결합을 통하여 우리의 용서보다 하나님의 용서는 훨씬 더 힘든 일임을 알게 하셨습니다. 다른 한편으로는 하나님 편에서 용서의 길이 열린 것처럼 인간 편에서도 서로를 향한 용서의 문을 활짝 열어야 한다는 사실을 알게 하셨습니다.

하나님의 용서와 인간의 용서

본문은 두 문장으로 구성되어 있습니다. "너희가 사람의 과실을 용서하면, 너희 천부께서도 너희 과실을 용서하실 것이다." "너희가 사람의 과실을 용서하지 아니하면, 너희 아버지께서도 너희 과실을 용서하지 아니하시리라." 각 문장은 조건을 말하는 조건절과 결과를 말하는 귀결절로 이루어져 있습니다. 조건절은 인간의 용서를, 귀결절은 하나님의 용서를 내용으로 담고 있습니다. 인간의 용서를 조건으로 하여 하나님의 용서를 약속하신 것이 첫 번째 문장입니다. 다른 사람을 용서하지 못함에 대해서는 하나님의 용서를 불허하신다는 것이 두 번째 문장입니다. 첫 문장의 내용과 두 번째 문장의 내용은 조건절이나 귀결절 모두 정반대입니다. 즉, 두 번째 문장은 첫 문장을 부정적으로 반복한 것입니다. 따라서 예수님이 말씀하신 내용은 하나입니다. "너희가 사람의 잘못을 용서하면, 하나님께서도 너희 죄를 용서하실 것이다." 이 조건이 충족되지 않는 경우는 어떤 일이 일어날까요? 그 경우 예수님은 하나님의 용서가 없다고 선언하심으로 다른 생각이나 다른 해석의 여지를 완전히 차단해 놓으셨습니다.

인간의 죄를 용서해 주시는 것은 하나님의 일방적인 은혜입니다. 신적 계획에 따라 하나님은 자신의 독생자를 사람의 몸으로 보내셔서 십자가에서 우리 대신 형벌을 받아 죽게 하셨습니다. 죄인을 용서하시는 길, 즉 하나님의 용서가 나타난 것입니다. 바울 사도는 "우리가 아직 죄인 됐을 때에 그리스도께서 우리를 위하여 죽으심으로 하나님께서 우리에게 대한 자기의 사랑을 확증하셨느니라"(롬 5:8)라고 말함으로써 하나님의 용서가 무조건적인 은혜임을 확인했습니다.

그런데 예수님은 하나님의 은혜에 인간의 용서를 조건으로 결합하여 말씀하셨습니다. 종교개혁 이후 '조건'이란 용어를 사람들은 별로 좋아하지 않습니다. 그러나 '용서하면,' '용서하지 않으면'이라고 표현하신 것을 '조건'이라는 단어가 아닌 다른 낱말로 달리 적절하게 표현할 방법이 없습니다. 문법적으로 조건절로 표현된 것을 우리는 '조건'이라고 부릅니다. 귀결절을 '조건'에 따른 '결과'라고 부릅니다. 예수님은 인간의 용서를 조건으로, 하나님의 용서를 결론으로 언급하시면서 이 둘을 결합하여 말씀하셨다고 말할 수밖에 없습니다.

자주 무시되는 용서에 대한 예수님의 이 말씀

앞에서 문법적으로 읽어낸 예수님의 말씀은 어려운 몇 가지 과제를 안고 있습니다. 어떻게 인간의 용서가 하나님의 용서를 위한 전제 조건이 될 수 있는가에 대한 신학적 질문은 본문이 불러일으키는 최대의 어려움입니다. 하나님의 무조건적인 사랑, 한량없는 은혜에 흠집을 내는 것으로 보이기 때문입니다. 이런 이유로 예수님의 이 말씀이 기독교 2000여 년의 역사 속에서 자주 무시되어 왔다는 점을 먼저 말씀드리고 싶습니다. 단적으로 말씀드리면 사람들은 이 말씀을 기록된 그대로 받아들이기를 주저합니다. 2000여 년 동안 마태복음의 이곳에 변치 않고 그대로 수록되어 전해져 내려온 예수님의 이 말씀을 다른 사람도 아니고 성경을 열심히 읽고 예수님을 믿는다는 기독교인들 스스로가 과소평가한다는 사실은 안타깝습니다. 사람들이 이 말씀을 어떻게 가볍게 다루고 있는지 확인하시려면 여러분 주변의 유명하다는 주석을 한번 들쳐 보십시오. 유명한 설교집을 한번 읽어 보십시오. 대부분 이 말씀만은 충분히 설명하지 않고 그냥 지나쳐 버립니다. 아주 적은 지면만 할애하기도 합니다. 난해 구절이라는 말로 넘어가기도 합니다.

사람들은 인간의 용서와 하나님의 용서는 어떤 방식으로나 연결될 수 없다고 생각합니다. 이 점을 강조하기 위하여 하나님의 용서를 최상급으로 높이고 극찬합니다. 절대적 은혜를 강조합니다. 인간의 용서를 조건으로 하나님께서 용서하신다는 주장은 인간의 행위를 강조하는 공로주의로 평가절하합니다. 그 결과 구원의 은혜, 죄의 용서에는 진심으로 감사하고 기뻐하면서도 은혜와 함께 주어진 하나님의 요구, 즉 이웃을 용서하는 것에는 지극히 무관심합니다. 사람들을 용서하지 않아도 별 어려움 없이 하나님의 용서를 빕니다.

그러나 이런 방식으로 본문을 설명하는 것은 본문을 버리는 것과 같습니다. 예수님의 말씀을 정당하게 받아들이는 것이 아닙니다. 하나님의 용서를 가장 순수하게 수용하는 것 같아도 사실은 예수님의 말씀을 파괴하고 곡해하며 오용하는 것입니다. 예수께서 조건으로 결합해 놓으신 것을 우리가 임의로 그와는 다르게 해석할 수는 없습니다.

인간의 용서와 하나님의 용서를 결합하시는 예수님

이 말씀의 어려움을 극복하는 지름길은 이 말씀을 하신 분이 우리가 믿는 예수님이시라는 사실에 있습니다. 인간의 용서와 하나님의 용서를 결합하여 말씀하신 분은 다른 분이 아니라 우리 주 예수이십니다. 용서를 위해서 오신 예수님이 인간의 용서를 조건절 속에, 하나님의 용서를 귀결절 속에 넣어 조건과 결과라는 인과관계를 만들어내신 것입니다.

어떤 사람이 인간의 용서와 하나님의 용서를 결합하여 인간의 용서를 조건으로 설명한다면 비판받기 쉬울 것입니다. 그러나 인간의 용서를 조건으로 하여 하나님의 용서를 약속하시거나 불허하신 분은 예수이십니다. 그러므로 무슨 논리나 설명으로 예수님의 말씀을 무시할 수 있겠습니까! 이 말씀에 표현되어 있는 것과 같은 내용은 이곳에서만 발견되는 것이 아닙니다. 주기도문에서 예수님은 인간의 용서와 하나님의 용서를 비교하시며 "우리가 우리에게 죄지은 사람들을 용서한 것처럼 우리의 죄를 용서해 주소서"라고 기도하도록 가르치셨습니다. 이 비교에서 우리는 인간의 용서가 어려운 만큼 하나님의 용서도 어렵다는 사실을 배웠습니다. 또 하나님의 용서를 비는 사람들은 어떤 어려움에도 불구하고 이웃의 잘못을 먼저 용서해 주어야 한는 의무를 가짐을 배웠습니다.

14-15절은 이 기도문에 대한 보충 설명입니다. 우리가 왜 그런 방식으로 우리의 용서를 언급하며 하나님의 용서를 구해야 하는지 그 이유를 설명해 주신 것입니다. '우리가 … 용서한 것처럼'이라고 기도해야 하는 이유는 사람의 잘못을 용서한 사람에게 하나님의 용서가 허락되고, 사람의 잘못을 용서하지 않은 사람에게 하나님의 용서가 불허되기 때문입니다. 이것은 예수님의 말씀입니다. 따라서 이 구절은 우리에게 있어도 좋고 없어도 그만인 말씀이 아닙니다. 예수님의 말씀이 진리라면 우리의 동의나 수용 여부와 상관없이 이 말씀 그대로 이루어지지 않겠습니까? 그렇다면 이 말씀은 매일 하나님의 용서를 빌고 양심의 자유를 얻는 모든 사람이 언제나 알고 있어야 할 말씀입니다.

우리는 이 말씀의 진실 앞에 바로 서야 합니다. 우리의 머리로 이 구절을 이해하기 어렵다고 해서 이 말씀이 담고 있는 진리를 무시할 수는 없는 노릇입니다. 우리가 조직하는 신학에 짜 맞추기 어렵다는 이유로 진리를 외면하지 말아야 합니다. 우리의 생각과 삶, 신학, 신앙을 그 말씀에 맞추어 가는 것이 바른길입니다. 예수님의 말씀으로 삶을 저울질하고 조절해 가는 것이 바른 신앙생활입니다. 그렇게 하자고 시작한 것이 종교개혁이었으니까요.

진실에 직면할 용기가 있다면, 인간의 용서는 조건절 속에, 하나님의 용서는 귀결절 속에 포함되어 있다고 말할 수밖에 없습니다. 그것도 한 번이 아니라 두 번씩이나 말입니다. 한 번은 긍정문의 형태로 말씀하셨습니다. "너희가 … 용서하면, 하나님도 … 용서하실 것이다." 또 한

번은 부정문의 형태로 말씀하셨습니다. "너희가 … 용서하지 않으면, 하나님도 … 용서하지 않으실 것이다." 인간의 용서는 단서 조항입니다. 하나님의 용서는 결론 조항입니다. 인간의 용서를 조건으로, 하나님의 용서를 그 결과 혹은 하나님의 약속으로 말씀하신 것입니다.

　우리 인간이 고안해 내는 모든 핑계와 인위적 설명을 접어두고 예수님의 말씀을 똑바로 봅시다. 글자로 기록된 그대로 말입니다. 어떤 설명, 어떤 신학도 2000여 년 동안 이곳에 있는 우리 주님의 말씀을 지우지 못했습니다. 누구도 다르게 고칠 수 없었습니다. 그렇습니다. 글자 그대로 이 말씀을 받아들이고, 우리의 생각과 삶을 이 말씀에 맞추어 가는 것이 이 말씀을 예수님의 말씀으로 가장 정당하게 취급하는 방법입니다.

사람의 용서와 하나님의 용서의 밀접한 관계

　예수님의 십자가가 한 기둥은 세로로 세워져 있고 다른 한 기둥은 가로로 되어 있다는 사실로부터 기독교 지도자들은 곧잘 다음과 같은 교훈을 생각했습니다. 예수님의 십자가는 한편으로는 하나님과 사람을 화해시키고 다른 한편으로는 사람들을 서로 화해시키기 위하여 세워졌다고 말입니다. 말하자면, 예수님의 십자가는 하나님과의 평화, 다른 한편으로는 사람들 사이의 평화를 성취하는 교두보였습니다. 저는 이 설명이 예수님의 사역을 아주 효과적이고 적절하게 표현한다고 생각합니다. 예수님의 죽으심은 인간에 대한 하나님의 용서를 성취하신 일입니다. 그리고 하나님의 용서를 성취하신 예수님은 사람들과 화목하며 서로 용서하고 서로 사랑하라고 우리에게 명령하셨습니다. 그래서 우리는 예수 그리스도를 이 두 가지 의미에서 우리의 진정한 평화이시라고 말합니다.

　　본문은 인간의 삶의 차원에서 하나님의 용서와 인간의 용서가 어떻게 결합되어 있는가를 알려 주고 있습니다. 예수께서 우리의 죄를 대속하셨지만, 우리에게는 아직 죄의 용서를 비는 일이 남아 있습니다. 우리는 죄를 지으며 살아가기 때문입니다.

　　그런 우리에게 이웃을 용서해야 하는 일도 여전히 남아 있는 매일의 숙제입니다. 나에게 피해를 주는 사람들이 있기 때문입니다. 인간의 욕심과 시기심이 많은 사람을 서로 경쟁과 적대 관계로 몰아넣습니다. 이런 관계에서 우리는 때때로 공격적으로 변하여 남을 해치기도 하고 상처를 입기도 합니다. 서로 원수가 되어 으르렁거리기도 합니다. 대놓고 복수를 하지는 못한 채, 그저 가슴앓이만 하며 분을 삭이게 만드는 일들이 매일 등장합니다. 서로 풀어야 할 이해관계, 해소해야 할 적대 관계는 삶의 연한만큼이나 높이 쌓여 있습니다. 하나님께 용서를 빌어야 할 죄만 해도 무거운데 사람들 사이에 해결해야 할 죄, 허물, 잘못, 실수 등이 우리 어깨를 무겁게 짓누릅니다.

　　이런 삶의 현장, 삶의 과정에서 어떤 용서가 정말 가치 있는 것일까요? 물론 하나님의 용서를 빌어야 합니다. 그런데 예수님은 하나님께 용서를 비는 사람들은 먼저 사람 사이의 무거운 짐을 내려놓고, 즉 다른 사람에게 사죄하고 하나님께 오라고 하셨습니다(마 5:23-24). 사람의 잘못을 용서해야 하나님의 용서가 있다고 하셨습니다. 그렇게 하지 않을 때 하나님의 용서는 없다고 단언하셨습니다.

　　먼저 이웃의 잘못을 용서하는 것은 하나님의 용서를 비는 우리가 우선 이행해야 할 가장 중요한 현실적 과제가 됩니다. 인간의 용서는 우리가 하나님의 용서를 빌 수 있는 상태에 들어서게 합니다. 죄의 용서를 받을 수 있는 위치에 서게 만들어줍니다. 반대로 이웃의 잘못을 과감하게 용서해 줄 수 없는 사람은 예수님에 의해 하나님의 용서를 빌거나 용서받기 어려운 상태에 서게 되는 것입니다.

하나님의 용서와 인간의 용서가 결합되는 것은 하나님의 은혜

예수께서 인간의 용서를 하나님의 용서와 결합하신 것이 잘못된 일입니까? 이 결합이 하나님의 은총을 파괴하는 역할을 하는 것일까요? 그렇지 않습니다. 예수께서 결합하셨기 때문입니다. 우리 인간은 예수께서 만들어주신 것을 감사함으로 받을 뿐, 더 이상 할 말이 없습니다. 인간의 용서가 현실적으로 하나님의 용서의 조건으로 결합된 것이 하나님의 무조건적인 사랑과 한량없는 은혜를 조금이라도 손상한다고 누가 말한다면 저는 이렇게 대답하겠습니다. 하나님 스스로 그렇게 하셨다고 말입니다.

예수께서 하나님의 용서라는 엄청난 은혜를 인간의 용서라는 하찮은 것과 결합하셨습니다. 하나님의 용서, 절대적이고 영원한 하나님의 용서를 일시적이고 감정적이며 세상의 한 작은 부분인 나의 용서와 연결하신 것입니다. 얼마나 은혜로우시고 자비로우신 우리 하나님의 일입니까! 인간의 용서가 하나님의 용서의 조건이 되기에는 턱없이 부족합니다. 감히 하나님의 은혜에 비교할 수도 없는 것이 우리의 용서입니다. 모래 한 알을 주워오면 우주를 준다는 것과 마찬가지로 전혀 어울리지도 않고 전혀 연관성도 없는 주제입니다. 그런데 인간의 용서와 하나님의 용서를 마치 깊은 인과관계가 있는 것처럼 조건과 약속으로 굳게 연결하여 말씀하신 분은 바로 예수 그리스도이십니다. 이렇게 예수님은 우리에게 다시 한번 큰 은혜를 베푸신 것입니다. 우리의 용서를 통해 하나님의 용서를 이해하게 하시고 우리의 것을 통해 하나님의 것을 얻게 하시는 그런 은혜입니다.

예수님 스스로 만들어주신 것을 불쾌하게 생각한다면 그것은 신앙이 아닙니다. 예수께서 스스로 기준을 낮추시고 인간의 용서에 하나님의 용서를 결합하신 것을 무시하거나 피한다는 것은 예수님을 믿고 따르는 길이 아닐 것입니다. 하나님의 논리를 이해할 수는 없더라도 그냥 수긍하고 받아들일 수는 있지 않겠습니까? 믿음으로 받아들이고 이 말씀에 맞추어 살아가는 것만이 예수님을 믿는 우리가 해야 할 일입니다. 하나님의 용서를 인간의 용서처럼 의도적으로 낮추어서 비교하시며, 서로 상관된 개념으로 결합하여 주신 주님을 찬송합시다.

인간의 용서가 가지는 여러 가지 의미

인간의 용서가 하나님의 용서와 결합될 때 인간의 용서는 과연 어떤 의미가 있을까요? 본문에는 현실적 삶에 작용하는 조건으로서의 의미만 나타나지만 성경은 다양한 의미들을 더 알려 주고 있습니다. 마태복음 18장에 수록된 일만 달란트 빚진 종의 비유에서 인간의 용서는 하나님의 용서에 따라와야 할 당연한 열매로, 은혜를 입은 사람들의 삶의 결과로 나타납니다. 비유에서 주인은 "내가 너를 용서해 준 것처럼, 너도 동료를 용서해 주어야 마땅하지 않느냐?"라고 질문합니다. 주인은 자신이 일만 달란트를 탕감해 준 종이 당연히 그렇게 행동하리라 기대하고 있었습니다. 하나님의 용서를 경험한 사람은 이웃의 잘못을 용서해 주어야 한다는 교훈입니다. 인간의 용서가 하나님의 용서의 현실적 열매라면, 우리는 그것을 하나님의 용서를 보여주는 표식이요 증거라고 말할 수도 있을 것입니다. 열매를 보고 나무를 알게 됩니다. 하나님의 은혜는 그 은혜에 어울리는 삶을 낳기 때문에 남을 용서하는 것을 보고 하나님의 용서를 경험한 사람이라고 말하는 것은 결코 틀린 말이 아닙니다. 이렇게 인간의 용서는 하나님의 용서를 확인하는 근거가 된다고 보아도 좋습니다. 일만 달란트 빚진 자의 비유에는 본문과 똑같은 교훈도 들어 있습니다. 일만 달란트를 탕감받은 종이 일백 데나리온 빚진 동료를 용서하지 않고 감옥에 가두었다는 말을 전해 들은 비유 속의 주인은 한 번 용서해 준 종을 다시 불렀습니다. 그가 동료를 용서하지 않았다는 것을 근거로 삼아 용서를 번복하고 그 종을 다시 감옥에 가둡니다. 그래서 일만 달란트를 빚진 종은 그가 용서하지 않은 이유로 용서받지 못하고 다시 주인의 은총을 기다리는 불쌍한 처지에 빠지고 맙니다. 인간의 용서를 하나님의 용서를 위한 조건으로 결합하신 예수님의 말씀이 이 비유에 생생하게 묘사됩니다.

따라서 본문은 성경에서 생소한 그런 이상한 교훈이 결코 아닙니다. 인간의 용서와 하나님의 용서를 결합하신 예수님의 말씀을 통해 우리는 예수께서 인생을 어떻게 보시며 어떻게 다루고 계시는지 배우게 됩니다. 예수님은 시공간에 갇혀 살아가는 우리 인간에게 현실적으로 필요한 말씀을 주신 것이 분명합니다. 여러분, 예수님의 이 말씀을 절대로 잊어버리지 맙시다. 이것은 우리가 예수님을 믿고 하나님의 은혜를 아는 사람으로서 정말 값진 삶을 살아가는 데 꼭 필요한 하나님의 은혜로 우신 말씀입니다.

인간의 상한선인 용서

앞에서 저는 예수께서 하나님의 용서라는 주제를 인간의 용서라는 선으로 낮추어서 함께 결합하여 주신 것을 설명했습니다. 그것은 하나님께서 자신의 용서를 낮추신 하한선입니다. 그런데 이것이 우리 사람에게는 가장 낮은 선이 아닙니다. 쉬운 일도 아니며 누구나 실행할 수 있는 일도 아닙니다. 사람을 용서한다는 것은 우리에게는 아마 가장 높은 선, 즉 우리가 갈 수 있는 상한선입니다. 감정을 가졌고 자존심을 붙들고 하루를 살아가는 우리는 짧게 스쳐가는 상대방의 냉담한 말과 표정도 쉽게 잊지 못합니다. 아무리 작은 공격에도 화가 솟구칩니다. 무심코 내뱉는 비판에 인간은 마음의 상처를 입습니다. 그래서 기회만 생기면 보복하려 합니다. 믿는 사람들의 입에서도 욕이 나오고 저주가 나옵니다. 불평이 쌓이고, 한이 맺히며, 복수심이 똬리를 틀고 기회를 노립니다.

우리 인간은 자존심과 복수심을 버리고 원수를 용서하는 것보다 차라리 죽는 것이 훨씬 더 쉬운 일이라고 느낍니다. 그렇기에 조그마한 원한이 점점 자라나 싸움으로, 살인으로, 전쟁으로 발전하는 경우가 인간 사회에서 허다하게 발생합니다. 감정이 없다면 이런 일은 발생하지 않을 것입니다. 자존심을 죽일 수 있고 서로 용서할 수만 있다면 세상의 문제는 쉽게 풀려 갈 것입니다. 문제는 누구도 한 사람을 쉽게 용서할 수 없다는 데 있습니다. 그래서 우리는 살아있는 동안 끊임없는 화, 복수심, 분노의 노예로 살아갈 수밖에 없습니다. 용서가 필요한 대상은 나에게 큰 해를 가한 원수들에게만 국한되지 않습니다. 우리는 오히려 가까운 곳에 있는 사람들에게 더 자주, 더 크게 분노를 느끼곤 합니다. 우리는 낯선 사람의 무례함은 곧잘 잊어버리면서도, 예를 들면 내가 가장 사랑하는 남편이나 아내 또는 자식이나 부모의 사소한 말 한마디에는 쉽게 상처를 받아 이를 가슴에 담아둡니다.

그런 우리에게 예수님은 무슨 일이 있어도 사람들의 잘못을 용서하도록 명령하셨습니다. 원수를 사랑하라. 핍박하는 사람들을 위하여 기도하라. 배고프다고 하면 먹을 것을 주고, 목이 마르면 마실 물을 주며, 춥다고 하면 입을 수 있는 옷을 주라. 우리는 이것이 예수님의 명령임을 오래전부터 알고 있습니다. 언젠가는 나도 원수를 사랑할 수 있는 사람이 되기를 소망하고 있습니다. 언젠가 손양원 목사님처럼, 스데반처럼 나도 그렇게 남을 용서할 수 있기를 소망합니다. 하지만 우리의 삶은 소망대로 되지 않습니다. 오히려 날이 갈수록 우리의 마음은 편협하고 옹졸해지는 나머지, 남을 용서하고 또한 남에게 용서받아야 할 일들을 계속해서 쌓아가고 있습니다. 언제쯤 우리는 이런 모습에서 벗어날 수 있을까요?

본문은 우리에게 더 괴로운 상황을 만듭니다. 예수님은 용서하라고 명령만 하시지 않고 인간의 용서를 하나님의 용서와 결합하셨습니다. 용서하지 못하는 우리의 삶에 "하나님께서도 용서하지 않으실 것이다"란 경고장을 붙여 놓으신 것입니다. 도달하기도 어려운 까마득한 인간의 상한선을 하나님의 하한선에 엮어 놓으셨습니다. 어떻게 하는 것이 좋겠습니까?

예수님의 이 말씀만 없다면 얼마나 좋았겠습니까? 하나님의 용서를 늘 빌면서 사람들과는 웃고 즐기고 다투고 원수나 친구를 만들면서 생존 투쟁의 대열에 서서 행복을 누리며 살아갈 수 있지 않겠습니까? 그러나 그런 삶은 없습니다. 예수님의 말씀은 바로 이런 삶을 불가능하게 만들어 버렸습니다. 인간을 용서하는 것과 하나님의 용서를 받는 것이 한 문장에 연결됩니다. 예수님은 하나님의 용서를 빌기 위해서는 어쩔 수 없이 우리의 가장 귀중한 부분인 자존심과 분노를 버리고 상처를 입힌 사람을 용서하는 길만 남겨 놓으셨습니다.

우리의 죄를 용서해 달라고 하나님께 비는 순간 예수님의 이 말씀은 작동하기 시작합니다. 죄 용서를 빌 때마다 이 말씀은 우리가 과연 예수님이 말씀하신 범위 안에 들어와 있는지 스스로 저울질하게 합니다. 우리 기도를 하나님께서 받아 주실 것인지 아닌지 우리 스스로 확인하게 해 주는 것이 이 말씀의 진정한 효력입니다. 정말 무서운 하나님의 진단 방법입니다.

용서는 우리에게는 사소한 일이 아닙니다. 죽기보다 싫은 일입니다. 그런데 주님은 선한 마음으로 용서하라고 하십니다. 그래서 저는 이것을 하나님께서 우리에게 제시하신 인간의 상한선이라고 불렀습니다. 하지만 하나님께는 하한선입니다. 더 낮출 수는 없다는 뜻입니다. 하나님의 하한선과 인간의 상한선이 만나는 곳에 하나님의 명령이 있습니다. 더 이상 낮출 수 없는 하나님의 하한선을 겸손히 받아들입시다. 불가능하게 보이는 인간의 상한선을 받아들입시다.

맺음말

본문은 이런 긴 설명이 필요하지 않을 정도로 너무 명확합니다. 누가 읽어도 오해할 부분은 없습니다. 이 말씀을 읽을 때마다 우리를 괴롭히는 것은 "어떻게 할까요?"라는 적용의 질문뿐입니다.

화를 억제합시다. 억울함을 떨쳐버리고 분노를 삼킵시다. 복수심을 죽이고 보복 심리를 공중에 날려 버립시다. 상처를 가져다주는 사람들에게 바보처럼 웃어줍시다. 친절을 베풀고 그들을 용서합시다. 그들의 가해를 잊어버립시다. 아예 기억 속에서 뽑아버립시다. 그런 사람일수록 한 번 더 웃어줍시다. 위로를 아끼지 맙시다. 악을 선으로, 가해를 도움으로 갚아줍시다. 사랑의 수고를 아끼지 맙시다. 이렇게 사는 것이 현대사회에서 우리를 어떤 인간으로 보이게 할는지, 어떤 존재로 만들어 갈는지는 아무도 모릅니다. 그러나 하나만은 확실히 말씀드릴 수 있습니다. 바로 그런 삶이 하나님의 용서를 비는 사람들에게 예수께서 요구하신 것이라고 말입니다.

제36장
하나님이 갚으시는 금식
마태복음 6:16-18

주기도문을 통과하는 긴 여행을 끝내고 의의 실천 방법에 관한 예수님의 교훈으로 다시 돌아왔습니다. 금식 문제에 관한 말씀(6:16-18)은 구제(6:2-4)와 기도(6:5-8)에 대한 말씀에 잘 연결됩니다. 형식도 같고 그 중심 주제도 같습니다. 즉, 구제와 기도를 사람에게 보이려고 하지 말고 하나님만 아시도록 해야 하는 것처럼, 금식도 하나님께서만 보시도록 해야 한다는 것이 예수님의 가르침입니다. 앞의 두 주제에서와 마찬가지로 "은밀히 보시는 네 아버지께서 갚으시리라"는 약속도 첨부되어 있습니다.

용어에 대하여

음식을 먹지 않는 것을 표현하는 우리말에는 금식, 단식, 굶기 등이 있습니다. 금식이든 단식이든 입으로 아무것도 들어가지 않아 몸에 필요한 음식물의 공급이 끊어졌음을 뜻합니다. 그래서 배는 주리고, 고통을 느끼며, 몸의 움직임이 둔해집니다. 이런 상태가 오래 계속된다면 몸은 곧 죽음에 이르게 됩니다. 이 과정을 간략하게 표현한 말이 '굶어 죽었다'입니다.

세 용어는 같은 현상을 표현하는 것이기는 하지만 원인에 따라 우리는 이 말들을 조금씩 다르게 사용합니다. 굶는다는 것은 없어서 못 먹는다는 표현입니다. 본능과 욕구는 간절하고 의지도 발동하지만 먹을 것이 없어서 굶을 수밖에 없는 참담한 실정을 표현하는 것입니다. 지금 우리가 다루는 주제는 이 경우는 아닙니다. 우리가 다루는 주제는 먹을 것도 있고, 먹을 욕구도 넘치지만, 특별한 이유나 특별한 목적에서 일부러 먹지 않는 것입니다. 이런 의도성을 가진 굶음을 표현하는 용어가 금식 혹은 단식입니다. 그러나 단식과 금식에도 의미의 차이가 있습니다.

단식은 어떤 목적을 이루기 위하여 단호하게 음식을 끊는 것입니다. 힘도, 돈도, 권력도 그리고 목적을 이룰 수 있는 어떤 다른 수단도 없을 때, 의지 하나만으로 자신의 목숨을 걸고 항의하는 방법입니다. 목적을 향한 이 단호한 의지가 들어 있지 않을 때, 목적보다는 음식을 끊을 수밖에 없는 절박한 상황이 강조될 때 우리는 금식이라는 용어를 사용합니다. 환자가 병의 치료를 위하여 어쩔 수 없이 음식을 끊어야 한다면 단식이라는 말보다 금식이라는 말이 더 잘 어울립니다. 신앙적 이유에서 음식을 끊는 것을 다루는 성경적 용어는 따라서 단식이 아니라 금식입니다.

금식은 먹을 것이 없어서 못 먹는 그런 행동이 아닙니다. 금식은 목적을 이루고자 하는 강한 의지의 발동, 즉 단식이 될 수도 없습니다. 금식에 인간의 의지력이 어느 정도는 사용되겠지만 음식을 끊는 의지보다는 음식을 끊을 수밖에 없는 상황과 이유가 더 강조됩니다. 절박한 상황에서 하나님의 도우심, 하나님의 은혜, 하나님의 개입을 기다리며 오히려 인간의 의지와 모든 노력을 포기하는 것, 자신의 노력을 포기하기 위하여 의지를 사용하여 음식을 끊는 것이 금식입니다.

따라서 금식은 살아 계신 하나님께서 우주와 세상과 우리의 삶을 다스리신다는 믿음 위에 나타나는 신자들의 행동, 곧 신앙의 표현입니다. 자신의 노력을 포기하고 하나님의 처분만 기다리는 태도가 금식으로 나타나는 것입니다.

금식에 대한 두 가지 극단

금식에 대한 기독교인들의 시각과 견해는 대개 두 극단으로 나누어져 있습니다. 어떤 사람은 경건을 위한 필수적인 방편으로 사용합니다. 이런 사람들은 금식을 밥 먹듯이 하며 사회생활보다는 하나님과의 영적 교제에 몰입해 들어갑니다.

반면에 어떤 사람들은 금식이 신앙생활에 전혀 필요치 않다고 생각합니다. 먹고 마시고 건강하게 더 큰 희망을 향해 나아가면서 하나님의 영광을 나타내고 하나님의 축복을 누리는 것이 기독교인의 바른 삶이라고 생각합니다. 너무 바쁘고 할 일이 너무 많다 보니 음식을 끊고 하나님 앞에 무릎을 꿇어볼 시간이 없습니다. 그에게는 매일 더 강한 육체, 더 좋은 영양분이 필요합니다.

한쪽은 금식 위주의 신앙생활이고, 다른 한쪽은 금식 무시의 신앙생활입니다. 신앙생활에 정말 도움이 되는 금식은 두 극단 사이 어디쯤 위치할까요? 어떨 때 금식이 필요하며, 금식이 어떤 유익을 가져다줄까요? 예수님의 교훈은 이런 질문에 대한 바른 지표가 됩니다.

금식은 신앙의 규칙이 아닙니다

금식은 신앙의 규칙이 아닙니다. 언제부턴가 금식은 한국 교회에서 신앙생활의 아주 중요한 규칙, 어떤 사람에게는 절대적인 규칙으로 취급받고 있습니다. 경건하게 살고자 하는 신자들은 주기적으로, 가능하면 더 자주, 그리고 더 오래 금식해야 한다고 믿고 실천합니다. 그렇게 하지 않을 때 마귀가 나를 조종하고 결과적으로 죄와 실패와 좌절의 삶이 만들어진다고 믿습니다. 신앙생활을 거의 금식(기도)에 의존하고 있는 것입니다. 이를 위해 만들어졌던 곳이 금식기도원입니다. 금식에 치중하다 보니 이 목표를 쉽게 달성할 수 있는 적당한 장소를 별도로 마련해야 했습니다. 정상적인 가정생활, 사회생활에서는 금식이 쉬운 문제가 아니기 때문입니다. 식욕을 자극하는 음식이 있는 곳을 멀리 떠남으로써 금식을 방해하는 요소를 일찌감치 차단하기 위해서 만들어낸 독특한 기도의 장소입니다.

금식에 관한 성경의 기록을 살펴보면 금식을 신앙의 규칙으로 제시하는 곳은 하나도 없습니다. 구약 시대에도, 신약시대에도 금식은 하나님을 섬기는 규칙으로 나타나지 않았습니다. 금식은 하나님을 믿는 사람들이 개인적으로나 국가적으로 큰 어려움, 슬픔, 특히 삶의 위기나 하나님의 심판에 직면했을 때, 하나님의 도움, 용서, 자비, 은혜를 간절히 사모하는 신앙의 표현으로 나타났습니다. 예를 들면, 범죄한 베냐민 지파를 공격했던 이스라엘 백성이 오히려 패배하고 일만 팔천 명이 죽었을 때 모두가 벧엘에 올라가 울며 날이 저물도록 금식했습니다(삿 20:26). 그들의 슬픔과 아픔을 그렇게 하나님께 표현했던 것입니다. 사무엘이 이스라엘을 다스리기 시작하면서 백성을 미스바에 모았을 때 모두가 금식했습니다(삼상 7:6). 과거의 죄를 뉘우치고 하나님의 말씀대로 살겠다는 각오를 그렇게 표현했던 것입니다. 사무엘하 12장에 기록된 유명한 다윗의 금식이나 에스더서의 유명한 민족적 금식도 같은 결론을 알려줍니다.

금식은 하나님께서 명령하신 규칙이나 이 규칙에 대한 응답이 아닙니다. 삶의 위기, 민족적 위기에 직면한 신자들이 자발적으로 음식을 끊고 슬픔을 표하며 하나님의 도움이나 은혜를 호소하는 그런 삶의 한 부분이었습니다.

금식이 신앙의 규칙이 될 수 없다는 것은 다음의 두 가지 사실로도 증명할 수 있습니다. 첫째, 금식에는 하나님의 긍정적인 응답이 따를 수도 있지만 그렇지 않은 경우도 있습니다. 다윗의 금식이 그 좋은 예입니다. 금식은 자신의 슬픔을 하나님께 표현하며 하나님의 처분에 모든 것을 맡기는 신앙의 행동이기 때문에 그 결과는 전적으로 하나님에게 달려 있습니다. '금식을 하면 다 된다,' '다 되더라'는 그런 법칙은 어디에서도 만들어지지 않습니다. 둘째, 이사야서나 예레미야서에는 금식을 규범화하고 그것을 도구로 삼아 하나님의 도우심을 호소, 희망하는 사람들에 대한 엄중한 경고가 기록되어 있습니다. 하나님께서 요구하시는 것은 금식이 아니라 진정으로 회개하는 것이며, 하나님을 진실로 섬기고 하나님의 계명을 지키는 것, 이웃을 돕고 하나님 앞에서 겸허하게 살아가는 신앙의 삶이었습니다.

예수께서 지상에 계셨을 당시 유대인들은 금식을 기도와 구제와 함께 신앙생활의 3대 규칙으로 배우고 지키고 있었습니다. 공식적으로 일년에 세 번, 온 유대인이 지키는 금식일이 있었습니다. 그것은 대속죄일, 신년, 그리고 국가적 재난을 기억하는 금식일이었습니다. 국가적 의식 외에도 개인적으로 지키는 특별한 금식일이 각기 있었습니다. 예를

들면, 바리새인들은 일주일에 두 번씩, 즉 월요일과 목요일에 금식했다
고 합니다. 이처럼 금식을 신앙의 규칙으로 만든 것은 유대인들이었습
니다. 아마 금식 혹은 금식기도가 곧잘 하나님의 도우심으로 나타나는
것을 경험했거나, 그렇게 될 것을 기대한 유대인들이 구약 시대에서 신
약시대로 넘어오는 사이에 금식을 규범화한 것 같습니다. 바벨론 포로
기가 시작되면서 나타난 회개 운동의 결과 이런 관습이 만들어졌다고
보아도 좋을 것입니다.

예수님도 당시 사람들에게 관습화되어 있던 이 신앙생활의 규칙을
예로 드시며 무엇이 바른 신앙 태도인가를 가르치셨을 뿐, 금식을 신앙
생활의 규칙으로 제정하시지 않으셨습니다. 본문만이 아니라 신약성경
어디에서도 금식을 규범화할 수 있는 근거는 발견되지 않습니다. 특히
본문에 나오는 예수님의 특별한 표현을 주의 깊게 관찰하면 누구도 금
식을 규칙으로 사용할 수 없을 것입니다.

예수님은 이곳에서 "금식은 이렇게 하라"거나 "금식이 가장 중요한
신앙의 규칙이다"라고 말씀하시지 않고 "금식할 때" 혹은 "금식한다
면"이라는 조건절을 사용하셨습니다. 이 표현은 예수께서 삶의 규칙이
나 신앙의 규칙을 주실 때 사용하신 명백한 명령형과 아주 다릅니다. 제
자들에게 꼭 지켜야 할 규칙을 주실 때는 이런 방식의 표현법을 사용하
지 않으셨습니다.

본문의 강조점은 따라서 귀결절에 있습니다. 너희는 금식할 때 "얼
굴을 씻고 머리에 기름을 바르라"가 예수님께서 주신 명령이었습니다.
즉, 예수님이 당시 금식 규칙 내지 금식 습관을 인용하신 것은 금식을
규칙으로 선포하시기 위해서가 아니라 금식에 두드러지게 나타나는 위
선적인 태도를 비판하시고, 바른 신앙생활의 태도를 가르치시기 위한

것이었습니다. 즉, 구제든, 기도든, 금식이든 하나님을 믿는 사람들은 사람들을 철저히 배제하고 하나님에게만 보여드리기 위해서 해야 한다는 것이 예수님의 교훈입니다.

　금식은 하나님을 믿는 사람들에게서 자발적으로 우러나오는 삶의 한 표현 방식, 믿음이 만들어내는 결과입니다. 이것을 누구나 억지로 만들어가야 하는 규칙, 규범, 규율로 취급해서는 안 될 것입니다. 금식은 규칙으로서가 아니라 신앙인의 삶의 좋은 모범으로서 본받을 가치가 있는 것일 뿐입니다. 성도들이 하나님을 섬기는 진지한 자세, 특히 슬픔과 고통과 참회와 결심을 하나님께 간절하게 보여드리는 삶의 한 모습이 금식입니다.

예수님은 금식을 부정하거나 금지하지 않으셨습니다

　앞의 설명은 자칫하면 마치 예수께서 금식을 아예 부정하셨다는 결론을 유도할 가능성이 있습니다. 사도행전 이후에는 금식이란 용어가 더 이상 나오지 않기 때문에 어떤 신학자들은 기독교적 삶의 원칙은 믿는 사람들끼리 모여 음식을 나누고 기뻐하고 구원을 감사하며 하나님을 찬송하는 그런 것이지 금식하고 고행하는 것은 결코 아니라고 말하기까지 합니다. 그러나 규칙으로 주어지지 않았다는 사실이 곧 금식을 금지하셨다거나 폐지하셨다는 것을 뜻하지는 않습니다.

　예수님은 금식에 관하여 분명 그 긍정적인 측면을 인정하셨습니다. 공생애를 시작하시기 전에 예수님은 중요한 구속 사역의 첫 발걸음을 내디디시며 사십 일 동안 밤낮으로 금식하셨습니다. 친히 인간의 고통과 약함을 경험하신 것입니다. 굶주린 한 인간으로서 사탄의 시험을 통과하셨습니다. 제자들이 언젠가 금식할 때가 올 것이라고 말씀하신 것도(마 9:15) 금식의 가치를 인정하신 것이라고 할 수 있을 것입니다. 제자들이 중요한 순간에 종종 금식했다는 몇몇 기록도(행 13:2-3; 14:23) 금식 자체가 부정된 것이 아니라는 증거입니다. 예수께서 금식을 전적으로 불필요한 것으로 취급하셨다면, 이 구절들은 설명하기가 어렵습니다.

본문(마 6:16-18)에도 긍정의 흔적이 있습니다. 본문에는 규칙 선포도, 금식의 금지도 들어 있지 않습니다. 그러나 예수님은 금식의 바른 태도를 가르쳐 주심으로써 하나님을 섬기는 사람들에게 금식은 구제나 기도만큼 필요한 것임을 시사하신 셈입니다. 이렇게 질문해 봅시다. 금식이 불필요한 것이라면 예수님은 더 강력하고 분명하게 금식하지 말라고 말씀하지 않으셨을까요? 예수님은 금식을 부정하신 것이 아니라 금식을 위선적으로 사용하는 잘못된 태도를 비판하셨습니다. 얼굴을 어둡게, 침울하게 꾸미지 말라 하셨습니다. 대신 머리에 기름을 바르고 얼굴을 씻으라 하셨습니다. 금식하는 사람이라는 표가 나게 해서는 안 된다는 것입니다. 하나님만이 우리의 금식하는 모습을 보실 수 있도록 해야 한다고 하심으로써 신자들의 삶에 금식은 있을 수 있는 삶의 한 부분임을 인정하신 것입니다. 하나님께만 보이도록 하는 금식에 예수님의 약속이 결부되어 있다는 것도 놓쳐서는 안 됩니다. 사람들에게는 전혀 표시가 나지 않고 오직 하나님만 바라보며 행하는 금식이라면 하나님께서 은밀한 가운데 보시고 갚아주실 것이라고 말씀하신 것은 금식을 금지하신 것이 아니라고 볼 수 있는 확실한 증거입니다.

금식이란 무엇입니까? 금식에 관한 예수님의 교훈도 같은 맥락에서 나온 것입니다. 한술 밥에 찬송과 감사를 드릴 때가 있는가 하면, 더 이상 수저를 들지 못하고 금식에 돌입할 때도 있습니다. 금식이란 하나님 하늘 아빠가 공급해 주시는 밥을 이제는 사양하고 스스로 고통으로 들어가는 것입니다.

　신앙적 금식이 아니더라도 사람들은 힘든 일을 만날 때 밥맛을 잃습니다. 식욕이 떨어집니다. 지나고 보면 별것 아닌 일을 가지고도 사람들은 며칠씩 식음을 전폐합니다. 사업이 망합니다. 실패를 경험합니다. 실연의 상처가 생깁니다. 사랑하는 사람이 곁을 떠납니다. 이런 일들은 인생의 엄청난 고통이지만 살아 있다는 것에 비교하면 다 잃은 것은 아닙니다. 아직 남은 것이 있습니다. 살아있기 때문입니다. 그러나 이런 일들을 떨치고 일어나 다시 기운을 차리고 음식에 손을 대기까지 적지 않은 시간이 흘러가야만 하는 것이 몸을 가진 우리, 사람들의 삶입니다.

　맥이 빠지고 실망이 되고 좌절하며 살아갈 의욕을 잃게 되는 이런 순간은 하나님을 믿는 사람들에게도 어김없이 다가옵니다. 그럴 때 하나님을 섬기는 사람들은 어떻게 하는 것이 좋습니까? 삶의 위기, 삶의 고통 이런 것들도 우리에게는 모두 하나님 앞에서, 하나님께서 다스리시는 세상에서 벌어지는 일들입니다. 마냥 좋고 행복한 것들을 우리는 기대하지만 삶은 아름다운 색깔로만 칠해지지 않습니다. 기독교인들도 삶의 암울한 단면으로 빠져들고 인간적인 고통과 슬픔, 좌절로 가슴이 찢어지곤 합니다. 그렇게 되면 음식을 눈앞에 두고도 먹지 못하는 상황이 벌어집니다.

　밥을 달라고 기도하는 우리가 밥을 도저히 먹지 못할 이런 상황에서 슬픔과 괴로움을 하나님께 보여드릴 수는 없을까요? 그렇게 하는 것은 잘못입니까? 밥을 먹는 것이, 먹을 것을 달라고 기도하는 것이 신앙적 행위라면, 주시는 밥을 굶는 것, 그럴 수밖에 없는 괴로운 모습을 하나님께 보여드리는 것, 그런 사정을 몸으로 입으로 하나님께 호소하는 것도 신앙의 행위입니다.

일상적인 인생의 고비와 고난 이외에도 우리에게는 남달리 가슴 아픈 일들이 있습니다. 본능과 욕망과 습성에서 나오는 우리의 죄가 우리를 무겁게 누릅니다. 특별한 행동이나 특별한 생각을 죄로 인정해야 하는 두려운 순간이 수시로 찾아옵니다. 죄는 죄의식을 생산하고 죄의식은 심판의 두려움을 불러옵니다. 가슴을 치고 후회하며 죄와 허물을 고백하고 하나님의 용서를 비는 과정은 삶의 고비에서 만나는 것과는 비교할 수도 없는 아픔을 줍니다. 배불리 먹으며 참회의 길을 걸을 수 있을까요? 몸을 가진 사람으로서는 온몸으로 참회와 용서를 빌 수밖에 없습니다. 아무도 알지 못하고 아무도 보지 못하지만 하나님의 용서와 은총이 있어야 합니다. 금식은 하나님의 용서와 은혜의 손길을 얻기 위해 온몸으로 하나님께 드리는 참회의 기도가 됩니다.

긍정적인 면에서도 금식이 필요할 때가 있습니다. 삶은 늘 새로운 출발, 새로운 일들의 계획과 실행을 통해 다음 순간으로 연결됩니다. 신자들의 삶은 하나님 앞에서 새로운 계획과 단호한 결심과 성실한 순종으로 꾸며집니다. 그 미래의 주도권을 쥐신 분은 하나님이십니다. 그래서 우리는 하나님의 말씀을 중심으로 새 출발을 계획하고 감행합니다. 또 하나의 출발점에서 어떻게 하는 것이 좋을까요? 성경에 기록된 많은 금식의 예들이 대부분 개인적 삶이나 민족적 사건의 획기적인 전환점과 관련되어 나타난다는 점이 아주 인상적입니다. 새로운 일들을 계획하거나 실행하며 성도들은 그 전체를 하나님의 계획, 하나님의 처분에 맡기겠다는 신앙심을 금식으로 표현했던 것입니다. 사람들에게가 아니라 세상과 역사와 삶을 주관하시는 하나님 앞에서 옷깃을 굳게 여미며 순종과 헌신을 다짐할 때, 이에 상응하는 하나님의 도우심과 은총을 기대할 때 필요한 것이 금식입니다. 그것은 몸으로 드리는 우리의 기도입니다.

금식은 극히 신중하게 해야 할 일입니다

금식은 신앙생활에 유용한 것이기는 하지만 아주 큰 위험부담을 안고 있습니다. 이 위험 때문에 습관적으로 아무 때나 금식으로 들어가는 것은 신앙생활에 오히려 해를 가져올 수 있습니다. 적지 않은 신학자들이 위험과 해악적 요소 때문에 차라리 금식하지 않는 것이 더 좋다고 결론을 내리기도 합니다. 저는 금식의 필요를 강조하면서도 금식은 극히 신중히 결정하고 꼭 필요할 때만 단행할 수 있는 일이라고 말씀드리고 싶습니다. 위험은 금식이 정말 어떤 것인가를 잘 모르는 것에서부터 시작됩니다. 음식과 육체, 밥과 몸의 관계를 모르는 사람은 없습니다. 몸은 본능적으로 밥을 요구합니다. 음식물을 주기적으로 넣어주지 않으면 몸은 망가지기 시작합니다. 그러다가 금식이 장기간 계속되면 몸은 죽음으로 대답합니다. 따라서 금식은 몸을 죽음으로 몰고 갈 수도 있는 행동의 시작입니다. 물론 한 끼 굶었다고 죽는 사람은 없을 것입니다. 그러나 한 끼만 굶어도 몸은 금방 반응을 보입니다. 힘이 빠져나가고 경고음을 발하기 시작합니다. 음식물을 공급하라 그렇지 않으면 죽는다. 몸이 굶는 사람에게 보내오는 신호입니다. 죽음을 방지하기 위한 신호입니다.

따라서 금식하는 사람은 금식이 자살행위와 같은 성질의 것임을 분명히 알고 시작해야 합니다. 자살은 짧은 시간에 강제적으로 자신의 몸을 죽이는 직접적 행위임에 반해, 금식은 장기간에 걸쳐 몸이 죽어 가도록 유도하는 간접적 행위입니다. 금식이 정말 오래 계속되면 결과는 같은 것으로 나타납니다. 이런 엄청난 행동을 섣불리 시작하여 이십 일,

삼십 일, 사십 일 동안 계속하고, 자주 이렇게 함으로 말미암아 영영 돌아오지 못하는 길을 간 사람들이 적지 않습니다. 설령 일상으로 돌아왔다 하더라도 육체적 장애에서 회복되지 못하는 사람들도 있습니다.

여러분, 몸을 가지고 이 세상을 살아가는 사람들에게 먹는 것은 중요한 일입니다. 그것은 하나님께서 주신 몸을 보살피는 일입니다. 하나님께서 각자에게 주신 최초의 사명, 삶을 지속하는 일입니다. 살아 있기 위해 밥이 필요합니다. 예수님이 주기도문에서 "하루치 밥을 오늘 우리에게 주소서"라고 기도하라고 가르치신 이유도 먹는 것이 삶의 출발점이기 때문입니다.

살아서 하나님을 섬기는 것, 첫 번째 사명에 대항하는 것이 금식입니다. 몸을 서서히 죽음으로 몰고 가기 때문입니다. 몸을 가지고 하나님의 말씀을 따라 살아가는 길을 잠시 접어두고, 이와는 반대되는 방향인 죽음으로 접어드는 길이 금식입니다. 이 엄청난 일을 어떻게 사소하게 시작할 수 있겠습니까? 금식이란 죽을 일이 아니라면 감히 시작해서는 안 된다고 생각합니다.

신앙적 금식은 적게 먹음으로 육체를 조절하고 균형 잡힌 신체를 유지하기 위한 것이 아닙니다. 때로는 굶는 것이 건강에 도움이 된다고 해도 이런 목적으로 음식을 끊는 것은 성경이 소개하는 금식이 아닙니다. 자제력을 키우고 인간적 욕망을 절제하는 것도 금식의 이유나 목적이 될 수 없습니다. 경건을 쌓아가기 위한 자기 노력에도 금식은 별 도움이 되지 않습니다. 약간의 영적인 유익을 얻을 수는 있는지 몰라도 두 가지 큰 부작용이 나타나는 것은 어쩔 수 없습니다.

하나는 자제력과 함께 인간의 의지가 신앙생활의 전면에 부각된다는 사실입니다. 하나님의 손에 의지해서 살아가는 것이 믿는 삶인데 오히려 의지력을 더 강하게 키우게 됩니다. 둘째, 하나님께서 정해 놓으신 삶의 원칙을 신앙의 이름으로 깨뜨리는 결과가 만들어집니다. 밥을 주소서 기도하는 것과 밥을 굶는 몸의 기도는 특수한 순간, 특수한 이유 때문이 아니라면 결코 함께 가기 어렵습니다. 그런데도 두 기도를 늘 함께 드림으로써 자신도 알지 못하는 가운데 신앙적 혼란에 빠져들게 됩니다.

정말 괴로운 상황이 아니라면, 정말 마음을 찢고 가슴을 후벼낼 그런 일이 아니라면, 삶의 획기적인 전환기에서 중대한 결정, 결심과 강한 각오가 필요한 그런 때가 아니라면, 금식을 감행하지 않는 것이 더 나은 길일 수 있습니다. 그것은 자칫 우리를 인간적인 의, 인간적인 경건을 추구하도록 자극할 수 있습니다. 그러나 긴급한 필요가 있을 때 금식은 하나님을 향한 가장 강한 기도가 될 것입니다.

사람들에게는 감춥시다

예수께서 금식을 비판하시는 초점은 사람들에게 보이는 목적에 있습니다. 위선자들은 본인이 금식하고 있다는 사실을 사람들에게 드러내고 이로써 마음의 숨은 다른 의도를 이루고자 합니다. 굶은 사람은 별도로 꾸미지 않아도 표가 나기 마련입니다. 평범하게 행동한다 해도 힘이 빠진 몸은 움직임이 둔해지는 등 건강한 사람과는 무언가 달라질 수밖에 없습니다. 표가 나지 않게 하기 위해서는 각별한 노력, 즉 평범하게 보이려는 노력이 필요합니다. 그런데 예수님 당시 사람들은 이런 노력을 하기는커녕 슬픈 표정을 짓고 얼굴을 일그러뜨림으로써 금식한다는 것을 더 부각시킨 것으로 보입니다. 이런 태도, 이런 행동은 금식의 진정한 의미에 반할 뿐만 아니라 신앙의 본질에도 맞지 않습니다. 하나

님에게 자신의 슬픔과 아픔을 표현하고 겸허하게 하나님의 뜻을 따르
겠다는 표식인 금식을 전혀 다른 의도로 사용하는 사람들은 외식하는
자로 분류됩니다.

'외식하는 사람'이라고 번역된 단어는 원래 '연극 배우'를 뜻하는 용
어입니다. 영화나 다른 예술이 발달하지 않았던 시절의 얘기입니다. 연
극인들은 각본에 따라 행동할 뿐 평상시 자신의 성격이나 감정 등을 표
현해서는 안 됩니다. 슬퍼도 기쁜 표정을 짓고, 기뻐도 눈물을 흘려야
했습니다. 그 결과, '연극 배우'라는 단어에서 위선이라는 부정적인 의
미가 파생되었습니다.

금식은 하나님 앞에 자신의 슬픔, 고통, 후회, 결심 등을 나타내 보이
는 것입니다. 사람들에게 자신을 금식하는 사람으로 각인시키려고 하
는 것은 금식 자체의 목적이 아니라 다른 목적을 가지고 있는 것입니다.
금식한다는 행동을 통해 다른 사람과 자신을 구별하고, 자신을 하나님
을 진심으로 섬기는 특별히 경건한 사람으로 나타내고, 그렇게 함으로
써 사람들의 존경과 사랑, 결과적으로 종교적 권위와 지도력을 확보하
려는 그런 다른 의도 말입니다. 이것은 믿는 사람들의 사회에서 흔히 있
을 수 있는 종교적 욕심, 신앙적 이기심, 종교적 우월의식과 교만일 뿐
금식의 참된 정신일 수 없습니다.

구약성경에 기록된 금식의 모습은 옷을 찢고 재를 머리에 끼얹는
등 외부적인 표시를 동반했습니다. 예를 들면, 에스라는 자신의 수염을
쥐어뜯었습니다. 금식은 누구나 알 수 있는 외부적인 표시와 함께 진행
됐습니다. 모두가 같은 태도, 같은 행동을 취했습니다. 그렇다면 예수님
당시의 유대인들도 이런 전통을 따른 것일 뿐이라고 말할 수 있지 않을
까요? 예수님 당시에 금식하는 사람들은 외식하는 사람들이라는 비판

을 받고 바른 금식을 가르치기 위한 부정적인 예로 거론된 이유가 무엇일까요?

　적절한 답을 우리는 구약 시대와 예수님 당시의 달라진 시대상에서 찾기 시작해야 합니다. 금식의 외부적 표현이 긍정적으로 기록된 구약 시대에는 이스라엘 민족 모두가 하나님을 섬기는 한 신앙공동체에 속해 있었습니다. 즉, 정치적 경계선과 종교적 경계선이 같았습니다. 따라서 민족적·국가적 죄, 위기에 빠졌을 때 함께 신앙을 표현하는 공동 금식이 가능했습니다. 왕으로부터 시작하여 모든 지도자, 모든 백성이 한마음으로 금식에 참여하여 그들의 집단적 슬픔과 고통, 결심을 하나님께 표할 수 있었습니다. 금식의 외형적 표시는 모든 유대인들, 즉 하나님을 섬기는 모든 사람을 하나의 신앙공동체로 묶어주는 역할을 했습니다.

　그러나 예수님 당시는 정치적·종교적 상황이 엄청나게 달라져 있었습니다. 예루살렘과 이스라엘 전역에 로마인들, 헬라인들, 헤롯 가문과 같은 수많은 이방인이 득실거리며 함께 섞여 살고 있었습니다. 오히려 그들이 하나님의 백성이라 자부하는 이스라엘을 정치적으로 지배하고 있었습니다. 이 정치력에 의해 종교적 행위와 삶도 제약을 받곤 했습니다. 그 결과, 이스라엘 사람들을 신앙의 공동체로 묶을 수 있는 강력한 정치적 구심점은 없어졌습니다.

　사두개인들, 바리새인들, 헤롯당, 대제사장 가문 등 많은 파벌이 형성되어 정치색으로 얼룩져 있었습니다. 그들은 같은 유대인이면서도 같은 규칙을 지키고 있지 않았습니다. 한마디로 유대 사회는 이미 다원화 사회가 됐고 구약 시대와 같은 신앙의 민족 공동체로 살아가기는 어려웠습니다. 유대인 모두가 함께 금식하기보다는 각 집단의 견해에 따라 어떤 사람들은 금식하고 어떤 사람들은 금식하지 않았습니다. 이런 상황에서는 일주일에 두 번씩 금식하던 바리새인들처럼 일부만 금식에 가담하는 경우에는 금식한다는 외형적 표시가 유대인들을 구분하는 역할을 했습니다. "나는 이레에 두 번씩 금식합니다"(눅 18:12)고 기도했다는 한 바리새인의 고백은 자신이 다른 유대인들과 같지 않은 경건한 사람, 하나님을 잘 섬기는 사람임을 선언하는 것과 다를 바 없습니다.

예수님의 비판은 유대인들 공동의 금식보다는 개인적·부분적 금식에 외부적인 표시들이 나타나는 관습을 겨냥하신 것으로 보입니다. 하나님께만 보여야 할 금식이 자신을 경건하고 거룩한 사람으로 보이게 하는 것이라면 금식은 그 본연의 가치를 잃고 맙니다. 그 금식은 사람들에게 보이고 사람들에게 찬사와 존경을 받음으로써 이미 목적을 달성한 것입니다. 그러한 금식은 하나님에게 더 이상의 효력을 가지지 못합니다.

한국의 상황은 예수님 당시의 상황보다 더 복잡합니다. 하나님을 섬기는 사람들은 소수입니다. 사회에서 금식한다는 것은 동질감보다는 이질감을 만들어냅니다. 기독교인들 모두가 함께 금식한다고 하더라도 금식의 표시는 우리가 전도해야 할 사람들과 우리 기독교인들 사이에 앙금 내지 장벽으로 작용합니다. 교회 안에서 모두가 함께 금식해야만 할 상황은 그렇게 많지 않습니다. 한국 교회에서도 금식의 외형적인 표시는 금식 자체의 기능을 살려주기보다는, 오히려 사람들에게 자신을 경건한 사람으로 부각시키려는 위선적인 목적을 안게 될 가능성이 큽니다. 그렇다면 예수님의 말씀은 우리 한국 교회에 그대로 적용되어야만 할 것입니다.

정말 금식이 필요하다면 예수님의 말씀을 따라 얼굴을 씻읍시다. 머리에 기름을 바릅시다. 예수님의 이 말씀은 사람에게 금식의 표시가 될 수 있는 것은 무엇이나 제거해야 한다는 말씀입니다. 당시 사람들은 금식할 때 얼굴을 씻지 않았습니다. 얼굴에 때가 묻고 기름기가 흐름으로 추한 몰골로 변했습니다. 머리를 손질하지 않음으로 그들은 사람들의 눈에 늘 금식하는 경건한 사람으로 비칠 수 있었습니다. 그런 시대에 예수님은 얼굴을 씻으라 머리에 기름을 바르라고 하심으로써 금식하지 않는 사람들과 조금도 다르게 보이지 말 것을 명령하셨습니다.

우리는 어떻게 금식의 흔적을 없앨까요? 모두가 깨끗하게 씻고 차려입기 때문에 얼굴을 씻는 것이 표시를 지우는 것이 되지는 않습니다. 머리에 기름을 잘 바르지 않는 시대에는 오히려 머리에 기름을 바르는 것이 금식한다는 표시가 됩니다. 예수님의 말씀을 바르게 적용하는 방법은 우리 시대, 우리 사회에서 금식의 외형적 표시가 될 수 있는 것은 무엇이든지 지우는 것입니다. 즉, 평상시에 하던 대로 머리와 옷차림을 잘 단장하는 것입니다. 금식은 사람에게가 아닌 하나님에게만 보이기 위함이기 때문입니다.

맺음말

금식에 관한 예수님의 교훈은 하나님께서 세상을 만드셨고 직접 다스리고 계신다는 믿음에 철저하게 세워져 있습니다. 정말 진지한 금식이라면, 하나님께만 보일 목적으로 굶음의 길을 선택한다면, 하나님께서 그 금식을 보시고 응답하실 것이라고 보장해 주셨습니다. 인생의 고비에서, 더 이상 앞으로 갈 수 없는 상황에서, 슬픔과 고통과 후회와 좌절까지도 하나님 앞에서 이해하고, 또한 하나님을 믿는 믿음으로 금식하며 그 고비를 넘어서는 것도 믿음의 삶이라 할 수 있습니다.

제37장
두 주인?
마태복음 6:19-24

모든 것을 돈으로 가늠하는 세상이 됐습니다. 돈이 인간의 삶과 사회를 지배하고 있습니다. 노동만이 아니라 정보, 지식 등 거의 모든 것을 돈으로 사고팝니다. 사람의 능력이나 인격도 금전적인 측면에서 평가합니다. 사람의 생명까지도 결국 돈이 살리고 죽이는 세상입니다. 돈이 가지고 있는 눈에 보이지 않는 힘은 예수께서 산 위에서 이 설교를 하셨던 때도 비슷했습니다. 그러나 사회 구조가 더 복잡해지고 온갖 제도가 발달하면서 돈의 힘은 그 어느 때보다 더 커지고 더 무서워졌습니다. 황금만능주의가 실감이 나는 시대입니다. 돈을 싫어할 사람이 있을까요? 돈에 흔들리지 않을 사람이 있을까요? 특히 나라의 경제가 어려워지니까 사람마다 돈에 혈안이 되어 있습니다. 1997년 말에는 돈돈돈 하는 노래가 유행한 적도 있습니다. 온 국민의 심정을 가장 잘 대변하는 노래였다고 합니다. 물질을 추구하고 탐심을 가지는 것을 이제 누구도 부끄럽게 생각하지 않습니다. 오히려 돈을 버는 기술, 능력, 욕구는 자본주의 사회에서 긍정적으로 여겨지고 있습니다. 누가 돈 벌었다는 애기를 들으면 어떻게 벌었는지를 배우기 위해 사람들이 몰려듭니다. 하나님을 믿는 사람들은 이러한 풍조로부터 자유롭다고 말할 수 있을까요? 우스꽝스럽지만 교회도 돈이 없으면 존립 자체가 불가능한 것처럼 보입니다.

예수님은 물질에 대한 바른 마음가짐을 윤리적 차원, 즉 사람이 돈을 어떻게 사용하는 것이 정당한가라는 좁은 관점에서 다루시지 않으셨습니다. 물질에 집착하고 탐심에 사로잡히는 것은 우상숭배요, 하나님을 믿는 사람들이 이렇게 하는 것은 두 주인을 섬기는 것이라는 관점에서 물질과 관련된 문제를 다루셨습니다.

옛날의 보물과 오늘날의 보물

옛날 유대인들은 어떤 것을 보물로 생각했을까요? 예수님의 말씀을 바르게 이해하고 사용하기 위해서는 이 질문이 필요합니다. 2000여 년 전의 보물과 우리 시대의 보물은 같지 않고, 보물을 간직하는 방법도 다르기 때문입니다. 2000여 년 전의 세상은 지금처럼 물질 문명이 발달하지 않았습니다. 물자도 풍부하지 않았습니다. 지금 우리가 보물이라고 부르는 것은 대부분 당시에 없던 것들입니다. 수천만 원짜리 모피 코트보다는 '부드러운 옷'이 훨씬 값비싼 물건이었습니다. 가난한 사람들은 동물의 가죽을 가공하여 입고 다녔고 왕이나 고관대작 정도가 '부드러운 옷'을 입을 수 있었습니다. 지금은 누구나 어렵지 않게 가질 수 있는 진주 한 알이 당시에는 아주 비싼 보물이었습니다. 어떤 상인이 좋은 진주 하나를 사기 위해 자신의 전 재산을 팔았다는 얘기를 예수님이 하신 적이 있습니다.

그때 보통 사람들이 그래도 가져볼 수 있는 보물은 양식, 옷 등이었습니다. 우리말로는 재산이라고 하는 것이 더 적합하지만, 당시는 보물이라고 불렀습니다. 이것은 예수님의 말씀을 통해서 확인됩니다. 예수님은 보물을 땅 위에 쌓지 말아야 할 이유를 이렇게 말씀하셨습니다. "땅에서는 보물에 좀이 쓸고 녹이 나고 도둑이 뚫고 들어오기 때문이다." 보물을 하늘에 쌓아야 한다고 하신 이유는 그 반대입니다. 좀이란 옷을 갉아 먹는 벌레입니다. '녹'으로 번역된 단어는 학자들의 연구에 따르면, 양식을 먹어 치우는 벌레나 썩게 하는 곰팡이를 의미합니다. 예수께서 지적하신 것은 당시 사람들이 보물로 여기던 양식과 옷이었음을 알 수 있습니다.

사람들은 양식과 옷을 집 안에 실제로 "쌓아 두고" 있었습니다. 이것을 노리는 도둑이 "구멍을 뚫고 들어와서" 그것들을 훔쳐 갑니다. 당시 유대인들은 집을 지을 때 흙벽돌을 사용했습니다. 도둑은 마음만 먹으면 어렵지 않게 벽에 구멍을 뚫고 들어가 양식, 옷, 그릇 등 당시의 귀중품들을 훔칠 수 있었습니다. 보물만 잃을 뿐 아니라 귀한 집까지 파손되고 맙니다. 예수님은 '보물'이란 단어를 사용하심으로써 이 말씀이 어느 시대의 누구에게나 적용될 수 있도록 배려해 놓으셨습니다. '보물'은 구체적인 물건을 지시하지 않고 특정한 물건의 성격을 지시하는 단어입니다. 즉, 사람들이 일반적으로 귀중히 여기는 것이 보물입니다. 무엇이 보물인가는 이 단어를 사용하는 지역, 시대에 따라서 달라질 수 있습니다. 현대사회에서 보물의 범위에 들 수 있는 것은 아마 돈일 것입니다. 돈을 가지면 사람들이 가지고 싶어 하는 것을 무엇이나 쉽게 손에 넣을 수 있기 때문입니다. '보물'은 재물을 가리킨다고 보아도 좋을 것입니다.

이 말씀에 대한 오해들

우선 이 말씀에 대한 오해에 대해서 말씀드리겠습니다. 어떤 사람은 이 말씀을 재물을 소유해서는 안 된다는 명령으로 받아들입니다. 어떤 사람은 적당히 일하고 먹고살 만큼만 벌어들이라는 명령으로 이해합니다. 그 이상은 탐욕에서 나오는 것, 땅에 재물을 쌓는 것으로 예수께서 금하셨다는 것입니다. 이러한 삶이 현대사회에서 실천하기 어려우니까 어떤 사람은 사회에서 열심히 일하고 최선을 다해 돈을 버는 것을 지양하고 산속으로 들어가 혼자 살거나 고립된 기독교인들만의 사회를 만들어 최소한도의 생산과 최소한도의 소비생활로 무소유, 청빈의 이상을 실현하려고 합니다. 어떤 사람은 사회로부터 도피하지는 않지만 능력을 충분히 사용하지 않습니다. 무소유, 청빈을 실천하기 위해서 하루 먹고 하루 생명을 유지하는 것으로 만족합니다.

이런 모습을 예수님의 말씀에 근거한 것으로 보면서 이를 옹호하는 것은 예수님의 말씀에 대한 오해에서 비롯된 것입니다. 그런 태도는 인간의 게으름이나 책임 회피에 대한 사람들의 비판에 대응하기 위한 면피용 핑계에 불과합니다. 왜냐하면 이들은 하나님께서 주신 능력을 충분히 발휘하지 않았기 때문입니다.

열심히 일해 돈을 버는 것은 하나님의 법칙과 복

부지런한 사람이 부자가 되는 것은 일반 법칙에 속합니다. 현대 방식으로 말하면 열심히 일하는 사람이 더 많은 돈을 버는 것이 자연 질서입니다. 게으른 사람은 가난해질 수밖에 없습니다. 심은 대로 거둔다는 하나님의 창조 질서가 사람에게는 일의 결과로 나타나고 돈과 부로 표현됩니다. 사람들은 복권의 기적을 기대하지만 그런 예외는 흔치 않습니다.

땅에 쌓지 말고 하늘에 쌓으라는 예수님의 말씀은 사람들이 그가 태어난 사회 속에서 열심히 일하고 최선을 다해야 한다는 생각을 그 근저에 깔고 있는 것으로 보입니다. 왜냐하면 열심히 일하지 않고 더 많이 벌어들이지 않으면 하늘이고 땅이고 어디에도 쌓을 것이 없기 때문입니다. 자신이나 가정의 삶만을 책임지는 삶이라면 그것은 생존을 위한 몸부림이지 보물을 땅에 쌓는 것은 아니기 때문입니다.

예수님은 구원의 은총만을 노래하며 게으르게 모든 것을 포기하고 주님께 갈 날을 기다리며 입에 풀칠만 하고 견디라고 이 말씀을 주신 것은 아닙니다. 그런 사람은 하늘이 아니라 땅에도 쌓을 것이 없습니다. 아니 당장 먹을 것도, 입을 것도 없는 사람이 될 것입니다. 예수님의 명령을 따른다고 하지만 결과적으로는 자신의 삶을 다른 사람이 책임지도록 넘겨버리는 쓸모없는 사람이 되고 말 것입니다. 살아있는 동안 우리는 해야 할 일이 있습니다. 창조주 하나님을 믿는 사람들이 놀고먹는 사람들이 되어서는 안 될 것입니다.

열심히 일하십시오. 최선을 다하십시오. 기능과 기술을 계속 발전시키십시오. 능력이 되신다면 더 많은 연구를 하고 더 많은 돈을 벌어들이십시오. 하나님의 인도와 도우심, 그리고 축복을 기도하십시오. 그래서 부자가 되십시오. 그래야 땅에 쌓느냐, 하늘에 쌓느냐를 심각하게 고민할 수 있을 것입니다. 하나님께서 우리를 이 세상에 보내셨다면, 자신의 능력을 계발하지 않는 것은 불충입니다. 자신의 힘과 기술을 사용하여 열심히 일하지 않는 것은 하나님 앞에 게으름이요 책임 회피입니다. 저는 예수님의 이 말씀이 사람들로 하여금 열심히 일하고 최대한 벌어들이는 것을 오히려 보장하고 자극한다고 생각합니다. 정당하게, 성실하게 그리고 선하게 일하고 벌어들인다면 말입니다. 물론 가난한 사람은 물질에 대하여 깨끗하다는 말씀도 아닙니다. 물질에 대한 마음의 문제로 넘어가면 가난한 사람들도 물질에 집착하고 돈을 하나님보다 더 사랑하고 사모할 수 있다는 점을 지적할 수 있을 것입니다. 열심히 일할 수 있고 그렇게 해야 할 사람이 "땅에 쌓지 말고 하늘에 쌓으라"는 말씀을 핑계로 일하지 않는 것은 옳지 않습니다. 누구보다도 더 열심히 일하고 그 결과를 하늘에 쌓을 수 있게 되어야 합니다.

땅에 보물을 쌓지 맙시다

땅에 보물을 쌓는다는 것은 자신과 가족의 삶의 필요를 위해서 돈을 벌고 사용하는 대신 돈 자체를 위해 일하고 벌고 끝없이 모아 가는 것이라고 할 수 있습니다. 우리는 "땅에 보물을 쌓지 말라"는 예수님의 말씀을 진지하게 받아들여야 합니다. 돈을 벌고 사용하는 평범한 삶이 예수께서 경고하신 "땅에 보물을 쌓는 것"이 될 수 있기 때문입니다. 따라서 돈을 벌고 쓰고 모으는 현재의 삶을 신중하게 검토해 볼 필요가 있습니다. 우리는 우리의 욕구와 탐심을 따르기보다는 성령의 인도를 기도하며 보물을 땅에 쌓는 것이 될지도 모르는 가능성을 면밀하게 살펴야 할 것입니다.

우리 주변에는 스스로 일할 수 없는 사람들이 많이 있습니다. 열심히 일해도 먹고살기 힘든 사람들도 있습니다. 열심히 일했지만 그저 빚만 지고 고통만 당하는 사람들도 있습니다. 이런 사람들이 옆에 있는데도 불구하고 자신의 배만 불리고 화려하게 살아가고 흥청망청 돈을 낭비한다면, 또 별다른 이유 없이 돈을 불리고 부를 축적해 간다면 이런 것은 틀림없이 보물을 땅에 쌓아 두는 것이라 불러도 좋을 것입니다. 반대 방향도 바람직하지 않습니다. 자기 몸을 쇠약하게 만들고 가정의 안녕이 무너질 정도로 돈을 아끼는 금욕은 위험합니다.

예수께서 보물을 땅에 쌓지 말라는 명령은 재물의 덧없음을 전제로 합니다. 옷, 양식은 좀이 먹고 곰팡이가 나기 때문에 제때 사용해야만 합니다. 도둑이 훔쳐 갈 수도 있습니다. 결과적으로 쌓아 두는 것이나 사용하는 것 사이에 큰 차이가 없습니다. 우리 시대의 돈도, 보물도 모두 그런 것입니다. 돈은 삶을 위한 도구일 뿐입니다. 도구는 삶을 위해 사용할 때 빛이 납니다. 사용하지도 않고 쌓아놓기만 한다면 그런 도구는 무의미한 것입니다. 사용하지 않는다고 해서 영원히 나의 것으로 남지는 않습니다.

우리의 보물을 하늘에 쌓읍시다

보물을 땅에 쌓지 말고 하늘에 쌓으라고 예수님은 말씀하셨습니다. 그곳에는 좀도 쓸지 않고 곰팡이도 생기지 않습니다. 도둑도 없습니다. 영원히 우리를 위한 보물로 보관됩니다. '하늘'은 하나님에 대한 비유어 혹은 대용어입니다. 즉, 예수님은 "너희 보물을 하나님께 쌓아두라"고 말씀하신 셈입니다. 하나님께서 그것을 받으시고 보관하시며 기억하실 것이라는 약속입니다.

우리의 보물을 어떻게 하늘에 쌓을 수 있습니까? 예수님은 하늘에 보물을 쌓는 방법에 대해서도 말씀하지 않으셨습니다. 따라서 다른 때 하신 말씀, 혹은 산상설교 안의 다른 말씀과 교회의 2000여 년에 걸친 경험에서 우리의 답을 찾아야 할 것입니다. 예수께서 구체적으로 방법을 지시하지 않으셨다는 것은 마음대로 해도 좋다는 신호가 아니라 우리에게 신중한 판단을 맡기신 것으로 받아들여야 할 것입니다. 우리는 우리의 삶에 필요한 모든 것을 위해 열과 성을 다한 노동과 노력을 통하여 감사함으로 받고 그렇게 받은 것들을 어떻게 사용할 것인가를 늘 생각하면서 살아야 합니다.

세상 사람들은 자기가 돈을 벌었으니 그것은 자기 것이라고 생각하면서 자기 마음대로 씁니다. 하지만 우리는 그렇게 할 수 없습니다. 그렇게 해서도 안 됩니다. 어떻게 보물을 하늘에 쌓을 것인가를 늘 살피면서 한 푼 한 푼을 귀하게 그리고 선하게 사용해야 합니다. 이런 성실한 자세는 돈을 버는 노동에서부터 시작됩니다. 따라서 부정하고 불법적인 방법으로 돈을 벌 수는 없습니다. 우리는 하나님께서 주신 것을 가지고 사는 사람들입니다. 내가 일하고 버는 것처럼 보여도 주시는 분은 하나님이십니다. 쓰는 과정에서 당연히 우리의 보물들을 하나님께 돌려드려야 하는 것입니다.

초대 교회 시절부터 신자들은 어떤 방법으로 하늘에 보물을 쌓을 수 있는지 고민해 왔습니다. 결론은 이렇습니다. 일할 수 없거나 충분히 벌지 못하거나 굶주리는 이웃을 위해 금싸라기 같은 돈을 사용하는 것이 하늘에 보물을 쌓는 것이라고 말입니다. 열심히 일하고 최선을 다해 벌었어도 하나님을 믿는 사람들에게는 그것이 나의 것, 가족의 것이 아닙니다. 나와 가족들의 삶을 위해서 사용할 수 있는 부분은 제한되어 있습니다. 나머지는 나의 것이 아닙니다. 하나님께서 나에게 맡겨 놓으신 것입니다. 다른 사람들에게 나누어 주도록 하나님께서 맡기신 것입니다.

이렇게 하나님을 믿고 하나님의 청지기로 살아간다면 나와 가족의 필요를 위한 돈도 내 것이라고 할 수 없을 것입니다. 그것조차도 내 것이 아니라 하나님께서 나와 가족의 삶을 위해서 맡겨주신 것입니다. 하나님의 세상에 우리는 그런 청지기입니다. 돈과 재물의 주인이 아닙니다. 이것이 초대 교회 시절부터 성도들이 재물에 대하여 가졌던 태도입니다.

쉰들러 리스트라는 영화를 보기까지 대부분의 사람은 죽음에 직면한 유대인들을 아우슈비츠 수용소에서 살려낸 사람이 있다는 사실을 몰랐습니다. 저는 그 영화의 한 대목을 잊을 수가 없습니다. "저 차를 팔았더라면 두 명은 더 살릴 수 있었을 텐데 …." 우리가 노동한 대가로 받는 돈이 고귀한 생명을 살릴 수 있다면 열심히 일하고 더 많은 돈을 벌어들이는 것은 결코 나쁜 일이 아닙니다. 금지된 일도 아닙니다. 바로 그 일을 위해서 우리는 믿는 사람으로서 열심히 일해야 하고 더 많은 돈을 벌어야 하는 것입니다. 그렇게 하늘에 보물을 쌓고 하나님께 돌려드리기 위해서 말입니다.

마태복음 25장의 양과 염소의 비유는 바로 하늘에 재물을 쌓는 방법을 설명한 비유입니다. 양으로 불린 사람들은 헐벗은 사람에게 옷을 줌으로써 예수님께 옷을 입힌 것으로 평가받았습니다. 굶주린 사람들에게 먹을 것과 마실 것을 준 양들은 예수님의 주림과 목마름을 채워드린 것으로 기록됐습니다. 이웃의 불행, 고통을 돌아본 사람들은 하나님의 평가 방법에 따라 예수님을 그렇게 섬긴 것으로 판결받았습니다.

하늘에 보물을 쌓으라는 예수님의 말씀은 하나님이 가난하다는 표현이 아닙니다. 바로 이 하나님의 방법을 받아들이고 실천하라는 명령입니다. 사람들에게 우리의 재물을 나누어 줌으로써 우리는 하늘에 보물을 쌓습니다. 그 모두가 사실 하나님께서 주신 것입니다.

하나님은 우리의 마음을 받으십니다

예수님이 보물을 하늘에 쌓으라고 하신 이유는 사람의 마음이 하나님을 향해 열려 있어야 하기 때문입니다. 이 부분이 한글 성경에는 불명확하게 번역되어 있습니다. 예수님의 말씀을 그대로 인용하면 이렇습니다. "너희를 위해 보물을 하늘에 쌓아 두라. … 왜냐하면 네 보물이 있는 곳, 거기 네 마음도 있을 것이기 때문이다." 우리의 보물, 돈은 사람들에게 필요합니다. 우리가 하나님의 성실한 청지기가 되어 물질이 필요한 이웃에게 나누어 줄 때 우리의 마음은 하나님을 향하고 하나님은 우리의 마음을 받으십니다.

누가 물질의 욕구로부터 자유롭게 살아갈 수 있겠습니까? 우리도 돈을 사랑하고 재물에 집착하며 재물에 흔들리는 그런 사람들입니다. 재물을 하나님께 받았다는 믿음으로, 하나님을 사랑하는 마음으로, 이 재물을 절박하게 필요로 하는 사람에게 나누어 준다면, 나누어 줄 수 있다면 우리는 그 사람을 정말 하나님을 믿는 사람이라고 불러도 좋지 않을까요?

몸의 등불

물질과 관련하여 예수님은 또 하나의 중요한 그러나 수수께끼처럼 보이는 말씀을 추가하셨습니다. 눈과 몸의 관계에 관한 비유인데 누구나 다 아는 사실입니다. "몸의 등불은 눈이다. 네 눈이 좋으면 네 온몸이 밝고, 네 눈이 나쁘면 네 온몸도 어둡다." 이 비유의 역할은 다음 말씀을 사람들에게 강렬하게 심어주는 것입니다. "네 안에 있는 빛이 어두우면 그 어두움이 얼마나 심하겠느냐!" 예수님의 말씀은 사람들의 의견을 묻는 의문문이 아닙니다. 어두움이 심하다는 진술을 강조하는 감탄문의 형태로 되어 있습니다. "속의 눈"이 어두우면 그 어두움은 몸의 눈이 나빠 온몸이 어두운 것보다 훨씬 더 그 정도가 심하다는 것을 강조하신 것입니다. 이 말씀에 대해 신학자들의 여러 주장이 있지만 전체 문맥과 관계하여 가장 적당하다고 판단되는 해석만을 소개하겠습니다.

예수님의 비유는 시력을 교정할 수 없었던 시대의 사람들에게는 생생한 표현이었습니다. 눈이 나빠 자기 몸도 제대로 살피지 못하는 그런 경험을 되살려 '네 속의 눈이 어두울 경우'를 상상해 보라는 제안입니다. 앞 문장과 연결해 볼 때 "네 속의 눈"은 사람의 마음을 지칭하는 것으로 보입니다. 재물을 주시는 하나님을 보지 못하고 보물을 땅에만 쌓는 사람들의 마음은 '어두운 눈'입니다. 그런 사람의 삶 전체는 물질에 매인 어두운 삶일 수밖에 없습니다. 반면에 물질을 하나님께서 주신 것으로 믿고 보물을 하늘에 쌓는 사람의 마음은 '밝은 눈'입니다. 그의 삶은 좋은 눈으로 자신의 온몸을 구석구석 살필 수 있는 것처럼 밝고 바르게 흘러갈 수 있을 것입니다.

우상숭배와 두 주인

천지를 만드신 하나님과 삶의 도구인 돈을 예수님은 두 주인으로 비유하셨습니다. 예수님은 천지의 주인이신 하나님과 무인격적인 물건, 삶의 도구일 뿐인 돈 몇 푼을 동일 선상에서 놓고 두 주인으로 비교하셨습니다. 왜 이렇게 비교하셨을까요? 재물에 대한 인간의 욕구가 매우 크고 강하기 때문일 것입니다.

어느 날 저는 세 살 먹은 아이에게 제일 좋아하는 과자를 한 봉지 사다 주었습니다. 아이는 "아빠 최고"라며 팔에 매달리기도 하고 뽀뽀하기도 했습니다. 그리고 맛있게 과자를 먹기 시작했습니다. 천하를 가진 것처럼 아이는 아주 즐거워 보였습니다. "나도 하나 다오"라는 제 말이 떨어지기가 무섭게 아이는 선심 쓰듯 선뜻 과자 몇 개를 집어주었습니다. 몇 개밖에 남지 않았을 때 또 달라고 하니까 잠시 망설이더니 아까운 표정으로 한 개를 겨우 주었습니다. 두 개 남았을 때 또 달라고 했습니다. 아이의 얼굴이 갑자기 일그러졌습니다. 그리고 주지 않았습니다. 아이는 이미 과자를 아주 아끼면서 천천히 빨아먹고 있었습니다. 더 이상 맛있다는 소리도 하지 않았습니다. 마지막 한 개가 남았을 때 저는 만 원짜리 한 장을 꺼내 들고 잔인한 실험을 계속했습니다. "그거 아빠 주면 이걸로 그런 과자 열 봉지 사다 줄게." 아이가 어떻게 했겠습니까? 표정이 무섭게 변했습니다. 과자 한 개를 두 손가락으로 꼭 잡고 제 얼굴과 과자를 번갈아 보더니 과자를 널름 입에 집어넣었습니다. 아이는 과자 한 개와 아빠를 비교하다가 서운하게도 과자를 택하고 말았습니다. 최고의 아빠가 작은 과자 한 개에 비교됨으로써 아빠는 과자 신세로 전락하고 과자는 아빠 자리로 높아졌습니다. 아이의 심리에서 저는 인간의 마음을 읽을 수 있었습니다. 인간은 천지의 주인이신 하나님을 돈 몇 푼과 비교합니다. 인간의 마음속에서 하나님은 돈의 자리로 끌려 내려오고, 돈은 신의 자리로 높여집니다. 사람의 마음은 대개 하나님을 버리고 돈을 선택합니다.

인간의 마음이 하나님과 물질을 두 주인으로 만듭니다. 그리고 어느 하나를 섬깁니다. 하나님을 돈보다 더 사랑하기보다는, 그렇지 않을 때가 더 많습니다. 이것이 현실을 살아가며 돈의 유혹에 시달리는 인간의 약한 마음입니다. 예수님은 이런 인간적 사고를 지적하시며 두 주인을 섬기지 못한다고 하셨습니다. 하나님과 재물을 겸하여 섬기지 못한다고 하셨습니다. 어느 하나를 선택하라는 제안이 아니라, 하나님만을 주인으로 섬기고, 돈은 주인의 자리에서 끌어내리라는 것입니다.

하나님은 한 분이십니다. 다른 신은 없습니다. 그러나 인간은 신이 있다고 생각하고 자신이 상상하는 신의 모습을 형상화합니다. 우상은 어디 다른 곳에 존재하지 않습니다. 다만 인간의 나약한 그러나 사악한 마음이 만들어내는 것입니다. 그렇다면 돈을 하나님과 비교하고 때로는 돈을 선택하는 것은 우상숭배입니다. 만약 그가 하나님을 믿는 사람이라면, 돈의 유혹에 휘말려 하나님을 따를 것이냐 돈을 손에 넣을 것이냐를 생각하는 바로 그 순간 그는 두 주인을 섬기는 길, 즉 우상숭배의 길로 접어들어 가는 것입니다. 하나님만을 섬기고 신앙을 위해서는 어떤 손해라도 감수한다는 철저한 각오가 없이는 돈을 앞세운 부정과 불의의 유혹을 통과하기란 정말 어렵습니다.

맺음말

재물은 우리에게 꼭 필요한 삶의 요소, 삶의 도구입니다. 신앙도, 교회도 물질을 필요로 합니다. 믿는 사람으로 이 세상을 살아가더라도 육체에서 기본적으로 우러나오는 이 욕구 자체를 없앨 수는 없습니다. 이런 불가피한 욕구를 예수께서 명령하신 대로 그것이 원래 있어야 할 자리로 되돌려 놓읍시다. 첫째, 하나님의 세계에서 열심히 일하고 최선을 다해 돈을 법시다. 그러나 돈에 집착하지는 맙시다. 둘째, 우리의 삶은 하나님의 손에 달려 있으므로 정당한 노동을 통해서 하나님께서 주시는 것만 소유하고 부정한 돈에 손을 뻗지 맙시다. 셋째, 성실하게 벌어들인 돈을 하나님께서 맡기신 재물로 알고 우리와 가족의 삶을 위해서 검소하게 사용하며 절대로 땅에 보물을 쌓는 잘못만큼은 저지르지 맙시다. 넷째, 일할 수 없고, 또 재정의 결핍으로 고통받는 사람들을 위해 하나님께서 맡기신 재물을 나눠 줌으로써 보물을 하늘에 쌓읍시다. 다섯째, 물질의 매력에 흔들리지 말고 물질을 하나님께서 주시는 선물로 이해함으로써 믿음의 삶 전체를 항상 밝고 경건하게 유지합시다. 여섯째, 하나님과 물질을 비교하게 하는 인간의 마음을 단호하게 잘라냅시다. 이 모든 일에 하나님께서 인도하시고 도와주시기를 간절히 바랍니다.

제38장
걱정을 버립시다
마태복음 6:25-34

    사람에게는 시간 감각이라는 것이 있습니다. 과거, 현재, 미래의 일들을 구분하는 것입니다. 시간의 흐름 속에서 지난날을 돌아보며 현재를 사는 것, 더 나은 미래를 위해 최선을 다해 오늘을 사는 것이 인간의 삶입니다. 어제를 보며 내일을 설계하는 우리의 삶은 기계적으로 진행되지 않습니다. 모든 일들이 우리의 감정을 유발합니다. 미래를 바라보면 희망이 부푸는가 하면, 때로는 절망이 가슴을 저밀 수도 있습니다. 기대감, 흥분으로 내일을 향할 수도 있고, 불안과 걱정으로 오늘을 살 수도 있습니다. 우리가 특히 경계해야 할 감정은 미래를 향한 불안, 초조, 걱정입니다. 아직 다가오지 않은 미래의 일들 때문에 발생하는 감정은 우리의 삶에 중대한 영향을 끼치고 지울 수 없는 흔적들을 남깁니다. 미래에 대한 기대는 삶의 자극제가 되고 강한 추진력을 동반하지만, 불안과 걱정은 육체에 해를 가져오고 행동을 위축시키며 일을 그르치게 만듭니다. 그런데 사람은 기대감과 호기심, 흥분으로 미래를 맞이하기보다는 미래의 일들을 생각할 때마다 쉽게 불안에 빠지고 걱정에 휩싸이는 습성이 있습니다. "걱정도 팔자다"란 말이 만들어진 것도 이 때문일 것입니다. 불안과 걱정이 가져다주는 피해가 너무 크기 때문에 어떤 사람은 이것을 죽음에 이르는 병이라고 표현하기도 했습니다. 현대인들은 과거 어느 때보다도 더 심각하게 온갖 종류의 불안과 걱정에 시달리고 있습니다.

하나님을 믿는 사람들에게 불안과 걱정은 그 자체가 좋지 않은 것입니다. 불안과 걱정은 하나님을 믿지 못한다는 표시이거나 하나님을 향한 믿음이 약해질 때 나타나는 현상이기 때문입니다. 완벽하게 하나님을 의지하지 못하는 것이기 때문에 예수님은 불안해하는 상태를 작은 믿음이라고 부르셨습니다. 우리는 불안과 걱정이 믿음의 삶을 훼손한다는 사실도 잊은 채 매일 불안과 걱정을 안고 살아갑니다. 우리는 불안과 걱정을 몰아내기 위해 더 많은 물질을 모으는 것에 집착하지만 예수님은 우리가 그런 증상을 재빨리 극복하고 하나님을 향한 절대적인 믿음 속에서 살아갈 것을 가르쳐 주셨습니다.

삶에 대한 불안, 걱정은 우상숭배입니다

걱정에 대한 예수님의 교훈은 '그러므로'로 시작합니다. 이 단어는 본문이 먼저 말씀하신 내용의 결론임을 알리는 표시입니다. 즉, 염려에 관한 말씀은 앞의 교훈, "하나님과 재물을 함께 섬기지 못한다"를 근거로 주신 말씀입니다. 예수님은 하나님과 재물을 함께 섬기지 못하므로 무엇을 먹을까, 무엇을 마실까, 무엇을 입을까 염려하지 말라고 하십니다. 이 결합이 뜻하는 바가 무엇일까요? 앞에서 두 주인을 섬기지 못한다고 하신 것은 오직 하나님만을 섬겨야 한다는 교훈입니다. 재물을 하나님같이 귀중히 여기거나 의존해서는 안 된다는 명령이었습니다. '그러므로'는 염려에 관한 교훈을 재물에 관한 교훈과 연결하는 단어입니다. 재물을 주인으로 섬기지 말아야 하며, 그러므로 먹는 것, 마실 것, 입을 것 때문에 불안해하고 걱정하지 말아야 합니다. 재물을 하나님같이 높이고 결과적으로 두 주인을 섬기는 증상이 마음의 불안과 물질에 대한 걱정으로 나타난다는 말씀입니다.

삶에 대한 불안과 물질에 관한 걱정은 재물에 매이는 것입니다. 이것은 재물을 하나님과 비교하는 것이며, 두 주인을 섬기는 것입니다. 예수님의 판단에 따르면, 이런 증상이 나타날 때 우리는 하나님보다 재물을 더 귀중히 여기는 믿음 없는 삶을 살게 됩니다. 따라서 불안과 걱정은 속히 몰아낼수록 좋습니다. 그래야 하나님만 섬기며 자신의 삶을, 미래를 하나님께 맡길 수 있습니다. 하나님을 믿는 사람이 미래를 보며 불안해하고 초조해하고 걱정하는 것은 있을 수도 없고 있어서도 안 되는 일에 속합니다. 두 주인을 섬길 수 없기 때문에 먹고 마시고 입는 것을 위해 걱정하지 말아야 합니다. "염려하지 말라"는 삶에 시달리는 우리에게 주신 위로가 아니라 물질을 섬기는 우상숭배를 배격하고 그 증상에서 어서 벗어나라는 예수님의 명령입니다. 이 명령은 세상을 만드신 하나님이 이 세상의 주인이심을 전제하고 있습니다. 사람이 이 세상의 주인이 아닙니다. 물질이 다가 아닙니다. 사람은 몸을 가지고 이 세상의 일부로 살아가고 있지만, 그래서 어쩔 수 없이 물질을 필요로 하고 물질로 삶을 유지하고 있기는 하지만 우리는 전적으로 하나님의 지배와 통제를 받고 있습니다. 하나님만이 이 세상의 진정한 주인이십니다. 모든 것을 만드신 하나님이 세상을 다스리고 계십니다.

하나님을 믿는 사람이라면 앞으로의 일을 걱정할 필요가 없지 않겠습니까! 하늘에 계신 우리 아빠가 모든 것을 다스리시는데 걱정할 필요가 있겠습니까! 우리는 그 하나님께 하루치 밥을 달라고 기도합니다. 그렇다면 하나님만을 의존하면서, 하나님의 은총을 기대하면서 하루하루를 살아가는 것으로 충분합니다. 세상은 하나님의 손에 달려 있습니다. 이것은 우리의 믿음이고 진실입니다. 우리의 삶도 전적으로 하나님의 주권 아래 있습니다.

"염려하지 말라"는 하나님을 믿고 의지하며 살아가라는 가르침입니다. 믿는 사람들의 마음을 찌르는 불안을 몰아내는 방법은 살아 계신 하나님을 확실히 붙드는 데 있습니다. 믿음이 약해지면 불안과 걱정의 위협과 공격에 시달리므로 불안, 걱정은 정말 두 주인을 섬기는 것이라고 불러야 할 것입니다. 여러분, 내일의 걱정에서 해방되는 방법은 하나님의 선하신 손길을 기도하고 기대하는 데 있습니다. 그것은 동시에 돈, 물질을 주인처럼 의존하는 인간의 어리석은 우상숭배에서 벗어나는 길입니다.

물론 예수님의 말씀은 내일을 위한 인간적 계획이나 노력을 모두 중지하라는 말씀은 아닙니다. 하나님을 의지하는 가운데 자신에게 주어진 능력을 최대한으로 발휘하고 이에 따르는 결과를 감사하는 마음으로 담담하게 받아들이는 것이 믿음의 삶입니다. 예수님의 요구는 그렇게 함에 있어서 전적으로 하나님을 의지해야 한다는 것입니다. 불안, 걱정을 토대로 하는 내일의 설계나 오늘의 노력은 이러한 믿음의 삶과는 어울리지 않습니다.

삶에 대한 불안과 걱정은 더 작은 것에 집착하는 삶입니다

어떤 사람들은 불안과 걱정을 인간이 경험하는 자연스러운 현상이라고 생각합니다. 하지만 그것이 인간에게 나타나는 정상적인 현상이라 하더라도 하나님을 믿는 사람들에게는 금물입니다. 우리 삶에서 불안과 걱정을 완전히 몰아낼 수만 있다면 더 좋은 것입니다. 예수님은 불안과 걱정을 마음에서 몰아내야 할 이유를 몇 가지로 제시하셨습니다. 첫째, 하나님을 믿는 사람들은 하찮은 것보다는 더 귀중한 것을 보는 눈을 가진 사람들이기 때문입니다. 불안과 걱정은 반대로 더 작은 것에 집착하는 태도입니다. 예수님은 이 점을 지적하셨습니다. "목숨이 음식보다 더 귀중한 것 아니냐?" "몸이 의복보다 더 중요하지 않으냐?" 이 질문은 "그렇습니다"라는 당연한 답을 요구하고 있습니다. 또 이 질문에는 누구라도 "그렇습니다"라고 대답할 것입니다. 삶이 아무리 급박하더라도 목숨이 음식보다, 몸이 의복보다 더 중요한 것을 모르는 사람은 아무도 없습니다. 예수님은 사람들이 다 아는 사실을 스스로 기억하고 대답하게 하심으로 스스로 불안과 걱정을 삶에서 멀리 쫓아내도록 자극하신 것입니다.

한국에도 비슷한 질문이 있습니다. "먹기 위해서 사느냐? 살기 위해서 먹느냐?" 이 질문도 사실은 뻔한 답을 가지고 있습니다. 누구나 살기 위해서 먹습니다. 그런데 우리 주변에는 마치 먹기 위해서 사는 사람인 것처럼 물질에 집착하는 사람들이 있습니다. 음식을 목숨보다, 옷을 몸보다 더 귀중히 여기는 것처럼 보입니다. 돈을 벌고 물질을 쌓는 것에만 관심을 가집니다. 이런 부류의 사람들은 삶을 위해 물질이 필요하다는 것, 인생은 위를 향해 달려가는 것임을 생각하지 않는 사람들입니다. 그런 사람들에게 정신을 차리고 삶을 바로 보라고 충고할 때 던지는 질문이 "먹기 위해서 사느냐? 살기 위해서 먹느냐?"입니다.

하나님을 믿는 사람에게는 더 좋은 것, 더 큰 것, 더 귀중한 것을 보는 밝은 눈이 주어져 있습니다. 그 가장 위에 계신 하나님을 향한 마음의 문이 열린 것입니다. 더 큰 것을 보고 더 귀중한 것에 마음을 쏟다 보면 우리는 언제나 가장 위에 계신 하나님을 주목하고 그 하나님만을 의존하게 됩니다. 작은 것에 눈을 돌리면 금방 불안과 걱정이 몰려옵니다. 그리고 불안과 걱정을 해소하려고 돈과 재물에 마음을 돌립니다. 물질을 하나님처럼 귀중히 여기게 되고 두 주인을 섬기는 태도는 하나님을 믿는 사람에게도 금방 찾아옵니다.

갈릴리 바다에서 광풍을 만난 베드로 사도가 그러했습니다(14:22-33). 예수님의 명령을 따라 배에서 성큼 뛰어내려 거센 물결을 밟았을 때 그는 예수님만 보고 있었습니다. 그러다가 바람에 몰려오는 거센 파도에 눈을 돌렸을 때 그는 무서움에 질렸고 그 순간 몸을 지탱하지 못하고 물속으로 빠져들었습니다. 그가 다시 예수님께 눈을 돌리고 "주님, 살려주세요!"라고 외쳤을 때 예수님의 도움을 경험할 수 있었습니다. 무서움을 몰아내고 신앙의 순간으로 되돌아온 것입니다. 물질로 인한 불안과 삶의 걱정들도 이런 것입니다.

하나님은 우리에게 몸을 주셨습니다. 목숨을 주신 분도 하나님이십니다. 재물은 우리의 몸을 위해 필요한 것입니다. 그것은 생명 유지에 필요한 것이기에 귀중합니다. 이렇듯 우리에게 꼭 필요한 것이 재물이지만, 예수님은 우리에게 생명과 재물의 우선순위를 서로 바꾸지 말라고 경고하십니다. 우선순위를 따라 더 귀중한 것에 눈을 돌리고 더 귀중한 것을 찾기 시작하면 그 끝에 세상을 만드신 하나님이 보입니다. 하나님을 볼 때, 그 하나님을 의지할 때 우리는 불안과 걱정 없이 내일을 개척해 갈 수 있습니다.

그렇다면 우리의 삶을 괴롭히는 불안을 몰아내는 길은 하늘의 것을 보는 데 있습니다. 걱정을 극복하는 가장 좋은 지름길은 모든 것 위에 계신 하나님을 보고 하나님의 일을 배우며 생각하고 그 하나님에게 우리의 내일을 부탁하는 데 있습니다.

불안과 걱정으로는 아무것도 개선할 수 없습니다

염려하지 말아야 할 두 번째 이유로 예수님은 불안, 걱정의 무력성을 지적하셨습니다. 불안과 걱정은 도움이 되기보다는 오히려 해가 되고 일을 그르치며 마음을 상하게 할 뿐이라는 말씀입니다.

바둑을 둘 때 오기로 버티거나 무리수를 두다가 자멸하는 경우가 많습니다. 자존심보다는 정확한 계산과 냉철한 이성이 필요합니다. 삶도 비슷합니다. 인간은 자주 자존심 때문에, 자신의 감정 때문에 일을 그르치고 후회하곤 합니다. 장사에도 같은 현상이 나타납니다. 기분 좋다고 싸게 주고, 막 팔며 인기를 끌어봐야 결과는 뻔합니다. 망하고 말 것입니다. 차라리 냉철한 판단과 정확한 계산이 좋은 결과를 가져옵니다.

마음의 불안과 물질에 대한 걱정도 사태를 바꾸는 힘을 가지고 있지 않습니다. 내일을 바르게 보고, 바르게 대처하는 데 그것은 방해꾼이 될 뿐입니다. 그것은 우리를 괴롭힐 뿐, 일 자체에는 하등 영향력을 행사하지 못합니다. 그럼에도 불안과 걱정에 시달린다면 삶은 잘못될 수밖에 없습니다.

예수님은 이러한 사실을 "너희 중에 누가 염려함으로 그 키를 한 자나 더할 수 있느냐?"라고 질문하심으로 표현하셨습니다. 물론 이 질문에 대한 대답은 "없습니다"입니다. 예수님의 이 질문은 두 가지로 번역될 수 있습니다. 예수님이 사용하신 '키'에 해당하는 단어를 공간적 의미로 번역할 때 "너희가 사람의 키를 한 자 더할 수 있느냐?"가 됩니다.

그러나 시간적 의미로 번역하면 "너희가 사람의 나이를 한 해 더할 수 있느냐?"가 됩니다. 어떤 경우든 나올 수 있는 답은 "없습니다"일 수밖에 없습니다. 불안해한다고 해서, 걱정한다고 해서 키를 늘리거나 수명을 연장할 수는 없습니다. 그렇다면 불안과 걱정을 버려야 합니다.

키, 나이를 거론하신 것은 불안이나 걱정이 아무런 힘이 없다는 것을 지적하시기 위한 하나의 사례입니다. 우리는 다른 모든 주제로 이 말씀을 확대할 수 있을 것입니다. 불안과 걱정이 합격에 도움이 되지 않습니다. 불안과 걱정이 사업을 잘되게 하지는 못합니다. 불안과 걱정은 해악적 요소이며 부정적 결과를 초래할 뿐입니다. 믿는 사람들에게 불안과 걱정은 믿음에 상처를 내는 것입니다. 두 주인을 섬기도록 만드는 것입니다.

사람을 더 귀히 보시고 더 귀중한 것을 주시는 하나님

염려를 몰아내야 할 세 번째 이유는 하나님께서 사람들을 가장 귀중하게 지으셨고, 따라서 가장 좋은 것을 주시는 분이시라는 데 있습니다. 더 귀중한 것에 대한 예수님의 말씀은 목숨과 몸이 먹는 것보다 더 귀중하다는 것에만 있지 않았습니다. 사람 자체의 가치와 사람들에게 베푸시는 하나님의 더 귀한 은총에 대한 교훈이 이어집니다. 예수님은 이 점을 사람들의 마음에 강하게 각인하시기 위하여 새와 풀의 비유를 도입하셨습니다. "하늘의 새들을 보라!" "들의 풀들을 보라!" 새는 뿌리지도 않습니다. 거두지도 않습니다. 창고에 모으지도 않습니다. 그래도 무엇을 먹을까, 무엇을 마실까 불안해하거나 걱정하지 않습니다. 풀은 실을 만들지도 않고 옷감을 짜거나 옷을 만들지도 않습니다. 그래도 무엇을 입을까 걱정하지 않습니다. 예수님은 하나님께서 먹이시고 입히시고 기르신다고 하셨습니다. 불안과 걱정이 엄습하면 하늘의 새들을 보십시오. 들의 꽃들을 보십시오. 그리고 예수님의 말씀을 들으십시오. "너희는 저 새들보다 더 귀하지 않느냐?" "너희에게 더 좋은 것들로 주시지 않겠느냐?"

삶의 불안, 의식주로 인한 초조, 내일에 대한 걱정에 사로잡힐 때, 들의 풀을 보십시오. 소리 없이 피었다가 사라지는 이름 없는 들꽃들을 생각하십시오. 수고도 아니하고 옷을 만들지도 않습니다. 그러나 예수님의 눈에는 솔로몬의 호화찬란한 왕복도 이 꽃 하나보다 못한 것으로 비쳤습니다. 예수님은 하나님께서 꽃들을 아름답게 입히심을 믿으라고 하셨습니다. 더 귀중한 존재인 사람들에게 더 좋은 것으로 주심을 믿으라고 하셨습니다.

삶의 걱정과 염려는 우리의 믿음을 약하고 작게 만듭니다

걱정을 버려야 할 네 번째 이유는 이것이 하나님을 믿는 사람에게는 없어야 할 것이라는 데 있습니다. 앞에서 말씀드린 것처럼 그것은 믿는 사람이 두 주인을 섬길 때 나타나는 증상입니다. 하나님만을 섬기는 마음에 재물을 섬기는 마음이 침입한 것입니다. 믿음에 상처가 생긴 것입니다. 불안과 걱정이 우리의 믿음을 약화시켰다고 말해도 좋습니다. 그래서 예수님은 불안과 걱정에 휩싸이는 사람들을 "믿음이 작은 자들"이라고 부르시며 책망하셨습니다. 믿음이 작아져서 불안이 몰려오고 걱정이 앞서는 것입니다. 작은 믿음이란 하나님의 은총을 의심하는 것입니다. 그래서 재물로 눈을 돌리게 합니다. 그 결과 불안이 움트고 걱정이 자랍니다. 따라서 불안과 걱정은 믿음이 작아졌음을 알려 주는 신호입니다.

먼저 찾을 것은 하나님의 나라와 하나님의 의입니다

하나님이 계시고 우리 인간이 있습니다. 인간을 위해 하나님을 끌어들인다면 그것은 성경의 신앙이 아닙니다. 모든 것은 하나님에게서 시작됩니다. 따라서 하나님에게서 시작하면 인간에게로, 인간의 일과 필요한 재물로 바른 순서를 잡아갈 수 있습니다. 하나님에게서 시작하면 걱정이 들어설 자리가 없습니다. 하나님은 사람을 새와 풀보다 더 귀하게 만드신 분입니다. 그분은 우리 인간에게 무엇이 필요한지 다 알고 계실 뿐만 아니라 더 좋은 것들을 주시는 분이십니다. 이런 것을 믿는다면 걱정할 필요가 없습니다.

그러나 불안과 걱정은 모든 순서를 거꾸로 바꾸는 힘이 있습니다. 사람을 재물에 묶어 놓습니다. 재물을 더 모으기 위해 하나님을 끌어들입니다. 더 나은 삶의 방편으로 신을 부르고 신을 이용하게 합니다. 이런 것을 우리는 종교라고 부릅니다. 예수님은 그런 것은 이방인들이 찾는 것이라고 말씀하셨습니다. 믿는 사람들이 걱정에 시달리고 그 걱정을 잠재우기 위해 돈을 벌고 재물을 모은다면 세상 사람들과 다를 바가 없습니다. 이런 삶에서 도대체 언제쯤 불안이 사라질까요? 인간의 욕심은 끝이 없기에 아무리 많은 부를 소유해도 불안과 걱정에 뒤덮이지 않겠습니까?

불안과 걱정, 공포에 시달릴 때 하나님의 나라를 기도하고 기대하십시오. 하나님의 의를 기도하고 기대하십시오. 결국 하나님의 뜻이 이루어지는 곳이 우리가 사는 세상이고 우주입니다. 마침내 하나님의 의가 승리합니다. 더 큰 것에 눈을 돌리면 더 작은 것들은 그 안에 모두 포함된다는 사실을 알게 됩니다. 하나님께서 우리에게 목숨을 주셨다면 목숨을 유지하기에 필요한 것도 주시는 것입니다. 우리에게 몸을 주셨다면 몸이 필요로 하는 것도 하나님께서 주신다는 사실을 어렵지 않게 믿을 수 있습니다. 우리가 우리보다 더 큰 것, 즉 하나님의 나라와 하나님의 의에 눈을 돌리면 우리의 일은 그 안에 모두 포함됩니다. 더구나 예수님은 우리의 삶에 필요한 모든 것을 우리에게 더해 주실 것이라고 약속하셨습니다. 불안과 걱정을 극복하는 비결은 다름 아닌 우리가 하나님께 눈을 돌리고 하나님의 의를 바라보며 믿고 의지하는 데 있습니다.

맺음말

하나님을 믿는 사람들이라고 해서 마냥 행복하게 살지는 않습니다. 오늘의 고통이 있고 내일의 걱정, 불안이 있습니다. 그러나 예수님은 말씀하셨습니다. "내일 일은 내일 걱정하라. 하루의 괴로움은 그날로 충분하다." 불안과 걱정은 내일로 미루십시오. 내일이 오늘이 되면 또 내일로 미루십시오. 그리고 그날 하루 할 수 있는 일을 기쁨으로 계획하고 열심히 노력하며 최선을 다하십시오. 그렇게 하면 불안과 걱정이 지배하는 오늘은 영원히 오지 않을 것입니다. 그것은 내일의 것으로 남겨진 채 우리의 오늘은 최선을 다한 믿음의 삶으로만 채워질 것입니다.

비판은 사람이 살아가는 데 필요한 기능입니다. 우리는 사리를 판단
하여 옳고 그름을 따지고 칭찬과 비판을 통해 더 나은 삶을 만들어 갈
수 있습니다. 그래서 훌륭한 지도자들은 대개 판단력이 정확합니다. 칭
찬과 비판의 용기를 가진 사람들입니다. 기독교인들이라고 다른 것이
아닙니다. 옳고 그름에 대한 판단이 모호하거나 칭찬과 비판의 용기가
없는 사람은 교회에서도 지도자가 될 수 없습니다.

그런데 예수님은 산상설교에서 "비판을 받지 않으려거든 비판하지
말라"고 말씀하셨습니다. 모든 판단, 모든 비판을 금하신 것처럼 보입
니다. 앞에서 말씀드린 비판의 긍정적 기능 때문에 어떤 사람들은 예수
님의 이 말씀을 가장 좁은 의미로 축소하여 "남을 죄인이라고 판단하는
극단적인 신적 심판 행위를 금지하신 것"이라고 해석합니다. 한 사람을
죄인으로 판단하는 것이 아니면 어떤 비판도 필요하고 죄가 아니라고
생각하는 것입니다. 그런 사람에게 예수님의 이 말씀은 사실 별 의미가
없습니다. 어떤 사람들은 비판을 넓은 의미로 해석하여 "예수님은 남을

향한 모든 비판을 금지하신 것"이라고 해석합니다. 판단 중지가 기독교인의 삶의 기초라고 말입니다. 하지만 사람이 어떤 판단이나 비판도 없이 살아간다는 것은 현실적으로 불가능합니다. 하나님의 말씀을 따라서 잘못된 것을 버리고 신앙과 삶을 개선하려고 해도 신앙적 판단, 이에 따르는 정당한 칭찬과 비판은 누구도 피할 수 없습니다.

이런 이유로 대부분의 신학자들은 중간쯤 되는 해석을 좋아합니다. 즉, 예수께서 금하신 비판을 사회에서 부정적 기능을 가진 비판이라고 해석하는 것입니다. 남을 향한 부당한 비판, 편파적 비판, 악의적 비판, 추정적 비판, 무자비한 비판 등이 이런 부정적 비판으로 분류됩니다. 삶을 개선할 목적이 아닌 파괴, 비방의 목적을 가진 비판을 금하신 것이라고 말입니다.

저는 세 번째 견해를 따르면서도 이 말씀을 산상설교의 문맥에 맞추어 설명하려고 합니다. 산상설교의 문맥에서 본문을 다루면 본문은 금지된 비판이 무엇이냐를 알려 주지 않고 예수님의 교훈을 사용하는 바른 자세가 무엇인지를 알려줍니다. 예수님은 1절에 비판의 종류나 성격을 구체적으로 언급하시지 않고 "비판하지 말라"고 하셨지만, 5절에서 비판의 긍정적인 측면, 즉 "자신의 눈에서 들보를 빼고, 형제의 눈에서 티를 빼는 것"을 인정하셨다는 것을 알 수 있습니다. 비판의 근거로는 이 말씀을 하시기 전에 수록되어 있는 5-6장의 모든 가르침을 지적해야 할 것입니다. 이때까지 예수께서 말씀해 오셨던 바른 삶의 기준과 바른 삶의 방법을 개선의 목적으로 사용해야 할 것입니다.

비판은 잘해 보고자 하는 사람들이 쉽게 걸리는 병입니다

우선 지적하고 싶은 점은 적당히 사는 사람들보다 잘해 보자고 애쓰는 사람들이 남을 비판하는 병에 더 쉽게, 더 많이 걸린다는 사실입니다. 적당히 사는 사람들은 이 병에 잘 걸리지 않습니다. 어릴 때부터 배우고 익힌 대로 살아가면 낯설게 느껴지는 것도 별로 없고 비판할 것이나 고쳐야 할 것도 별로 눈에 안 띕니다. 이런 사람들에게 삶이란, 사회에 맞추어 살아가고 사고방식과 삶의 태도가 비슷한 사람들끼리 모나지 않게 살아가는 것입니다. 그러나 남을 비판하는 사람들의 높은 기준과 날카로운 눈에는 완전한 사회라도 고쳐야 할 것, 버려야 할 것들이 들어옵니다. 조금만 눈여겨보면 여기저기 비판할 것들이 널려 있습니다. 이런 사람들은 좋은 것에 대하여 칭찬을 표하고, 나쁜 것에 대하여 비판을 아끼지 않는 용기와 열심을 가졌기 때문에 비판해야 할 것이 보이면 참지를 못합니다.

예수님을 믿는 우리는 두 부류 중에서 어디에 속한다고 해야 할까요? 이전에는 우리도 본 대로, 배운 대로 이 세상의 풍속을 좇아 살았습니다. 이제는 그런 세상의 기준, 세상의 지혜를 버리고 복음을 들었고, 성경을 배웠습니다. 우리가 알지 못하던 새롭고 완벽한 기준을 받아들인 것입니다. 기독교인들은 하나님의 뜻을 따라 이 세상의 누구보다도 더 바르게, 더 착하게 살아가고 인간의 마음과 본성까지라도 이 하나님의 뜻에 맞추어 고치고자 노력하는 사람들입니다. 마태복음 5장 48절에서 예수님은 이런 삶과 관련하여 "하늘에 계신 너희 아빠처럼 완전하라"라고 말씀하셨습니다.

예수님의 말씀을 마음에 담고 살아가는 사람들은 이 기준에 따라 다른 사람의 행동을 평가하게 됩니다. 하지만 신자들은 어느새 비판하는 사람, 비판하기를 좋아하는 사람이 되고 맙니다. 예를 들어봅시다. 어떤 사람이 새벽기도에 나가기 시작했습니다. 처음에 그는 신선한 새벽 공기를 마시며 하루를 하나님께 기도함으로 시작한다는 사실 때문에 감격에 젖고 눈물로 기도합니다. 그러다가 비판의 눈을 서서히 다른 사람들에게로 돌리기 시작합니다. 다른 신자들이 새벽기도로 하루를 시작하지 않는 것을 좋지 않게 생각하고 틈만 나면 이 점을 비판합니다.

이런 식으로 잘해 보자고 하는 사람들에게 강한 비판 의식이 찾아오는 것입니다. 개인적으로 새벽기도를 시작하지 않았다면 이런 비판을 하지 않았을 것입니다. 새벽기도에 나오라는 소리를 들을 때마다 기도로 새벽을 깨우지 못하는 것에 대해서 항상 미안하게 생각했을 것입니다. 그런데 잘해 보자고 시작한 새벽기도가 다른 사람과의 비교 의식을 낳고, 비판으로 발전합니다. 잠시 후에는 "나는 새벽기도에 빠지지 않는다"는 신앙적 우월감에 젖게 됩니다.

이것은 새벽기도라는 주제로 간단한 예를 들어본 것에 지나지 않습니다. 만약 산상설교에 수록된 모든 말씀으로 하나하나 예를 찾아본다면 비판이라는 병에 걸려 있는 우리의 문제가 정말 심각하다는 사실을 금방 확인할 수 있을 것입니다. 이처럼 잘하자고 하는 사람들이 쉽게 빠지는 병이 비판입니다.

비판을 병으로 만드는 여러 요소

세상의 빛으로, 땅의 소금으로 살아가게 하는 힘을 주는 것이 판단력과 비판력입니다. 이런 것이 없이 어떤 기독교인도 자신이나 가정, 세상을 개선할 수 없습니다. 그러나 칭찬이나 비판은 개선과 발전을 위한 추진력으로 사용되기도 하지만, 다른 한편으로는 개인과 사회를 대립과 투쟁으로 몰아넣는 큰 병으로 작용하기도 합니다. 잘해 보고자 하는 일들이 왜 병적인 비판으로 발전할까요? 그 원인은 우리 자신에게 있습니다. 다음의 세 가지를 지적하고 싶습니다.

첫째, 사람에게는 자신의 약점이나 잘못을 잘 인정하지 않고 감추고 싶어 하는 본능이 있습니다. 반면 우리는 우리 눈에는 대들보가 없는 것처럼 만드는 기막힌 재주를 가지고 있습니다. 좋은 것들, 즉 장점, 자랑, 행운이나 선행에 대해서 인간의 마음은 정반대로 움직입니다. 자신의 것은 과장하고 알리고 싶어 견디지 못합니다. 반면에 사람들의 좋은 점은 인정하지 않고자 합니다. 이런 마음 때문에 비판이라는 긍정적인 도구가 변질되는 것입니다.

둘째, 사람들은 공평한 기준을 가지고 자신과 남을 동등하게 평가하지 않습니다. 남에게는 날카로운 잣대를 들이대고 자신에게는 넓고 느슨한 기준을 적용합니다. 그 결과 내가 하면 좋은 일, 어쩔 수 없었던 일, 최선을 다한 일이 됩니다. 그러나 남이 하면 같은 일이라도 나쁜 일, 고의적인 일, 마지못해 한 일이 됩니다. 이렇게 나 자신은 우월하게, 그러나 남은 열등하게 평가하는 것의 배후에는 경쟁심리가 자리 잡고 있습니다. 남을 낮추고 파괴하면서도 자신의 정복욕을 과시하는 것입니다. 선한 목적을 위해 사용되어야 할 판단력이 비판이라는 병이 되고 악의 도구로 변하는 것입니다.

셋째, 사람은 자신이 가진 기준을 절대화하여 일방적으로 다른 사람에게도 적용하려고 하는 습성이 있습니다. 어디서나 혼란이 일어날 것은 불 보듯 뻔한 일입니다. 세상에는 같은 사람이 없기 때문입니다. 사람마다 자기 멋대로 살아갑니다. 다른 사회에서는 다른 기준이 적용됩니다. 시대가 달라지면 기준도 달라집니다. 칭찬과 비판은 늘 일시적이고 지엽적인 가치를 지닐 뿐입니다. 칭찬에 고무됐다고 해서 바른길을 걷게 되지는 않습니다. 그리고 비판에 직면했다는 것이 잘못했다는 것을 의미하지도 않습니다. 사람들이 워낙 다양해서 절대적 기준이 있다고 하더라도 천편일률적으로 이 원칙을 사용하는 데는 많은 무리가 따릅니다. 절대적인 원칙을 사용하는 사람들의 생각, 습성, 상황이 같지 않기 때문입니다. 따라서 바른 판단, 바른 비판은 늘 남에 대한 이해와 동정심을 동반해야 합니다. 자신의 것을 양보하고 희생하는 정신이 필요합니다. 그렇지 않을 때 비판은 남을 헐고 자신만을 세우는 악의 도구가 되는 것입니다.

이 세 가지가 함께 작용하는 인간의 마음은 남의 단점, 약점, 수치, 실수, 허물 등을 극대화하도록 움직입니다. 다른 한편으로 자신의 강점, 장점, 선행, 실적 등을 최대한 높이고 자랑하도록 움직입니다. 자신의 실수에는 가능한 한 관대하면서도, 남에게는 점점 날카로운 잣대를 들이댑니다. 자신의 것은 항상 자랑하지만, 남의 것은 항상 비판하고 정죄하는 길을 걷습니다. 이것이 비판이라는 병입니다. 잘해 보자고 하는 사람들에게 더 심하게 나타나는 병입니다. 이 병은 기독교인의 삶도 위협합니다. 기독교 2000년의 역사는 복음을 세상 끝까지 전한 전도의 역사이기도 하지만, 다른 한편으로는 분쟁과 분열과 비판 그리고 대립의 역사이기도 합니다. 그 뿌리를 들여다보면 남의 허점은 확대하는 반면, 나의 허점은 축소시키고, 남의 장점은 무시하는 반면, 나의 장점은 과시하는 마음이 있습니다. 같은 기준을 남에게는 불리하게, 나에게는 유리하게 적용하는 인간의 마음이 자리 잡고 있습니다.

예수님은 이러한 인간의 현실을 눈의 티와 눈의 들보로 비유하셨습니다. 자신의 눈에는 들보가 있고 남의 눈에는 조그만 티가 있는데도 고함을 질러대는 것이 우리 인간이라는 말씀입니다. 남의 티는 보고 자신의 들보는 보지 못하는 이런 상태에서 비판은 독약과도 같습니다. 남을 죽이는 칼입니다. 자신을 자랑하는 교만의 도구입니다. 이렇게 편파적으로 움직이는 것이 비판이라면 예수님의 말씀대로 차라리 비판하지 맙시다. 비록 성경을 사용한다 해도 인간의 마음에서는 결코 정당하거나 공평한 비판이 나오지 않을 것이기 때문입니다.

문맥에서의 의미

이런 습성을 가진 사람들이 산상설교에 있는 예수님의 말씀을 배운다면 어떤 일이 일어날까요? 예수님이 제자들의 바른 삶의 기준과 방법을 가르치신 다음에 "비판을 받지 않으려거든 비판하지 말라"고 경고하신 순서는 우리에게 특별한 의미가 있습니다. 사람들이 예수님의 금쪽같은 이 말씀들을 배워서 우선 자신을 돌아보고 잘못을 고치는 데 사용하면 얼마나 좋겠습니까? 다른 사람들을 겸손히 경고하고 진심으로 신도하면 얼마나 좋겠습니까? 그러나 인간의 마음을 아는 한 결론은 뻔한 것 같습니다. 우리는 예수님의 말씀을 배워도 이것을 먼저 남을 비판하는 데 사용할 것이 틀림없습니다. 얼마나 많은 사람이 설교를 들으면서도 그것이 내가 아닌 다른 사람에게 해당하는 말씀이라고 생각합니까?

예수님은 자신이 가르쳐 주신 기준을 다른 사람을 비판하는 데 사용하지 않도록 하십니다. 그래서 "비판을 받지 않으려거든 비판하지 말라"고 명령하셨을 것입니다. 예수님의 명령들은 남을 비판하기 위해서가 아니라 우선 나 자신을 돌아보고 나를 고치도록 주신 기준입니다. 먼저 네 눈에서 들보를 제거하라고 하지 않으셨습니까? 눈의 들보를 깨닫기 위해서는 옳고 그름의 정확한 기준이 있어야 합니다. 이 기준에 맞추어 볼 때 무엇이 잘못됐는지를 분간하고 판단하며 비판할 수 있어야 합니다. 더욱 중요한 것은 잘못된 것을 버리고 기준에 맞는 것을 습득하는 것입니다. 예수님의 말씀은 이렇게 무엇보다도 하나님 앞에서 우리 자신을 바른 사람으로 세우기 위해서 주신 것입니다. 남이 아니라 나에게 필요하여 나에게 주신 말씀, 이것이 산상설교입니다.

예수께서 주신 기준을 일방적으로 남에게만 사용한다면 우리는 위선자들입니다. 나를 좋게 보이려고 연기하는 것에 지나지 않습니다. 남의 티를 보고 그 티를 제거하기 위하여 비판함으로써 위선의 강도를 더 강하게 하는 것입니다. 예수님은 "먼저 네 눈에서 들보를 뽑아라"라고 하셨습니다. 그다음에 밝히 보고 남의 티를 제거할 수 있다고 하셨습니다. 무엇이 남의 눈에 있는 티인지를 알기 위하여 우리는 정확한 기준을 배워야 합니다. 이 기준에 맞추어 바르게 판단하고 분명하게 비판할 수 있어야 합니다.

나의 티를 들보로, 남의 들보를 티로 봅시다

예수께서 사용하신 티와 들보의 비유를 자세하게 분석해 볼 필요가 있습니다. 막상 꺼내 보면 조그만 티에 지나지 않는데 눈에 들어가 있는 동안은 그 조그만 티가 바위처럼 무겁게만 느껴지고 대들보보다 더 크게 느껴집니다. 이런 고통을 다른 사람이 호소해 올 때는 어떻습니까? 다른 사람의 눈에는 뭐가 들어 있어도 우리는 아무렇지도 않습니다. 남이 아무리 어려워하고 죽을 고통을 느껴도 덤덤하고 무감각한 것이 우리의 마음입니다.

이처럼 자신은 아무리 큰 실수, 큰 잘못을 해도 아무렇지 않은 것처럼 행동합니다. 핑계 대고 미화하거나 정당화하려 합니다. 반면 다른 사람들은 아무리 작은 실수를 해도 잊지 않고 지적하며 비판하고 독설을 퍼붓습니다. 티를 들보로 만드는 것입니다.

티와 들보의 비유에는 이렇게 남의 허물을 들보로 보고 자신의 허물을 티로 보는 인간의 심리를 지적하신 예수님의 지혜가 들어 있습니다. 동시에 남의 허물을 티로 보고 자신의 허물을 들보로 느낄 수 있어야 한다는 예수님의 교훈이 들어 있습니다. 내 눈의 티는 들보처럼 느끼고, 남의 눈의 들보는 마치 그것이 티인 것처럼 보듯이 말입니다.

공정하고 공평하게 비판할 수만 있어도 세상은 얼마나 더 밝아지겠습니까? 같은 고통을 느끼고 같은 슬픔을 가질 수만 있어도 얼마나 다행이겠습니까? 비판의 기준은 하나입니다. 예수님의 말씀입니다. 이 말씀은 남에게나 나에게 동등한 기준으로 적용되어야 합니다. 남을 날카롭게 비판했으면 같은 기준을 나에게도 적용해야 합니다. 아니면 자신에게 너그럽게 하듯이 다른 사람에게도 이해와 용서와 동정과 사랑을 가지고 비판의 기준을 적용해야 합니다.

남을 비판할 때 적용하는 날카로운 기준은 자신에게 적용하고, 나에게 적용하는 관대한 기준은 남을 비판할 때 사용해야 합니다. 그것이 남의 것을 티로, 나의 것을 들보로 보고 느끼는 방법입니다. 하지만 이런 태도는 인간의 본성에 역행하는 것이기 때문에, 우리는 의도적으로 이를 위해 노력해야 하며 그럴 때에야 우리의 비판은 좀 더 공정하고, 정당해질 것입니다.

정당한 비판과 부당한 비판

정당한 비판은 정확한 기준을 근거로 하는 비판을 말합니다. 기독교는 오래전부터 한 가지 정확하고 절대적인 기준을 받아들였습니다. 바로 성경 말씀입니다. 성경이 죄라고 부르지 않는 것을 죄라고 불러서는 안 됩니다. 또 성경이 죄라고 부르는 것은 누구라도 죄가 아니라 할 수 없습니다. 사회의 복잡한 쟁점에 대한 성경의 지침이 구체적으로 언급되지 않는 경우에도 믿음의 선배들은 그 기준도 성경에 뿌리를 두어야 한다고 말했습니다. 종교개혁 시대에는 이러한 원리를 '오직 성경으로' 라는 표어로 표현했습니다.

이러한 범위에 들지 않는 것에 대한 비판은 부당한 비판이 될 수 있습니다. 예를 들어, 사람은 밥을 먹을 수도 있고 국수를 먹을 수도 있습니다. 자기 능력과 기술에 따라 제각기 적합한 직업을 선택할 수 있습니다. 옳고 그름이 아닌, 단지 다름과 관련된 사안에 비판의 칼날을 가한다면 그것은 부당한 비판이 되고 말 것입니다. 성경을 기준으로 하는 비판이라고 하더라도, 개선이라는 긍정적인 목표 없이 무조건 비난하는 것은 결코 정당한 비판이 될 수 없을 것입니다.

굳이 개입하지 않아도 되는 사소한 문제에 비판을 늘어놓는 것도 불필요한 간섭이자 참견이 되고 말 것입니다. 또한 군중심리와 관련된 비판도 있습니다. 많은 사람이 옳다고 하니까 무턱대고 동의하고 찬성의 소리를 높이는 것입니다. 모두가 잘못이라고 하니까 무조건 비판하기도 합니다. 이런 것은 정당한 비판이 아닙니다. 하나님께서 우리를 인격적 책임자로 만드셨기 때문에 하나님을 믿는 성실한 믿음에서 정당한 비판이 나와야 하는 것입니다. 또한 자신의 추측이나 예상을 근거로 해서 비판의 화살을 쏘아대는 사람들이 있습니다. 정확히 알지 못하는 것에 대해 칭찬하거나 비판하는 것은 일을 그르치고 경솔한 판단을 만들어냅니다. 위선적 비판도 있습니다. 자신을 선하게 보이기 위하여 고의로 비판을 늘어놓는 것입니다. 다른 사람들을 비판함으로 자신의 지식과 지혜 그리고 자신의 정의감을 내보이려고 하는 것은 정당한 비판이라고 볼 수 없습니다. 정당한 비판은 잘못을 지적하여 수정 내지 개선하고자 하는 분명한 목적이 따라야 합니다. 성급한 비판도 부당한 비판입니다. 아무리 시간이 급하다고 해도 자기 사정 때문에 신중하지 않게 비판하는 것은 옳지 않습니다. 편파적이고 일방적인 비판도 부당합니다. 악의적인 비판도 이런 부류에 넣어야 할 것입니다. 선의와 동정심과 이해심 없는 비판은 부당한 비판이요 예수께서 금하신 것이라고 보아야 할 것입니다.

지혜로운 비판

비판하지 말 것에 대한 예수님의 교훈 뒤에 수수께끼 같은 구절이 덧붙여져 있습니다. "거룩한 것을 개에게 주지 말며, 너희 진주를 돼지 앞에 던지지 말라. 저희가 그것을 발로 밟고 돌이켜 너희를 찢어 상할까 염려하라." 어떤 사람들은 '거룩한 것'이나 '진주'를 복음이라고 해석하고, '개,' '돼지'를 복음을 받아들이지 않는 적대세력, 사탄의 자녀들 혹은 이방인이라고 해석합니다. 어떤 사람들은 조금 더 넓은 의미로 각각을 "성경"과 "회개를 거부하는 악한 사람들"이라고 해석하기도 합니다. 회개를 거부하는 사람들에게 성경을 가르칠 필요가 없다는 의미를 담은 가르침이라고 본 것입니다.

우리는 문맥을 최대한 고려할 필요가 있습니다. 정당하고 정확한 비판이라 하더라도 이것을 받아들일 준비가 되지 않은 사람에게는 비판을 내놓지 말아야 합니다. '거룩한 것,' '진주'는 예수께서 알려 주신 하나님의 뜻, 혹은 이에 근거한 정확한 분석과 비판에 대한 비유어입니다. '개,' '돼지'는 예수님의 가르침의 가치를 모를 뿐만 아니라 무시하고 욕하며 비난하는 사람들에 대한 비유어입니다. 예수님을 믿지 않는 사람들은 당연히 예수님의 말씀을 거부하고 이렇게 취급할 것이기 때문에 그렇게 볼 수 있습니다.

아버지의 꾸중, 비판을 달갑게 듣는 자녀들이 어디 있겠습니까? 좋은 약은 입에 쓰다는 격언처럼 비판이란 지극히 지혜롭게 사용해야 하는 것입니다. 예수님은 산상설교에서 높은 기준을 주시면서 제자들이 섣불리 이 기준으로 세상을 비판하지 않도록 가르치셨습니다. 세상 사람들이 예수님의 가르침에 근거한 비판을 무시하고 발로 밟을 뿐만 아니라 이것을 전해 주는 사람들을 찢을 수도 있다는 것을 아신 것입니다.

정당한 비판이라고 하더라도 지혜가 필요합니다. 비판을 받아들일 수 있는 사람들에게가 아니라면 정당한 비판도 피할 수밖에 없습니다. 그렇게 함으로써 예수님의 거룩하신 말씀이 무시되지 않게 해야 하는 것입니다. 예수님의 말씀은 우리가 그것을 지키지 않음을 통해서 무시될 수도 있고, 일방적으로 남에게 사용함으로써 병이 될 수도 있는가 하면, 지혜롭지 못한 사용으로 인하여 해를 가져올 수도 있습니다.

맺음말

예수님의 말씀을 사용하여 우리의 생각과 행동과 삶을 저울질하고 고쳐갑시다. 다른 기독교인들이 예수님의 말씀을 기준으로 살도록 자극하고 격려합시다. 그러나 아직 이 말씀을 삶의 기준으로 받아들이지 않는 사람들의 삶을 이 말씀을 기준으로 하여 비판하지는 맙시다.

제40장
받은 것을 주는 삶
마태복음 7:7-12

마태복음 7장 7-12절은 두 종류의 명령으로 구성됩니다. 7-11절의 주제는 기도입니다. 구하고 찾고 두드리면 하나님께서 주신다는 내용입니다. 우리는 하나님의 은혜로 이 땅에 태어나 하나님께서 주신 모든 것을 힘입어 사는 사람들입니다. 그러므로 매일의 부족과 필요를 하나님께 구하고 찾고 두드리면서 살 뿐만 아니라, 하나님께서 그 응답으로 채워주시는 것들로 하루를 살아갑니다. 따라서 예수님은 우리에게 부지런히 하나님께 구하고 찾고 두드리라고 충고하셨습니다. 12절의 주제는 다른 사람에 대한 태도, 윤리적 삶입니다. 예수님은 타인이 자신에게 해 주기를 기대하는 바로 그것을 오히려 다른 사람들에게 해 주라고 부탁하셨습니다. 삶의 이타적 방향을 아주 간략하게 그러나 아주 적극적으로 지시하는 강한 호소력 때문에 사람들은 이 말씀에 황금률이란 별명을 붙였습니다.

기도와 윤리에 관한 이 두 명령은 서로 별 관련이 없는 것처럼 보입니다. 그러나 예수님은 12절 앞에 '그러므로'라는 접속어를 사용하셔서 이 두 명령을 논리적으로 강하게 묶어 놓으셨습니다. "찾으라 주실 것이다. 그러므로 너희가 기대하는 대로 다른 사람에게 해 주어라." '그러므로' 때문에 기도의 명령은 윤리의 명령이 나오는 근거가 됩니다. 윤리의 명령은 기도의 명령에 따르는 귀결이 됩니다. 하나님께 기도하여 받은 것으로 남에게 주라는 의미가 형성됩니다.

사람들은 두 명령의 논리적 관계보다는 각 명령이 가진 아름다운 표현법과 삶에 대한 강력한 호소력에 더 많은 관심을 가집니다. 삶의 고통과 슬픔, 궁핍과 비참함에 허덕이는 사람들에게 "구하라 찾으라 두드리라"는 주님의 말씀은 새 힘을 북돋는 말씀입니다. "이웃에게 얻고 싶은 것을 그들에게 먼저 주라"는 이웃을 향한 선행을 끝없이 고무시키는 우리 주님의 아름다운 말씀입니다. 그러나 이 말씀들을 따로 떼어 읽고 열심히 삶에 사용하는 것만으로는 충분하지 않습니다. 예수께서 '그러므로'라는 단어를 사용하여 두 가지를 명령하신 데는 아주 특별한 의미, 각각의 주제를 다루는 것보다 더 깊은 이유가 있을 것입니다. '그러므로'라는 접속사로 두 명령이 연결되는 특징에 집중하면 예수님의 말씀은 '하나님께 받은 것을 사람들에게 주는 삶'이라는 인생의 기본 원리가 만들어집니다. 이 점을 살리기 위하여 저는 '받은 것을 주는 삶'이라는 제목을 만들어 보았습니다. 윤리는 신앙의 결과 또는 표현 방법이 되고 신앙은 윤리의 근거가 되는 것입니다.

자연적인 삶과 바른 삶

사람의 자연적인 삶을 크게 두 가지로 요약해 볼 수 있습니다. 하나는 초식동물처럼 여기저기 널려 있는 것을 열심히 주어 모으며 살아가는 삶입니다. 법칙을 따라 심고 가꾸고 거두며 열심히 일하는 것입니다.

자신이 해야 할 일을 성실하게 하며 그 열매를 먹고 사는 사람들이 이런 부류에 속합니다. 다른 하나는 육식동물들처럼 남이 만들어 놓은 것을 빼앗아 살아가는 삶입니다. 그들에게 삶은 경쟁이요, 세상은 생존을 위한 전쟁터가 됩니다. 세상이 아니라 사람들을 삶의 근거로 삼는 사람들이 이런 부류에 속합니다. 자연적인 삶은 어떤 것이든 큰 약점이 있습니다. 성경은 인류의 타락에서 삶의 잘못된 지향점이 만들어졌다고 합니다. 초식동물과 같은 삶은 세상이 어디서 왔는가에 전혀 관심을 기울이지 않고 하나님이 만드신 세상과 그 법칙을 사용할 뿐입니다. 육식동물과 같은 삶은 다른 사람을 이용하고 남의 것을 빼앗음으로써 결국 자신을 파괴합니다.

예수님의 말씀은 이런 자연적인 삶의 허점을 지적하고 수정하는 것입니다. 삶은 빼앗는 것이 아니라 주는 것입니다. 모자란 것은 하나님께 구하고 보충하는 것입니다. 생존 경쟁이 아니라 사랑과 자비가 삶의 본모습, 바른 모습입니다. 우리와 더불어 살아가는 상대방은 우리의 필요를 채워주는 도구가 아니라, 사랑하고 섬겨야 할 대상입니다. 하나님에게 받은 것을 나누어 주기 위하여 이웃이 존재한다고 말해도 좋을 것입니다.

삶을 보는 예수님의 시각이 세상의 시각과 완전히 다르기에 예수님의 말씀은 세상이 주는 삶의 충고와는 너무나 다릅니다. 부족할 때는 하늘을 바라봅시다. 절박함을 느낄 때는 하늘의 문을 두드립시다. 그리고 세상으로 눈을 돌릴 때는 주는 사람들, 선한 사람들로 섭시다. 이것이 본문에서 예수께서 우리에게 주시는 교훈입니다.

삶의 두 지향점: 하나님과 사람

산상설교를 통해 예수께서 요구하시는 삶은 삼각형처럼 세 가지 꼭 짓점이 있습니다. 하나님과 나와 이웃입니다. 나는 삶의 주체입니다. 이 '나'는 하나님을 섬기며 이웃에 봉사하는 '나'로 존재합니다. 하나님을 믿고 이웃을 사랑하는 것이 예수께서 요구하시는 삶일 것입니다. 우리 는 동물처럼 자신의 목숨과 본능과 생존을 위해서가 아니라 한편으로 는 하나님을, 다른 한편으로는 이웃을 섬길 목적으로 만들어졌습니다.

예수님은 구약 시대의 모든 계명을 비슷한 방식으로 요약하신 적이 있습니다. "네 마음을 다하고 목숨을 다하고 뜻을 다하여 주 너의 하나 님을 사랑하라 하셨으니 이것이 크고 첫째 되는 계명이요, 둘째는 그와 같으니 네 이웃을 네 몸과 같이 사랑하라 하셨으니 이 두 계명이 온 율 법과 선지자의 강령이니라"(마 22:37-40). 인간을 향한 하나님의 뜻은 구 체적인 상황에서 구체적인 행동을 명령하는 것이어서 셀 수도 없이 많 은 것 같아도, 그 모두는 결국 하나님과 이웃을 사랑하는 마음으로 요약 된다는 말씀입니다. 이 원리를 예수님은 '강령,' 즉 모든 계명의 근본 정 신이라고 표현하신 것입니다.

하나님의 사랑을 알고 받아들인 사람들에게 이웃을 사랑하라는 명 령이 주어집니다. "그가 우리를 위하여 목숨을 버리셨으니 우리가 이로 써 사랑을 알고 우리도 형제들을 위하여 목숨을 버리는 것이 마땅하니 라"(요일 3:16). 이웃 사랑은 예수님의 십자가에서의 희생을 믿는 사람들 의 삶의 특징으로 나타납니다.

본문도 같은 성격의 말씀입니다. 먼저 하나님을 섬기는 바른 자세를 가르치고 그다음에 이웃을 향하도록 말씀하셨습니다. 우리 신자들의 삶은 세상을 다스리는 하나님을 믿고 그 사랑을 받아들이는 것이면서 동시에 같은 시대를 살아가는 사람들을 진심으로 위해 주는 것이어야 합니다.

주시는 분은 우리 하나님

우리가 섬기는 하나님과 우리 사람의 관계는 불균형 혹은 불평등 관계로 표현됩니다. 혹은 권위의 차이라는 말로 규정됩니다. 하나님은 온 우주를 창조하신 분이신 반면, 인간은 피조물 중 하나에 불과합니다. 성경은 이를 주인과 종, 왕과 신하, 혹은 아빠와 자녀로 비교합니다. 이러한 관계로부터 하나님을 섬기는 기본자세가 나옵니다. 아빠의 손을 잡고 가는 아이처럼 하나님을 의존하는 것이 최고의 방법입니다. 모든 종교는 사람이 신을 찾고 신이 좋아하는 것을 드리고 그 결과 행복과 안전을 추구하는 구조를 가지고 있습니다. 신을 기쁘게 하거나 신의 분노를 달래기 위해 음식을 바치고 춤을 추는 등 여러 가지 의식을 행하는 것도 이 때문입니다. 그러나 성경은 전혀 다른 교훈을 줍니다. 성경은 세상을 다스리시는 하나님이 사람에게 무엇을 달라고 하거나 우리의 가장 좋은 것을 앗아가는 분이 아니라 사람들에게 모든 것을 주시는 분이라고 합니다. 모든 것이 하나님의 소유입니다. 그래서 하나님을 섬기는 사람들은 자주 이렇게 반문하곤 했습니다. "무엇을 하나님께 바쳐 하나님께 만족을 드리고 그 대가를 손에 넣을 수 있을까?"(욥 41:11; 롬 11:35). 물론 이런 질문 뒤에는 당연히 부정적인 대답이 깔려 있습니다. 그런 것은 불가능하다는 것입니다. 만물이 주님에게서 나왔고 주님에게로 돌아가기 때문입니다(롬 11:36; 대상 29:11-12).

바울 사도가 아테네에 갔을 때 바로 이 부분을 지적했습니다. 당시 아테네 사람들은 신을 찾고 신에게 무엇인가를 드리고 신을 즐겁게 하는 데 열중하고 있었습니다. 바울은 그들을 향해 이렇게 전도했습니다. "우주와 그 가운데 있는 만유를 지으신 신께서는 천지의 주인이시니 손으로 지은 전에 계시지 아니하시고 또 무엇이 부족한 것처럼 사람의 손으로 섬김을 받으시는 것이 아니니 이는 만민에게 생명과 호흡과 만물을 친히 주시는 자이심이라. 인류의 모든 족속을 한 혈통으로 만드사 온 땅에 거하게 하시고 저희의 연대를 정하시며 거주의 경계를 한하셨으니 이는 사람으로 하나님을 혹 더듬어 찾아 발견케 하려 하심이로되 그는 우리 각 사람에게서 멀리 떠나 계시지 아니하도다. 우리가 그를 힘입어 살며 기동하며 있느니라. 너희 시인 중에도 어떤 사람들의 말과 같이 우리가 그의 소생이라 하니 이와 같이 신의 소생이 됐은즉 신을 금이나 은이나 돌에다 사람의 기술과 고안으로 새긴 것들과 같이 여길 것이 아니니라"(행 17:24-29).

　　이것이 성경이 말하는 하나님과 사람 사이의 불평등 관계입니다. 하나님은 주시는 분이시고 우리는 그 하나님을 의존하여 살고 있습니다. 그런데 적지 않은 신자들이 이 점을 쉽게 잊어버리고 하나님께 무엇인가 바치고 하나님을 기쁘게 할 일들을 찾는 데 열중하고 있습니다. 하지만 우리가 무엇으로 하나님을 기쁘게 해드릴 수 있겠습니까! 많은 헌금을 드리면 하나님이 좋아하신다고 생각하는 사람들이 있습니다. 얼마를 드리면 좋을까요? 이런 질문을 하기 전에 우리는 돈이 과연 하나님께 필요한지 먼저 물어야 할 판입니다. 돈은 하나님께 필요한 것이 아니라 세상을 살아가는 사람들에게나 필요한 것입니다. 며칠을 금식하면 하나님께서 좋아하실까요? 하루? 일주일? 십 일? 이 주제에도 먼저 질문해야 할 것이 있습니다. 우리 하늘 아버지는 자녀들이 굶어 피골이 상접하여 죽음 직전까지 도달해야만 겨우 관심을 두시는 분이십니까?

하나님을 섬기는 것은 하나님과 인간의 이 불평등 관계를 인정하는 것입니다. 하나님의 주권을 인정하고 그 아래 굴복하며 살아가는 것입니다. 그렇게 할 때 하나님께 무엇을 드릴까보다는 하나님께 어떻게 구하고 그렇게 받은 것을 어떻게 사용할까에 관심을 두게 됩니다.

구하고 찾고 두드립시다

"구하라, 찾으라, 두드리라"는 예수님의 명령은 반복의 형태를 가지고 있습니다. 단어는 다르나 내용은 하나입니다. 하나님께 달라고 기도하는 것입니다. 예수님은 이곳에서 "무엇"에 대해서는 전혀 말씀하지 않으셨습니다. 따라서 달라고 기도해야 할 내용이 물질인지 정신적인 무엇인지 아니면 영적인 선물인지를 따질 필요가 없습니다. 11절에 무엇에 대한 암시가 약간 들어 있습니다. 누가복음에는 비슷한 말씀이 "성령을 주시지 않겠느냐"고 자세하게 설명되어 있지만(눅 11:13), 마태복음의 이 구절에는 "좋은 것을 주시지 않겠냐?"고 되어 있습니다. 신자에게 있어서 가장 좋은 것은 성령님이라는 누가복음의 해석과 비교할 때, 마태복음의 구절은 그저 '좋은 것'이란 일반적 용어로 되어 있어서 좋은 것 모두를 지시할 수 있습니다.

예수님의 명령은 "주시는 하나님"을 전제하고 있습니다. 우리는 하나님께 받아야만 가질 수 있는 지극히 작은 존재임이 전제되어 있습니다. 하나님께는 바치는 것이 급선무가 아닙니다. 시키는 대로 하는 것이 최선의 태도입니다. 얻기 위하여 비는 것이 바른 태도입니다. 이런 수동적 자세가 우리의 기본자세임을 알고 있는 사람들은 어떠한 순간에라도 자신의 힘과 지혜, 자신의 부와 재주를 믿지 않고 하나님을 바라볼 수밖에 없습니다. 특히 인생의 고비를 맞으면 저절로 하나님께 찾고 구하고 하늘 문을 두드릴 수밖에 없습니다.

각박하고 험난하고 살벌한 세상을 살아가는 사람들에게 이 말씀만큼 큰 위로와 용기와 살아갈 힘을 주는 말씀이 어디 있겠습니까? 우리가 감당하기 어려운 현실이 우리의 삶을 위협한다면 하나님을 보고 하늘을 향하는 것이 가장 좋습니다. 하늘을 보며 사십시오. 늘 구하고 찾고 두드리십시오. 무엇이나 말입니다. 꿈 없이 살아갈 수 없다면 하나님께 우리의 꿈을 두는 것이 가장 좋지 않겠습니까? 욕심을 완전히 잘라낼 수 없다면 하나님께 우리의 마음을 표현하는 것이 더 나은 길 아닐까요? 그렇습니다. 우리를 만드시고 이곳에 보내시고 아직 살도록 하시는 그분, 하늘에 계신 우리 하늘의 아버지께 알립시다. 이것이 하나님의 권위 아래 살아가는 우리가 할 일입니다.

좋은 것을 주시는 하나님

예수님의 아름다운 말씀은 구하는 사람에게 하나님께서 주시고, 찾는 사람들은 결국 찾게 되고, 문을 두드리는 사람에게 하나님의 은총의 문이 열릴 것을 예고하는 방식으로 구성되어 있습니다. 예수님은 거의 같은 말씀들을 7절과 8절에 걸쳐서 두 번 반복하심으로써 하나님께 받게 될 사실을 확실히 강조해 놓으셨습니다.

예수께서 우리가 기도해야 할 대상으로 지시하신 분은 교회만의 하나님이 아니라 교회를 포함하는 모두의 주님이십니다. 하나님의 문은 누구에게나 넓게 열려 있습니다. 누구든지 예수님의 가르침을 따라 하나님에게 구하고 찾고 두드린다면 하나님은 응답하실 것입니다.

예수님은 천국을 진주를 찾는 상인에 비유하신 적이 있습니다. 어떤 상인이 가장 값진 보석을 찾아 나섰다가 드디어 최고의 진주를 발견했습니다. 그는 모든 것을 팔아 그 진주를 손에 넣었습니다. 이 비유는 천국은 열심히 찾을 때 만나게 되는 복음을 알립니다. 그러므로 구하십시오. 찾으십시오. 문을 두드리십시오. 구하고 찾고 문을 두드리지도 않으면서 주시지 않는다거나 받은 적이 없다고 불평하는 것은 옳지 않습니다. 예수님의 약속을 들어보십시오. "받을 것이다." "발견하게 될 것이다." "문이 열릴 것이다." 여러분, 12절의 명령을 이 명령과 약속에 연결해서 읽으실 수 있다면 무엇이든지 주저하지 마십시오.

예수님은 사람의 악하고 불완전한 부성애와 선하고 완전한 하나님의 신적 부성애를 비교하는 논법을 사용하셨습니다. "빵을 달라는 아들에게 누가 돌멩이를 주느냐?" "생선을 달라는데 누가 뱀을 주느냐?" "사람도 자식에게 좋은 것을 주는데 하늘 아빠는 구하는 자에게 얼마나 더 좋은 것을 주시겠느냐?" 결국 하나님께 구하라는 말씀입니다. 구함으로써 하나님으로부터 받으라는 말씀입니다. "더 좋은 것을 주시지 않겠느냐?"는 문장은 단순 의문문이라기보다는 훨씬 더 좋은 것을 주심을 뜻하는 수사 의문문입니다.

황금률: 윤리적 삶의 원칙

세상의 삶은 인사하는 사람에게 인사하고 선물을 주는 사람에게 선물을 주는 것입니다. 그러나 예수님은 전혀 다른 삶을 가르쳐 주셨습니다. 잔치를 베풀어도 갚을 수 없는 사람을 청하라고 하셨습니다. 돌아올 수 없는 사랑을 원수에게 베풀고 박해하는 사람들을 위해 기도해 주라고 하셨습니다. 이렇게 한다면 세상에서 사람들에게 그 대가를 얻을 수 없는 것을 대신 하나님께서 갚아주실 것이라고 약속하신 것입니다. 악을 행하는 사람에게 악으로 갚지 말고 원수갚는 것은 하나님께 맡기고 선으로 갚아주라고 하셨습니다. 예수께서 원하시는 삶은 세상의 방식과는 너무나 다릅니다.

　황금률도 같은 부류에 속하는 말씀입니다. 황금률은 우리가 대접하는 대로 대접을 받을 것이라고 약속하지 않습니다. 대접받은 대로 대접하라는 명령도 아닙니다. "남에게 바라는 것"은 우리가 남에게 해 주어야 할 행동을 결정하는 기준일 뿐입니다. 우리가 남에게서 좋은 것을 가장 많이 기대하고 나의 악과 약점을 가리어 주기를 원하는 그것을 기준으로 삼아 그렇게 남에게 관대하게 마음을 열고 최선의 행동을 하라는 것입니다. 남의 약점을 과장하고 남의 실수를 비방하려는 마음은 우리 자신에게로 향해야 합니다. 그래서 자신에게는 엄격한 기준을 적용하면서도, 이와는 반대로 남에게는 보다 관대한 기준을 적용하라는 것입니다. 나의 장점을 과시하고 나의 성공을 선전하는 그 마음은 사실 다른 사람을 향해야 합니다. 사람은 아무리 선해져도 자기중심적 삶을 탈피할 수 없기 때문에 예수님은 자기지향적인 우리의 마음을 남을 대하는 기준으로 제시하셨습니다.

　하지만 이기심으로 똘똘 뭉친 사람들이 이 말씀을 사랑할 수 있겠습니까? 자기만 알고 자기만 사랑하고, 남의 고난과 고통과 신음과 몸부림을 전혀 보지 못하는 사람들이 이 말씀을 지키려 하겠습니까? 자만심과 우월감에 사로잡혀 살아가는 우리가 어떻게 이 말씀을 지킬 수 있겠습니까? 사람들은 하나님께 받아도 쌓아 두려고 합니다. 그리고 더 쌓기 위해 하나님의 은총을 구합니다. 그렇게 치부하고 힘을 키우고 우쭐대는 것이 사람입니다.

　예수님은 우리에게 단지 듣고 배우는 것이 아니라 배운 것을 삶에 적용하여 마음과 행동을 고치기를 원하십니다. 성령께서 우리에게 황금률의 원리대로 살아갈 능력을 주시기를 간구합시다. 원수를 사랑하라는 말씀처럼, 이웃에게 기대하는 것을 기준으로 삼아 그들에게 그렇게 해 주라는 말씀은 우리가 정말 예수님을 믿고 예수님의 가르침을 따르는지를 파악하는 판단기준이 될 것입니다.

맺음말

예수님은 잘 알려진 두 구절을 왜 본문의 순서대로 말씀하셨을까요? 왜 하나님께서 구하는 대로 좋은 것을 주실 것이라고 약속하신 다음에 "그러므로 무엇이든지 남에게 대접을 받고자 하는 대로 너희도 남을 대접하라"고 하셨겠습니까? 하나님은 창조주시요 우리는 그 피조물입니다. 하나님은 우리에게 생명을 주신 분이고 우리는 받은 생명으로 이 세상에서 살아가는 사람입니다. 예수님은 그러한 하나님께 우리가 구하며, 찾으며, 두드리도록 명령하셨습니다.

우리는 하나님께 받았기 때문에 또 받을 것이기 때문에, 남에게 줄 수 있는 사람들이며, 주어야만 하는 사람들입니다. 우리가 하나님께 받은 것을 하나님께 돌려 드리는 방법은 없습니다. 대신 다른 사람들에게 나누어 줍니다. 다른 사람에게 양보하고 다른 사람을 용서합니다. 우리는 하나님께 직접 드리지 못하고 다른 사람들을 통하여 우리가 받은 것을 돌려 드리게 됩니다. 결국 예수께서 말씀하신 것의 핵심은, 우리가 하나님께로부터는 받고, 다른 사람에게는 주라는 것입니다.

왜 우리가 주어야 하는지에 대한 답은 하나뿐입니다. 하나님께 받았기 때문입니다. 왜 다른 사람에게 받으려고 해서는 안 되느냐는 질문에 대한 답도 하나뿐입니다. 하나님께서 주시기 때문입니다. 바로 여기에 우리의 헌신, 봉사, 삶의 원칙이 제시되고 있습니다. 우리는 하나님께

돌려 드리는 것이 아니라 다른 사람에게 주게 됩니다. 하나님에게 일방
적으로 받는 것처럼, 사람들에게는 일방적으로 주는 것이 남을 대하는
태도여야 합니다. 사람에게 받고 사람에게 주는 것이 아니라 하나님께
받고 사람들에게 주는 것입니다. 하나님께 받은 것이 없으면 줄 것도 없
습니다. 그러나 받은 것이 있으므로 줄 것이 있습니다. 그러므로 하나님
께 받았으면 우리는 주는 자로 살아야 합니다.

예수님은 산상설교를 마치시면서 우리에게 좁은 문으로 들어가라고 하셨습니다. 좁은 길을 걸어가라고 하셨습니다. 좁은 문과 좁은 길은 우리의 삶에 대한 비유어입니다. 이 문에 들어가기가 쉽지 않고, 적은 사람들만이 통과할 수 있음을 단적으로 표현하신 것입니다. 이런 좁은 길, 좁은 문을 찾는 사람은 많지 않습니다. 그러나 그 문은 생명으로 들어가는 문입니다. 넓은 문, 넓은 길도 삶에 대한 비유입니다. 쉽고 편하고 누구나 함께 몰려간다는 점을 강조하신 것입니다. 그것은 사람이 본성적 욕구에 따라 그냥 가는 길입니다. 예수님은 좁은 문, 좁은 길을 선택하라 하심으로 넓은 문과 넓은 길을 피할 것을 가르치셨습니다. 왜냐하면 넓은 길, 넓은 문은 멸망으로 들어가는 입구이기 때문입니다.

삶은 선택입니다

살아오면서 우리는 삶은 선택의 연속이라는 사실을 배웠습니다. 우리에게 선택이란 하나님께서 우리 인간에게 주신 여러 가지 기능들을 활용하여 최상의 것을 고르는 것이고, 포기란 최상의 것을 남겨 놓기 위해 나머지를 하나하나 버리는 것입니다. 신자들은 하나님의 뜻, 하나님의 계획에 자기 삶을 맞추려는 방식으로 선택과 포기를 끊임없이 반복합니다.

경험과 지식이 제한된 우리의 눈에는 삶의 모든 부분, 가장 작은 부분까지 다스리시는 하나님의 손길이 쉽게 들어오지 않습니다. 때로는 전에 하나님의 뜻으로 알고 있던 사실이 틀렸음을 알고는 놀라기도 합니다. 하나님의 뜻을 파악하는 것의 어려움 때문에 신자들의 선택과 포기는 더 신중하고 더 경각심을 불러일으키는 일이 될 수밖에 없습니다.

산상설교 전체가 무엇인가를 선택하고 다른 무엇을 포기하라는 명령입니다. 산상설교는 좋은 길을 선택하고, 나쁜 길을 버리라는 요구입니다. 선택해야 할 좋은 것, 포기해야 할 나쁜 것의 기준을 제시하는 것이 산상설교입니다.

예수님은 생명으로 향하는 좁은 문, 좁은 길이십니다

좁은 길, 좁은 문이 있다면 이 문이 붙어 있는 건물의 이름은 무엇일까요? 예수님은 건물이나 그것의 이름에 대해서 말씀하지 않으셨지만 사람들은 이 건물을 천국이라고 불렀습니다. 천국에 들어가는 문은 아주 작고, 따라서 천국에 들어가기가 쉽지 않다는 것입니다. 예수님은 부자에 관하여 비슷한 말씀을 하신 적이 있습니다. "부자가 천국에 들어가는 것은 낙타가 바늘귀로 들어가는 것보다 더 어렵다." 넓은 문으로 들어가기 때문일 것입니다. 가난한 사람의 경우에도 넓은 문으로 들어가려고 한다면 천국에 들어가는 것은 역시 어려울 것입니다.

예수님은 산상설교에서 이 문은 생명과 관계됐다고 표현하셨습니다. 좁은 문, 그것은 생명으로 들어가는 문입니다. 좁은 길, 그것은 우리를 생명으로 인도하는 길입니다. 하나님은 에덴동산에 생명나무를 만들어 두셨습니다. 아담과 하와가 하나님의 명령을 어겼을 때 생명나무의 열매를 먹지 못하도록 천사를 두어 지키게 하셨습니다. 그런데 이제 생명나무의 열매, 즉 영원한 생명으로 향하는 문이 열린 것입니다. 생명으로 향하는 길이 예수님으로 말미암아 열렸습니다. 요한복음에서 예수님은 "나는 길이요 진리요 생명이다"(요 14:6)라고 하셨습니다. 또 "나는 양의 문이다"(요 10:7)라고 말씀하셨습니다. 생명으로 향하는 좁은 문, 그것은 사람을 구원하러 오신 예수님이십니다. 좁은 길은 죄인을 위해 십자가를 지러 오신 예수님 자신이십니다. 이 외의 다른 길은 없습니다. 그러므로 "좁은 문으로 들어가라"는 예수님의 말씀은 "나를 따르라," "수고하고 무거운 짐진 자들아 다 내게로 오라," "누구든지 목마르거든 다 내게로 와서 마시라"는 말씀과 같은 내용입니다.

예수님의 가르침을 따르는 것이 좁은 문과 좁은 길입니다

산상설교의 구조를 생각해 보면, 좁은 문으로 들어가라는 말씀은 이 구절 앞에 있는 모든 말씀, 즉 산상설교를 지키는 것을 뜻합니다. 그래서 7장 13절부터를 사람들은 산상설교의 결론부가 시작되는 곳이라고 부릅니다. 구체적인 생각과 행동을 지시하시던 설교가 이제 이 모두를 지키도록 하는 격려로 변하는 부분입니다. 초대 교회 시절 신자들은 이 산상설교를 다음과 같이 요약했습니다. 곧, 우리 앞에는 두 가지 길이 있는데, 생명의 길과 사망의 길입니다. 생명의 길은 산상설교의 명령들로 표현됩니다. 이런 내용이 〈열두 사도들의 교훈집〉(혹은 〈디다케〉)에 수록되어 있습니다. 이처럼 초대 교회 성도들은 좁은 문과 좁은 길을 산상설교의 내용을 요약하신 말씀으로 이해했습니다. 넓은 길과 넓은 문은 사람의 본능과 습관과 인간적 욕구에서 나온 것들로 이해했습니다.

예수께서 산상설교를 하실 때 이 말씀들을 주신 이유는 이 말씀들을 생각과 행동의 지표로 삼으라는 데 있습니다. 대부분의 말씀은 사람들의 생각을 바꾸고 행동을 고치도록 요구하고 있습니다. 그런 행동이 나타날 때까지는 예수님의 말씀이 성취됐다고 말할 수 없습니다.

예수님을 따르는 것은 어렵고 고생스럽고 외로운 길입니다

왜 예수님은 믿는 사람들이 선택해야 할 삶을 좁은 문과 좁은 길이라고 비유하셨을까요? 좁은 길과 좁은 문은 어려운 삶을 나타냅니다. 많은 사람이 다른 길로 가기 때문에 예수님을 믿고 예수님의 말씀을 지키는 것은 외로운 길이기도 합니다.

산상설교는 고상한 삶을 추구하는 도덕가의 눈에는 정말 아름다운 말씀으로 보이지만 대부분 우리가 실천하기 싫어하는 일들입니다. 누구라도 삶에 이런 생각과 행동을 실천하는 것은 불가능해 보입니다. 그래서 어떤 신학자들은 산상설교를 인간의 불가능성을 지적하는 말씀이라고 설명하기도 했습니다. 이들은 예수님이 하나님의 기준이 얼마나 높은지 가르쳐 주시고 인간은 그렇게 될 수 없음을 깨닫도록 높은 기준을 주셨다고 생각합니다. 그래서 이들은 예수님께서 요구하신 명령을 그대로 실천할 필요도 없고 실천할 수도 없다고 생각합니다. 이제 우리가 할 수 있는 일은 우리의 무능력을 고백하며 회개하고 예수님의 십자가 수난을 통해 나타난 하나님의 은혜를 붙드는 것이라고 이해합니다. 이런 설명은 한편으로는 대단히 경건한 해석으로 보입니다. 그러나 이렇게 되면 산상설교의 명령은 무효화됩니다. 예수님은 마치 제자들을 위협하신 분처럼 변합니다. 그분은 우리가 지킬 수도 없는 명령을 앞세워 우리에게 그것을 반드시 지키라는 듯이 협박하시는 분이 되고 맙니다.

그러나 예수님은 우리의 본성과 인격을 환히 아시면서도 엄숙하고 진지하게 우리의 삶을 수정할 것을 명령하신 분입니다. "그러므로 하늘에 계신 너희 아버지의 온전하심과 같이 너희도 온전하라"(5:48). 하나님처럼 온전하게 되는 길로 가는 문이 좁은 문입니다. 원수를 사랑하고 핍박하는 사람들을 위해 기도하는 것은 정말 좁은 길입니다. 세상에서 바보가 되는 길이고 자존심을 걸레처럼, 헌신짝처럼 버리는 정말 어려운 길입니다. 그러나 이런 실천이 생명으로 향하는 길을 선택하는 문이 됩니다.

맺음말

좁은 문과 길로 들어가라는 예수님의 명령은 행위로 구원을 얻으라는 내용이 아닙니다. 인간의 노력으로 하나님의 은총을 얻자는 말씀도 아닙니다. 많은 사람이 선택하는 길을 따라가지 않고 예수님의 말씀, 특히 산상설교대로 살라는 가르침입니다. 우리를 구원하러 십자가의 고통과 죽음을 감수하신 예수님의 은혜와 사랑에 바르게 반응한다면 우리는 좁은 문, 좁은 길을 선택하게 될 것입니다.

사람을 안다는 것은 쉬운 일이 아닙니다. 21세기에 들어서면서 인간의 유전자 지도를 완성하고 그 정보를 연구하며 지능과 감정과 의지 등 각 기능들을 집중적으로 연구하게 됐습니다. 그러나 인간을 이해하려는 노력은 쉽게 결론에 도달하지 못할 것입니다.

예수님은 산상설교에서 사람을 파악할 수 있는 간단하면서도 효과적인 방법을 하나 제시하셨습니다. 그것은 "그 열매로 그들을 알리라"는 원리입니다. 이 원리는 문맥에서 보면 사람들을 잘못 인도하는 거짓 선지자들을 조심하라는 말씀 속에 들어 있습니다. 그러나 이 원리는 어떤 사람이 좋은 사람 혹은 나쁜 사람인지를 구별하는 일반 기준으로도 사용될 수 있습니다. 나아가서 예수님을 믿는 사람들이 잘 가고 있는지, 잘못 가고 있는지를 판별할 수 있는 기준이 될 수도 있습니다.

나무와 열매의 비유
같은 과일나무라도 좋은 나무가 있고 나쁜 나무가 있습니다. 좋은 나무는 맛있고 큰 열매를 맺고, 나쁜 나무는 먹을 수 없는 열매를 맺습니다. 좋은 나무가 나쁜 열매를, 나쁜 나무가 좋은 열매를 맺지는 않습니다. 따라서 크고 맛있고 품질이 좋은 열매를 맺는 나무를 가리켜 우리는 좋은 나무라고 부르고, 나쁜 열매를 맺는 나무를 나쁜 나무라고 부릅니다.

과일나무를 심기 위해서 잡초나 가시떨기들을 뽑아버립니다. 농부들은 과수원을 만들기 위하여 잡초나 가시떨기들을 제거합니다. 나쁜 열매를 맺는 나쁜 나무도 같은 처지에 놓입니다. 농부들은 좋은 과실을 얻기 위하여 좋은 나무만 남기고 나쁜 나무들을 베어버립니다.

예수님은 좋은 나무요 예수님이 하신 일들은 좋은 열매들입니다

이 비유는 우선 예수님 자신에게 적용될 수 있습니다. 즉, 예수님은 하나님이 이 땅에 보내신 좋은 열매를 맺는 좋은 나무이십니다. 예수님은 하나님이 세상 사람들을 구원하시려고 심으신 구원의 나무요, 예수님의 활동과 가르침은 그 열매입니다. 나무는 예수님의 존재, 열매는 그 사역에 대한 비유입니다. 실제로 예수님은 이 비유를 자신에게 직접 사용하신 적이 있습니다. 예수님이 성령의 힘으로 귀신을 쫓아내고 보지 못하고 듣지 못하는 사람을 고쳐주셨을 때 바리새인들이 이 사건을 귀신의 왕을 의지하여 그러한 일을 한다고 해석한 적이 있었습니다(마 12:24). 그때 예수님은 바리새인들을 향해 말씀하셨습니다. "나무도 좋고 실과도 좋다고 말하든지, 나무도 나쁘고 실과도 나쁘다고 말하라"(마 12:33). 나무는 귀신을 쫓아내신 예수님, 열매는 예수님이 하신 일, 즉 귀신을 쫓아내심으로 그 사람을 고쳐 주신 일을 가리키는 비유였습니다. 볼 수 있고 말할 수 있게 된 결과, 즉 좋은 열매를 보면서도 하나님의 아들 예수님이 그리스도이시고 성령을 힘입어 일하신 것을 (좋은 나무임을) 믿지 않고 귀신의 왕의 힘을 빌어서 (즉 나쁜 나무로서) 그런 좋은 결과를 얻게 됐다고 말하는 모순을 지적하신 것입니다.

요한복음에도 비슷한 말씀이 있습니다. 예수님은 사람들이 자신을 믿지 않자 이렇게 말씀하셨습니다. "내가 아버지의 일을 행하거든 나를 믿지 아니할지라도 그 일은 믿어라"(요 10:38). "내가 아버지 안에 있고 아버지께서 내 안에 계심을 믿어라. 그렇지 못하겠거든 행하는 그 일을 인하여 나를 믿어라"(요 14:11). 열매, 즉 예수님의 일은 나무, 곧 예수님을 알려 주는 가장 좋은 증거이기 때문입니다.

세례자 요한이 감옥에 갇혀서 예수님이 하시는 일에 대한 소문을 들었습니다. 그는 제자들을 보내 예수님에게 물었습니다. "당신이 바로 그분이십니까? 아니면 우리가 다른 이를 기다려야 합니까?" 이때 예수님은 자신이 하신 일들을 통해 자신이 바로 그리스도이심을 확실히 알도록 해 주셨습니다. 예수님이 누구이신지는 그분이 하신 일을 통해 드러납니다.

참된 선지자 판별 기준

본문에서 예수님은 나무와 열매의 비유를 거짓 선지자들과 그들이 하는 일의 관계에 직접 사용하셨습니다. "거짓 선지자들을 조심하라. 양가죽을 둘러 쓰고 너희에게 가지만 속은 포획하는 이리들이다. 너희는 그들의 열매로 그들을 알게 될 것이다." 거짓 선지자들에 대한 이 말씀은 참된 선지자들의 존재를 전제하고 있습니다.

당시에 선지자라고 불리던 사람들은 주로 가르치는 역할을 맡고 있었습니다. 구약성경을 해석하며 당시 사람들에게 하나님 앞에서의 바른 삶을 가르치고 자극하고 그 방법을 제시하는 것이 그들의 주된 직무였습니다. 우리 시대에는 설교자, 목회자, 신학자가 그러한 역할을 합니다. 이들은 모두 가르치는 사역을 하므로 '교사'라고 부를 수 있습니다. 누가 참된 교사일까요? 예수님은 자신을 유일한 교사로 제시하신 적이 있습니다(마 23:10).

예수님은 제자들을 서로 형제들이라고 부르셨으면서도 제자들에게 복음을 전하고 사람들을 가르칠 권한을 주셨습니다. 또 예수님의 모든 명령을 모든 사람이 지키도록 가르치라고 명령하셨습니다(마 28:20). 따라서 신앙적 의미에서 좋은 교사란 예수께서 하신 사역을 전하며, 예수님의 교훈을 그대로 전달하여 지키도록 가르치는 사람입니다.

열매로 알리라는 원리는 무엇보다도 좋은 교사가 누구인지를 가리는 기준입니다. 예수님을 믿고 예수님의 말씀을 지키도록 가르치며 자신도 실천하는 사람들이 좋은 교사입니다. 예수께서 이 원리를 주신 것은 우리 모두에게 누가 좋은 교사인가를 분명하게 구분하며, 배우고 따를 권한과 의무를 주시기 위함입니다. 좋은 목회자가 좋은 교인을 만드는 것처럼 좋은 교인들이 좋은 목회자를 만듭니다. 이것은 예수님이 주신 이 원리를 사용하여 좋은 목회자를 잘 분별할 수 있을 때 가능한 일입니다.

거짓 선지자 판별 기준

거짓 선지자들에 대한 경고가 있기 전에 예수님은 사람들을 향하여 "좁은 문으로 들어가라"고 명령하셨습니다. 그리고 넓은 문, 넓은 길을 피하라고 경고하셨습니다. 예수님이 지시하시는 "생명으로 인도하는 좁은 문, 좁은 길"이란, 문맥에서는 예수께서 설교해 오신 산상설교 전체, 이 산상설교에서 교훈하신 것을 지시하는 것입니다. 반면에 넓은 문, 넓은 길이란 이 교훈에 위배되는 삶, 혹은 인간의 습관, 본성, 야욕이 주도하는 삶을 가리킵니다.

그렇다면 거짓 선지자란 어떤 사람들을 가리킬까요? 천국의 왕으로 오신 예수님을 전하지 않고 자신을 자랑하거나 자신의 지혜를 전하는 사람들입니다. 좁은 문, 좁은 길을 넓히는 사람들입니다. 넓은 문, 넓은 길을 가르치는 사람들입니다. 예수께서 하신 산상설교를 있는 그대로 전하지 않고 왜곡함으로써 예수께서 좁혀 놓으신 생명의 문을 누구나 쉽게 들어갈 수 있게 넓은 문으로 만드는 사람들입니다.

우리가 살아가는 시대야말로 예수님의 이 경고가 정말 절실하게 필요합니다. "거짓 선지자들을 조심해라. 양처럼 다가오지만 포악한 이리다. 그들의 열매로 거짓 선지자임을 가려내라." 예수께서 이런 경고를 남기신 이상 거짓 선지자에게 빠져드는 사람은 거짓 선지자 탓만 할 수는 없습니다. 거짓 선지자를 분별하지 못하고 따른 책임도 있는 것입니다.

기독교인의 정체를 보여주는 행위

나무와 열매의 비유는 기독교인과 그의 삶, 혹은 믿음과 행위 사이의 관계를 그려주는 데에도 효과적입니다. 앞에서 다룬 교사의 경우는 가르치는 교사의 진정성과 실천 사이의 관계를 나무와 열매에 비유한 경우입니다. 따라서 이 비유는 이와 유사한 기독교인의 진정성과 그의 실천 사이의 관계도 표현할 수 있습니다.

열매를 기독교인의 삶, 행위라고 해석하면, 적지 않은 사람들이 행위구원론 내지 공로주의라고 오해하기도 합니다. 그러나 이 말씀을 하신 분이 바로 예수님이시라는 사실을 명심해야 합니다. 행위와 삶을 강조하신 분은 예수님이십니다. 따라서 열매를 강조하신 말씀을 무턱대고 비난하거나 무시하는 사람들은 이 말씀을 하신 예수님을 무시하는 것이 됩니다. 둘째, 예수님은 믿음 없는 행위를 말씀하신 것이 아닙니다. 나무 없이 열매만 강조하신 것이 아닙니다. 열매는 나무를 보여주는 표식입니다. 셋째, 나무와 열매의 관계는 본문에서는 예수님을 믿음과 예수님의 말씀을 따름의 관계를 보여줍니다. 이 구절 이전에 하신 모든 말씀이 예수님을 믿고 따르는 사람들에게 주신 명령들이었기 때문입니다. 21절에서 예수님은 예수님을 주라고 부르는 자의 믿음의 진정성을 하나님의 뜻대로 행하는 것과 연결하시기 때문입니다.

좋은 열매란, 예수님의 말씀을 따라 사는 것을 의미합니다. 예수님을 믿지도 않는 사람이 예수님의 말씀을 지키려 할 수는 없을 것입니다. 예수님의 말씀을 귀담아듣지 않는 사람이 예수님의 말씀을 순종하려 하지는 않을 것입니다. 우리는 예수님이 우리를 위해 십자가를 지신 하나님의 아들이심을 믿기 때문에 예수님이 하신 말씀은 무엇이든지 귀중히 여기고 지키려 합니다. 예수께서는 나무 없이 열매를 언급하시지 않으셨습니다. 예수께서 언급하신 열매는 단순한 행함이 아니라, 믿음에서 나오는 열매로서의 행함입니다. 즉, 믿음의 진정성을 알려 주는 행함입니다.

예수님을 믿지 않는 사람은 산상설교를 고려하지도 않고 지키지도 않으며 멸망으로 인도하는 넓은 문, 넓은 길로 걷습니다. 믿는 사람은 예수께서 형제에게 화를 내지 말라고 말씀하셨기 때문에 작은 분노를 낸 후에 괴로워합니다. 쉽게 화내는 자신을 억제하고 살아가려 합니다. 반대로 예수님을 믿지 않는 사람은 화내는 것을 삶의 수단, 생존 경쟁에서 이기는 방법으로 사용합니다.

우리는 기독교인이 예수님의 말씀을 지키는 것을 보고 그가 예수님을 믿는 사람임을 알 수 있습니다. 그러나 누가 예수님의 말씀을 100% 완전하게 지킬 수 있겠습니까? 하지만 누군가가 그분의 말씀을 완벽하게 지키지 못했다고 그를 참된 기독교인이 아니라고 말할 수 있을까요? 만약에 하루에 열 번 거짓말 하던 사람이 성령의 은총을 의지하며 치열하게 자기 자신과 투쟁한 결과 하루에 다섯 번만 거짓말 하는 사람으로 변했다면, 설령 그가 여전히 거짓말을 하는 사람이라고 하더라도 그 사람의 삶에 분명한 개선점이 나타났으므로 우리는 이러한 변화된 부분을 좋은 열매로 간주해야 하지 않겠습니까? 이렇듯 예수님의 말씀을 기준 삼아 자신을 고쳐가는 신자는 분명 예수님을 믿는 좋은 나무일 것입니다. 반면에 말로만 예수님을 믿는다고 하면서 정작 삶의 변화가 없는 사람은 나쁜 나무일 것입니다. 이렇게 행위는 믿음을 보여 주는 진정한 증거로 작용합니다.

심판의 근거, 영광의 근거는 열매로 비유된 삶이나 행위에 있지 않고 그런 삶, 그런 행위를 만들어내는 믿음에 있습니다. 누가 이것을 행위구원론이나 공로주의로 부르겠습니까? 예수님은 인간과 인간의 삶을 총체적으로 다루셨습니다. 믿는 것 따로, 행하는 것 따로가 아니라 믿음과 그것의 열매를 함께 다루셨습니다.

맺음말

산상설교에 수록된 예수님의 말씀들은 대부분 사람의 생각과 전혀 다른 것입니다. 하라 하신 것은 우리가 싫어하는 것이고, 하지 말라 하신 것은 우리가 좋아하는 것입니다. 우리가 좋아하는 것을 예수님께서

하지 말라고 하셨기 때문에 순종하면서 손해와 고통을 감수한다면 참으로 예수님을 믿는 사람일 것입니다. 예수께서 그렇게 말씀하셨기 때문에 본성과 욕심에 어긋나는 행동을 하려고 한다면 그는 좋은 나무라고 볼 수 있을 것입니다.

누가 천국에 들어갈 수 있을까요? 이것은 하나님을 찾는 사람들에게는 가장 큰 관심사입니다. 이 질문에 한국 교회는 간단한 도식을 만들어서 오랫동안 가르쳐 왔습니다. "예수-천당"입니다. 이 구호는 다음과 같이 설명됩니다. "예수 믿으면 천당 갑니다." 그러나 예수님은 그렇게 간단하게 말씀하신 적이 없습니다. 본문을 보면 예수님은 이렇게 말씀하셨습니다. "나더러 주여 주여 하는 자마다 다 천국에 들어갈 것이 아니요 다만 하늘에 계신 내 아버지의 뜻대로 행하는 자라야 들어가리라."

본문과 한국 교회의 구호를 비교해 보면 우리는 깜짝 놀랄 만한 사실을 발견합니다. 이 본문에서 예수님은 자신에 대한 믿음과 천국을 연결하여 말씀하지 않으셨습니다. 예수님을 향하여 '주여 주여'라고 하는 것을 믿음 내지 믿음의 고백과 연결된 현상으로 분석할 수 있는데 예수님은 이것을 천국과 연결하는 듯하면서도 부분 부정을 하십니다. "다 천국에 들어갈 것이 아니다." 그리고 천국에 들어가기 위한 조건으로

"하나님의 뜻을 행함"을 제시하십니다.

일반적 성격을 가진 말씀

본문 7장 21절에서부터 예수님은 3인칭 표현법을 사용하셨습니다. 형식적으로 제자들과 무리는 더 이상 구별되지 않습니다. 따라서 그들 중에 누구라도 본문의 내용에 해당하는 사람들이 있다면 본문은 그들을 향한 것이 됩니다. 만약 제자들이 예수님을 향해 '주여 주여'라고 했다면 이 말씀은 그들에게 주신 가르침입니다. 무리 중에 누가 예수님을 향해 '주여 주여'라고 했다면 이 말씀은 그들에게 주신 설교입니다. 예수님을 향해 '주여 주여'라고 말한 적이 없는 사람들과는 이 본문의 말씀이 아무 상관없습니다. 따라서 '주여 주여'라고 말하는 것은 형식적인 고백, 위장된 믿음과 같은 부정적인 의미를 지닐 수 없습니다. 예수께서 귀중한 산상설교에서 그래도 관심을 가지시며 "하나님의 뜻을 행해야만 한다"고 교훈하실 수 있는 대상은 적어도 예수님을 향해 '주님'이라고 부르는 사람들인 것입니다.

'주여'의 의미

누가 예수님을 향해 주님이라고 부르는 사람들입니까? 그들이 사용한 '주여!'의 정확한 의미는 무엇일까요? 우리는 이 문제를 우선 산상설교가 선포됐던 그 당시로 돌아가서 살펴보려 합니다. 본문에 사용된 단어 '주여'(헬라어, '퀴리에')는 독특한 기독교적 색채를 가진 단어가 아닙니다. 일상생활에서 한국어의 '선생님'같이 낯모르는 사람들에게, 혹은 손윗사람이나 힘을 가진 사람에게 흔히 형식적으로 사용하는 존칭어입니다. 그러나 본문에는 이런 의미가 사용된 것 같지 않습니다. 자신을 향해 단지 인사치레로 '주여'라고 부르는 사람들을 예수님께서 매우 심각하게 다루셨을 것이라고 예상하는 것은 너무나 우스꽝스러운 일입니다. 따라서 단어 자체가 그렇게 사용될 수 있었다 하더라도 더 깊은 의미가 문맥에 내포되어 있습니다. 종이 그의 주인을 부를 때 주로 이 단어를 사용했습니다. 권력과 군대를 가지고 생사여탈권을 휘두르는 사람에게 사람들은 진심이든, 마지못해서든 '주여'라고 불렀습니다. 밑에 있는 사람들이 위에 있는 사람들의 권한을 실제로 인정하면서 사용하는 단어가 '주여'였습니다. 그러나 이런 의미도 문맥에 부합하지 않습니다. 예수님이 부, 권력, 군대를 가지고 사람들 위에 군림하는 것으로 보인 적이 없기 때문입니다.

산상설교의 청중들은 모두 유대인들이었습니다. 그들은 예수님의 소문을 듣고 예수님에게 몰려왔습니다. 예수님은 병든 사람들과 장애인들을 고쳐주셨고 귀신 들린 사람들에게서 귀신을 쫓아내 주셨습니다. 예수님과 예수님이 가진 남다른 영적 힘, 그리고 이 힘을 사용한 선한 일에 대한 소문은 더 넓게 퍼져나갔고 사람들은 이스라엘 사방에서 예수님에게 몰려들었습니다. 그들에게 예수님은 산상설교를 선포하셨습니다. 하나님 이외에는 누구에게도 무릎 꿇지 않고 웬만한 사람들에게는 '주님'이란 단어를 잘 사용하지도 않던 유대인들이 예수님을 향해 '주여'라고 말했다면 그 의미는 그분이 하나님께서 주신 능력을 가지고 귀신들을 제압하시는 분이란 의미였을 것입니다.

이때는 예수님의 사역 초기 단계이므로 사람들이 '주여'를 후대의 개념, 즉 하나님의 아들이요, 사람들을 구원하는 메시아요, 온 우주와 세상을 다스리시는 권한을 가진 주님이란 의미로 사용했을 가능성은 거의 없습니다. 이런 개념은 예수님의 제자들, 예를 들어 베드로에게서도 예수님의 사역이 한참 진행된 후에야 겨우 나타나기 시작했습니다. 그러나 예수님은 나중에 이 단어가 가지게 될 의미를 포함하도록 그 의미를 확대하여 사용하셨을 수 있습니다.

21절부터 나오는 종말에 있을 일에 대한 비유는 '주여 주여'가 그러한 확대된 의미를 가진다고 보게 합니다. 예수님의 이름으로 예언하고 병을 고치고 귀신을 쫓아낸 사람들은 한결같이 예수님을 향하여 '주여 주여'라고 부르며 선처를 호소합니다. 따라서 예수님은 자신을 향해 긍정적 의미나 신앙고백적 의미를 담아 '주여'라고 부르는 모든 사람을 염두에 두셨다고 볼 수 있을 것입니다.

예수님을 주님이라고 불러야 합니다

예수님을 향해 '주여'라고 부르는 것을 예수님이 본문에서 거부하셨거나 경고하신 것처럼 판단하는 사람들이 있습니다. 이것은 오해입니다. 예수님은 자신을 주님이라고 부르는 것 자체를 불필요하거나 무가치한 일이라고 말씀하시지 않으셨습니다. 예수님을 주님으로 인식하는 것이 불필요했다면, 그 불필요한 것을 거론하시지 않고도 "하나님의 뜻을 행하는 자라야 천국에 들어간다"라고 말씀하실 수 있었을 것입니다. 앞에서 말씀드린 대로 예수님을 향하여 주님이라고 부르지 않는 사람들은 예수님의 관심 대상이 아닙니다. 그런 사람들은 먼저 예수님께 와야 하고, 예수님을 주님이라고 부를 수 있어야 본문의 경고가 비로소 그에게 적용될 수 있습니다.

이 점을 문법적으로 설명해 보겠습니다. 부정어 '아니'(헬라어, '우')는 '주여 주여'라고 말하는 자에 걸려 있지 않습니다. '아니'가 부정하는 것은 '모두'를 의미하는 단어입니다. 예수님은 나더러 '주여 주여'라고 말하는 자들 "모두는 아니다"라고 말씀하신 것입니다. 당연히 예수님을 '주여'라고 부르는 사람들이 천국에 들어갑니다. 그런데 "다는 아니다"고 하심으로써 '주여라고 부르는 것'과 '천국에 들어감'의 필연적 연결을 거부하신 것입니다. 그 이유는 하나님의 뜻을 행해야 함을 강조하기 위해서입니다.

예수님의 제자들은 처음부터 예수님을 주님으로 불렀습니다. 예수님을 주님이라고 부르는 사람들은 모두 예수님의 제자가 됐습니다. 예수님을 주님이라고 부르는 것은 잘못된 신앙고백이 아닙니다. 꼭 필요한 신앙고백입니다. 예수님을 세상과 자신의 주님으로 믿지 않는 사람은 기독교인이 아닙니다. 제자들이 예수님의 생애를 경험하며 오랜 시간에 걸쳐 배운 것을 우리는 신약성경을 통해 보다 쉽고 빠르게 배웠습니다. 직접 경험함이 없이도 믿게 됐고 그 주님께 우리의 삶을 맡기게 됐습니다. 그리하여 우리는 예수님의 사역과 통치 아래로 들어왔습니다.

예수님은 자신이 주이심을 부정하신 것이 아닙니다. 신약성경에서 이것을 부인하는 말씀은 어디에도 없습니다. 바울 사도의 말을 인용해 봅니다. "성령으로 아니하고는 누구든지 예수를 주시라 할 수 없느니라"(고전 12:3). 그렇다면 성령께서 나에게 역사하신 가장 확실한 표식은 예수님을 주님으로 믿는 믿음이 마음에 생기는 것입니다. 예수님께 자신의 인생을 맡기며 '주여'라고 부르는 것입니다. 그러므로 예수님을 주님이라고 부르는 것은, 믿는 사람들의 표식이자 그들에게 주어지는 특권입니다. 따라서 "나더러 주여 주여 하는 자마다 다 천국에 들어갈 것은 아니다"라는 주님의 말씀은 예수님을 믿고 '주님'이라고 부르는 사람들과 관련한 중대한 문제를 다룬 것으로 보아야 합니다.

착각이 있을 수 있습니다

누가 현대에 예수님을 향하여 '주여 주여'라고 부르는 사람들입니까? 오늘날에는 예수님을 향해 어떤 의미로든 '주여'라고 하고 부르는 사람들은 교회 밖이 아니라 교회 안에 있습니다. 우리 기독교인들은 습관적으로 '주여'를 외칩니다. 그렇다면 예수님을 믿는 우리, 믿는다고 공언하는 우리 기독교인들이야말로 예수님의 이 말씀이 적용될 수 있는 가장 적합한 자들입니다. 예수님을 믿지 않는 사람들은 예수님을 주님이라고 부르지 않습니다. 그들은 형식적으로도, 장난으로도 그렇게 하지 않습니다.

그러므로 이 예수님의 말씀에서 우리 자신은 제외되어 있다고 볼 수 없습니다. 나는 예수님을 진실히 믿으니까 이 말씀을 나에게 적용할 필요가 없다고 볼 수 없습니다. 예수님의 가르침에는 종종 본인의 확신에도 불구하고 거부당하는 사람의 얘기가 나옵니다. 당사자들은 잘 가고 있고 틀림없이 천국에 들어갈 수 있다고 생각하는데 예수님은 "아니다"라고 하시며 밖으로 쫓아내는 그런 경우입니다. 22절부터 나오는 예화도 바로 이 점을 경고합니다. 예수님을 향해 '주여 주여'라고 부르는 사람들은 예수님의 이름으로 귀신을 쫓아내고, 병자들을 고치고, 예언했다는 이유로 강한 자기 확신에 사로잡혀 있습니다. 그러나 그것은 착각이었습니다. 그들에게 떠나라고 명령하시는 예수님의 선언으로 그 비유는 끝납니다. 예수님의 이름으로 예언하고 병자를 고치고 귀신을 쫓아내는 것은 얼마나 놀라운 일입니까? 우리 시대에도 이런 비범한 사역은 그것을 행한 자가 하나님의 사람임을 증명해 주는 명확한 표로 종종 인정됩니다. 그런데 예수님의 비유는 이러한 자기 확신을 착각이라고 합니다. "밖에 쫓겨나 슬피 울며 이를 갊이 있으리라"(8:12; 13:42, 50;

24:51; 25:30)는 경고문이 부착된 말씀들은 모두 같은 얘기들입니다. 당사자의 확신을 예수님은 착각으로 취급하신 것입니다.

이런 사태가 우리에게는 일어나지 않을 것이라고 자신할 수 있겠습니까? 우리의 생각이 우리를 구원하는 것은 아닙니다. 보통 우리는 믿음으로 구원을 얻는다고 말하지만 이 말씀은 세밀한 분석이 필요합니다. 정확하게 따져보면 우리의 믿음이 우리를 구원하는 것이 아니라 십자가에 못 박히신 예수님이 우리를 구원해 주십니다. 우리는 이것을 믿는 것입니다. 중요한 것은 예수님과 우리의 관계입니다. 우리는 예수님을 믿고 '주여'라고 외치는 데 반해 예수님이 '아니다'라고 하신다면 우리의 확신은 착각에 불과한 것입니다.

좋은 나무 좋은 열매

21절을 이제 전체적으로 다루어 봅시다. "나를 주님이라고 부르라"가 아니라 "나를 주님이라고 부르는 사람은 하늘에 계신 내 아버지의 뜻을 행하라"가 강조됩니다. 즉, 예수님은 이렇게 말씀하시는 셈입니다. "나더러 주여 주여 하는 자는 누구나 하나님의 뜻을 행해야 한다. 그래야 천국에 들어가게 될 것이다." 예수님은 예수님 없이 하나님의 뜻을 행하는 것을 다루시지 않으셨습니다. 이런 경우라면 "하나님의 뜻을 행하는 자가 천국에 들어갈 것이다"는 한 문장으로 충분합니다. 이 문장 앞에 "나더러 주여 주여 하는 자라고 다 들어가는 것은 아니다"라는 문장을 먼저 말씀하셨기 때문에 하나님의 뜻을 행함은 예수님을 주님이라고 부름에 첨가되는 결과가 만들어집니다. 앞에서 말씀하신 "좋은 나무가 좋은 열매를 맺는다"는 논리를 예수님은 21절에 계속 사용하신 것입니다. 또 24절부터 나오는 "내 말을 듣고 지키는 자가 반석 위에 집을 지은 사람이다"는 논리를 21절에서 준비하신 것입니다.

22절에 수록되어 있는 비유는 예수님을 주님이라고 부르면서도 하나님의 뜻을 행하지 않는 경우를 설명하는 예화입니다. 많은 사람이 예수님을 주님이라고 불렀고, 예수님의 이름으로 예언하고, 능력을 행하고, 귀신을 쫓아내었지만 하나님의 뜻을 행하지 않고 불법을 행함으로 인해 천국에 들어가는 것을 거부당했습니다. 열매를 보고 나무를 알며, 좋은 열매가 없을 때 나무를 잘라버린다는 원칙에 따라 쫓겨났습니다.

예수님을 주님으로 믿음과 예수님의 이름을 부름, 그리고 예수님의 말씀을 지킴은 전인격적인 하나의 삶으로 나타나야 합니다. 예수님을 향해 '주여!'라고 부르는 사람이 예수님이 선포하신 하나님의 뜻을 전심전력하여 순종하려 한다면 그의 믿음, 그의 부름은 더 이상 착각이라고 할 수 없을 것입니다.

맺음말

신앙의 진수는 의지력과 실천력에 있습니다. 처음 교회에 발을 들여놓으면서도 남다른 신앙심을 가지는 사람들은 대개 생의 심각한 위기에 직면해 있거나 최근에 그런 경험이 있는 사람들입니다. 인생의 심각한 문제를 해결하기 위해 그들은 금식하며, 몸부림치며, 알지도 못하는 하나님께 매달립니다. 성경 지식은 사실상 전무하지만, 자신의 절박함과 간절함을 통해 하나님의 응답을 기다립니다. 수십 년 교회에 출입하며 설교를 듣고 성경을 배웠어도 하나님의 뜻을 심각하게 받아들여 자신의 인격과 생활을 고쳐보려고 해본 적이 없는 사람과는 너무나 판이합니다. 우리의 전인격을 다해 예수님을 주님이라 부르며, 주님이 가르쳐 주신 하나님의 뜻을 받아들이고 실천해 가실 수 있기를 소원합니다.

두 종류의 집이 있습니다. 바위 위에 세운 집과 모래 위에 세운 집입니다. 비가 오고, 홍수가 나고, 강한 바람이 불어올 때 바위 위에 세운 집은 끄떡없이 서 있습니다. 그러나 모래 위에 세운 집은 부서지거나 무너져 버립니다. 폭우, 홍수, 태풍은 마지막 날 있을 하나님의 심판에 대한 비유어입니다.

예수님의 이 비유를 오해하는 사람들이 많습니다. 정확하게 이해하는 사람들이 많지 않습니다. 잘못된 해석이 공공연히 가르쳐지고 있습니다. 그 결과 예수님의 산상설교는 빛을 잃고 예수님이 애당초 의도하신 효과를 충분히 만들어내지 못합니다. 더 안타까운 일은 예수께서 경고하신 것, 즉 모래 위에 집을 짓는 것과 같은 종류의 삶이 일반화되어 있고 심지어 일부 신자들은 고의로 그러한 집을 짓고 있음에도 불구하고 자신들은 그 사실을 모릅니다. 반대로 자신만은 바위 위에 단단한 집을 세워 놓았다고 믿습니다. 유감스럽게도 이 잘못된 안도감은 잘못된 해석에 근거합니다.

과연 튼튼한 기초 위에 지혜롭게 세운 인생인지 아닌지는 사람의 확신이나 강한 안도감에 좌우되는 것이 아닙니다. 비가 오고 홍수가 날 때 튼튼한 집과 무너지는 집이 구분되듯이, 하나님의 심판의 날이 우리의 확신이 바른 것이었는지 착각이었는지를 밝혀 줄 것입니다. 그러나 확인되는 순간이 오면 때는 이미 늦습니다.

많은 오해

하나님의 뜻이 인간의 언어에 담겼습니다. 인간의 언어는 하나님의 뜻, 하나님의 의지를 전달하는 도구입니다. 동시에 그것은 하나님의 뜻을 사람들에게 전달하는 데 있어서 한계로 작용하기도 합니다. 예수님의 비유가 무엇을 뜻하는지는 예수님이 사용하신 인간의 말을 분석함으로써 나옵니다. 그러므로 우리는 글로 표현되어 있지 않은 것을 찾으려 해서는 안 됩니다. 반대로 글로 표현된 것을 놓치거나 무시해서도 안 됩니다. 이런 눈으로 마태복음 7장 24-27절을 보면 글자로 표현된 내용은 아주 분명합니다. 예수님은 이렇게 비유를 도입하셨습니다. "나의 이 말들을 듣고 지키는 사람은 누구든지"와 "나의 이 말들을 듣고 지키지 않는 사람은 누구든지"입니다. 한 단어가 큰 차이를 만들어냅니다. '지키는 사람'과 '지키지 않는 사람'입니다. 지키는 것, 혹은 지키지 않는 것의 내용은 이때까지 해오신 예수님의 "이 말씀들"입니다. 예수님의 이 말씀들, 즉 산상설교를 듣고 지키는 사람이 "바위 위에 집을 지은 사람," 예수님의 말씀을 듣고도 지키지 않는 사람이 "모래 위에 집을 지은 사람"으로 비유됐습니다.

그런데 사람들은 이 비유의 의미를 찾으면서 기록된 것보다는 기록되어 있지 않은 것에 더 흥미를 느낍니다. 그리하여 본문을 곡해하곤 했습니다. 이것이 많은 기독교인들이 이 본문을 오해하는 근본 이유입니다. 몇 가지 예를 들어봅시다. 어떤 분은 이 비유를 "예수님을 믿기만 하면 구원을 얻는다"라는 내용을 담았다고 곡해합니다. '반석'을 그리스도로 해석하여 "누구든지 예수님을 믿기만 하면 그는 단단한 바위 위에 집을 짓는 것이다"라고 해석합니다. 이런 해석은 본문에 없는 것을 찾아내는 왜곡일 뿐입니다.

어떤 사람들은 이 비유는 예수께서 십자가에 못 박히시기 전에 하신 말씀이므로 전적으로 구약적, 율법적 분위기를 반영하는 것으로서 십자가 수난으로 새 언약이 세워진 후를 사는 사람들에게 아무런 효력도 없다고 설명합니다. 마치 구약 시대의 율법이 신약시대에 효력을 상실한 것처럼 산상설교도 사람들에게 인간의 무능과 죄를 깨닫게 하고 십자가의 은혜를 갈망하게 하는 것으로 그 역할을 다했다고 봅니다. 이런 식으로 예수님의 말씀을 분석한다면 복음서의 절반은 우리에게 쓸모없는 교훈이 되고 말 것입니다.

신약성경 어디에서도 예수님의 말씀을 효력과 역할이 다 끝난 율법적 성격, 구약적 계명으로 규정하고 있지 않습니다. 바울도 예수님의 교훈에 대해 이런 식으로 설명하지 않았습니다. 바울은 자신이 '그리스도의 율법' 안에 있다고 고백했습니다(고전 9:21). 그리스도의 교훈은 바울만이 아니라 모든 믿는 사람들의 삶의 규범이었습니다. 그러므로 산상설교의 모든 내용을 구약 율법의 범주에 넣어 설명하는 것은 옳지 않습니다.

이 비유를 행위구원론적 차원에서 설명하는 사람들도 있습니다. 예수님은 사람들의 선과 악, 의와 불의, 적법과 불법을 구원과 영벌의 유일한 기준으로 제시하셨다는 주장입니다. 이런 해석을 선호하는 사람들은 이 비유를 마태복음 25장에 있는 양과 염소의 비유와 연결하여 설명하기 좋아합니다. 그들은 예수님을 믿느냐 믿지 않느냐는 전혀 중요한 문제가 아니라고 합니다. 하나님은 하나님의 뜻을 행하느냐 행하지 않느냐를, 이웃에게 선을 행하느냐 악을 행하느냐를 바른 삶과 그른 삶의 판별 근거로 선언하셨다고 합니다.

그러나 이런 설명은 신약성경 어디에서도 확고한 지지를 얻지 못할 뿐 아니라, 이 비유에서도 거부됩니다. 예수님은 행함, 행하지 않음만을 따지신 것이 아닙니다. 이 비유는 예수님의 "이 말씀들을 듣고 행하는 것"과 예수님의 "이 말씀들을 듣고도 행치 않는 것"을 대조하고 있습니다. 이 비유에 믿음이란 주제가 분명하게 표현되어 있지는 않지만 우리는 다음과 같이 질문해 볼 수 있습니다. 어떤 사람이 예수님을 믿지도 않는데 예수님의 말씀은 듣고 행한다는 것이 가능할까요? 예수님의 말씀을 듣고 이것을 삶의 기준으로 삼아 생각과 행동을 고치고 바른 삶을 꾸려가려는 것은 적어도 이 말씀들의 가치를 충분히 인정했음을 뜻하는데, 이런 태도는 이것을 말씀하신 예수님 자신에 대한 우호적 태도 없이는 만들어지지 않습니다. 말씀의 진가를 알고 지킨다는 것은 그 말씀을 하신 분에 대한 긍정적이고 우호적인 태도도 포함할 수밖에 없습니다.

어떤 사람이 예수님을 믿으면서도 예수님의 말씀을 듣고 행하지 않는 것이 가능할까요? 예수님의 말씀을 심각하게 고려하지 않는다는 것은, 곧 이 말씀을 하신 예수님에 대한 부정적 태도를 표명하는 것이 됩니다. 예수님을 믿지 않거나 거부할 때 가능한 태도가 불순종입니다. 예수님에게 오지도 않고 이 말씀들을 듣지도 않은 사람들에 대해서 이 비유는 아무것도 말하고 있지 않습니다. 따라서 이 비유에서 믿음이 제외된 행위만을 강조하는 윤리적 해석은 옳지 않습니다.

'그러므로'의 의미

예수님의 비유는 한글 성경의 번역에는 생략되어 있지만 '그러므로'로 시작합니다. 이 단어는 지금부터 나올 내용을 앞의 내용과 연결하는 역할을 합니다. 따라서 이 비유를 앞의 말씀에서 분리하여 따로 다루는 것은 옳지 않습니다. 그것이 오해를 불러오는 요인입니다. '그러므로'가 의미하는 것은 무엇일까요? 앞에서 예수님은 자신을 향해 "주여 주여 하는 자라고 해서 다 천국에 들어가는 것이 아니라 하늘에 계신 내 아버지의 뜻대로 행하는 자라야 천국에 들어갈 것이다"라고 선언하셨습니다. 이 말씀에 이어 "그러므로 나의 이 말들을 듣고 행하는 자는 바위 위에 집을 짓는 사람과 같다"라고 하신 것입니다. '그러므로'는 앞의 말씀에 대한 자연스러운 귀결을 표현하고 있습니다. 따라서 24절부터 말씀하신 주제인 '나의 이 말들'은 앞의 "하나님의 뜻"과 연결됩니다. 천국에 들어가는 조건인 "하나님의 뜻을 행함"을 "나의 이 말들을 듣고 행함"과 연결해 주는 단어가 '그러므로'입니다. 천국에 들어갈 수 있도록 믿는 자들에게 자격을 주는 "하나님의 뜻을 행함"이란 예수님의 "이 말들을 지킴"을 뜻합니다.

예수님의 말씀은 하나님의 뜻을 알리는 가르침입니다. 21-23절의 말씀은 예수님을 향해 주님이라고 부르고 도움을 요청하는 사람이라고 해서 다 천국에 들어가는 것이 아니라, 그렇게 부르짖는 사람들이 예수님이 선포하신 가르침대로 행할 때 천국에 들어감을 뜻합니다. 24절부터 나오는 비유는 하나님의 뜻을 선포하신 예수님의 말씀, 즉 산상설교를 누구나 듣고 지켜야 함을 강조하고 경고하는 결론적 다짐입니다.

이 해석은 마태복음에 있는 다른 많은 말씀과 맥을 같이합니다. 예를 들어, 부활하신 예수님은 열한 제자들을 향해 이렇게 말씀하셨습니다. "하늘과 땅의 모든 권한이 내게 주어졌다. 그러므로 너희는 가서 모든 족속으로 제자를 삼아 아버지와 아들과 성령의 이름으로 세례를 주고 내가 너희에게 명령한 것을 모두 가르쳐서 지키게 하라"(마 28:18-20). 예수님의 제자들에게 예수님은 수많은 설교를 통해 올바른 삶의 방향을 가르치시고, 또한 그렇게 살라고 명령하셨습니다. 이러한 예수님의 명령들은 이제 모든 민족, 모든 사람에게 전파되어야 합니다. 지켜 행하도록 전파되어야 합니다.

같은 주제가 귀중한 산상설교의 결론으로 주어졌다는 것은 하나도 이상하지 않습니다. 긴 설교 후에 이 설교의 중요성과 가치를 간략하게 요약·강조하는 것은 아주 효과적인 설교법입니다. 예수님은 자신을 따라 산에까지 올라와 긍정적인 자세를 가지고 설교를 들은 당시 사람들에게 설교를 다 들었으니 이제 이 설교대로 지켜 행할 것을 강조하신 것입니다.

예수님은 21절에서 단적으로 하신 말씀을 22-23절에서는 부정적 모습을 부각시킨 예화로 반복해서 설명하셨습니다. 하나님의 뜻을 행하지 않아 불법을 행하는 자라고 불린다면 예수님의 이름으로 "선지자 노릇하고 귀신을 쫓아내고 많은 권능을 행했다고 하더라도" 천국 밖으로 쫓아내신다고 하신 것입니다. 24-27절에서 예수님은 그 긍정적 측면의 예를 드셨습니다. 즉, 예수님의 말씀을 듣고 행하는 자들, 예수님을 향한 절대적인 신뢰를 바탕으로 그분의 작은 말씀 하나도 빠트리지 않고 귀중히 여기며 이를 실천하는 사람들이야말로 바위 위에 집을 세우는 지혜로운 사람들이라는 것입니다. 그러나 듣고 행치 않는다는 것은 믿음에 문제가 있는 것임을 증명하는 증거가 되는 것입니다.

인격적 총화인 믿음

그리스도인의 삶을 '믿음 + 행위'로 표현하는 것은 사실 옳은 도식이 아닙니다. 사람에게는 믿음도, 행위도 모두가 인격적 총화로만 나타날 수 있기 때문입니다. 잠을 자거나 고의로 무의식적인 행동을 만들어내는 것이 아니라면 아무리 사소한 행동이라도 지, 정, 의 등 인격적 특징 없이 나타날 수는 없습니다. 또 육체의 생명이 다하기까지 육체의 사소한 움직임 없이 지, 정, 의의 활동을 만들어낼 수는 없는 것입니다. 삶에 영향력을 미치지 못하는 지식, 감정, 의지는 이론적으로만 존재합니다. 지식, 감정, 의지와 결합되지 않는 행동은 병적 상태에서만 가능합니다.

예수님을 믿는다는 것이 언제라도 삶에 표현될 수밖에 없습니다. 예수님을 믿는 사람들에게는 예수님의 말씀을 지키는 것보다 어기는 것이 더 어렵고 힘든 일입니다. 그것은 전등을 켜 그 빛을 가리려고 하는 것과 같습니다. 소금에서 짠맛을 분리하는 것과 같이 불가능한 일입니다. 예수님을 믿는 사람에게는 그분의 말씀을 듣고 지키는 것이 자연스럽고 훨씬 쉬운 일입니다. '믿음 + 행위'라는 도식은 이 자연스러운 결합, 즉 인격적 총화로서의 믿음과 삶을 분리할 수 있는 것처럼 취급함을 전제하고 있습니다. 문제가 생길 때나 믿음과 행위가 분리되는 것입니다. 성경은 이런 비정상적인 상태를 다룰 때 믿음과 행위는 붙어 다녀야 한다는 도식을 이용합니다. 그러나 그런 상태가 아니라면 믿음이라는 단어나 순종이라는 단어 하나만으로도 충분히 기독교인의 삶을 표현할 수 있습니다. 믿음이라는 단어만 사용할 때도 믿는 그분의 말씀에 순종하는 것이 배제되지 않습니다. 순종이라는 단어만 사용해도 그 말씀을 하신 분에 대한 믿음이 포함됩니다.

왜 예수께서 산상설교에서 행함, 순종을 그토록 강조하셨을까요? 산상설교가 처음 선포됐을 때의 상황을 관찰하면 그 이유를 알 수 있습니다. 이 설교가 갈릴리 해변의 한 산 위에서 선포됐을 때는 이렇다 할 만한 제자들이 없었습니다. 예수님의 생애가 끝난 이후의 상태와 비교해 보면, 그 당시 제자들은 이제 막 제자로 부름을 받은 직후의 미숙한 사람들이었습니다. 그들에게 예수님의 정체는 지금처럼 완벽하게 알려지지 않았습니다. 그들은 살아 계신 예수님의 부름을 받고 예수님을 막 따르기 시작한 제자들이었습니다. 우리는 그들의 믿음이 실제적이기는 했지만, 예수님이 누구신가에 대한 지적 요인에 있어서는 완전하지 못했음을 알고 있습니다. 예수님의 말씀에 순종하는 것의 중요성은 그런 제자들에게 예수님이 누구신지를 알려 주는 역할도 합니다.

산상설교를 들었던 무리의 입장으로 돌아가 보면 이 말씀을 듣고 지킬 수 있는 상태와 그들의 실제 상태 사이의 간격은 더 넓어집니다. 무리는 갑자기 그들 앞에 출현한 예수님을 만났습니다. 예수님께서 하시는 일에 대한 소문이 그들을 예수님에게로 이끌었습니다. 그들은 병 때문에, 마음의 공허나 가난 때문에, 혹은 여러 가지 다른 이유로 예수님을 찾아 나섰는데 갈릴리 해변에서 예수님을 만나 산에까지 올랐습니다. 예수님을 향한 우호적이고 긍정적인 태도는 있었지만 그들 대부분의 마음에는 예수님의 정체를 알고 예수님을 하나님의 아들, 그리스도로 믿는 믿음은 없었습니다. 아직 밝혀주시지 않은 예수님의 정체를 누구도 알지 못하는 상태에서 하나님의 뜻을 전하는 산상설교는 그들이 받아 그대로 지키기에는 너무 무거운 하나님의 뜻이었습니다. 예수님은 자신의 말씀에 순종하도록 강조하심으로 사람들이 자신의 정체에 관심을 가지고 언젠가는 믿음의 길에 올라설 수 있도록 동기를 부여하셨습니다.

예수님의 사역이 끝났을 때 제자들은 그들을 부르신 예수님이 누구신지 정확하게 알게 됐습니다. 그래서 그분을 하나님의 아들로 믿고, 경배하며, 감사하게 되었습니다. 그들이 온전한 믿음에 도달할 때, 예수님은 이미 계시지 않을 것이기 때문에, 그들에게 필요한 말씀들을 미리 주신 것입니다. 우리에게 산상설교는 예수를 믿은 사람이 어떻게 살아야 하는지 알려 주는 귀중한 말씀입니다.

가능성의 문제

산상설교를 하나님의 뜻으로 알고 진지하게 삶에 적용하라는 이 비유를 사람들이 어렵고 곤란하게 생각하는 이유는 사실 이 비유의 뜻이 모호하기 때문이 아닙니다. 비유가 지시하는 "나의 이 말들," 즉 산상설교의 모든 내용을 누구도 완전하게 지키기 어렵기에 우리의 고민이 시작됩니다. 우리의 죄를 대속하신 예수님의 사역과 이 사역에 쏟아부은 하나님의 사랑과 은총을 믿는 것을 천국의 유일한 조건으로 말하는 구원론을 포기하지 않고는 이 비유를 받아들일 수 없다고 느끼기 때문이기도 합니다. 가능성과 관계된 문제를 다루는 것은 피할 수 없는 과제입니다.

예수님의 명령을 지킨다는 것은 우리가 살아가는 동안 늘, 모든 조항을 철저하게 지키는 것을 의미한다면 우리는 어느 순간에라도 산상설교를 완벽하게 지키지 못한다고 말해야 할 것입니다. 하나님의 뜻을 행하는 자라야 천국에 들어간다는 예수님의 말씀은 삶을 마감하는 그

날까지 우리가 도달할 수 없는, 사실상 불가능한 목표가 됩니다. 신앙의 선배들이 이 점을 정확하게 인식한 것은 그들의 실수가 아닙니다. 우리 시대에 누구라도 이런 결론에 도달할 수밖에 없다는 것은 부정할 수 없는 사실입니다. 행함으로 구원을 얻을 수 있는 사람은 여전히 아무도 없는 것입니다. 예수님은 우리가 쉽게 이루어서 우월감이나 성취감에 젖게 만드는 낮은 기준을 주시지 않으셨습니다.

잠시 가능성의 문제를 접어두고 전혀 다른 질문을 하나 던져 봅시다. 도달하기 힘든 기준을 정하신 것은 잘못된 것일까요? 오히려 천만다행스러운 일이라고 해야 하지 않을까요? 산상설교는 수천 년의 교회사 속에서 어떤 신앙의 영웅에 의해서도 정복당하지 않은 숲과 같습니다. 인간은 산상설교가 계속 말하고 있는 한, 누구도 교만해질 수 없습니다. 하나님의 뜻과 인간, 그리스도의 의지와 인간의 의지 사이의 간격은 영원히 없어지지 아니할 것입니다. 하나님의 요구는 이 땅에 하나님의 일이 계속되는 한, 우리 인간의 손에 잡힐 수 있는 것이 아닙니다. 하나님이 자신의 하한선을 끝까지 지키시는 것은 너무나 당연한 일입니다. 이 하나님의 하한선이 우리에게는 너무나 높은 상한선으로 느껴지는 것입니다.

다른 질문을 던져 봅시다. 불가능하다고 버릴 것입니까? 도달할 수 없다고 포기합니까? 산상설교의 의미와 내용이 달라지도록 전혀 다른 방식으로 설명하고 피하는 것이 문제를 해결하는 유일한 길일까요? 사람들은 불가능성을 확인하는 즉시, 너무 일찍 그리고 너무 안일하게 포기하는 쪽을 선택하고 말았습니다. 여기에 우리 인간의 허점이 있습니다. 그의 십자가의 희생으로 새로운 생명을 얻었다고 믿는 기독교인이라면 실현 불가능하다고 해도 덮어두거나 피하지 못합니다. 그래서 산상설교에 관한 한 이렇게도 못하고 저렇게도 못하는, 결단도 포기도 하지 못하는, 지키지도 버리지도 못하는 머뭇거림이 나타납니다. 어쩌면 이 머뭇거림이 우리가 주님을 사랑한다는 은은한 증거인지도 모릅니다. 불가능한 줄 알면서도 무시할 수 없음은 그것이 우리 예수님의 입에서 나온 하나님의 뜻이기 때문입니다.

이 머뭇거림에서 시작해 봅시다. 불가능하다는 사실을 확인했다고 해서 산상설교에 숨겨져 있는 주옥과 같은 말씀을 버릴 수 있는 것은 아닙니다. 불가능한 것을 아시면서도 이것을 명령하신 분이 예수님이시기 때문에 기독교인은 더 단호한 자세로, 더 열심히 목표를 향해 매진해야 하는 것입니다. 불가능성은 우리 기독교인들을 더 굳게 무장시킬 수도 있습니다. 불가능하더라도 도전과 노력을 그치지 않는 것이 제자인 우리의 도리입니다. 가도 가도 끝없는 길을 지나며 최선을 다한 후에 우리가 드릴 고백은 주님의 말씀을 사랑하고 최선을 다했으나 여전히 후회와 고통과 아픔이 있다고 말하는 것입니다.

그러므로 도달할 수 없는 높은 기준이라고 하여 버리거나 포기할 수는 없습니다. 삶의 어느 순간에라도 예수님의 말씀은 우리가 가지고 살아야 하고 다른 사람들에게 전해야 할 삶의 지향점입니다. 그래서 산상설교는 2000여 년 동안 살아남았고, 우리에게도 전해졌으며, 바위와 모래의 비유는 여전히 우리에게 그 힘을 발휘하고 있습니다.

과정에 있는 삶

왜 산상설교를 이행하는 것이 불가능하다고만 생각할까요? 정말 불가능합니까? 산상설교가 말하는 목표와 그 목표를 향해 가는 과정을 혼동해서는 안 됩니다. 목표만 제시됐다고 과정이 무시당하거나 부정되는 것은 아닙니다. 차라리 과정이 목표 제시에 함축되어 있다고 보는 것이 더 바람직합니다. 원수를 사랑하고 핍박하는 사람들을 위하여 기도하라는 명령은 원수만을 사랑하면 된다는 식으로 이해할 것이 아닙니다. 이 명령에는 원수라고 부를 수 없는 모든 사람을 향한 사랑의 명령이 포함되어 있습니다. 하나님처럼 완전하라는 명령은 인간적인 요소를 다 무시하고 하나님처럼 행동하기만 하라는 의미가 아닙니다. 인간으로서 할 수 있는 최선의 길을 찾는 과정이 모두 포함되어 있습니다.

신앙적, 윤리적 규범은 모든 세부적인 사항을 일일이 규정하고 있지는 않지만, 가장 이상적인 규정을 제시함으로써 다른 작고 세밀한 부분, 즉 이러한 이상에 도달하는 과정에 있다고 볼 수 있는 모든 단계를 포함하고 있습니다. 산상설교는 신앙생활의 모든 부분을 제한하고 규정하고 설명하는 윤리 교과서가 아닙니다. 예수께서는 자신의 설교를 통하여 어느 시대 어느 장소에서나 모든 사람이 거의 모든 경우에 적용할 수 있는 신앙과 윤리의 대원리를 말씀하셨습니다. 그것은 목표점을 지시하기 때문에 불가능하게 보일 수밖에 없습니다. 그러나 그 속에 함의된 많은 과정, 그 과정에 적용되어야 할 세부 실천 항목들은 우리의 삶에 훨씬 가까이 놓여 있습니다.

예수님께서 산상설교에서 언급하신 이상적인 지향점들을 생각할 때마다 우리는 매번 그것에 도달할 수 없는 나 자신을 보면서 실망하거나 좌절하게 됩니다. 하지만 주님을 향한 믿음과 사랑을 바탕으로 성령의 도우심을 구하며 최선을 다하다 보면 나도 모르게 이전보다 더 나아진 나 자신을 발견할 수도 있습니다. 믿음으로 시작한 삶에는 흰색도 있고 검은색도 있습니다. 흰색은 막 생겨나 점점 굵어지고 넓어져 갑니다. 검은색은 작아지고 좁아져 갑니다. 과정에 있는 열매도 진실한 열매입니다.

죄가 우리를 따라다니는 것은 죽을 때까지 어쩔 수 없는 일입니다. 믿음에서 시작하여 조금씩 자라는 흰색에 기뻐하십시오. 그리고 감사하며 그 색을 삶 전체에 넓히기 위해 주님이 주신 산상설교를 사용합시다. 산상설교는 우리가 어디까지 가야 하는가를 알려 주는 예수님이 세우신 삶의 등대입니다.

맺음말

예수님은 산상설교를 우리가 듣고 배우고 지키도록 주셨습니다. 이 비유보다 더 강하고 분명하게 "나의 이 말들을 들었으면 지켜라"라고 당부하시는 말씀은 많지 않다고 생각합니다. 다른 어떤 기발한 설명을 동원하더라도 명백한 이 명령을 바꿀 수 없을 것입니다. 예수님의 말씀을 듣고 지키는 사람이, 최소한 늘 지키려고 애쓰며 성령님의 도움을 구하는 사람이 현명한 사람입니다. 폭우와 홍수에 대비하여 바위 위에 집을 세우는 사람과 같습니다. 예수님의 말씀을 듣고 지키지 않는 사람은 어리석은 사람입니다. 그는 폭풍우가 몰려오는데도 불구하고 해변 모래 위에 집을 짓는 사람과 같습니다. 그런 집은 쉽게 지을 수 있고 빨리 완성된다 해도 금방 무너지고 맙니다. 예수님을 믿는 우리의 삶이 이렇게 되지는 말아야 하겠습니다.